西南大学马克思主义学院出版基金资助

中国特色社会主义理论体系整体性研究

陈跃 著

吉林大学出版社

·长春·

图书在版编目(CIP)数据

中国特色社会主义理论体系整体性研究 / 陈跃著. --
长春：吉林大学出版社，2023.11
ISBN 978-7-5768-2873-3

Ⅰ.①中… Ⅱ.①陈… Ⅲ.①中国特色社会主义－社
会主义建设模式－研究 Ⅳ.①D616

中国国家版本馆 CIP 数据核字(2023)第 256128 号

书　　名：中国特色社会主义理论体系整体性研究
ZHONGGUO TESE SHEHUI ZHUYI LILUN TIXI ZHENGTIXING YANJIU

作　　者：陈　跃
策划编辑：黄国彬
责任编辑：张维波
责任校对：孙　琳
装帧设计：姜　文
出版发行：吉林大学出版社
社　　址：长春市人民大街 4059 号
邮政编码：130021
发行电话：0431-89580036/58
网　　址：http://www.jlup.com.cn
电子邮箱：jldxcbs@sina.com
印　　刷：天津鑫恒彩印刷有限公司
开　　本：787mm×1092mm　　1/16
印　　张：20.25
字　　数：310 千字
版　　次：2025 年 3 月　第 1 版
印　　次：2025 年 3 月　第 1 次
书　　号：ISBN 978-7-5768-2873-3
定　　价：98.00 元

版权所有　翻印必究

目 录

导论 …………………………………………………………………… (1)

一、中国特色社会主义理论体系是一个有机统一的整体 ………… (1)
    (一)中国特色社会主义理论体系整体性研究现状 ………… (1)
    (二)中国特色社会主义理论体系整体性的内涵 …………… (4)
    (三)中国特色社会主义理论体系整体性的结构体系 ……… (5)

二、正确把握马克思主义与中国特色社会主义理论体系的关系 … (7)
    (一)中国特色社会主义理论体系是坚持马克思主义理论性的理论
        成果 ………………………………………………………… (7)
    (二)中国特色社会主义理论体系是坚持马克思主义实践性的理论
        成果 ………………………………………………………… (8)
    (三)中国特色社会主义理论体系是坚持马克思主义民族性的理论
        成果 ………………………………………………………… (10)
    (四)中国特色社会主义理论体系是坚持马克思主义开放性的理论
        成果 ………………………………………………………… (11)

三、正确把握毛泽东思想与中国特色社会主义理论体系的关系 … (14)
    (一)毛泽东思想是中国特色社会主义理论体系的重要思想来源 … (14)
    (二)中国特色社会主义理论体系是毛泽东思想的坚持和发展 … (17)
    (三)毛泽东思想与中国特色社会主义理论体系是一脉相承又与时
        俱进的两个理论体系 …………………………………… (20)

第一章　中国特色社会主义理论体系形成的历史条件 ……………（23）

一、和平与发展为主题的时代 ………………………………………（23）
（一）邓小平对和平与发展为主题的提出 ……………………（24）
（二）江泽民对和平与发展思想的继承和发展 ………………（29）
（三）胡锦涛对和平与发展思想的继承和发展 ………………（31）
（四）习近平对和平与发展思想的继承和发展 ………………（35）

二、社会主义初级阶段的基本国情 …………………………………（40）
（一）社会主义初级阶段基本国情的提出 ……………………（41）
（二）邓小平对基本国情的继承和发展 ………………………（45）
（三）江泽民对基本国情的继承和发展 ………………………（48）
（四）胡锦涛对基本国情的继承和发展 ………………………（51）
（五）习近平对基本国情的继承和发展 ………………………（53）

三、发展中国家的大国地位 …………………………………………（56）
（一）"大国"的内涵 ……………………………………………（57）
（二）发展中国家大国地位的确立 ……………………………（59）
（三）中国作为发展中大国的地位、作用和责任 ……………（62）

第二章　中国特色社会主义理论体系形成的认识基础 ……………（67）

一、中国特色社会主义理论体系整体性形成的哲学认识论 ………（67）
（一）用唯物辩证法分析整体性 ………………………………（67）
（二）用辩证唯物主义认识论分析整体性 ……………………（69）
（三）从系统论分析整体性 ……………………………………（72）

二、中国特色社会主义理论体系形成的社会认识论基础 …………（75）
（一）坚持实事求是的思想路线 ………………………………（75）
（二）坚持统筹兼顾的科学方法 ………………………………（77）
（三）坚持新发展理念 …………………………………………（80）
（四）新发展理念对中国特色社会主义理论体系整体性的丰富
　　　和拓展 ……………………………………………………（81）

目 录

三、中国特色社会主义理论体系整体性形成的综合认识基础 …………(83)
  （一）整体性形成的历史环境因素 ……………………………(83)
  （二）整体性形成的关键环节因素 ……………………………(86)
  （三）整体性形成的体系结构因素 ……………………………(90)
  （四）整体性形成的价值目标因素 ……………………………(91)

第三章 中国特色社会主义理论体系的理论主题 …………(97)

一、什么是社会主义？怎样建设社会主义？ ……………………(97)
  （一）社会主义的根本任务是发展生产力 ……………………(98)
  （二）发展社会主义必须坚持四项基本原则和坚持改革开放 ……(101)
  （三）发展社会主义就是要建设社会主义和谐社会 …………(105)

二、建设什么样的党？怎样建设党？ ……………………………(110)
  （一）加强服务型政党建设 ……………………………………(111)
  （二）加强学习型政党建设 ……………………………………(118)
  （三）加强创新型政党建设 ……………………………………(125)

三、实现什么样的发展？怎样发展？ ……………………………(130)
  （一）把发展作为党执政兴国的第一要务 ……………………(130)
  （二）坚持发展的人民性要求 …………………………………(132)
  （三）坚持全面协调可持续的发展 ……………………………(136)
  （四）坚持统筹兼顾的共享发展 ………………………………(138)

四、坚持什么样的马克思主义？怎样坚持马克思主义？ ………(141)
  （一）马克思主义是对客观世界的反映 ………………………(142)
  （二）马克思主义是伟大的理想与信仰追求 …………………(148)
  （三）马克思主义是与时俱进的理论 …………………………(152)

第四章 中国特色社会主义理论体系的主要任务 …………(159)

一、经济建设 ………………………………………………………(159)
  （一）建立和完善社会主义市场经济体制 ……………………(159)
  （二）坚持和完善社会主义经济制度 …………………………(162)

（三）促进国民经济又好又快发展 …………………………………… （164）
二、政治建设 ……………………………………………………………… （166）
　　（一）坚持和完善中国特色社会主义政治制度 ……………………… （166）
　　（二）依法治国，建设社会主义法治国家 …………………………… （168）
　　（三）推进政治体制改革，发展民主政治 …………………………… （170）
三、文化建设 ……………………………………………………………… （173）
　　（一）推动社会主义文化繁荣兴盛 …………………………………… （173）
　　（二）培育和践行社会主义核心价值观 ……………………………… （175）
四、社会建设 ……………………………………………………………… （177）
　　（一）构建社会主义和谐社会 ………………………………………… （177）
　　（二）以保障和改善民生为重点加强社会建设 ……………………… （179）
五、生态文明建设 ………………………………………………………… （181）
　　（一）生态文明建设关系人民福祉和民族未来 ……………………… （181）
　　（二）用良好的生态环境保障经济社会的协调可持续发展 ………… （183）

第五章　中国特色社会主义理论体系的战略布局 ………………… （186）

一、全面建设社会主义现代化国家 ……………………………………… （186）
　　（一）全面建设社会主义现代化国家的历史发展 …………………… （186）
　　（二）全面建设社会主义现代化国家的路径要求 …………………… （188）
二、全面深化改革 ………………………………………………………… （189）
　　（一）全面深化改革的历史进程 ……………………………………… （190）
　　（二）全面深化改革的目标任务 ……………………………………… （193）
　　（三）如何推进全面深化改革 ………………………………………… （195）
三、全面依法治国 ………………………………………………………… （197）
　　（一）全面依法治国的历史发展 ……………………………………… （197）
　　（二）全面依法治国的丰富内涵 ……………………………………… （200）
　　（三）全面推进依法治国的着力点 …………………………………… （203）
四、全面从严治党 ………………………………………………………… （207）
　　（一）全面从严治党的历史发展 ……………………………………… （207）

(二)全面从严治党的深刻内涵 …………………………………… (211)
(三)全面从严治党的推进路径 …………………………………… (213)

第六章 中国特色社会主义理论体系的目标追求 ………………… (218)

一、实现国家治理体系和治理能力现代化 …………………………… (218)
(一)国家治理体系与治理能力现代化内涵 ……………………… (218)
(二)推进国家治理能力现代化建设 ……………………………… (220)

二、实现中华民族伟大复兴的中国梦 ………………………………… (222)
(一)实现中华民族伟大复兴的中国梦的科学内涵 ……………… (223)
(二)实现中华民族伟大复兴中国梦的目标指向 ………………… (224)
(三)实现中华民族伟大复兴中国梦的条件 ……………………… (230)

第七章 中国特色社会主义理论体系的根本保证 ………………… (238)

一、中国共产党坚持马克思主义指导地位 …………………………… (238)
(一)坚持党对意识形态工作的领导 ……………………………… (239)
(二)推进马克思主义理论研究和建设 …………………………… (242)
(三)加强马克思主义的宣传教育 ………………………………… (246)
(四)回击反马克思主义的社会思潮 ……………………………… (250)

二、中国共产党推进中国特色社会主义理论创新 …………………… (253)
(一)坚持基本原理发展社会主义理论 …………………………… (253)
(二)立足具体实际丰富社会主义理论 …………………………… (257)
(三)结合时代课题创新社会主义理论 …………………………… (261)
(四)依托总体布局完善社会主义理论 …………………………… (264)

三、中国共产党领导中国特色社会主义事业发展 …………………… (268)
(一)以基本国情为社会主义事业的前提条件 …………………… (268)
(二)以改革开放为社会主义事业的基本动力 …………………… (271)
(三)以科学发展为社会主义事业的主要任务 …………………… (274)
(四)以人民幸福为社会主义事业的根本目标 …………………… (277)

第八章　中国特色社会主义理论体系的基本经验 …………… (281)

一、坚持党的基本理论 …………………………………………… (281)
　　(一)党的基本理论的科学内涵 ……………………………… (282)
　　(二)党的基本理论的重要性认识 …………………………… (285)
　　(三)在实践中繁荣发展党的基本理论 ……………………… (288)
二、坚持党的基本路线 …………………………………………… (290)
　　(一)党的基本路线的重要内容 ……………………………… (290)
　　(二)党的基本路线的重要性认识 …………………………… (293)
　　(三)在实践中贯彻落实党的基本路线 ……………………… (295)
三、坚持党的基本方略 …………………………………………… (298)
　　(一)党的基本方略的丰富内涵 ……………………………… (298)
　　(二)党的基本方略的重要性认识 …………………………… (301)
　　(三)在实践中坚定执行党的基本方略 ……………………… (303)

参考文献 …………………………………………………………… (307)

后记 ………………………………………………………………… (314)

导　论

党的二十大修改通过的《中国共产党章程》明确指出，习近平新时代中国特色社会主义思想是对马克思列宁主义、毛泽东思想、邓小平理论、"三个代表"重要思想、科学发展观的继承和发展，是当代中国马克思主义、二十一世纪马克思主义，是中华文化和中国精神的时代精华，是党和人民实践经验和集体智慧的结晶，是中国特色社会主义理论体系的重要组成部分，是全党全国人民为实现中华民族伟大复兴而奋斗的行动指南，必须长期坚持并不断发展。

中国特色社会主义理论体系整体性研究，是全面深化中国特色社会主义理论体系研究的重要内容，是深入学习和掌握习近平新时代中国特色社会主义思想的必然要求，是全面推进马克思主义中国化最新理论成果实践发展的现实要求，对于推进中国特色社会主义理论体系建设和中国特色社会主义现代化建设伟大实践的发展具有重要意义。

一、中国特色社会主义理论体系是一个有机统一的整体

党的十七大在总结改革开放以来的重大理论成果的基础上，明确提出了"中国特色社会主义理论体系"的重要概念，并用这一概念概括了改革开放以来所形成的包括邓小平理论、"三个代表"重要思想以及科学发展观战略思想在内的重大理论成果，成为马克思主义中国化最新理论成果。

（一）中国特色社会主义理论体系整体性研究现状

党的十七大提出中国特色社会主义理论体系以后，关于中国特色社会主

义理论体系的研究就成了理论研究的热点和重点问题，关于中国特色社会主义理论体系整体性的研究自然成为研究中引起高度重视的问题。在怎样理解和把握中国特色社会主义理论体系整体性问题上，许多学者从不同的视角进行了探索性的研究，并提出了自己的认识和观点。

国内学者关于中国特色社会主义理论体系整体性研究主要有以下几种认识。

1. 注重中国特色社会主义理论体系本身的层次性研究

认为中国特色社会主义理论体系应该按照理论的属性及其在理论体系中的具体功能，做出有层次的逻辑划分。代表性观点有：李恒瑞提出的三大层次，即第一层次：认识论、价值论、方法论；第二层次：关于社会主义发展规律的新认识、新结论；第三层次：中国特色社会主义发展的制度安排、路径选择、战略设计。这三大层次的逻辑关系为：第一层次是基础层次，第二层次是主体层次，第三层次是在第一二层次基础上的实践展开[①]。刘爱莲、彭恩胜认为中国特色社会主义理论体系是一个包括元理论（即辩证唯物主义和历史唯物主义）、基本理论（即回答什么是中国特色社会主义，为发展中国特色社会主义指明方向）、应用理论（即如何发展中国特色社会主义，是中国特色社会主义基本理论在实践中的运用）三大基本层次的理论[②]。袁银传认为中国特色社会主义理论体系是彼此相互联系、逻辑层次有序的理论框架。第一个层次是中国特色社会主义理论体系的理论基础，即马列主义和毛泽东思想；第二个逻辑层次是中国特色社会主义理论体系的基本内容。邓小平理论、"三个代表"重要思想以及科学发展观，是整个逻辑框架的主体。具体包括基本范畴、基本观点、基本理论这三个既有一定区别，又有内在联系、层层递进的子层次；第三个逻辑层次是党的基本路线、基本纲领宝贵经验[③]。张华认为中国特色社会主义理论体系是有着内在逻辑结构的理论整体：从理论的历史形

---

① 李恒瑞. 关于中国特色社会主义理论体系的整体性研究的若干问题[J]. 学术研究, 2008(10): 5-11.

② 刘爱莲, 彭恩胜. 论中国特色社会主义理论体系的层次结构[J]. 思想理论教育（上半月综合版）, 2009(08): 16-21.

③ 袁银传. 论中国特色社会主义理论体系的基本特征、逻辑结构和世界意义[J]. 思想政治教育研究, 2009, 25(04): 5-9.

成与发展来看，中国特色社会主义理论体系有着严密的历史逻辑，它是马克思主义与中国实际相结合的第二次历史飞跃的成果和马克思主义与中国实际相结合的第一次历史飞跃的成果——毛泽东思想紧密联系的结果；从理论形态来看，中国特色社会主义理论体系有着严密的层次结构，其第一层次是哲学世界观和方法论，第二层次是特有的基本范畴，第三层次是固定的基本原理，第四层次是与时俱进的应用理论[①]。

2. 注重中国特色社会主义理论体系发展的逻辑性研究

这种认识主要在于揭示了中国特色社会主义理论体系的共性与个性的内在统一。代表性的观点有：肖贵清认为，中国特色社会主义理论体系是一个具有内在联系的统一整体。它以党的十一届三中全会为历史起点，以解放思想为逻辑起点，围绕建设和发展中国特色社会主义，实现中华民族伟大复兴这一主题，系统回答了建设和发展中国特色社会主义的一系列基本问题，逐步形成了以社会主义本质理论、社会主义初级阶段理论、改革开放理论为基石，以经济、政治、文化和社会建设"四位一体"的现代化建设为总布局，涵盖祖国统一构想与外交战略、领导力量和依靠力量等内容完整的理论体系。其重大战略思想，是在不同的发展阶段、为解决不同问题而产生的具体理论形态，它们不是前后矛盾、相互否定的，而是相互衔接、一脉相承的。在指导思想、根本任务、价值取向、理论精髓等理论逻辑方面具有内在的一致性。具体而言，它们有共同的指导思想（马列主义和毛泽东思想）、共同的根本任务（解放和发展生产力）、共同的价值取向（把是否符合最广大人民群众的根本利益作为社会主义现代化建设和改革开放的根本价值原则）、共同的理论精髓（实事求是）[②]。缪昌武认为，中国特色社会主义理论体系具有严密的逻辑关系，即都以马克思主义为指导、都以实现中国的社会主义现代化和中华民族伟大复兴为目标、都立足于中国社会主义初级阶段这个基本国情、都以直接体现为人民群众谋利益为价值取向[③]。

---

① 张华. 论中国特色社会主义理论体系的逻辑结构[J]. 扬州大学学报（人文社会科学版），2011，15(06)：11-15.
② 肖贵清. 中国特色社会主义理论体系的整体性[J]. 思想理论教育导刊，2008(07)：45-49.
③ 缪昌武. 论中国特色社会主义理论体系的逻辑结构、理论特征及历史地位[J]. 兰州大学学报（社会科学版），2010，38(05)：146-150.

3. 关于构建中国特色社会主义理论体系的结构研究

基于对中国特色社会主义理论体系内在结构逻辑的不同认识,关于构建中国特色社会主义理论体系结构问题,学界主要形成了两种思路:一种是占主导性的思路,主要是陈华兴[①]从思想路线、社会主义本质论、社会主义初级阶段论、社会主义改革论、社会主义和谐社会论、党的建设等方面对中国特色社会主义理 论体系进行拉通式的理论建构;二是为了突出中国特色社会主义理论体系的层次性,袁银传[②]、任晓伟[③]等主张从主题和主线、理论基础和哲学基础、核心内容和核心思想,围绕主题和主线的一系列崭新的中国特色社会主义基本理论等方面来构建。

国内研究现状表明,关于中国特色社会主义理论体系整体性研究已经取得了众多成果,并彰显出各自的特色和创新。但从理论体系整体性的内生逻辑以及结合习近平新时代中国特色社会主义思想的视角分析,中国特色社会主义理论体系整体性的把握还需要不断创新发展,以适应全面建成社会主义现代化强国和中华民族伟大复兴中国梦的要求。

(二)中国特色社会主义理论体系整体性的内涵

中国特色社会主义理论体系的整体性是由其理论体系的客观存在、内在逻辑和实践发展决定的。中国特色社会主义理论体系的整体性不仅是一种理论形态的认识,更是一种实践引领的科学方法和行动指南。

1. 中国特色社会主义理论体系是客观存在的整体

马克思主义认识论认为,认识是对客观存在的能动反映,中国特色社会主义理论体系从产生以来,经历了一个不断创新发展的历史过程。在这个历史过程中,中国特色社会主义理论成果不断丰富、理论内容不断发展,虽然理论形态呈现出阶段性特征,但整个过程本身却是统一的整体,这个整体统一了中国特色社会主义理论发展的过去、现在和未来,形成一个动态的连续过程,使中国特色社会主义理论体系呈现出整体性的特征。

---

① 陈华兴. 中国特色社会主义理论体系的逻辑框架探解[J]. 浙江学刊,2010(06):172-180.
② 袁银传. 论中国特色社会主义旗帜、道路、理论体系、制度之间的逻辑关系[J]. 思想政治教育研究,2013,29(05):17-19.
③ 任晓伟. 论中国特色社会主义理论体系的整体性研究[J]. 广西社会科学,2009(03):5-9.

2. 中国特色社会主义理论体系是具有内在逻辑的整体

从理论逻辑来看，中国特色社会主义理论体系具有内在的层次结构和逻辑结构，各个重大理论成果之间相互联系，其中基本立场、基本方法和价值追求贯穿于理论体系始终，使各个重大理论成果在呈现出历史阶段性特征的同时，保持着理论体系一脉相承又与时俱进的整体性特征。同时不论从中国特色社会主义理论体系的理论构成还是从内在逻辑讲，中国特色社会主义理论体系都是作为整体性的理论体系而存在的。

3. 中国特色社会主义理论体系是实践发展的整体

中国特色社会主义理论体系的整体性不仅体现在理论结构和内在逻辑的整体性，更加体现在实践发展的整体性上。从实践发展的视角来理解中国特色社会主义理论体系的整体性，主要是从方法论的角度来认识和理解其整体性。一方面对中国特色社会主义理论体系的研究应该坚持整体性原则，这是科学认识和把握中国特色社会主义理论体系的前提和基础，也是揭示中国特色社会主义理论体系精神实质的核心和关键；二是要用整体性的思想和原则去指导中国特色社会主义现代化建设实践，加速实现社会主义现代化和促进中华民族伟大复兴中国梦早日实现。

(三) 中国特色社会主义理论体系整体性的结构体系

正确认识和科学把握一个理论体系，特别是从整体性的视角来认识和理解一个理论体系，需要坚持历史唯物主义和辩证唯物主义的基本理论观点，要用历史的观点、实践的观点、发展的观点来分析，突出时代主题论和国情认识论的统一、目标定位论和价值取向论的统一、发展主题论和基本任务论的统一、发展布局论和发展战略论的统一以及领导核心论的统一。

1. 时代主题和现实国情是整体性形成的历史基础

中国特色社会主义理论体系的重大理论成果，无论是邓小平理论、"三个代表"重要思想、科学发展观，还是"四个全面"战略布局、中国梦，都产生于和平与发展成为主题的伟大时代和社会主义初级阶段的基本国情。

2. 实事求是的思想路线是整体性贯穿始终的认识论基础

把实事求是这一马克思主义精髓作为认识论基础，结合中国改革开放实际形成的解放思想、实事求是、与时俱进、求真务实的思想路线，成为理解和把握中国特色社会主义理论体系整体性的哲学认识论基础。

3. 以人为本、保障民生是整体性体现的价值追求

中国特色社会主义若干重大理论成果都致力于使人民群众尽快摆脱贫困、解决温饱、奔向小康、实现全面小康的价值追求上，体现了中国共产党人在实现马克思主义中国化最新成果中的根本价值追求。

4. 四大理论与实践问题是整体性着力完成的主要任务

改革开放以来，中国特色社会主义理论不断发展和完善的过程，就是不断回答"什么是社会主义、怎样建设社会主义""建设什么样的党，怎样建设党""实现什么样的发展，怎样发展""坚持什么样的马克思主义，怎样坚持马克思主义"等重大理论和实践问题，正是在回答这四大理论和实践问题的进程中，中国特色社会主义理论体系逐渐形成并不断完善，不断出现新成果、新理论，推进中国特色社会主义理论体系不断创新发展。

5. "新发展理念"和"五位一体"是整体性的发展方向和要求

党的十八届五中全会提出了"创新、协调、绿色、开放、共享"的发展理念，这是改革开放 30 多年来发展经验的集中体现，反映了我们党对社会发展规律的新认识，指明了中国特色社会主义理论体系整体性发展的方向。经济、政治、文化、社会和生态文明"五位一体"建设形成了中国特色社会主义现代化建设的总布局，也是中国特色社会主义理论体系整体性发展的实践要求。

6. "四个全面"战略布局是整体性发展的行动指南

"四个全面"战略布局的思想是实现两个"一百年"奋斗目标提出的任务要求，更是中国特色社会主义理论体系整体性推进的行动指南。

7. 民族复兴中国梦是整体性发展的目标追求

从建设小康社会到实现全面小康目标，再到实现国家现代化，最后实现民族复兴的中国梦，使理论体系的目标追求更加深远、更具民族整体性，实现了国家、民族、人民的利益的有效整合。

8. 党的领导是整体性发展的根本保证

中国共产党是中国特色社会主义事业的领导核心，是实现中国特色社会主义现代化的根本保障，中国特色社会主义理论体系整体性发展所取得的最新理论成果必须在中国共产党的领导下才能得以实现。

9. 基本战略是整体性发展的经验总结

党的十九大提出的党的基本理论、基本路线、基本方略，既是对中国特色社会主义建设实践经验的科学总结，也是进一步推进中国特色社会主义整体性发展的实践遵循。

二、正确把握马克思主义与中国特色社会主义理论体系的关系

"在当代中国，坚持中国特色社会主义理论体系，就是真正坚持马克思主义。"① 中国特色社会主义理论体系是马克思主义中国化的最新理论成果，是马克思主义基本理论与中国改革开放伟大实践相结合的产物。因此，中国特色社会主义理论体系既是坚持马克思主义基本理论的成果，又是马克思主义基本理论运用于中国特色社会主义伟大实践的成果。中国特色社会主义理论体系与马克思主义的关系就是继承、发展、创新的关系，体现出强烈的时代性、实践性、民族性和开放性特征。

（一）中国特色社会主义理论体系是坚持马克思主义理论性的理论成果

中国特色社会主义理论体系是马克思主义中国化的最新理论成果，是马克思主义理论在新的历史条件下的丰富和发展。马克思主义理论是以马克思、恩格斯、列宁为代表的无产阶级革命家所创立的无产阶级革命和建设理论。马克思、恩格斯创立了辩证唯物主义和历史唯物主义科学的世界观和方法论，科学地阐明了人类社会发展基本矛盾和发展动力，揭示了人类社会发展的基本规律。马克思、恩格斯创立了剩余价值学说，深刻地揭示了资本主义发展的内在本质及其发展规律，阐明了无产阶级的伟大历史使命，对未来社会的发展提出了科学的设想。列宁作为将科学社会主义由理论变为现实的无产阶级革命家，在坚持马克思恩格斯理论的基础上，结合俄国革命和建设发展实际，阐述了经济文化比较落后国家进行社会主义革命和社会主义建设理论。无论是马克思、恩格斯还是列宁阐发的社会主义理论对中国特色社会主义理论体系的形成和发展都具有指导性的基础性作用。可以这样说。没有马克思主义的理论引导，就没有邓小平理论、"三个代表"重要思想、科学发展观以

---

① 习近平. 习近平谈治国理政[M]. 北京：人民出版社，2014：9.

及习近平新时代中国特色社会主义思想等重大理论成果的产生，也就没有中国特色社会主义理论体系的产生和发展。

中国特色社会主义理论体系是在继承马克思主义基本理论的基础上发展起来的，与马克思主义理论有一脉相承的精神传承，表现出了对马克思主义基本立场、基本理论、基本观点的坚守。中国特色社会主义理论体系始终坚持无产阶级政党——中国共产党的领导，坚持人民当家作主的国家政权，坚持社会主义公有制为主体和按劳分配为主体的经济制度，坚持人民代表大会的根本政治制度和中国共产党领导的多党合作与政治协商制度，坚持民族区域自治制度和基层民主自治制度，充分体现了马克思主义社会主义理论的本质要求。

中国特色社会主义理论体系是在坚持马克思主义基本理论的基础上对马克思主义理论的创新发展。马克思主义是个开放的体系，是个不断发展和完善的体系，中国特色社会主义理论体系对马克思主义坚持的最高境界就是在实践的发展中不断发展和完善马克思主义理论。中国特色社会主义理论体系坚持马克思主义但不固守个别结论和个别论断，而是注重把马克思主义的基本理论与生动活泼的社会实践相结合，面对实践发展出现的新情况、新矛盾和新问题，在实践的基础上不断探索创新，不仅推动着改革开放伟大实践的发展，而且产生了中国特色社会主义的重大理论成果，实现了理论的创新发展，形成了中国特色社会主义理论体系，积极推进了马克思主义中国化历史进程，丰富和发展了马克思主义理论，体现了理论的发展性和创新性。

(二)中国特色社会主义理论体系是坚持马克思主义实践性的理论成果

实践性是马克思主义的本质特性。马克思主义不是书斋中的学问，而是社会实践发展的产物。马克思主义发展史，从很大程度上讲就是一个马克思主义实践发展史，马克思主义每一次重大发展，每一个重大理论成果都是与社会变革的实践发展，特别是无产阶级革命和社会主义建设伟大实践密切相连的。19世纪30—40年代风起云涌的工人运动催生了马克思主义；19世纪70年代初的巴黎公社革命使马克思主义关于无产阶级专政理论系统化；20世纪初的十月革命推进了马克思主义由理想变为现实；20世纪80年代在中国开始的改革开放和现代化建设实践形成了中国特色社会主义若干重大理论成果，并形成了中国特色社会主义理论体系，推进了马克思主义中国化的历史进程。

创新性是马克思主义实践性的一大特征。中国特色社会主义理论体系的形成与发展过程，就是一个坚持以马克思主义为指导的不断实践创新的过程。实践的创新性，就是强调理论来源于实践，实践推动着理论的不断创新。在中国推进社会主义现代化建设，既没有现成理论作指导，也没有现成经验可借鉴。唯一的方法就是把马克思列宁主义、毛泽东思想的基本理论，与中国特色社会主义现代化建设实际相结合，在推进中国特色社会主义现代化建设、不断深化改革开放的伟大实践中去探索，去创新。在中国特色社会主义发展进程中所面临的重大问题和矛盾，都是历史上所不曾有过的。比如：解决由计划经济向社会主义市场经济转变问题，解决几亿农民的温饱和富裕问题，解决人口众多的农业大国实现工业化和城镇化问题等，这些问题都是我们在实践中不断探索创新加以解决和正在解决的问题。正如邓小平同志指出："我们用自己的实践回答了新情况下出现的一些新问题。"①在全面建成小康社会的历史进程中，我们还会遇到许多新矛盾和新问题，仍然需要我们在不断实践、不断探索中去解决。胡锦涛同志指出："实践永无止境，探索和创新也永无止境。世界上没有放之四海而皆准的发展道路和发展模式，也没有一成不变的发展道路和发展模式。"②习近平总书记强调指出："坚持马克思主义，坚持社会主义，一定要有发展的观点。我们的事业越前进、越发展，新情况新问题就会越多，面临的风险和挑战就会越多，面对的不可预料的事情就会越多。我们必须增强忧患意识，做到居安思危，懂就是懂，不懂就是不懂；懂了的就努力创造条件去做，不懂的就要抓紧学习研究弄懂，来不得半点含糊。"③中国特色社会主义道路就是在永无止境的伟大实践中开创的，中国特色社会主义理论体系和基本制度也是在永无止境的伟大实践中形成和发展的。

真理性是马克思主义实践性的又一大特征。实践的真理性，就是强调实践的标准性。实践是检验真理的唯一标准。中国特色社会主义理论体系的重

---

① 邓小平. 邓小平文选（第3卷）[M]. 北京：人民出版社，1993：91.
② 胡锦涛. 在纪念党的十一届三中全会召开30周年大会上的讲话（2008年12月18日）[M]. 北京：人民出版社，2008：39.
③ 习近平. 习近平谈治国理政[M]. 北京：人民出版社，2014：23.

大成果，都是在改革开放的实践进程中，不断经受实践检验而形成的。无论邓小平理论、"三个代表"重要思想、科学发展观，还是习近平新时代中国特色社会主义思想，都是在中国特色社会主义实践发展中，面对新情况，解决新矛盾和新问题而产生，并经过实践反复检验的科学理论，它们成为既传承了马克思列宁主义、毛泽东思想的精髓，又适合现实基本国情，并能引领中国特色社会主义现代化建设健康发展的科学真理，是我们党必须长期坚持的指导思想。

(三) 中国特色社会主义理论体系是坚持马克思主义民族性的理论成果

马克思主义的民族性，主要体现在两个方面：一是强调一个国家的革命和建设都要从本国和本民族的实际出发，研究和解决本国的实际问题；二是要把科学理论与本国、本民族的实际相结合，实现科学理论，即马克思主义理论的民族化、本土化。正如毛泽东同志所指出："代之以新鲜活泼的，为中国老百姓喜闻乐见的中国作风和中国气派。"①马克思在论述无产阶级革命时曾明确指出："如果不就内容而就形式来说，无产阶级反对资产阶级的斗争首先是一国范围内的斗争。"②这就告诉我们，无产阶级革命就形式而言，就是要立足本国实际，在本国推翻资产阶级的统治，建立无产阶级的政权，从而为实现无产阶级革命——共产主义创造条件。革命如此，建设也是如此，建设理想的共产主义社会是世界无产阶级的历史使命，而要实现这样的理想社会，必须立足现实、立足本国和本民族的实际，加快生产力的发展，不断增加社会经济总量，为未来实现共产主义创造条件。这就是马克思主义民族性的本质要求。

中国特色社会主义理论体系既坚持马克思主义理论的本质要求，又深深植根于中国优秀传统文化和现实国情，它坚持马克思主义民族性，集中体现在坚持民族的历史性和现实性。

中国特色社会主义理论体系坚持民族的历史性，就是强调要弘扬中华优秀传统文化。中华民族在长期的历史发展中，在各族人民团结奋斗、不断探

---

① 毛泽东. 毛泽东选集(第2卷)[M]. 北京：人民出版社，1991：534.
② 中共中央马克思恩格斯列宁斯大林著作编译局编译. 马克思恩格斯选集(第1卷)[M]. 北京：人民出版社，1995：283.

索创新中，创造了辉煌的历史成就，形成了源远流长、博大精深的中华文化，为中华民族发展壮大提供了强大精神动力。中国特色社会主义理论体系的发展是立足于中华民族的历史、对中华民族优秀传统文化成果的继承和发展，是中华民族独特风格和气派的充分体现。在加速实现社会主义现代化的今天，我们必须遵循中华民族发展的特殊属性，彰显中华民族优秀的文化特色，把中国特色社会主义深深扎根于中华优秀传统文化的沃土之中，在民族优秀文化传承与创新中不断丰富和发展中国特色社会主义理论体系，增强民族自信，文化自信，打造具有中国特色、中国风格、中国气派的话语体系，提升中国特色社会主义在世界的影响力和感染力。

中国特色社会主义理论体系坚持民族的现实性，就是强调要立足现实国情求发展。民族的现实性就是民族发展的现实基础，就是中华民族面临的现实国情。胡锦涛同志在庆祝中国共产党建党 90 周年的报告中指出"我国仍然处于并将长期处于社会主义初级阶段的基本国情没有变"。因此，在完善社会主义市场经济体制，不断深化改革开放，加强国际合作与交流的进程，加快全面建成小康社会的历史进程中，必须始终坚持从中国的现实国情出发，坚持独立自主的民族精神，不断推进中国特色社会主义全面发展，努力实现中华民族伟大复兴。

（四）中国特色社会主义理论体系是坚持马克思主义开放性的理论成果

开放性是马克思主义的重要特征，与时俱进是马克思主义的重要品质。马克思主义是一个开放性体系，它是在充分吸收同时代的理论研究成果，总结同时代的工人运动经验教训，并与同时代的各种社会思潮的相互斗争中发展起来的。马克思主义之所以能够在实践中不断开辟认识真理的道路，不断创新理论成果，关键在于它的开放性和与时俱进的理论品质，它不仅以批判的精神吸收和借鉴人类文明成果，而且始终关注社会现实的变革与发展，并不断用最新的科技成果和科学方法调整和改善自己的思维认识，使其更具科学性、合理性和时代性。

中国特色社会主义理论体系作为马克思主义中国化的最新理论成果，既是一个开放的理论体系，也是一个与时俱进的理论体系。中国特色社会主义理论体系坚持马克思主义的开放性就是要坚持发展的时代性、发展的主题性和发展的现实性。

坚持马克思主义的开放性，就是要坚持发展的时代性。发展的时代性，强调要与时俱进紧跟时代发展步伐。人类所处的时代总是不断发展变化的，特别是在生产力飞速发展和科学技术突飞猛进的推动下，人类社会经历了从农耕时代、工业时代到信息时代的发展变化，彰显出人类社会从愚昧走向文明的历史进程。任何一个国家和民族，要想屹立于世界民族之林，都必须紧跟时代发展的步伐，踏上时代发展的快车道，在时代变化发展的进程中发挥自己的特色和优势。中国特色社会主义的建设，始终跟随着时代前进的步伐，不断进行经济结构、产业结构、产品结构的改革，转变发展方式，与时俱进地向前发展，充分显示了中国特色社会主义的时代特色和优势。

坚持发展的时代性，就是要正确把握时代主题的变化谋发展。中国特色社会主义改革开放和全面建设任务，就是在邓小平作出时代主题的明确判断后确立的。邓小平在20世纪80年代初期，面对世界经济政治形势的新变化，果断作出时代主题的判断，认为当今时代的主题，已由战争与革命转变为和平与发展，虽然战争的危险仍然存在，但短期内不可能爆发大规模的世界性战争，世界各国人民密切关注的问题：一是反对核战争，维护世界和平；二是调整经济战略，加速经济发展。因此，和平与发展成为时代的主题，在这个主题思维下，中国特色社会主义以经济建设为中心，以改革开放为动力，以四项基本原则为保障，全面推进社会主义现代化建设，实现了经济、政治、文化、社会以及生态文明全面协调的发展，人民生活质量和水平得到极大提高，综合国力显著增强，成为世界上最大的发展中国家。胡锦涛同志在党的十八大报告中指出："当今世界正在发生深刻复杂变化，和平与发展仍然是时代主题。"[①]这就清楚告诉我们，无论世界形势怎么变化，时代主题没有变，我们就应该抓住这个时代机遇，继续高举和平、发展、合作、共赢的旗帜，坚定不移致力于维护世界和平、促进共同发展，为全面建成小康社会，提高综合国力，提升我国的国际地位和影响力而努力奋斗。

---

① 胡锦涛.坚定不移沿着中国特色社会主义道路前进.为全面建成小康社会而奋斗——在中国共产党第十八次全国代表大会上的报告[M].北京：人民出版社：2012：46.

坚持马克思主义的开放性，就是要坚持发展的现实性。马克思主义的开放性不仅体现在与时俱进的时代性，同时也体现为与时俱进的现实性。马克思、恩格斯在《共产党宣言》1872年德文版序言中明确指出："不管最近25年来的情况发生了多大的变化，这个《宣言》中所阐述的一般基本原理整个说来直到现在还是完全正确的。这些原理的实际运用，正如《宣言》中所说的随时随地都要以当时的历史条件为转移。"① 这就清楚地告诉我们，马克思主义基本理论是在现实实践发展中形成和发展起来的，是被实践证明的科学真理，但这些真理性理论只有在与各国现实国情相结合，才能有效地发挥作用，才能发挥出真理的光辉。

坚持发展的现实性，就是要立足发展的基本国情，坚持实事求是，一切从实际出发，把马克思主义基本理论与本国实际很好地结合起来，在实践发展中去运用马克思主义、发展马克思主义，推进中国特色社会主义事业全面发展。正如习近平总书记指出："我们推进改革发展、制定方针政策，都要牢牢立足社会主义初级阶段这个最大实际，都要充分体现这个基本国情的必然要求，坚持一切从这个基本国情出发。任何超越现实、超越阶级而急于求成的倾向都要努力避免，任何落后于实际、无视深刻变化着的客观事实而因循守旧、固步自封的观念和做法都要坚决纠正。"② 今天，中国特色社会主义已经进入了新时代，社会的主要矛盾已经转化为人民日益增长的美好生活的需要和不平衡不充分的发展之间的矛盾，这说明我国社会生产力水平有所提高，社会生产能力有明显提升，但发展中的不平衡不充分问题突出，这就需要我们把马克思主义的发展理论与我国现实基本国情相结合，牢记我国社会主要矛盾的变化，没有改变我国仍然处于并将长期处于社会主义初级阶段的基本国情没有变，我国是世界最大的发展中国家的国际地位没有变的客观现实，继续坚持党在社会主义初级阶段"一个中心，两个基本点"的基本路线，坚持以人民对美好生活的向往就是我们奋斗的价值取向，为早日实现"第二个一百年"的奋斗目标和实现中华民族伟大复兴而奋斗。

---

① 马克思恩格斯选集(第1卷)[M]. 北京：人民出版社，1995：248.
② 习近平. 习近平谈治国理政[M]. 北京：人民出版社，2014：26.

三、正确把握毛泽东思想与中国特色社会主义理论体系的关系

毛泽东思想和中国特色社会主义理论体系是中国共产党人把马克思主义基本理论与中国革命、建设和改革开放的伟大实践相结合的产物，是马克思主义中国化的理论成果。毛泽东思想与中国特色社会主义理论体系因产生的时代背景、历史主题，面对的具体问题和历史任务不同，形成前后相继的理论成果，表现为马克思主义中国化的两次历史性飞跃。正确认识和把握毛泽东思想与中国特色社会主义的关系，不仅关系到对毛泽东思想和中国特色社会主义理论体系的科学认识和全面把握，而且关系到在新的历史条件下如何坚持和发展毛泽东思想和中国特色社会主义理论体系，如何更好地引领中国特色社会主义改革开放和现代化建设健康发展的根本性问题。

（一）毛泽东思想是中国特色社会主义理论体系的重要思想来源

以毛泽东同志为核心的党的第一代领导集体在领导中国革命和建设的实践中形成和发展了毛泽东思想，为取得中国革命和建设的伟大胜利提供了思想基础和行动指南，并成为改革开放以后中国共产党人探索中国特色社会主义重要的思想源泉。

1. 毛泽东思想为中国特色社会主义理论体系奠定了科学方法论原则

以毛泽东同志为主要代表的中国共产党人把辩证唯物主义和历史唯物主义的基本方法运用于革命和建设发展实践，形成了具有指导意义的科学方法，不仅对当时的革命和建设发挥了指导作用，而且为中国特色社会主义理论体系的形成和发展提供了方法论原则。

创立实事求是的思想路线。实事求是是马克思主义活的灵魂，是马克思主义认识世界改造世界的根本方法。以毛泽东同志为主要代表的中国共产党人在领导革命与建设的实践发展中，运用马克思主义实事求是的思想方法，形成了一条"一切从实际出发，理论联系实际，实事求是，在实践中检验真理和发展真理"[①]的马克思主义思想路线。这是马克思主义认识论和辩证法中国化的集中体现，是毛泽东思想的精髓和方法论的根本点。我们的党坚持实事

---

① 中国共产党第十七次全国代表大会文件汇编[M]. 北京：人民出版社，2007：66.

求是的思想路线，摆脱教条主义、本本主义的思想束缚，克服"左"右倾机会主义的重重干扰，立足中国革命的实际，开创性地走出了一条以农村包围城市、武装夺取政权，最后夺取全国政权的革命道路，领导中国人民取得了民主革命的伟大胜利，创立了新中国。新中国成立以后，以毛泽东同志为主要代表的中国共产党人继续坚持实事求是的思想路线，不照抄照搬苏联模式，独立自主地进行社会主义建设道路的探索，走出了一条符合中国国情的建设发展道路，为后来中国特色社会主义改革开放和现代化建设的深入发展奠定了基础。

确立马克思主义中国化的指导原则。在坚持实事求是思想路线的基础上，我们的党特别强调要把马克思主义与中国革命和建设实际相结合，开创性地提出了"马克思主义中国化"的科学命题。毛泽东十分重视马克思主义中国化的问题，他要求全党要充分认识这个问题的重要性，要学会把马克思列宁主义的理论应用于中国的具体环境，要树立用中国化的马克思主义指导革命和建设的具体理念，使马克思主义在中国具体化。毛泽东强调，这是以马克思主义指导中国具体实践的基本原则和根本方法，不仅提出了马克思主义中国化的理论命题，而且身体力行地践行了这个理念，毛泽东把马克思主义关于革命、建设以及未来社会发展的理论与中国经济社会发展的实际相结合，创立了具有中国风格、中国气派和中国精神的思想理论，即毛泽东思想，实现了马克思主义中国化的第一次历史性飞跃，并引领中国革命和建设取得巨大成就，也为中国特色社会主义理论体系的创立和发展提供了科学的方法原则。

2. 毛泽东思想关于社会主义建设基本理论的论述是中国特色社会主义理论体系的思想引领

以毛泽东同志为主要代表的中国共产党人领导中国人民取得新民主主义革命胜利以后，顺利完成了生产资料所有制的社会主义改造，转入全面建设社会主义的历史进程。在全面建设社会主义的探索实践中，有成功的经验，也有失败的教训。无论是成功的经验还是失败的教训，对后来中国特色社会主义现代化建设都具有基础和借鉴作用。特别是毛泽东关于社会主义建设的基本理论的论述，成为中国特色社会主义理论体系形成发展的思想引领。

关于社会主义矛盾理论的论述。社会主义改造基本完成后，面对国内出现的各种矛盾问题，毛泽东撰写了《关于正确处理人民内部矛盾的问题》一文，全面系统地阐述了社会主义时期的矛盾问题。他明确指出在社会主义社会，社会基本的矛盾仍然是生产关系和生产力之间的矛盾，上层建筑和经济基础之间的矛盾。这对矛盾与资本主义社会不同，它不是对抗性的，而是非对抗性的矛盾，可以通过社会主义的改革和调整得到解决。毛泽东在分析社会基本矛盾的同时，还提出了两类不同性质的矛盾问题，他指出，社会基本矛盾反映在人与人的关系上，呈现出两类不同性质的矛盾。一类是敌我矛盾，一类是人民内部矛盾，其中大量的是人民内部矛盾，敌我矛盾是通过专政的方式来解决，而人民内部矛盾则是通过"团结－批评－团结"的方式来解决。毛泽东强调，正确处理人民内部矛盾是国家政治生活的主题，并提出要构建国内生动活泼的政治局面。毛泽东关于社会主义社会矛盾理论的论述，不仅为当时正确解决社会主义建设时期的矛盾问题提供了理论指导，而且为解决改革开放新时期中国特色社会主义各种矛盾问题提供了重要指导。

关于社会主义经济建设理论的论述。在经济基础薄弱的国家，怎样进行社会主义经济建设，既没有现成的理论指导，也没有实践经验可借鉴，毛泽东从中国的实际出发，在总结苏联模式的经验教训的基础上，提出了社会主义经济建设的理论。毛泽东在《论十大关系》这篇文章中，明确提出了以农、轻、重为序的经济结构，强调通过发展农业、轻工业为重工业积累资金，完全放弃了苏联以高度集中集权方式优先发展重工业，甚至不惜牺牲农业、轻工业的发展模式，创立了适合中国国情的工业化发展模式；不仅如此，在这篇文章中，毛泽东还强调要正确处理好沿海工业和内地工业、经济建设和国防建设、大型企业和中小型企业的关系，以及中央和地方，国家、集体和个人等方面的关系，要调动各方面积极因素为社会主义建设服务等思想。在处理工业与农业的关系上，毛泽东提出了以农业为基础、工业为主导的发展方针，在经济发展的方式上，毛泽东在提出有计划按比例发展的同时，提出了注重社会主义商品经济的问题，强调"必须肯定社会主义的商品生产和商品交换还有积极作用"，"必须生产适宜于交换的社会主义商品"，必须"发展社会主义的商业"等思想。这些理论论述有效地组织引导了社会主义建设的发展，为后来中国特色社会主义经济的发展提供了重要引领。

关于社会主义政治建设理论的论述。以毛泽东同志为主要代表的中国共产党人创造性地建立了人民民主专政的国家政权，建立了具有中国特色的人民代表大会制度和中国共产党领导的多党合作和政治协商制度，建立了适合中国国情的民族区域自治制度。实践充分证明，这些政治制度不仅为巩固和发展社会主义提供了制度保障，而且也是中国特色社会主义事业继续发展的根本保障。

关于社会主义文化建设理论的论述。以毛泽东同志为主要代表的中国共产党人十分重视社会主义文化建设，把文化建设作为革命和建设的重要任务。在《延安文艺座谈会上的讲话》中，毛泽东提出了"文艺为人民大众服务"的思想，并确定为革命文化的发展方向，推动了革命文化的健康发展。新中国成立以后，针对如何发展社会主义文化发展的问题，毛泽东提出了"百花齐放、百家争鸣"的文艺发展方针，极大地调动了广大文艺工作者的积极性和创造性，促进了社会主义文化的繁荣发展。

(二)中国特色社会主义理论体系是对毛泽东思想的坚持和发展

党的十八大报告明确指出中国特色社会主义理论体系是包括"邓小平理论、'三个代表'重要思想、科学发展观在内的科学理论体系"，是"对马克思列宁主义、毛泽东思想的坚持和发展"。党的十九大报告强调："新时代中国特色社会主义思想，是对马克思列宁主义、毛泽东思想、邓小平理论、'三个代表'重要思想、科学发展观的继承和发展，是马克思主义中国化最新成果，是党和人民实践经验和集体智慧的结晶，是中国特色社会主义理论体系的重要组成部分，是全党全国人民为实现中华民族伟大复兴而奋斗的行动指南，必须长期坚持并不断发展。"① 改革开放以后，以邓小平、江泽民、胡锦涛、习近平同志为主要代表的中国共产党人，把马克思列宁主义、毛泽东思想的基本理论与中国改革开放和现代化建设实际相结合，在坚持其基本理论的基础上，创造性地发展了中国特色社会主义理论，创立了一系列重大理论成果，形成了中国特色社会主义理论体系。

1. 坚持实事求是的思想路线

粉碎"四人帮"以后，中国社会主义建设如何发展，这是摆在全党和全国

---

① 习近平. 习近平谈治国理政(第3卷)[M]. 北京：人民出版社，2020：16.

人民面前的首要任务。邓小平以无产阶级革命家的宏伟气魄和使命担当,提出要解决当前中国发展中存在的问题,必须完整准确地理解毛泽东思想,毛泽东思想活的灵魂是实事求是,当前,只有解放思想才能实事求是。正是在邓小平这一思想的指引下,我们党才冲破了"两个凡是"的思想束缚,开展了"实践是检验真理的唯一标准"的大讨论,掀起了一场思想大解放运动,从而为党的十一届三中全会的召开和解放思想、实事求是思想路线的形成做了思想和舆论准备。解放思想、实事求是是我们党在新时期新阶段的思想路线,在这个思想路线的指引下,开创了改革开放和现代化建设的新时期,使中国特色社会主义的发展迈上了新的征程。

2. 科学定位时代主题

邓小平在思考如何进行社会主义建设时,以世界眼光审视国际形势的发展变化,清楚地认识到虽然战争与革命的因素仍然存在,资本主义与社会主义的矛盾和斗争也未消失,但从世界政治经济格局和国际力量的对比来看,特别是美苏军备竞赛的不断升级,使维护和平和促进发展成为世界各国所特别关注的问题,也成为世界各国人民所期盼解决的问题,正是基于这种判断,邓小平提出了和平与发展是当今时代主题的科学判断,为中国特色社会主义的建设和发展确定了良好的国际环境。

3. 确定社会主义初级阶段理论

邓小平在设计中国特色社会主义发展蓝图时,坚持了毛泽东思想中一切从实际出发的思想,在对社会主义发展进程进行历史反思的基础上,提出了我们仍处于社会主义初级阶段的观点,就是说,从社会性质讲,我们已经进入了社会主义社会,但从发展程度上讲,我们还处于初级阶段。初级阶段最典型的特征是生产力不够发达,经济比较落后,人口数量众多。因此我们的社会主义建设必须从初级阶段的实际出发,任何跨越这个阶段的想法和做法都是会失败的。

4. 制定了党在社会主义初级阶段的基本路线

以邓小平同志为主要代表的中国共产党人在领导改革开放和现代化建设的实践中,提出了党的社会主义初级阶段的基本路线,即:"领导和团结全国各族人民,以经济建设为中心,坚持四项基本原则,坚持改革开放,自力更生,艰苦创业,为把我国建设成为富强、民主、文明的社会主义现代化国家而奋斗。"①这条总路线概括并阐述了党在社会主义初级阶段的总的任务、总的方针、总的政策。它集中反映了党和各族人民的根本利益,是我们事业能够经受风险考验,顺利达到目标的最可靠的保证。

5. 揭示了社会主义的本质

邓小平在思考什么是社会主义?怎样建设社会主义问题时,在总结中国社会主义建设经验教训的基础上,深刻地阐述了社会主义本质问题。邓小平明确指出:"社会主义的本质,是解放发展生产力,消灭剥削,消除两极分化,最终达到共同富裕。"②这一概括,反映了人民的利益和时代的要求,澄清了不合乎时代进步和社会发展规律的模糊观念,摆脱了长期以来拘泥于具体模式而忽视社会主义本质的错误倾向,深化了对社会主义本质的认识。

6. 阐述了中国特色社会主义的基本理论

邓小平理论、"三个代表"重要思想、科学发展观以及习近平新时代中国特色社会主义思想形成的中国特色社会主义理论体系,内涵丰富,其基本理论包括:党的建设理论、经济建设理论、政治建设理论、文化建设理论、社会建设理论以及生态文明建设理论,这些理论都是在继承和发展毛泽东思想的基础上,结合中国改革开放和现代化建设实际而形成的理论体系,是引领中国特色社会主义全面发展的理论指导和行动指南。

7. 阐述了中国特色社会主义的基本方略

习近平新时代中国特色社会主义思想丰富和发展了毛泽东思想的基本战略策略思想,把中国特色社会主义理论推向了一个新阶段,提出了明确的中国特色社会主义发展方略,这就是坚持党对一切工作的领导,坚持以人民为中心,坚持全面深化改革,坚持新发展理念,坚持人民当家作主,坚持全面依法治国,坚持社会主义核心价值体系,坚持在发展中保障和改善民生,坚持人与自然和谐共生,坚持总体国家安全观,坚持党对人民军队的绝对领导,坚持"一国两制"和推进祖国统一,坚持推动构建人类命运共同体,坚持全面

---

① 邓小平. 邓小平文选(第3卷)[M]. 北京:人民出版社,1993:405.
② 邓小平. 邓小平文选(第3卷)[M]. 北京:人民出版社,1993.373.

从严治党。这些发展方略既是毛泽东思想的战略策略思想的继承和发展,也是中国共产党人在新的历史条件下不断创新发展的成果,对于推动中国特色社会主义现代化建设具有重要的指导作用。

(三)毛泽东思想与中国特色社会主义理论体系是一脉相承又与时俱进的两个理论体系

毛泽东思想和中国特色社会主义理论体系是马克思主义中国化的两大理论成果,它们构成前后相继、一脉相承又与时俱进的理论成果。

1. 毛泽东思想与中国特色社会主义理论体系是一脉相承的理论成果

毛泽东思想和中国特色社会主义理论体系,都是中国共产党人把马克思主义基本理论同中国革命和建设实际相结合的产物,都坚持马克思主义辩证唯物主义和历史唯物主义认识论,都坚持一切从实际出发、实事求是的思想路线,都立足于中国社会发展的基本国情,走独立自主的发展道路,在全面建设社会主义的历史过程中,都强调处于社会主义初级阶段,都把建设社会主义现代化国家作为发展目标,并形成共同的制度基础。在政治上,都坚持人民民主专政的国家政权,坚持人民代表大会的根本政治制度,坚持共产党领导的多党合作与政治协商制度,坚持民族区域自治制度,坚持党的领导、人民当家作主和依法治国的有机统一;在经济上,坚持生产资料的公有制和按劳分配为主体的经济制度,以追求共同富裕为目标;在文化上,都坚持马克思主义在意识形态领域的指导地位,反对意识形态的多元化,坚持文化建设的"双为"方针和"双百"方针;在社会建设上,都坚持正确处理人民内在矛盾,强调调动一切积极因素,重视保障和改善社会民生,社会稳定发展;在生态文明建设上,都强调要重视环境保护,增强环保意识,反对环境污染,维护生态平衡,促进人与自然和谐发展等。这充分表明毛泽东思想与中国特色社会主义理论体系具有内在的逻辑联系,具有理论的传承性和实践的共同性,是一个前后相继、一脉相传的理论体系。

2. 毛泽东思想与中国特色社会主义理论体系是马克思主义中国化与时俱进的理论成果

毛泽东思想与中国特色社会主义理论体系具有一脉相承的历史传承性,但因所处的具体历史阶段不同,面临的历史任务和解决的主要问题不同,呈现出两种理论形态,表现出与时俱进的理论品质。

毛泽东思想作为马克思主义中国化的第一次飞跃,它产生于中国民主革命时期,当时世界的主题是革命与战争,其主要目标是要推翻帝国主义、封建主义和官僚买办资产阶级,建立新中国,建立人民当家作主的人民政权,实现国家独立、人民解放。因此,毛泽东思想主要回答的是在半殖民地半封建社会进行什么性质的革命、怎样进行革命,革命的步骤和前途是什么等基本问题。在毛泽东思想的指引下,中国共产党领导中国人民开创了符合中国实际的革命道路,即以农村为根据地,实现以农村包围城市,武装夺取政权,最后夺取全国政权,进而取得新民主主义革命的胜利的道路。新中国成立以后,在毛泽东思想的指导下,顺利实现了对生产资料私有制的社会主义改造,建立了社会主义制度,并进行了社会主义的全面建设。在全面建设社会主义的理论和实践探索中,提出了许多科学理论、积累了丰富的实践经验,取得了丰富的物质成果,这些都为后来中国特色社会主义理论的发展和实践的创新奠定了坚实的基础。正如党的十七大报告所指出的:"我们要永远铭记,改革开放伟大事业,是在以毛泽东同志为核心的党的第一代中央领导集体创立毛泽东思想,带领全党全国各族人民建立新中国、取得社会主义革命和建设伟大成就以及艰辛探索社会主义建设规律取得宝贵经验的基础上进行的。①

中国特色社会主义作为马克思主义中国化的第二次飞跃,产生于21世纪80年代,世界主题已经由革命与战争转变为和平与发展,其发展目标就是要在21世纪中叶实现中国社会主义的现代化,实现人民共同富裕。其历史任务就是通过改革开放,不断加速社会生产力的发展,调整经济结构、产业结构和产品结构,转变经济发展方式,不断增加经济总量,加强政府职能转变,改革不适应生产力发展的旧观念旧体制,巩固和完善社会主义基本经济制度和政治制度,不断扩大对外开放,加强国际合作与交流,提高国际竞争力,提升中国在国际经济政治舞台中的地位和影响力。因此,中国特色社会主义理论体系要回答的基本问题是:"什么是社会主义、怎样建设社会主义,建设

---

① 胡锦涛. 高举中国特色社会主义伟大旗帜 为夺取全面建设小康社会新胜利而奋斗——在中国共产党第十七次全国代表大会上的报告[M]. 北京:人民出版社,2007:7.

什么样的党、怎样建设党，实现什么样的发展、怎样发展"等基本问题。由邓小平理论、"三个代表"重要思想、科学发展观以及习近平新时代中国特色社会主义思想构成的中国特色社会主义理论体系作为一个整体性理论体系，是在继承毛泽东思想的基础上，适应历史发展的新阶段新任务而形成的科学理论，开创了马克思主义新境界。

第一章 中国特色社会主义理论体系形成的历史条件

中国特色社会主义理论体系的形成是历史的必然，它是多方面条件综合作用的结果。要准确理解和把握中国特色社会主义理论体系的科学内涵和精神实质，就必须弄清楚它产生和发展的历史条件和背景。只有把这一理论放在特定的历史条件下来考察，才能获得正确而深刻的认识，它既关系到对这一理论体系性质的判断，也是准确理解和把握这一理论体系的科学内涵及精神实质的重要前提。因此，对中国特色社会主义理论体系产生的历史条件进行研究将具有非常重要的理论价值和现实意义。

一、和平与发展成为主题的时代

和平与发展是邓小平提出的当今时代的主题，和平问题讲的就是政治问题，发展问题讲的就是经济问题，和平与发展是互为条件，相互联系，相互影响。和平是发展的前提和基础。只有在和平的国际环境中，世界各国才能保持正常的经济交往和顺利实现本国的发展计划。战后世界经济的发展就是得益于世界相对和平的国际环境，战乱和冲突则是经济发展的重大障碍。战乱不仅使参战国消耗大量的人力、物力、财力，造成严重的经济损失，而且导致交通运输瘫痪，国际贸易中断，给世界经济的发展造成严重的影响。发展经济是维护世界和平的有力保障。和平事业需要一定的物质基础，而经济贸易往来则能增进各国人民的友好往来。具体地说世界经济的发展促进了国际分工，增进了各国间的交流和联合，有可能抑制世界战争的爆发；经济的发展有助于消除世界不稳定的因素，减少发生军事冲突的可能性；世界经济特别是发展中国家经济的发展有利于世界和平力量的壮大。

（一）邓小平和平与发展为主题的提出

  1946年3月5日，英国前首相温斯顿·丘吉尔在美国富尔顿发表"铁幕演说"，正式拉开了冷战序幕。1947年3月12日，美国杜鲁门主义出台，标志着冷战开始。1955年华沙条约组织成立标志着两极格局的形成。当时的美国和苏联同为世界上的"超级大国"，为了争夺世界霸权，两国及其盟国展开了数十年的斗争。在这段时期，虽然分歧和冲突严重，但双方都尽力避免世界范围的大规模战争（第三次世界大战）爆发，其对抗通常通过局部代理战争、科技和军备竞赛、太空竞赛、外交竞争等"冷"方式进行，即"相互遏制，不动武力"，因此称之为"冷战"。冷战主要表现为以美国与苏联为首的两大军事集团之间的对峙。为了遏制苏联，实现称霸世界的目标，美国推行了"杜鲁门主义""马歇尔计划"和北大西洋公约组织三根支柱，它们是在1947、1948、1949三年内相继出台的。这意味着美国从政治、经济、军事上三管齐下，对苏联实行政治上的孤立打击、经济上的封锁和军事上的包围。其中"杜鲁门主义"是"冷战"政策的核心部分，出笼的由头是代替英国应对希腊、土耳其危机，镇压两国的共产党。由此推而广之，只要哪个地方有进步运动，美国就宣布这个地方有"共产主义威胁"，就立即提供经济、军事援助，乃至出兵干涉。[①]针对美国的政策，斯大林采取了相应对策。其基本指导思想：巩固雅尔塔体制成果，加固东欧阵地；在理论上明确"两个阵营和两个平行市场"概念；立足于准备一场新的战争的到来。[②] 基于这些考虑，斯大林确立了他的积极防御方针。大力恢复和发展经济，加强国家防御能力。优先和高速发展重工业，突出国防工业建设，迅速加强国防力量。整顿和改组军队，全面提高武装力量素质。苏联在战后组织大规模复员，更新武器装备，改组作战指挥系统，使整个军队装备和素质大大提高。实施战略纵深防御，在苏联国土周围建立"安全防御带"。二战后苏联不仅在东欧地区建立"安全带"，在远东也得到了一些权益。苏联从20世纪50年代后期赫鲁晓夫掌权开始，改变了斯大林时

---

 ① ［英］巴里.美国与诸大国：21世纪的世界政治［M］.上海：上海世纪出版集团，2007：211.
 ② 倪世雄.当代西方国际关系理论［M］.上海：复旦大学出版社，2004：272-273.

第一章 中国特色社会主义理论体系形成的历史条件

期的对美积极防御方针,开始推行同美国争夺霸权的政策。1956年苏共召开二十大,赫鲁晓夫提出了"和平共处""和平竞赛""和平过渡"的"三和"政策。其目标是缓和冷战开始以来僵硬的美苏关系,希望实现"美苏合作",共同主宰世界;同时加紧扩大在第三世界的影响,与美国争夺战略空间。美苏两个超级大国之间的争夺,是世界长期不得安宁的主要根源。两大军事集团实力相当,谁都不敢轻易动用武力来结束对方与其进行世界霸权争夺,两国都储存了大量核弹头,相互威胁都可以用核弹毁灭对方。冷战时期,国际关系紧张,世界各国人民都渴望和平、反对战争,世界各国和人民为追求和平进行了不懈的努力。

第二次世界大战后,世界出现的第三次科学技术革命即新科技革命,深刻地改变了当今社会经济生活和世界面貌。首先,新科技革命使世界经济关系发生了重大变化。新科技革命引起的经济全球化发展,使世界各国的生产、流通、投资等日益联结为一个整体,各国经济发展只有在相互依存、相互合作的条件下才能真正实现。同时,各国之间又充满了矛盾和激烈竞争,而矛盾和竞争的核心是经济问题,或者说是发展问题。其次,新科技革命和世界经济的发展,使世界政治格局也发生了重大变化。世界多极化的趋势逐渐显现,国际形势总体上出现了相对和平的发展趋势。尽管世界并不太平,局部战争仍有发生,但遏制战争的因素也在逐步增加,较长时期内不发生大规模的世界大战是有可能的。总之,世界要和平、人民要合作、国家要发展、社会要进步,成为时代的潮流。

20世纪80年代末90年代初,东欧剧变、苏联解体,世界局势发生急剧变化。邓小平指出,对于国际局势要冷静观察,稳住阵脚,沉着应对。经过冷静观察和分析,他说,当前世界局势的发展,充分表明世界格局正在向多极化发展。苏联解体标志着美苏两极格局的终结,旧格局已经打破,新格局尚未形成。美国成为当今世界唯一的超级大国,但一家独霸世界力不从心,欧洲联盟的建立加快了经济和政治一体化进程,成为国际经济、政治中一支举足轻重的力量;日本正在积极努力,争取由经济大国向政治大国迈进;俄罗斯现有的实力,决定它仍会在国际舞台上发挥重要作用;中国改革开放以来,国际地位不断提高,国际影响不可低估;发展中国家的崛起,必将在世界事务中发挥愈来愈大的作用。多极化趋势的发展有利于世界的和平、稳定与繁荣。另外，经济全球化是指随着国际社会分工和科学技术的发展以及生产社会化程度的提高，使世界各国、各地区的经济活动越来越超出一国和地区的范围而相互联系和密切结合的趋势。经济全球化在内容上包括生产全球化、贸易全球化、资本全球化，经济全球化实际上是资源配置的国际化。经济全球化趋势从根本上有助于推动当今世界和平与发展两大世界主题的形成和发展，对发展中国家来说，经济全球化既是机遇，也是挑战，要趋利避害，促进自身发展。

邓小平根据世界经济与政治发生的重大变化，敏锐地把握到时代的主题已开始由战争与革命转变为和平与发展，及时提出和平与发展已经成为当今世界的两大主题的科学论断。邓小平对时代主题的科学判断包含以下几方面的基本思想：

第一，世界大战是可以避免的，我们有可能争取较长时期的和平环境。正是基于这样的判断，我们党才做出了以经济建设为中心，集中力量进行社会主义现代化建设的战略决策。

第二，和平与发展是当今世界两大带有全球性的战略问题。邓小平指出，当今世界有很多问题，但有两大问题非常突出，即和平与发展问题。

第三，和平与发展是当代世界主要矛盾的集中体现。首先，当代世界在政治上的主要矛盾是东西方还存在对抗与世界要和平的矛盾。第二次世界大战后，世界形成了东西对峙、美苏争霸世界的两极格局，给世界和平带来极大威胁。冷战结束后，冷战思维依然存在，霸权主义和强权政治并没有退出历史舞台，仍然是威胁世界和平与稳定的主要根源。因此，和平问题就成为当代世界政治最突出的问题和集中体现。其次，当代世界在经济上的主要矛盾是南北方差距的扩大与国家要发展的矛盾。发展问题就成了当代世界经济最核心的问题和集中体现。抓住了这两大问题，也就在错综复杂的国际矛盾中抓住了制约、影响其他矛盾的主要矛盾，把握住了时代的主题。

第四，和平与发展成为时代主题，是指和平与发展代替战争与革命成为当代世界面临的两个重大课题，并不意味着这两大问题已经解决。世界大战可以避免，但战争的危险并没有根除；经济发展越来越成为各国的共同要求，

第一章　中国特色社会主义理论体系形成的历史条件

但南北差距仍在扩大，世界各国远未实现共同繁荣。

邓小平根据世界经济与政治发生的重大变化，敏锐地把握到时代的主题已开始由战争与革命转变为和平与发展，他认为，随着世界形势的进一步变化，和平因素的增长将会超过战争因素的增长，争取一个较长时间的国际和平环境是有可能的。在此认识基础上，1984年，邓小平进而指出：国际上有两大问题非常突出，一个是和平问题，一个是南北问题；还有其他许多问题，但都不像这两个问题关系全局，带有全球性、战略性的意义。[①] 这一论述，不仅重申了世界正向着和平形势发展的良好态势，还对南北问题进行了揭示，并将其与和平问题一起提出，这就为科学判断时代主题埋下了伏笔。1985年，邓小平经过长时间的深思熟虑，郑重提出了关于时代主题的新判断。他指出："现在世界上真正大的问题，全球性的战略问题，一个是和平问题，一个是经济问题或者说发展问题。和平问题是东西问题，发展问题是南北问题。概括起来，就是东西南北四个字。南北问题是核心问题。"[②]

邓小平关于时代主题的新判断，揭示了中国特色社会主义理论体系产生的世界环境因素。中国特色社会主义理论体系实践观所阐释的诸多内容，都与和平与发展这一时代主题具有密切的联系。特别是在"什么是社会主义，怎样建设社会主义"这一个中国特色社会主义理论体系实践观的逻辑开端之中，便蕴含着和平与发展的鲜明特色。从某种层面上进行分析，"什么是社会主义，怎样建设社会主义"考量的恰恰是实践观方面的内容，并且是和平与发展国际背景下的中国社会主义建设正在实践和所应实践的内容。对于这一点，邓小平社会主义本质论的相关论述向世人昭示了这一意旨。"社会主义的本质，是解放生产力，发展生产力，消灭剥削，消除两极分化，最终达到共同富裕。"[③]很容易发现，社会主义本质论，既是对"什么是社会主义，怎样建设社会主义"的科学回答，又是对和平与发展这一时代主题的反映和观照。言其回答了"什么是社会主义，怎样建设社会主义"的问题，原因很简单，社会主义本质论的内容，从表面上看，就是对"什么是社会主义"这一问题的正面回

---

① 邓小平. 邓小平文选(第3卷)[M]. 北京：人民出版社，1993：96.
② 邓小平. 邓小平文选(第3卷)[M]. 北京：人民出版社，1993：105.
③ 邓小平. 邓小平文选(第3卷)[M]. 北京：人民出版社，1993：373.

应。从其中的每一句话透析,又会体悟到,无论是"解放""发展""消灭""消除"还是"最终达到",都是对"怎样建设社会主义"或社会主义实践所要进行的内容。讲其反映了和平与发展的时代主题,其理由在于,从深层次剖析,社会主义本质论的内容是邓小平基于国际背景下的考虑。事实上,也只有在和平与发展的时代背景下,我们才能对社会主义的本质认识得如此透彻。而在战争与革命的国际背景下,我们对社会主义的认识长期以来停留在社会主义的基本特征层面。当时的认识之所以比较肤浅,与面临的国际环境不无关系。由此而论,中国特色社会主义理论体系实践观的逻辑开端映射了和平与发展的时代特征。

和平与发展的时代主题,既为中国特色社会主义实践提供了新机遇,也为中国特色社会主义理论体系和实践注入了新内容。1978年,在事关中国前途命运的紧要历史关头,我们的党果断停止了"以阶级斗争为纲"的做法,作出了以经济建设为中心、进行改革开放的正确抉择。从1957到1976年,在长达20年的社会主义探索过程中,由于诸多的原因,我们走了许多弯路,社会生产力未能得到应有的发展,从而使人民群众的生活长期得不到改善。生产力的滞后,与改革开放之前我国对世界形势的判断是有一定关系的。事实上,在改革开放之前,我们对世界形势的判断是"战争与革命",即延续了列宁关于时代主题的判断。从一定的程度上来看,这一判断,具有历史的合理性,使我国在生活水平较低的情况下顶住了国际霸权主义者的挑衅,也确立了我国在世界上的应有地位,其历史功绩不能忽视。然而,正像革命导师列宁所指出的那样:真理"只要再多走一小步,看来像是朝同一方向多走了一小步,真理就会变成错误"[①]。就此来看,对列宁的革命与战争的时代主题的继承和延续,不能忽视特定的历史条件。否则,就会导致认识上的误区,进而会产生实践上的直接危害,我国改革开放之前社会主义建设的曲折发展已经充分证明了这个道理。

改革开放之后,邓小平针对世界形势的新变化,对于时代主题进行了全新的揭示和概括,得出了和平与发展这一科学结论,从而为我国中心工作的

---

① 列宁. 列宁全集(第39卷)[M]. 北京:人民出版社,2017:82.

第一章　中国特色社会主义理论体系形成的历史条件

顺利转移提供了相应的外部环境支持。众所周知，只有在和平的国际背景下，国内才能聚精会神搞建设，一心一意谋发展。如果说国际形势动荡不安，特别是将战争看作难以避免乃至迫在眉睫的事情，国内也只好备战备荒了。一定的小环境，是受大环境的制约甚至决定的。换句话说，小环境是在大环境的背景下选择自己的行为方式。因此，小环境的决策者要作出符合实际需要的正确抉择，首先就要对大环境的状况和发展态势有一个客观正确的判断。如果大环境已经发生了急剧变化，小环境的决策者尚未随机而动，固守成见甚或抱残守缺，势必会丧失发展的大好机会。因此，对国际大环境特别是时代主题的正确判断，是一个国家制定正确国策的重要条件甚至是前提条件。在此意义上，邓小平关于和平与发展时代主题的正确判断，对我国专心致志地进行社会主义现代化建设具有十分重要的价值。从某种意义上而论，和平与发展这一科学判断，为我国提供了中国特色社会主义实践的新机遇。以邓小平南方谈话和党的十四大为标志，中国社会主义改革开放和现代化建设事业进入新的发展阶段。党的十四届三中全会通过的《中共中央关于建立社会主义市场经济体制若干问题的决定》，勾勒了社会主义市场经济体制的基本框架。加强宏观调控的决策和措施，实现了从发展过快到"高增长、低通胀"的"软着陆"。坚持"两手抓、两手都要硬"的方针，加强了宣传思想工作和社会主义精神文明建设。党的十五大把邓小平理论确立为中国共产党的指导思想，回答了邓小平逝世后中国改革开放和现代化建设继续向前发展的一系列重大问题。

（二）江泽民对和平与发展思想的继承和发展

20世纪90年代以后即苏联解体后，以美苏争霸为特征的冷战宣告结束，标志着世界格局的发展进入了多极化的新阶段。两极格局开始瓦解，世界各种政治力量重新分化组合，大国的力量对比发生了深刻的变化。虽然美国是当今世界唯一的超级大国，但是中国、俄罗斯、欧盟、日本等多强并起，广大发展中国家的整体实力总体提升，全球性、洲际性和区域性组织空前活跃。总体上有利于国际局势的缓和和世界和平与发展。然而，在多极化过程中，美国仰仗其经济、科技、军事和文化上的全面优势，不顾一切地推行单边主义、霸权主义，把中国视为其潜在威胁和主要竞争对象。江泽民的和平发展思想就是在这样的背景下产生的。

冷战结束后,经济全球化进一步迅猛发展,从而使整个世界"你中有我,我中有你",各国经济的发展越来越紧密地联系在一起。这加速了资本、科技、知识等生产要素在全球范围内的自由流动和合理配置;推动了世界产业结构优化升级和技术进步;促进了区域经济一体化发展和国际协调和合作机制的发展。总之,经济全球化使各国相互依存和影响进一步加深,利益融合突显,从而使国家之间出现了以对话与合作为主的关系,互利共赢与共谋发展的需求上升。冷战结束后,中国与周边国家的关系在经济、政治和军事等方面合作不断深入,中国的周边环境改善,但仍复杂多变。在经济上,亚太地区尤其是东亚地区发展势头强劲,集中了当今世界政治、经济和文化上最有代表性和影响力的各类国家和国家集团,亚太已日益成为新的世界发展中心。中国必须坚持平等互利、共存共赢原则,促使中国与周边国家经济合作朝着良性互动方向发展。在政治上,中国的周边环境比冷战时期复杂得多。冷战后,中国的周边形势由于中印领土争端、中国南海争端和台湾问题上的美国因素及潜在的日本因素正变得复杂化。与中亚地区毗邻的中国新疆地区,近年来,受到国际恐怖主义、宗教极端势力和民族分裂势力的影响和渗透,"东突"等恐怖主义组织蓄意制造事端。在军事上,美国利用超强优势,联合日本、印度以及东盟一些国家,加紧构筑亚太地区多边安全机制,建立美国主导下的对中国形成遏制的亚太格局。在这种复杂的周边环境下,以江泽民同志为核心的党的第三代中央领导集体对世界经济政治发展形势做出了新的认识和新的判断,对和平与发展的时代主题做了新的阐释。

江泽民同志指出,和平与发展仍是当今时代的主题。维护和平,促进发展,事关各国人民的福祉,是各国人民的共同愿望,也是不可阻挡的历史潮流。世界多极化和经济全球化趋势的发展,给世界的和平与发展带来了机遇和有利条件。不管国际风云如何变幻,中国始终不渝地奉行独立自主的和平外交政策。中国外交政策的宗旨,是维护世界和平,促进共同发展。中国愿同各国人民一道,共同推进世界和平与发展的崇高事业。江泽民同志还强调将继续改善和发展同发达国家的关系,以各国人民的根本利益为重,在和平共处五项原则的基础上,扩大共同利益的汇合点,妥善解决分歧;继续加强

第一章 中国特色社会主义理论体系形成的历史条件

睦邻友好，坚持与邻为善、以邻为伴，加强区域合作，把同周边国家的交流和合作推向新水平；继续增强同第三世界的团结和合作，增进相互理解和信任，加强相互帮助和支持；继续积极参与多边外交活动，在联合国和其他国际及区域性组织中发挥作用，支持发展中国家维护自身的正当权益；继续同各国各地区政党和政治组织发展交流和合作。

（三）胡锦涛对和平与发展思想的继承和发展

进入21世纪以来，国际社会并不安全，充满纷乱。尤其是国际恐怖主义活动猖獗，世界变得更加不安。在这种国际背景下，胡锦涛关于和平发展尤其是"和谐世界"的构想开始形成。

中国持续强劲的发展势头引起了国际社会广泛关注，有敬佩和赞扬，也有疑虑和恐惧。特别是美国等西方国家有一些人，对中国的发展前景和走向更是惴惴不安，不断地制造和散布形形色色的"中国威胁论"。他们宣称，中国高速发展将引发对能源、资源、市场的需求以及对世界霸权的企图，并导致其对外使用强力，威胁到其他国家的发展与安全。因此，在这样的国际背景下，通过对中国和平发展道路加以科学的阐释，并向全世界庄重宣告中国将始终不渝地走和平发展道路，让世界人民对中国的发展有较为客观和全面的认识，有利于增信释疑，争取国际社会对中国发展的理解和支持。

中国经济社会发展此时呈现出一系列新的特征：经济实力显著增强，同时生产力水平总体不高，自主创新能力还不强，长期形成的结构性矛盾和粗放型增长方式尚未根本改变；社会主义市场经济体制初步建立，同时影响发展的体制机制障碍依然存在，改革攻坚面临深层次矛盾和问题；人民生活总体达到小康水平，同时收入分配差距拉大趋势还未根本扭转；协调发展取得显著成绩，同时农业基础薄弱、农村发展滞后的局面尚未改变，缩小城乡、区域发展差距发展任务艰巨；社会主义文化更加繁荣，同时人民精神文化需要日趋旺盛，人们思想活动的独立性、选择性、多变性、差异性明显增强，对发展社会主义先进文化提出了更高要求。总之，中国现已进入发展的关键时期、改革的攻坚时期和社会矛盾的凸显时期。因此，国内急需建设"和谐社会"。同时，胡锦涛同志主张对外要和平发展尤其是要建设"和谐世界"。

党的十六大以后，以胡锦涛同志为总书记的党中央认为和平、发展、合作是国际形势的主流,强调中国外交工作当前的主要任务是维护好重要战略机遇期,提出了"大国是关键、周边是首要、发展中国家是基础、多边是重要舞台"①的外交总体布局,逐步形成了以首脑外交为统领,各国别、区域和领域外交相互促进、双多边结合,政治、经济、文化互动的有力外交框架。中国在联合国、亚太经济合作组织、二十国集团、亚欧会议、中国一东盟首脑非正式会晤、东亚领导人非正式会晤、上海合作组织、金砖国家等世界和地区组织及多边外交场合中,发挥了相应的积极作用。

胡锦涛同志2004年8月指出:"中国的发展,需要和平的国际环境,也有利于促进世界的和平与发展。我们要高举和平、发展、合作的旗帜,始终奉行独立自主的和平外交政策,坚持走和平发展的道路,在平等互利的基础上加强和扩大同世界各国的交流和合作,永远做维护世界和平、促进共同发展的坚定力量。"②高举和平、发展、合作的旗帜,符合世界人民要和平、要发展、要合作的国际大势,符合中国人民维护发展战略机遇期的现实需要,符合构建公正合理的国际政治经济新秩序的必然要求。

胡锦涛明确提出和平发展的理念,强调中国走和平发展道路,是中国实现国家富强、人民幸福的必由之路③。美国哈佛大学教授约瑟夫·奈指出:"无论'和平崛起'、'和平发展'还是'和谐世界',都表明中国的崛起能够为世界做出积极的贡献,都能够增强中国的软实力。"④中国能够从建设"和谐世界"中"获益很多"。美国约翰·霍普金斯大学国际问题研究所高级客座研究员、华盛顿中国论坛社社长陈有为指出:由于"奉行和谐世界的外交政策","中国成了整个世界外交舞台上最为耀眼的角色",中国外交在"捍卫国家利益"等方面"取得了显著的成就"。

邓小平的和平发展思想目的之一是要为国内建设创造一个和平的国际环境。正如邓小平在1980年1月指出:"我们的对外政策,就本国来说,是要寻求一个和平的环境来实现四个现代化。这不是假话,是真话。这不仅是符

---

① 胡锦涛. 胡锦涛文选(第2卷)[M]. 北京:人民出版社,2016:508.
② 胡锦涛. 在邓小平同志诞辰100周年纪念大会上的讲话[M]. 北京:人民出版社,2004:20.
③ 胡锦涛. 胡锦涛文选(第2卷)[M]. 北京:人民出版社,2016:382.
④ JOSEPH S NYE. The powers to lead[M]. Oxford:Oxford University fress,2008.

第一章　中国特色社会主义理论体系形成的历史条件

合中国人民的利益，也是符合世界人民利益的一件大事。"①之后他又反复强调："中国对外政策的目标是争取世界和平。在争取和平的前提下，一心一意搞现代化建设，发展自己的国家，建设具有中国特色的社会主义。"②江泽民的和平发展思想目的之一是也是要为国内建设创造和平的国际环境。正如江泽民在党的十五大报告中指出："我们进行社会主义现代化建设，需要一个长期的和平国际环境特别是良好的周边环境"③；"我们坚定不移地贯彻独立自主的和平外交政策，进一步改善了我国改革开放和现代化建设的外部环境"④。胡锦涛的和平发展思想目的之一同样是为国内建设创造和平的国际环境。2006年胡锦涛出席美国12个友好团体举行的晚宴，在讲话中强调："中国人口多、底子薄、发展很不平衡，人民生活远不富裕，中国仍然是一个发展中国家。"⑤

胡锦涛指出当今世界正在发生深刻复杂变化，和平与发展仍然是时代主题。世界多极化、经济全球化深入发展，文化多样化、社会信息化持续推进，科技革命孕育新突破，全球合作向多层次全方位拓展，新兴市场国家和发展中国家整体实力增强，国际力量对比朝着有利于维护世界和平方向发展，保持国际形势总体稳定具备更多有利条件。"⑥

胡锦涛强调："人类只有一个地球，各国共处一个世界。"⑦历史昭示我们，弱肉强食不是人类共存之道，穷兵黩武无法带来美好世界。要和平不要战争，要发展不要贫穷，要合作不要对抗，推动建设持久和平、共同繁荣的和谐世界，是各国人民共同愿望。我们主张，在国际关系中弘扬平等互信、包容互鉴、合作共赢的精神，共同维护国际公平正义。他表示，中国将继续高举和平、发展、合作、共赢的旗帜，坚定不移致力于维护世界和平、促进共同发展。

胡锦涛强调："中国将始终不渝走和平发展道路，坚定奉行独立自主的和

---

① 邓小平.邓小平文选(第2卷)[M].北京：人民出版社，1994：241.
② 邓小平.邓小平文选(第3卷)[M].北京：人民出版社，1993：57.
③ 江泽民.江泽民文选(第2卷)[M].北京：人民出版社，2006：41.
④ 江泽民.江泽民文选(第2卷)[M].北京：人民出版社，2006：7.
⑤ 胡锦涛.胡锦涛文选(第2卷)[M].北京：人民出版社，2016：48.
⑥ 胡锦涛.胡锦涛文选(第3卷)[M].北京：人民出版社，2016：650-651.
⑦ 胡锦涛.胡锦涛文选(第3卷)[M].北京：人民出版社，2016：651.

平外交政策。我们坚决维护国家主权、安全、发展利益,决不会屈服于任何外来压力。我们根据事情本身的是非曲直决定自己的立场和政策,秉持公道,伸张正义。中国主张和平解决国际争端和热点问题,反对动辄诉诸武力或以武力相威胁,反对颠覆别国合法政权,反对一切形式的恐怖主义。中国反对各种形式的霸权主义和强权政治,不干涉别国内政,永远不称霸,永远不搞扩张。中国将坚持把中国人民利益同各国人民共同利益结合起来,以更加积极的姿态参与国际事务,发挥负责任大国作用,共同应对全球性挑战。"①他还强调:"中国将始终不渝奉行互利共赢的开放战略,通过深化合作促进世界经济强劲、可持续、平衡增长。中国致力于缩小南北差距,支持发展中国家增强自主发展能力。中国将加强同主要经济体宏观经济政策协调,通过协商妥善解决经贸摩擦。中国坚持权利和义务相平衡,积极参与全球经济治理,推动贸易和投资自由化便利化,反对各种形式的保护主义。"②

胡锦涛指出:"中国坚持在和平共处五项原则基础上全面发展同各国的友好合作。我们将改善和发展同发达国家关系,拓宽合作领域,妥善处理分歧,推动建立长期稳定健康发展的新型大国关系。我们将坚持与邻为善、以邻为伴,巩固睦邻友好,深化互利合作,努力使自身发展更好惠及周边国家。我们将加强同广大发展中国家的团结合作,共同维护发展中国家正当权益,支持扩大发展中国家在国际事务中的代表性和发言权,永远做发展中国家的可靠朋友和真诚伙伴。我们将积极参与多边事务……推动国际秩序和国际体系朝着公正合理的方向发展。我们将扎实推进公共外交和人文交流,维护我国海外合法权益。我们将开展同各国政党和政治组织的友好往来,加强人大、政协、地方、民间团体的对外交流,夯实国家关系发展和社会基础。"③胡锦涛表示:"中国人民热爱和平、渴望发展,愿同各国人民一道为人类和平与发展的崇高事业而不懈努力。"④

---

① 胡锦涛. 胡锦涛文选(第3卷)[M]. 北京:人民出版社,2016:651-652.
② 胡锦涛. 胡锦涛文选(第3卷)[M]. 北京:人民出版社,2016:652.
③ 胡锦涛. 胡锦涛文选(第3卷)[M]. 北京:人民出版社,2016:652-653.
④ 胡锦涛. 胡锦涛文选(第3卷)[M]. 北京:人民出版社,2016:653.

(四)习近平对和平与发展思想的继承和发展

考察近代以来的世界历史,大国的崛起必然会对现有世界格局带来重大影响。近代以来,西方大国崛起的背后无一例外地伴随着武力冲突和扩张,这是一种普遍现象。依靠武力扩张实现崛起的大国最终归于失败,也是基本的历史规律。中国的对外战略经历了从"和平共处五项原则"到"和平发展道路"的历史过程。党的十八大以来,在继承和发扬党的和平发展思想传统的基础上,习近平总书记提出了坚持走和平发展道路与合作共赢的思想,力求化解这一世界性难题。

习近平总书记以深厚的马克思主义理论和中国文化功底,把马克思主义的人类解放思想、中华优秀传统文化中的世界大同理想、当今世界的全球化发展大势相结合,创造性地提出了"人类命运共同体"[①]的新理念,打通了中国梦与世界梦的联系,指导中国和平发展和强劲崛起,引领全球治理体系的变革发展。

习近平总书记提出的"人类命运共同体"新理念是对和平与发展思想基础和发展的重要体现。"人类命运共同体"新理念,是我们判断世界发展大势、指导中国外交工作、实现和平崛起的战略指导,而且为世界和平发展、为全球治理体系变革提供了一种新的理念、新的方案,能够有效抑制当今全球化发展中的负面影响,阻止非和平因素的发生或蔓延,形成对抗霸权主义、维护世界和平发展的世界性合力。当今世界是一个多样性的世界,存在着不同的政治经济制度、不同的发展水平和治理理念、不同的历史文化背景和国家民族发展模式,不可能按照同一个模式来发展。同时,当今世界是一个变革的世界,是一个新机遇新挑战层出不穷的世界,是一个国际体系和国际秩序深度调整的世界,是一个国际力量对比深刻变化并朝着有利于和平与发展方向变化的世界。因此,在差异中寻求共同点,实现优势互补、和平发展、合作共赢,才是正确的选择。正是在这样的国际背景和时代特征下,习近平总书记将"和而不同""和实生物,同则不继"的和合思维进行创造性转化,提出

---

① 中共中央文献研究室.十八大以来重要文献选编(上)[M].北京:中央文献出版社,2014:37.

了以合作共赢为核心的新型国际关系的新思想。习近平总书记指出:"'这个世界,和平、发展、合作、共赢成为时代潮流。"①只有合作才能维护世界和平,才能促进共同发展,实现共赢效果,构建以合作共赢为核心的新型国际关系已经成为势不可挡的潮流。以合作共赢为核心的新型国际关系的新思想,展现了中国作为一个负责任大国的道义与担当,表明了中国对维护世界和平的郑重承诺。面对风云变幻的国际形势,中国始终是世界和平的坚定捍卫者和时代潮流的坚定推动者,坚定不移走和平发展道路,积极维护世界和平与稳定;尊重世界文明多样性和国家发展道路多样化,努力通过自身发展促进世界共同发展;不断加强同各国的友好合作,努力推动各国互利共赢;在力所能及的范围内承担更多国际责任和义务,为人类和平与发展作出更大贡献。中国梦同世界梦相贯通的思想就充分体现了这一点,习近平总书记强调,中国梦是和平、发展、合作、共赢的梦,与世界各国人民的美好梦想相通,不仅造福中国人民,而且造福各国人民。

习近平总书记以丰富的世界历史知识,深刻总结古代丝绸之路的精神内涵,直面当今世界面临的挑战,探索解决问题的方案,顺应时代发展要求,对古代丝绸之路宝贵遗产进行当代重建,创造性地提出了"一带一路"倡议。共建国家在平等的文化认同框架下,凝聚共同发展动力,加强发展战略对接,实现优势互补、开放发展、和平交流、理解包容、互利共赢,形成了国际合作的新平台。

在古代,中国人开辟了联通亚欧非的陆上丝绸之路和连接东西方的海上丝绸之路。陆上丝路从洛阳起,经河西走廊、中亚各国、阿拉伯地区抵达地中海,以罗马为终点,是联结亚欧大陆的古代东西方文明的交会之路。海上丝路从东南沿海起,经过中南半岛和南海诸国,穿过印度洋进入红海,抵达东非和欧洲,是古代中国与其他地区经济文化交流的海上通道。古代丝绸之路架起了东西方合作的纽带、和平的桥梁,促使文明在开放中发展,民族在融合中共存,积淀了以和平合作、开放包容、互学互鉴、互利共赢为核心的丝路精神。

---

① 习近平. 习近平谈治国理政[M]. 北京:外文出版社,2014:272.

第一章 中国特色社会主义理论体系形成的历史条件

在当代，人类社会正处在一个大发展、大变革、大调整的时代，世界多极化、经济全球化、社会信息化、文化多样化深入发展，和平发展大势日益强劲，各国之间联系日益紧密，人民对美好生活的向往更加强烈，人类战胜困难的手段不断加强；与此同时，当今世界又是一个挑战频发、问题丛生的世界，世界经济增长乏力，发展不平衡问题严重，贫富差距鸿沟亟待弥合，地区热点持续动荡，恐怖主义蔓延肆虐。和平赤字、发展赤字、治理赤字等严峻挑战摆在全人类的面前。

面对重大历史机遇和问题挑战，习近平总书记以贯通历史、现实和未来的大智慧，创造性地提出了"一带一路"倡议。"一带一路"倡议为中国和平崛起成为世界强国开辟了重要路径，对中国发展繁荣具有深远的战略意义。更为重要的是，它顺应时代潮流，适应发展规律，符合各国人民利益，是促进共同发展、实现共同繁荣的合作共赢之路，为共建国家乃至全球提供了一个包容性巨大的合作平台；是增进理解信任、加强全方位交流的和平友谊之路，为实现全球和平发展打造了一道牢固的屏障。

2015年10月21日，习近平主席在伦敦金融城发表演讲时强调，任何人、任何事、任何理由都不能动摇中国走和平发展道路的决心和意志，中国人民想的是和平与发展的世界。和为贵、和而不同、协和万邦等理念在中国代代相传，和平的基因深植于中华民族的血脉之中。近代以后，中国人民历经苦难，所以更珍视和平；中国致力于发展，所以更需要和平；中国期待美好未来，所以更爱护和平。中国坚持走和平发展道路，不接受"国强必霸"的逻辑，任何人、任何事、任何理由都不能动摇中国走和平发展道路的决心和意志。中国倡导国际社会共同构建人类命运共同体，建立以合作共赢为核心的新型国际关系，坚持国际关系民主化，坚持正确义利观，坚持通过对话协商以和平方式解决国家间的分歧和争端。我们将同世界各国一道，维护世界和平，捍卫公平正义，推进共同繁荣。中国的发展得益于国际社会，也必将回馈国际大家庭。中国一直是国际合作的倡导者和国际多边主义的积极参与者，将坚定不移奉行互利共赢的开放战略。随着中国实力上升，我们将逐步承担更多力所能及的责任，努力为促进世界经济增长和完善全球治理贡献中国智慧、中国力量。中国的发展不会牺牲别国利益，只会增进共同利益。中国将同各国一道，逢山开路、遇河架桥。世界上的路，只有走的人多了，才会越来越宽广。

2017年10月18日，习近平同志在党的十九大报告中提出，坚持和平发展道路，推动构建人类命运共同体。习近平同志认为，中国共产党始终把为人类作出新的更大的贡献作为自己的使命。中国将高举和平、发展、合作、共赢的旗帜，恪守维护世界和平、促进共同发展的外交政策宗旨，坚定不移在和平共处五项原则基础上发展同各国的友好合作，推动建设相互尊重、公平正义、合作共赢的新型国际关系。习近平指出，世界正处于大发展大变革大调整时期，和平与发展仍然是时代主题。同时，世界面临的不稳定性不确定性突出，人类面临许多共同挑战。习近平指出："我们生活的世界充满希望，也充满挑战，我们不能因现实复杂而放弃梦想，不能因理想遥远而放弃追求。没有哪个国家能够独自应对人类面临的各种挑战，也没有哪个国家能够退回到自我封闭的孤岛；我们呼吁，各国人民同心协力，构建人类命运共同体，建设持久和平、普遍安全、共同繁荣、开放包容、清洁美丽的世界。要相互尊重、平等协商，坚决摒弃冷战思维和强权政治，走对话而不对抗、结伴而不结盟的国与国交往新路。要坚持以对话解决争端、以协商化解分歧，统筹应对传统和非传统安全威胁，反对一切形式的恐怖主义。要同舟共济，促进贸易和投资自由化便利化，推动经济全球化朝着更加开放、包容、普惠、平衡、共赢的方向发展。要尊重世界文明多样性，以文明交流超越文明隔阂、文明互鉴超越文明冲突、文明共存超越文明优越。要坚持环境友好，合作应对气候变化，保护好人类赖以生存的地球家园。"①习近平强调，中国坚定奉行独立自主的和平外交政策，尊重各国人民自主选择发展道路的权利，维护国际公平正义，反对把自己的意志强加于人，反对干涉别国内政，反对以强凌弱。中国决不会以牺牲别国利益为代价来发展自己，也决不放弃自己的正当权益，任何人不要幻想让中国吞下损害自身利益的苦果。中国奉行防御性的国防政策。中国发展不对任何国家构成威胁。中国无论发展到什么程度，永

---

① 中共中央党史和文献研究院.十九大以来重要文献选编（上）[M].北京：中央文献出版社，2019：41-42.

远不称霸，永远不搞扩张。习近平指出，中国积极发展全球伙伴关系，扩大同各国的利益交汇点，推进大国协调和合作，构建总体稳定、均衡发展的大国关系框架，按照亲诚惠容理念和与邻为善、以邻为伴周边外交方针深化同周边国家关系，秉持正确义利观和真实亲诚理念加强同发展中国家团结合作。习近平强调，中国坚持对外开放的基本国策，坚持打开国门搞建设，积极促进"一带一路"国际合作，努力实现政策沟通、设施联通、贸易畅通、资金融通、民心相通，打造国际合作新平台，增添共同发展新动力。加大对发展中国家特别是最不发达国家援助力度，促进缩小南北发展差距。中国支持多边贸易体制，促进自由贸易区建设，推动建设开放型世界经济。习近平还强调，中国秉持共商共建共享的全球治理观，倡导国际关系民主化，坚持国家不分大小、强弱、贫富一律平等，支持联合国发挥积极作用，支持扩大发展中国家在国际事务中的代表性和发言权；中国将继续发挥负责任大国作用，积极参与全球治理体系改革和建设，不断贡献中国智慧和力量；世界命运握在各国人民手中，人类前途系于各国人民的抉择；中国人民愿同各国人民一道，推动人类命运共同体建设，共同创造人类的美好未来。①

2018年4月23日，习近平在人民大会堂集体会见上海合作组织成员国国防部长时表示，上海合作组织各成员国防务部门和军队认真贯彻元首共识，不断完善防务部门和军队领导会议机制，积极开展各领域互利合作，特别是打造了"和平使命"系列军事演习、"和平号角"军乐节等军事文化品牌，为维护地区安全稳定作出了积极贡献。习近平强调，安全是发展的基石。我们要一如既往将维护地区安全稳定作为本组织工作优先方向。中方高度重视在上海合作组织框架内开展防务安全合作，愿同各方一道，遵照组织宪章和各国元首共识，在互信互利、平等协商基础上，共同规划防务安全合作发展蓝图，深化防务安全领域务实合作，不断创新合作模式，建立更加完善的安全合作体系，切实增强本组织抵御现实威胁的能力，为确保地区长治久安和繁荣昌盛作出应有贡献。习近平指出，中国将坚定不移走和平发展道路，始终做世

---

① 中共中央党史和文献研究院. 十九大以来重要文献选编（上）[M]. 北京：中央文献出版社，2019：42-43.

界和平的建设者、全球发展的贡献者、国际秩序的维护者,愿同世界各国一道,推动构建人类命运共同体。

二、社会主义初级阶段的基本国情

在中国,从半殖民地半封建社会到共产主义社会,中间需要经过一个社会主义初级阶段。社会主义初级阶段就是替代一般规律中的资本主义阶段、为实现共产主义准备十分发达的生产力和极为丰富的物质基础的社会阶段,是解放生产力、发展生产力、不断摆脱对物的依赖性、为人的自由全面发展创造条件的社会阶段。科学地对待马克思主义,随着实践的变化而发展马克思主义,坚定不移地走中国特色社会主义的道路,这就是我们的立场和态度。

社会主义初级阶段的生产关系具有明确的"消灭剥削,消除两极分化,最终实现共同富裕"的本质要求和终极目标。这是对资本主义生产关系内生弊端的觉悟,是对资本主义生产方式的扬弃。因此,社会主义初级阶段生产方式有两个最显著的特征:一是从半殖民地半封建社会的落后生产方式中脱胎出来的。它相对于不发达的物质生产,不可能完全超越资本主义生产方式;二是在人类对资本主义生产方式深刻认识、理性把握的基础上产生的。它通过自己的发展、壮大而扬弃资本主义生产方式。社会主义初级阶段生产方式把发展生产力和消除资本主义生产方式的弊端当作己任。深入研究社会主义初级阶段的社会发展规律,确立"社会主义初级阶段生产方式"的重大理论命题,对于正确回答以下这样一些重大问题——为什么坚持走建设有中国特色社会主义道路而不能搞"全盘西化",为什么中国将长期处于社会主义初级阶段而不是简单地"补资本主义的课"、与"资本主义趋同",为什么"我们是最低纲领与最高纲领的统一论者",为什么"个体户、私营企业主也是有中国特色社会主义事业的建设者,他们中间的优秀分子也可以入党";对于加深认识人类社会发展规律、社会主义发展规律、党在社会主义初级阶段的基本路线、基本纲领、基本政策;对于丰富和发展马克思主义,坚定共产主义信念,正确贯彻执行党在社会主义初级阶段的基本路线,为广大人民群众解疑释惑具有重要的理论价值和现实意义。

第一章　中国特色社会主义理论体系形成的历史条件

（一）社会主义初级阶段基本国情的提出

马克思、恩格斯提出关于共产主义阶段划分的思想、马克思晚年提出东方社会理论、列宁提出关于经济落后国家社会主义的发展阶段问题等，这些思想蕴含在《德意志意识形态》《〈政治经济学批判〉序言》《1857—1858年经济学手稿》《哥达纲领批判》《路易·波拿巴的雾月十八日》《资本论》《哲学的贫困》《给查苏利奇的复信草稿》《国家与革命》等一系列经典著作和书信当中。但由于时代发展的局限性，还存在着经典作家和经典理论所未能完全揭示的社会主义社会发展阶段规律性难题。历史的重担落在了中国共产党的肩膀上。

衡量一个政党是否是马克思主义政党，主要看它的指导思想是否先进与科学。20世纪末的苏东剧变与21世纪初的中国崛起，是二战后影响世界极为重要的两大事件。前者宣告了一条道路的失败，让"历史终结论"者们欢欣鼓舞；后者证明了一条道路的成功，让"历史终结论"者们从梦幻中猛然惊醒。两条道路之间，存在着无法割断的联系；成败的关键，在于能否从客观实际出发，找出一条适合本国国情发展的正确道路，正如毛泽东所说："认清中国的国情，乃是认清一切革命问题的基本的根据。"①特别是在美国金融海啸席卷全球，让西方模式遭遇"滑铁卢"而一蹶不振的特殊时期，勤劳勇敢、自强不息的中国这个有着五千余年悠久文明史的社会主义国家依然巍然挺立于世界的东方，在社会转型期、矛盾凸显期、利益调整期、发展关键期的重大接口，率先实现了经济复苏，吹响了全面深化改革的号角，提出了实现中华民族伟大复兴的中国梦。当前，整个世界都在热议中国奇迹、中国梦想、中国复兴，从20世纪80年代尼克松的"巨人觉醒论"，到90年代的"中国威胁论""中国唱衰论"以及21世纪初期的"中国经济崩溃论"，再到雷默的"北京共识论"、博格斯滕的"中美共治论"、马丁的"中国统治论"等，都在探寻这背后的奥秘。回顾和研究中国共产党建党100多年来的奋斗历程，回顾和研究新中国成立70多年来的前进道路，回顾改革开放40多年来的辉煌发展，结论只有一个，就是中国奇迹、中国梦想、中国复兴的根源是中国共产党创造性地将马克思主义与中国实际结合形成的中国特色社会主义理论体系。

---

① 毛泽东. 毛泽东选集（第2卷）[M]. 北京：人民出版社，1991：633.

认识国情，最重要的是搞清楚现实社会的性质和发展阶段，认识社会主要矛盾和它的变化。正是由于以毛泽东同志为核心的党的第一代中央领导集体全面、准确地把握了我国处于半殖民地半封建社会这一基本国情，才正确地解决了新民主主义革命的对象、任务、性质、动力和前途等一系列基本问题，引导中国革命取得了胜利。社会主义制度建立以后，也存在一个如何认清国情、正确判断我国社会所处历史方位的问题。像中国这样一个脱胎于半殖民地半封建社会、经过新民主主义革命和社会主义改造建立起来的新社会，对它的基本国情应该怎样认识？党一直进行着极其艰苦和有益的探索，但直到党的十一届三中全会以前，总的来说仍处于不十分清晰的状态。我国处在社会主义初级阶段，是中国共产党对当代中国基本国情的科学判断。中国共产党一直坚持从实际出发建设社会主义，而最大的"实际"就是这一基本国情。社会主义初级阶段理论是在总结第一个社会主义国家建立以来的历史发展，特别是中国社会主义建设曲折发展的历史经验和教训的基础上逐步形成的。提出"社会主义初级阶段"这一具有特定内涵的新概念，在马克思主义发展史上是第一次。

马克思、恩格斯所生活的时代，社会主义建设还不是直接的实践问题，他们在科学分析资本主义发展规律的基础上对未来社会发展阶段提出过一些原则性的设想，认为未来社会大体要经历从资本主义社会到共产主义社会的革命转变时期、共产主义社会的第一阶段、共产主义社会的高级阶段。但对后来列宁称之为社会主义社会的共产主义社会第一阶段，在其历史发展过程中将会经历哪些发展阶段，马克思、恩格斯没有作出进一步的判断。

在社会主义思想发展史上，最早提到社会主义发展阶段问题的是列宁。十月革命后，社会主义本身的发展阶段成为一个重要现实问题。列宁认为，在经济落后的俄国，只能建成"初级形式的社会主义"，而不能立即建成"发达的社会主义"。这里包含着社会主义社会也要有一个由低级到高级、由不完备到比较完备的发展过程的思想。但是，列宁当时主要回答了俄国怎样过渡到社会主义的问题，还没有来得及具体分析社会主义制度建立以后的发展阶段问题，因而对这一思想未能作出进一步的阐发。

斯大林在1936年的苏联确立了社会主义制度之后不久，没有从实际出发

第一章 中国特色社会主义理论体系形成的历史条件

深入研究社会主义的发展阶段问题,就提出了向共产主义过渡的设想。第二次世界大战结束后,经过一段时间的经济重建,1952年又宣布党的主要任务是从社会主义过渡到共产主义。这种脱离实际、急于过渡的思想,对苏联和其他社会主义国家的发展造成了消极的影响。

我国社会主义制度确立后,毛泽东曾提出了我国社会主义发展的阶段问题,他在1956年1月召开的知识分子问题会议上提出了我国的社会主义社会已经进入、尚未完成的论断。后来,他又明确地指出,我国社会主义制度只是"刚刚建立",还没有"完全建成",需要经过一段时间建立起现代工业和现代农业的基础,生产力得到比较充分的发展后,我们的社会主义经济制度和政治制度才算获得了比较充分的物质基础,社会主义社会才算从根本上建成了。但由于我国当时刚刚步入社会主义,没有足够的经验使我们对社会主义建设和发展的规律具有很清楚的认识。因此,关于社会主义发展阶段的认识没有能够得到坚持和进一步发展。在1958年的"大跃进"和人民公社化运动中,由于对社会主义发展阶段认识的不科学和对社会生产力发展速度作出严重错误的估计,又产生了"共产主义在我国的实现,已经不是什么遥远将来的事情了"的盲目乐观情绪。20世纪50年代末60年代初,在初步总结社会主义建设的经验教训后,毛泽东意识到了在中国建设社会主义的艰巨性、复杂性和长期性。他在读苏联《政治经济学教科书》时提出了一个重要的观点,认为:"社会主义这个阶段,又可能分为两个阶段,第一个阶段是不发达的社会主义,第二个阶段是比较发达的社会主义。后一阶段可能比前一阶段需要更长的时间"[①];"在我们这样的国家,完成社会主义建设是一个艰巨任务,建成社会主义不要讲得过早了。"[②]他在纠正"大跃进"的错误时,批评急于向共产主义过渡的人是误认社会主义为共产主义、按劳分配为按需分配、集体所有制为全民所有制,同时他还批评了否认价值规律和等价交换等错误思想倾向。毛泽东对社会主义发展阶段的划分,对混淆社会主义同共产主义的区别,对否

---

① 中共中央文献研究室.毛泽东思想年编(一九二一——一九七五)[M].北京:中央文献出版社,2011:891.

② 中共中央文献研究室.毛泽东思想年编(一九二一——一九七五)[M].北京:中央文献出版社,2011:892.

认价值规律和等价交换等观点的批评,为后来我国社会主义社会发展阶段的探索提供了十分有益的启示。但是,20世纪60年代党的指导思想方面"左"的倾向不断发展,进而把对社会主义理解为"从资本主义社会到共产主义社会的革命转变时期"①,中断了探索我国社会主义发展阶段的正确之路。

总之,正确认识一国的国情,是制定出符合国家发展需要政策的重要条件。事实正是如此,只有一切从实际出发,才能制定出符合实际的方针和政策,从而在实践中取得预期的效果。某种意义上而言,从我国国情出发,是取得社会主义现代化建设成就的基础性条件。就此而论,对我国国情进行科学定位,就显得十分重要。而社会主义初级阶段理论的出场,恰好是对我国国情科学定位的时代回应。从表面上看,社会主义初级阶段理论是适应我国经济社会发展的需要应运而生的思想结晶。但若走出认识的迷宫,就会发现,社会主义初级阶段理论是逻辑与历史相统一的时代典范。恰如恩格斯所言:"历史从哪里开始,思想进程也应当从哪里开始,而思想进程的进一步发展不过是历史过程在抽象的、理论上前后一贯的形式上的反映;这种反映是经过修正的,然而是按照现实的历史过程本身的规律修正的,这时,每一个要素可以在它完全成熟而具有典范形式的发展点上加以考察。"②这段经典论述一语中的,对逻辑与历史二者之间的必然联系进行了深刻揭示,对正确认识社会主义初级阶段理论有重要作用。的确,社会主义初级阶段理论的提出,使我们党对基本国情进行了重新定位。这一理论的提出,经历了漫长的认识过程,蕴含着厚实的思想积淀。早在马克思主义经典作家那里,就提出了共产主义社会"第一阶段"和"高级阶段"的思想,并表明了"这里所说的是这样的共产主义社会,它不是在它自身基础上已经发展了的……它在各方面,在经济、道德和精神方面都还带着它脱胎出来的那个旧社会的痕迹"③。革命导师列宁在《国家与革命》中明确地把共产主义的第一阶段叫作社会主义社会:"在共产主义社会的第一阶段(通常称为社会主义),'资产阶级权利'没有完全取消,而只是部分地取消,只是在已经实现的经济变革的限度内取消,即只是在同生

---

① 严文波. 中国特色社会主义发展理论的内在逻辑研究[M]. 北京:人民出版社,2016:101.
② 马克思,恩格斯. 马克思恩格斯全集(第13卷)[M]. 北京:人民出版社,1962:532-533.
③ 马克思,恩格斯. 马克思恩格斯全集(第25卷)[M]. 北京:人民出版社,2010:18.

第一章　中国特色社会主义理论体系形成的历史条件

产资料的关系上取消。"①也正是得益于对社会主义的实践,列宁深化了对共产主义的认识。新中国成立后,毛泽东开始了社会主义的艰辛探索。他认为"社会主义这个阶段,又可能分为两个阶段,第一个阶段是不发达的社会主义,第二个阶段是比较发达的社会主义。"②这一宝贵思想,为社会主义初级阶段理论的产生提供了直接的理论来源。1979 年,叶剑英在庆祝中华人民共和国成立三十周年大会上指出:"同已经有了三四百年历史的资本主义制度相比,社会主义制度还处在幼年时期。"③这是十一届三中全会之后我们党对基本国情问题重新定位的重要标志。十一届六中全会指出:"我们的社会主义制度还是处于初级的阶段。"④这是我们党的文献首次对基本国情进行的科学界定。党的十二大报告中重申了社会主义初级阶段的国情:"我国的社会主义社会现在还处在初级发展阶段。"⑤党的十二届六中全会,再次强调了社会主义初级阶段的问题:"我国还处在社会主义的初级阶段。"

(二)邓小平对基本国情理论的继承和发展

党的十一届三中全会以后,在总结新中国成立以来历史经验和改革开放以来新的实践经验的基础上,党对我国社会主义所处的历史阶段进行了新的探索,逐步作出了我国还处于并将长时期处于社会主义初级阶段的科学论断,准确地把握了我国的基本国情。中国共产党之所以能够比较自觉地把探索社会主义社会发展阶段的问题提到日程上来,原因是全党全国的工作重心转入经济建设后实行改革开放的实践,提出了认识社会主义发展阶段问题的迫切需要。党的十一届三中全会以后实行的一系列新政策虽然在实践上取得了明显成效,然而在理论上却同过去人们对社会主义的理解发生了冲突,有些人怀疑改革开放的路线和政策是否符合马克思主义,另一些人则否定坚持社

---

① 列宁. 列宁全集(第31卷)[M]. 北京:人民出版社,2017:90.
② 中共中央文献研究室. 毛泽东思想年编(一九二一——一九七五)[M]. 北京:中央文献出版社,2011:891.
③ 叶剑英. 叶剑英选集[M]. 北京:人民出版社,1996:527.
④ 中共中央文献研究室. 十一届三中全会以来重要文献选读(上)[M]. 北京:人民出版社,1987:344.
⑤ 中共中央文献研究室. 十一届三中全会以来重要文献选读(上)[M]. 北京:人民出版社,1987:489.

主义方向和道路的必要性。为了坚持推进改革开放，坚持改革开放的社会主义方向，必须从理论上深入开展关于社会主义社会发展阶段认识问题的研究。

新时期党对社会主义发展阶段的认识经历了一个过程。党的十一届三中全会后不久，邓小平就提出，底子薄、人口多、生产力落后，这是中国的现实国情。强调中国的现代化建设必然是长期的。叶剑英在庆祝新中国成立30周年大会的讲话中也指出：我国社会主义制度还处在幼年时期，还不成熟、不完善，在我国实现现代化，必然要有一个初级到高级的过程。1981年党的十一届六中全会通过的《关于建国以来党的若干历史问题的决议》，第一次提出我国社会主义制度还处于初级阶段。1986年9月中国共产党第十二届中央委员会第六次全体会议通过了《关于社会主义精神文明建设指导方针的决议》，对这一阶段的精神文明建设等内容做了一定的分析。但总的说来，这三次提出社会主义社会初级阶段或初级发展阶段时，都还没有把它作为建设中国特色社会主义的全局性问题加以把握，因而也还没有把它作为制定党的路线和政策的根本依据加以展开和发挥。

党的十三大召开前夕，邓小平强调指出："党的十三大要阐述中国社会主义是处在一个什么阶段，就是处在初级阶段，是初级阶段的社会主义。社会主义本身是共产主义的初级阶段，而我们中国又处在社会主义的初级阶段，就是不发达的阶段。一切都要从这个实际出发，根据这个实际来制订规划。"①这个论述，第一次把社会主义初级阶段作为事关全局的基本国情加以把握，明确了这一问题是党制定路线、方针、政策的出发点和根本依据。党的十三大之所以能够把初级阶段问题提到全局高度加以论述，一是因为我们已经有了一段在改革开放中进行社会主义现代化建设的经验；二是因为要继续推进改革开放和现代化建设，必须破除各种思想障碍，从根本上解决对我国社会主义建设出发点问题的认识。党的十三大对社会主义初级阶段和党的基本路线的系统阐述，表明了党对社会主义发展阶段理论和中国基本国情认识上的一次飞跃。

党的十三大在继承社会主义发展阶段理论的基础上，系统地论述了社会

---

① 邓小平. 邓小平文选（第3卷）[M]. 北京：人民出版社，1993：252.

第一章 中国特色社会主义理论体系形成的历史条件

主义初级阶段的理论,从而对我国的基本国情进行了新的定位,为中国特色社会主义理论体系实践观的生成奠定了理论基础。社会主义初级阶段理论,对我国的基本国情进行了科学定位,是我们党制定正确的路线、方针和政策的理论根据和现实需求,对中国特色社会主义实践提出了新诉求。

首先,社会主义初级阶段理论,在对我国的社会主义性质进行确认的同时,还提出了我国社会主义的发展程度问题,即我国还处于社会主义的初级阶段。诚如邓小平所言:"现在虽说我们也在搞社会主义,但事实上不够格。"①这种不够格,既表现为经济发展水平的不够格,也表征为政治、文化和社会发展程度的不够格。在不够格的发展阶段,发展的空间尽管很大,但所出台的大政方针一定要切合实际,既不能太低,亦不能太高。目标定得过低,轻而易举就可以实现,就会失去制定目标的应有价值。目标定得过高,特别是把社会主义高级阶段才能实现的目标拿到今天来做,就会因为条件和时机的不成熟无果而终,久而久之,就会使人们失去前进的动力和制度自信,更是我们所应该时刻注意和谨记于心的。

其次,在社会主义初级阶段,由于发展程度不高,既存在社会主义的因素,也存在与社会主义高级阶段的要求不太一致但对当前发展社会生产力有利的非社会主义因素。对于这样的非社会主义因素,要辩证地予以看待,不能因为其与社会主义高级阶段的不一致而简单地加以否定。因此,在制定政策时,必须认真地考量社会主义因素与非社会主义因素。特别是对于后者,只要符合"三个有利于"的评价标准,都可以为我所用,以便利用非社会主义因素来建设社会主义,最大限度地推动生产力的发展,表现出中国特色社会主义的包容性和优越性。

再次,社会主义初级阶段,绝不是一个短暂的发展阶段,而是需要上百年的时间和实践才能够跨越的发展阶段。为此,只有做好充分的思想准备,培育不懈求索的艰苦奋斗精神,才能逐步解决发展早期人民群众日益增长的物质文化需要同落后的社会生产力之间的矛盾。早在改革开放之初,邓小平就针对我国人民群众生活需要得不到满足特别是农村居民生活困顿的状况,

---

① 邓小平. 邓小平文选(第3卷)[M]. 北京:人民出版社,1993:225.

发人深省地提出了尖锐批评："我们干革命几十年，搞社会主义三十多年，截至一九七八年，工人的月平均工资只有四五十元，农村的大多数地区仍处于贫困状态。这叫什么社会主义优越性？"①从表面上看，这段话讲的是社会主义优越性同人民群众生活贫困不协调的问题。然而，如果进一步分析，就会发现，社会主义优越性不能充分发挥的问题，是和社会生产力落后联系在一起的，而工人月平均工资只有几十元，讲的也就是人们日益增长的需要得不到有效满足的问题。可见，这段论述蕴含着社会主义初级阶段矛盾的深层次问题。这一矛盾的解决，显然不是一时半会儿的事情，而是需要长期的努力。也诚如邓小平所指出的那样："我们的路还很长……我们还要夹着尾巴做人，要很谨慎，并且要艰苦奋斗，艰苦奋斗还是要讲，一点不能疏忽，要勤俭办一切事情，才能实现我们的目标。"②

不难看出，社会主义初级阶段的理论，作为定性、定位和定心的有机统一，体现了中国特色社会主义理论体系实践观的内在诉求。所谓定性，就是明确地指出了我国的社会主义性质。这就要求我们，中国特色社会主义实践，必须毫不动摇地坚持社会主义方向。所谓定位，就是我国的社会主义还处于不发达阶段。为此，就必须把"三个有利于"作为评价中国特色社会主义实践的标准，不为"左"的或右的观点所惑。所谓定心，就是要下定决心，做好长期发展社会生产力，解决主要矛盾的心理准备。为此，中国特色社会主义实践，就是横下心来，埋头苦干，解决当前主要矛盾的实践。

邓小平指出："世界在变，人们的思想不能不变。"③作为马克思主义中国化的理论成果，邓小平理论这一科学体系仍需在实践中进一步发展，作为其中基石作用的初级阶段论，同样需要在实践中发展。

(三) 江泽民对基本国情理论的继承和发展

以江泽民同志为核心的党的第三代中央领导集体，在改革开放的洪流中，依然立足于初级阶段，对这一论断进行新探索、新研究与新认识。针对这一时期的历史认识，以党的十四大、十五大为标志，可以划分为三个具体发展

---

① 邓小平. 邓小平文选 (第3卷) [M]. 北京：人民出版社，1993：10-11.
② 中共中央文献研究室. 十三大以来重要文献选编 (上) [M]. 北京：人民出版社，1991：3.
③ 邓小平. 邓小平文选 (第3卷) [M]. 北京：人民出版社，1993：283.

第一章 中国特色社会主义理论体系形成的历史条件

时期：

1. 从党的十三届四中全会到党的十四大召开，是社会主义初级阶段论的继续发展时期

江泽民在1992年召开的党的十四大上，深入阐述并将这一论断写进了《中国共产党章程》。1993年，八届全国人大一次会议通过《中华人民共和国宪法修正案》，将社会主义初级阶段理论写进了宪法。至此，在党和国家两个根本大法中，社会主义初级阶段的概念和理论得以正式确立。

2. 从党的十四大会后到党的十五大的召开，是社会主义初级阶段论的全面发展时期

1997年5月29日，在筹备党的十五大的过程中，江泽民在中共中央党校发表了重要讲话，指出："面对机遇和挑战，面对改革攻坚和创新局面的开创，要在实践中学会把握所处阶段的国情，并且要统一认识。"[①]

1997年，党的十五大报告为这一重要理论增加了许多新的重要论述，将社会主义初级阶段论的认识提到一个新的高度。党的十五大报告全面论述了社会主义初级阶段的丰富内涵，全面阐述了这一阶段的基本特征，之后，江泽民强调指出："至少需要一百年时间，至于巩固和发展社会主义制度，那还需要更长得多的时间，需要几代人、十几代人。"[②]尽管在1997年已经完成了十三大确定的三步走战略的前两步的任务，但是以江泽民为代表的中国共产党人保持清醒头脑，认为中国还是一个发展中的国家，还是一个处在社会主义初级阶段的国家，仍需进一步以经济建设为中心，坚持基本路线不动摇，扎扎实实开展社会主义建设活动。

报告将党的十三大提出的社会主义初级阶段的五个特征进一步扩展成九个特征，对初级阶段基本任务进行更深刻、更具体地进行了揭示。大会报告从我国人口结构、工业发展水平、地区发展状况、科学教育文化发展等几个方面概括了我国社会主义初级阶段的基本特征，指出我国社会主义初级阶段，是逐步摆脱贫穷、摆脱落后的阶段；是由农业人口占多数的手工劳动为基础

---

① 江泽民. 江泽民文选(第1卷)[M]. 北京：人民出版社，2013：325.
② 江泽民. 江泽民文选(第2卷)[M]. 北京：人民出版社，2006：15.

的农业国，逐步变为非农产业人口占多数的现代化的工业国的阶段；是由自然经济半自然经济占很大比重，变为商品经济高度发达的阶段；是通过改革和探索，建立和发展充满活力的社会主义经济、政治、文化体制的阶段；是全民奋起，艰苦创业，实现中华民族伟大复兴的阶段。经过十年的认识和实践，党的十五大更加全面地从现代化发展的水平、产业结构状况、经济运行方式、文化教育发展水平、人民富裕程度、地区发展状况、体制改革、精神文明建设及国际比较等方面，对社会主义初级阶段的特征作出了新的概括，强调指出：社会主义初级阶段，一是逐步摆脱不发达状态，基本实现社会主义现代化的历史阶段；二是由农业人口占很大比重、主要依靠手工劳动的农业国，逐步转变为非农业人口占多数、包含现代农业和现代服务业的工业化国家的历史阶段；三是由自然经济半自然经济占很大比重，逐步转变为经济市场化程度较高的历史阶段；四是由文盲半文盲人口占很大比重、科技教育文化落后，逐步转变为科技教育文化比较发达的历史阶段；五是由贫困人口占很大比重、人民生活水平比较低，逐步转变为全体人民比较富裕的历史阶段；六是由于地区经济文化很不平衡，通过有先有后的发展，逐步缩小差距的历史阶段；七是通过改革和探索，建立和完善比较成熟的充满活力的社会主义市场体制、社会主义民主政治体制和其他方面体制的历史阶段；八是广大人民牢固树立建设有中国特色社会主义共同理想，自强不息，锐意进取，艰苦奋斗，勤俭建国，在建设物质文明的同时努力建设精神文明的历史阶段；九是逐步缩小同世界先进水平的差距，在社会主义基础上实现中华民族伟大复兴的历史阶段。其中，第一条和第九条是对社会主义初级阶段基本特点和历史任务的总概括，其他七条是对社会主义初级阶段基本特点和历史任务在经济、政治、文化等各方面的展开。这九条充分体现了社会主义初级阶段历史发展的过程性特征。九大特征的提出，表明了我们党克服了过去局限于某一方面的片面认识，开始全面辩证联系地看待现阶段的一些事物，纠正了"许多束缚生产力发展的、并不具有社会主义本质属性的东西，或者只适合于某种特殊历史条件的东西，被当作'社会主义原则'加以固守；许多在社会主义条件下有利于生产力发展和生产商品化、社会化、现代化的东西，被当做'资

第一章 中国特色社会主义理论体系形成的历史条件

本主义复辟'加以反对"①的严重错误,搞清楚了"中国所处阶段"这一最大实际。

3. 从党的十五大后到建党 80 周年,是社会主义初级阶段论的深入发展时期

党的十五大以后,以江泽民同志为代表的中国共产党人还在继续研究基本国情问题,研究社会主义的发展阶段问题。2001 年,在庆祝中国共产党成立 80 周年大会上,江泽民指出:"是整个建设有中国特色社会主义的很长历史过程中的初始阶段。随着经济发展和社会全面进步,将来条件具备时,我国社会主义建设会进入更高的发展阶段。"②这段论述体现两个新观点:第一,阐明了初级阶段的历史定位,表明其作为中国特色社会主义整体中的第一个阶段,也是一个开创性的阶段,"中国特色社会主义"同时又是由许多具体的阶段组成,与中国共产党的理想和最高纲领一致,经过初级阶段的努力,各方面的指标都达到初级阶段水平之后,中国特色社会主义会随之进入更高的阶段;第二,阐明了"建设有中国特色社会主义"的长期性,认为它是一个"很长历史过程",改变了过去单纯将其视作道路而未从时间上进行界定的局限性,真正从人类社会发展的历史过程来阐述,是一个理论创新。

总之,以江泽民同志为核心的党的第三代中央领导集体把社会主义初级阶段看作是一个全面发展、不断发展的过程,在实践中深化与发展了这一重要理论。

(四)胡锦涛对基本国情理论的继承和发展

胡锦涛同志在党的十七大报告中对当今中国社会发展阶段做了深刻的论述,给了明确回答。胡锦涛同志明确指出:"我国仍处于并将长期处于社会主义初级阶段的基本国情没有变"③,这一论断明确告诉我们,我们在改革开放以来对中国社会发展阶段的认识是正确的,我们讲一切从实际出发,仍然要从中国正处于社会主义初级阶段的实际出发。

认清中国国情,必须有一个科学的态度。胡锦涛指出:"强调认清社会主

---

① 中国共产党第十三次全国代表大会文件汇编[M]. 北京:人民出版社,1987:11.
② 中共中央文献研究室. 十五大以来重要文献选编(下)[M]. 北京:人民出版社,2003:1925.
③ 胡锦涛. 胡锦涛文选(第 2 卷)[M]. 北京:人民出版社,2016:623.

义初级阶段基本国情，不是要妄自菲薄、自甘落后，也不是要脱离实际、急于求成，而是要坚持把它作为推进改革、谋划发展的根本依据。"①这就明确告诉我们，在认清中国初级阶段基本国情时，一方面要看到近 30 年中国改革开放所取得的成就和中国经济社会发展的深刻变化，千万不要妄自菲薄、自甘落后，而是要抓住前所未有的机遇，迎接前所未有的挑战，坚定走中国特色社会主义道路的信心；另一方面，要看到我们前进中存在的各种纷繁复杂的问题，一切从初级阶段的实际出发，坚持把初级阶段的国情作为我们制定路线方针政策的依据。胡锦涛指出："我们必须始终保持清醒头脑，立足社会主义初级阶段这个最大的实际。"②

必须始终坚持党的基本路线不动摇。由于初级阶段的国情没有变，社会主要矛盾也没有变，因此，在推进中国特色社会主义事业发展进程中，在贯彻落实科学发展观的实践过程中，必须始终坚持党的基本路线。胡锦涛指出："深入贯彻落实科学发展观，要求我们始终坚持'一个中心、两个基本点'的基本路线。"③

贯彻落实科学发展观，必须准确把握当前我国社会发展的阶段性特征。党的十七大报告明确指出："进入新世纪新阶段，我国发展呈现一系列新的阶段性特征。"④并概括了八个方面的阶段性特征，这些特征是社会主义初级阶段基本国情在新世纪新阶段的具体表现。科学发展观就是立足于这些特征而提出来的，贯彻落实科学发展观，也必须面对新世纪新阶段的新实际。

推进中国特色社会主义事业，一定要牢记社会主义初级阶段基本国情。胡锦涛指出："实现全面建设小康社会的目标还需要继续奋斗十几年，基本实现现代化还需要继续奋斗几十年，巩固和发展社会主义制度则需要几代人、十几代人甚至几十代人坚持不懈地努力奋斗。"⑤理解和把握党的十六大以来我们党提出的一系列重大战略思想，必须把握初级阶段及其阶段性特征；全面

---

① 胡锦涛. 胡锦涛文选(第 2 卷)[M]. 北京：人民出版社，2016：623.
② 胡锦涛. 胡锦涛文选(第 2 卷)[M]. 北京：人民出版社，2016：623.
③ 胡锦涛. 胡锦涛文选(第 2 卷)[M]. 北京：人民出版社，2016：625.
④ 胡锦涛. 胡锦涛文选(第 2 卷)[M]. 北京：人民出版社，2016：622.
⑤ 胡锦涛. 在纪念党的十一届三中全会召开 30 周年大会上的讲话[M]. 北京，人民出版社，2008：42.

第一章　中国特色社会主义理论体系形成的历史条件

建设小康社会，不能脱离初级阶段的实际，而要从全面建设小康社会的新阶段的新实际出发；贯彻落实党制定的各项方针政策，也必须从这些新实际出发。

(五)习近平对基本国情的继承和发展

2017年7月26日，习近平总书记在省部级主要领导干部专题研讨班上发表重要讲话强调："认识和把握我国社会发展的阶段性特征，要坚持辩证唯物主义和历史唯物主义的方法论，从历史和现实、理论和实践、国内和国际等的结合上进行思考，从我国社会发展的历史方位上来思考，从党和国家事业发展大局出发进行思考，得出正确结论。"①他指出："全党要牢牢把握社会主义初级阶段这个最大国情，牢牢立足社会主义初级阶段这个最大实际，更准确地把握我国社会主义初级阶段不断变化的特点，坚持党的基本路线，在继续推动经济发展的同时，更好解决我国社会出现的各种问题，更好实现各项事业全面发展，更好发展中国特色社会主义事业，更好推动人的全面发展、社会全面进步。"②

社会主义初级阶段，是我们党从社会性质和发展阶段上对中国国情所做的全局性、总体性判断。"社会主义初级阶段是当代中国的最大国情、最大实际。"③早在2012年11月，在十八届中共中央政治局第一次集体学习时，习近平就作出上述判断。他还指出，不仅在经济建设中要始终立足初级阶段，而且在政治建设、文化建设、社会建设、生态文明建设中也要始终牢记初级阶段；不仅在经济总量低时要立足初级阶段，而且在经济总量提高后仍然要牢记初级阶段；不仅在谋划长远发展时要立足初级阶段，而且在日常工作中也要牢记初级阶段。习近平指出，中国仍然处于社会主义初级阶段，仍然是世界上最大的发展中国家，发展仍然是解决中国一切问题的关键。

在2013年3月17日，十二届全国人大一次会议上，习近平发表讲话再次强调："功崇惟志，业广惟勤。"④我国仍处于并将长期处于社会主义初级阶

---

① 习近平. 习近平谈治国理政(第2卷)[M]. 北京：外文出版社，2017：61.
② 习近平. 习近平谈治国理政(第2卷)[M]. 北京：外文出版社，2017：61-62.
③ 习近平. 习近平谈治国理政[M]. 北京：外文出版社，2014：10.
④ 习近平. 习近平谈治国理政(第1卷)[M]. 北京：外文出版社，2018：50.

段，实现中国梦，创造全体人民更加美好的生活，任重而道远，需要我们每一个人继续付出辛勤劳动和艰苦努力。

建设中国特色社会主义，我们还要对当前的经济发展现实有清醒的认识。目前，从中国官方公布的宏观数据可以看出，中国经济正从高速增长转为中高速增长。2014年5月，习近平在考察河南的行程中，首次提出"新常态"。他说："我国发展仍处于重要战略机遇期，要增强信心，从当前我国经济发展的阶段性特征出发，适应新常态，保持战略上的平常心态。"①新常态是对中国经济发展的阶段性特征所作出的重大战略判断。2014年11月9日，习近平在亚太经合组织工商领导人峰会开幕式上的演讲中进一步对"新常态"做了全面阐释：中国经济呈现出新常态，有几个主要特点。一是从高速增长转为中高速增长。二是经济结构不断优化升级，第三产业、消费需求逐步成为主体，城乡区域差距逐步缩小，居民收入占比上升，发展成果惠及更广大民众。三是从要素驱动、投资驱动转向创新驱动。

2016年1月18日，习近平在省部级主要领导干部学习贯彻党的十八届五中全会精神专题研讨班开班式上发表重要讲话时再次强调，全面认识和把握新常态，需要从时间和空间两大角度审视我国发展。

因此，在经济发展"新常态"的今天，我们要更准确地把握我国社会主义初级阶段不断变化的特点，坚持党的基本路线，在继续推动经济发展的同时，更好解决我国社会中出现的各种问题，更好实现各项事业全面发展，更好发展中国特色社会主义事业，更好推动人的全面发展、社会全面进步。

在中国发展进入快车道，离实现民族复兴的伟大目标更近的关口，接下来我们要做什么，就变得至关重要。2012年11月29日，在国家博物馆，中共中央总书记习近平在参观《复兴之路》展览时，第一次阐释了中国梦的概念。他说："大家都在讨论中国梦。我以为，实现中华民族伟大复兴，就是中华民族近代以来最伟大的梦想。"②他提出，到中国共产党成立100年时全面建成小康社会的目标一定能实现，到新中国成立100年时建成富强民主文明和谐的

---

① 中共中央党校中共党史教研部. 中国共产党100年奋斗历程[M]. 北京：人民出版社，2021：186.

② 习近平. 习近平著作选读（第1卷）[M]. 北京：人民出版社，2023：63.

第一章　中国特色社会主义理论体系形成的历史条件

社会主义现代化强国的目标一定能实现，中华民族伟大复兴的梦想一定能实现。

2013年3月17日，习近平在十二届全国人大一次会议上，向全国人大代表发表自己的宣言。在将近25分钟的讲话中，习近平9次提及"中国梦"，44次提到"人民"，共获得了10余次掌声，有关"中国梦"的论述更一度被掌声打断。2015年3月，在博鳌论坛和中外企业家代表座谈时，习近平主席谈到了中国发展。他说，我们提出"两个一百年"的奋斗目标。中国共产党成立一百周年的时候，我们要实现全面小康，非常具体而紧迫的任务摆在面前。正好和我们正在筹划的第十三个五年规划重合在一起。全面小康也是中国古代先贤的理想。我们赋予了"小康社会"时代的内涵。

习近平指出，现代化国家都有一些客观标准，从经济上讲应该是进入了发达国家行列。中国一旦进入发达国家行列，就意味着世界发达国家的总人口规模增长了一倍。这是一个非常伟大的事业，但实现它要付出异常艰苦的努力。他强调，幸福不会从天降，而是靠辛勤劳动换来的。

"两个一百年"将引领人民继续前行。习近平指出："这是当前全党全国各族人民要共同为之奋斗的目标。这一目标，既是中华民族的宏伟目标，也把每个人、每个家庭、各方面群众的愿望和利益结合起来了。"[①]方向决定道路，道路决定命运。找到目标后，制定实现目标的正确方略至关紧要。以"中国梦"和"两个一百年"奋斗目标的确立为标志，党的十八大之后的一系列战略和努力都有了明确的方向和坚定的道路。着眼于全面建成小康社会、实现社会主义现代化和中华民族伟大复兴，党的十八大报告对推进中国特色社会主义事业作出"五位一体"总体布局。报告指出：建设中国特色社会主义，总依据是社会主义初级阶段，总布局是"五位一体"，总任务是实现社会主义现代化和中华民族伟大复兴……全面落实经济建设、政治建设、文化建设、社会建设、生态文明建设"五位一体"总体布局，促进现代化建设各方面相协调，促进生产关系与生产力、上层建筑与经济基础相协调，不断开拓生产发展、生活富裕、生态良好的文明发展道路。

---

① 更好认识和遵循经济发展规律 推动我国经济持续健康发展[J]．人才资源开发，2014(12)．

2014年12月中旬，习近平总书记在江苏调研时，首次并提"协调推进全面建成小康社会、全面深化改革、全面推进依法治国、全面从严治党"①。由此，新一届中央领导集体治国理政总体框架和在当前阶段我国发展的战略布局正式出台。为了全面建成小康社会，习近平总书记带领全党全国各族人民向贫困宣战，他指出："消除贫困、改善民生、逐步实现共同富裕，是社会主义的本质要求，是我们党的重要使命。全面建成小康社会，是我们对全国人民的庄严承诺。脱贫攻坚战的冲锋号已经吹响。我们要立下愚公移山志，咬定目标、苦干实干，坚决打赢脱贫攻坚战，确保到2020年所有贫困地区和贫困人口一道迈入全面小康社会。"②

面对新的国情，习近平指出："发展是党执政兴国的第一要务，是解决中国所有问题的关键。我国仍处于并将长期处于社会主义初级阶段的基本国情没有变，人民日益增长的物质文化需要同落后的社会生产之间的矛盾这一社会主要矛盾没有变，我国是世界上最大发展中国家的国际地位没有变。这是我们谋划发展的基本依据。"③

面对中国经济发展进入新常态、世界经济发展进入转型期、世界科技发展酝酿新突破的发展格局，我们要坚持以经济建设为中心，坚持以新发展理念引领经济发展新常态，加快转变经济发展方式、调整经济发展结构、提高发展质量和效益，着力推进供给侧结构性改革，推动经济更有效率、更有质量、更加公平、更可持续地发展，加快形成崇尚创新、注重协调、倡导绿色、厚植开放、推进共享的机制和环境，不断壮大我国经济实力和综合国力。

三、发展中国家的大国地位

中国作为发展中国家的大国是依据国际政治发展规律和自身经济发展水平而提出的国际身份定位。这一定位兼顾本国利益和各国人民的利益，谋求本国人民的幸福和世界人民的福祉。中国对待国际体系的态度经历了从排斥

---

① 中共中央文献研究室.习近平关于全面建成小康社会论述摘编[M].北京：中央文献出版社，2014：194.
② 习近平.习近平谈治国理政(第2卷)[M].北京：外文出版社，2017：83.
③ 习近平.习近平谈治国理政(第2卷)[M].北京：外文出版社，2017：38.

第一章 中国特色社会主义理论体系形成的历史条件

观望、以经济利益为导向的搭便车者到以大国身份去担当的建设者的转变。大国地位是中国在全球化与全球治理、中国和平发展的大背景下逐渐形成的，在一定程度上减轻了国际社会对中国发展的疑虑，为中国赢得了良好的国际声誉和发展环境，促进了中国和世界的共同繁荣与发展。中国在联合国的外交工作为中国在国际安全、发展以及其他国际事务中发挥负责任大国作用提供了平台；中国的气候外交彰显了中国在全球应对气候变化问题上的合作、负责任的大国风范，中国做出自主减排承诺并切实履行义务，倡导发达国家和发展中国家各尽所能、共同应对这一人类共同挑战，推动全球气候治理取得成效。同时，中国的大国战略在实施过程中也受到国际政治博弈的复杂性、国家实力、机制创新等因素的制约。

(一)"大国"的内涵

早期的历史学家从战争的能力角度对大国进行了定义。如 19 世纪的英国外交史学家泰勒(A. J. P. Taylor)认为："大国的标志就是战争能力，它们或许还有其他目的——其居民的福利或者统治者的荣耀，但是对它们作为强国最基本的考验是看其是否有能力进行战争。"[1]德国的历史学家兰克(Leopdd von Ramke)也指出："大国必须有能力抗衡其他所有相联合起来的大国并且能够胜利。"[2]当代学者保罗·肯尼迪(Paul Kennedy)在《大国的兴衰》一书中详细地论述了国际关系五个世纪以来的各个世界大国的兴亡盛衰的历史与规律，认为综合经济力量、生产能力的变化、军事力量的兴衰、一国在面对长期战争时所能调动的生产资源和经济能力等，都与大国的兴衰有着明显的相关性。但历史学家对大国的界定大多是服务于对大国关系的论述，而并没有对大国的标准进行详细探讨。

大国也是国际关系研究的重要概念。比如沃尔兹(Kenneth Waltz)也曾提出了几个衡量综合国力的因素——"人口、领土、资源禀赋、经济实力、军事实力、政治稳定以及能力"[3]，但认为对国力的衡量是一件困难的事情，是一

---

[1] A. J. P. Taylor, The Struggle for Mastery in Europe 1848 – 1918, Oxford: Oxford University Press, 1954, p. 24.

[2] Leopold von Ranke: "The Great Powers"in idem, The Theory and practice of History, the Bobbs Merrill Company Press, 1973, p. 86.

[3] 保罗·肯尼迪. 大国的兴衰[M]. 陈景彪，等译. 北京：北京国际文化出版公司，2006：52.

个经验性问题，凭借常识便能得出答案。约翰·米尔斯海默（John Mearsheimer）则认为在核时代，大国主要由其军事力量来衡量。1990年，美国学者约瑟夫·奈（Joseph Nye）提出了"软实力"的概念，认为一国已难再像以前那样凭借军事、经济力量为所欲为，而诸如国家的凝聚力、文化意识形态等都成为影响一个国家在国际舞台上的地位与作用的重要因素。国内学者黄硕风对土的结构进行了分解，认为"软实力"具体包含三个要素，即政治力、文化力和外交力。政治力是指一个国家的政治体制、国家战略、政府素质、国民凝聚力等综合能力；文化力指文化竞争力、文化投射力和文化信息力；外交力指国家利益的实现能力、国家战略的贯彻能力、全球公共物品的提供能力和全球公共物品的运用能力。然而，国家是国际体系中的行为体，本质上也是社会化的，而事实证明大国在国际体系中有着更为广泛的利益和诉求。因此马丁·怀特（Martin White）认为，判断一个国家是不是大国，不能仅仅从这个国家的实力大小进行衡量，还应该考虑这个国家与国际体系的关系。

除了定性的研究方法之外，也有学者从量化计算的角度提出了评估综合国力的公式。有代表性的如美国学者克莱因（Lawrence Klein）认为国家力量主要是由基本实体、经济能力、军事能力、战略目标和国家意志等五个要素构成。日本经济企划厅综合计划局在此基础上，将综合国力视为经济实力、科学技术实力、金融实力、财政实力、对外活动的积极性以及在国际社会中的活动能力、地理、人口、资源、防卫实力、国民意志、友好同盟关系、军事实力、战略物资和技术、外交能力等力量的总和。此后，还有学者添加了更多项的指标作为衡量综合国力的标准，但事实上，这种测算方法只是罗列出各项指标，但在实际操作中如何将指标量化并没有实现的方法，因而这种测算方法也是不可靠的。

总体来看，大国权力的来源有三种，第一种是资源论，即国家是各种优势资源的整合，在各种资源中军事和经济资源的重要性最为突出；第二种是关系论，大国与国际体系或与其他国家的关系是大国权力的来源，比如对国际制度和规则的参与，与国际体系整体利益的一致；第三种是结果论，在不同领域和不同事务中的问题解决能力是大国的重要标志。

从综合国力的角度衡量一个国家是否为大国是学界普遍认可的做法，但

第一章　中国特色社会主义理论体系形成的历史条件

对一国综合国力的具体计算往往又会遇到难以精确量化的困难。从葡萄牙、西班牙、荷兰到英国、美国等大国崛起的历史来看，综合实力是一国成为大国的基础，但拥有相当的实力也并非就一定能成为大国。正如郭树勇教授所言，大国的崛起是物质性成长和社会性成长的统一，只有同时获得物质实力和国际合法性的大国，才能成为国际社会中真正的大国。也正如沃尔兹所言，大国从来都不是通过公式计算出来的，而是在国际体系中定义的。事实上，我们也无法精确计算每一个国家的综合国力，这在实际操作中会面临很多困难，而且各国的综合实力也是不断发展变化的，但这并不影响我们对于大国的评判。总之，大国是建立在相当综合实力基础上的、有相当的国际影响力和解决国际问题能力的国家。

(二)发展中国家大国地位的确立

中国的发展中国家的大国地位最初是在反法西斯战争中历史地形成的。国外一些人对中国大国地位的非议，归根结底在于对中国抗战的作用、意义的贬低和藐视，认为中国战场对日本"不具有主要战略意义"，"只具有局部性质"，把中国军队说成是在整个战争时期"没有进行过任何战略行动"等等。这些看法是不符合历史事实的。1931年"九一八事变"后，中国人民打响了反对日本武装侵略的第一枪，在世界上最早揭开了反法西斯战争的序幕。1937年7月7日，日本发动了全面侵华战争，中国人民在抗战的旗帜下，以国共合作为基础，全民族奋起抵抗日本侵略。从"七七事变"到太平洋战争爆发的四年多时间里，中国军民流血牺牲，前仆后继，不屈不挠地独自抗击日本这个法西斯强国。中国战场是第二次世界大战的主要战场之一。正如毛泽东所指出的："伟大的中国抗战，不但是中国的事，东方的事，也是世界的事""中国的抗战是世界性的抗战"。[①] 中国的抗战，其目的不仅保卫中华民族之独立生存，亦是阻止日本军国主义之为祸世界，并维护国际正义与世界和平。中国军民在上海保卫战、平型关大战、台儿庄大战、长沙会战、百团大战、缅北战役等著名战役中，所弘扬出的民族正气和为反抗侵略与强权誓死战斗的精神，曾极大地鼓舞了整个反法西斯国家进行抗争。为此，中国人民付出了沉重的

---

① 毛泽东，毛泽东文集(第2卷)[M]．北京：人民出版社，1993：145-146．

牺牲,伤亡人数达 3000 万以上。中国人民以艰苦卓绝的斗争和巨大的民族牺牲,为世界反法西斯战争胜利作出了不可磨灭的历史贡献,粉碎了日本军国主义称霸亚洲,进而称霸世界的狂妄计划,并有力地支援了盟国西欧—北非战场、苏德战场和远东太平洋战场的反法西斯战争。

中国人民的英勇抗战,受到国际舆论和反法西斯各国人民的高度重视和赞扬。美国总统罗斯福(Franklin Roosevelt)在 1940 年 12 月底关于国家安全的"炉边谈话"和 1941 年 1 月初致国会年度咨文等多次谈话中曾一再强调指出,美国所以能"置身于战争之外";是由于英国、中国的奋力抗战,才使美国暂时能避免战争。他说:"在亚洲,中华民族进行的一场伟大防御战争则在拖住日本人"①,他高度评价中国正在不断加强的"壮丽的防御战",赞扬中国表现出了"千百万普通老百姓抵御肢解他们古老国家的卓越意志"②。1941 年 1 月间,罗斯福曾派其行政助理居里访华,他回国后在美国新闻编辑协会发表演讲说,美国对华援助,在军事上显然是有必要的,"我们只要想一想,倘使没有中国自 1937 年以来的抗战,我们的处境将成怎样一个情形?日本整个的陆军、商轮以及海军,甚至资源,如果不受什么牵制,得以自由行动倾其全力,积极支援以建设'世界新秩序'为目的的轴心同盟,我国与英国将遭遇怎样的情势"。他说,大家只要想一想,在世界这个多难之秋,新加坡、印度、澳大利亚、马来西亚、荷属东印度以及印度洋与苏伊士运河这些南北交通要道与咽喉,对于美、英两国有何等重要性,就可表明中国抗战的重要意义。后来,赫尔等美国政要也曾不断强调这一观点。太平洋战争爆发后,中国作为"四个最主要的参战国"之一的地位和作用,为战时盟国普遍重视。1941 年 12 月 27 日,霍普金斯(Harry Llvyd Hopkins)在就即将发表的联合国家宣言文稿致罗斯福的备忘录中指出:"要打破按字母编排的次序,把像中国和苏联这样的国家提到同我国和联合王国并列的地位;区别的办法可以是,那些在自己的国土上积极作战的国家作为一类,另外则是已经被轴心国征服了的国

---

① 保罗·肯尼迪. 大国的兴衰[M]. 陈景彪,等,译. 北京:北京国际文化出版公司,2006:231.
② 保罗·肯尼迪. 大国的兴衰[M]. 陈景彪,等,译. 北京:北京国际文化出版公司,2006:214.

第一章 中国特色社会主义理论体系形成的历史条件

家。我认为这种排列极为重要。"①罗斯福甚为赞同这一意见。1942年1月1日，由中美苏英四国领衔发表了联合国家宣言。中国作为战时四强之一首次出现在国际文件上，表明中国在战争中的重要地位得到了国际社会的承认。而后，包括中国、越南和泰国在内的中国战区正式成为盟军反法西斯战场的重要组成部分。1943年10月莫斯科三外长会议期间，美苏英三国邀请中国政府共同签署了关于普遍安全的宣言，四国政府明确宣布："它们承认有必要在尽速可行的日期，根据一切爱好和平国家主权平等的原则，建立一个普遍性的国际组织，所有这些国家无论大小，均得加入为会员国，以维护国际和平与安全"②；四国还同意："为维持国际和平与安全起见，在法律与秩序重建及普遍安全制度创立以前，各国将彼此磋商，并于必要时与联合国家中其他国家磋商，以便代表国际社会采取共同行动。"③四国宣言不仅向世界首次宣布要建立一个新的国际组织，而且四国还对要在"尽速可行"的时间内建立这一新的国际组织正式承担了义务，从而也表明了四国将要在其中处于的特殊地位。中国作为四大国之一的国际地位受到普遍承认和重视。1943年11月的中美英三国召开开罗会议发表《开罗宣言》，使中国的国际地位进一步提高。此后，中国作为建立国际组织的四个发起国之一，积极参与了敦巴顿橡树园会议，与美苏英共同发起了旧金山制宪会议，成为联合国安理会常任理事国之一，并通过联合国宪章得到国际法上的正式确认。战时中国的大国地位，是中国人民浴血奋战赢得的，是在反法西斯战争中历史地形成的。中国对战争的卓绝贡献，决定了其理应在国际事务中取得相应的地位和发言权。正如毛泽东在1945年所指出的那样："中国是全世界参加反法西斯战争的五个最大的国家之一，是在亚洲大陆上反对日本侵略者的主要国家。中国人民不但在抗日战争中起了极大的作用，而且在保障战后世界和平上将起极大的作用，在保

---

① 保罗·肯尼迪.大国的兴衰[M].陈景彪，等，译.北京：北京国际文化出版公司，2006：145.
② 郭树勇.大国成长的逻辑西方大国崛起的国际政治社会学分析[M].北京：北京大学出版社，2006：112.
③ 郭树勇.大国成长的逻辑西方大国崛起的国际政治社会学分析[M].北京：北京大学出版社，2006：113.

障东方和平上则将起决定的作用。"①中国获得大国地位是当之无愧,理所应得的。美苏英承认中国的大国地位,无非是承认了一个历史现实。由于中国有了大国地位,才能在创建新国际组织中承担起特殊的责任并履行与之相应的义务。

(三)中国作为发展中大国的地位、作用和责任

学界在谈大国地位时,同时也会附上责任,即 Responsibility 一词。现代汉语词典对"责任"的解释是:分内应做的事。事实上,对于"责任"而言,主要包括由法律或合同等客观的协议约束而产生的义务,以及由道义、良心等主观自觉而衍生的责任感。由此,对于一个大国而言,它所担负的责任不仅仅是国际机制等明文规定的硬性"义务",而且还要自觉承担起维护国际社会公益良序的责任。

1. 中国的大国地位

"大国地位"是对国际社会中公认的大国而言的。但如何定义"大国",人口多、面积大就是大国吗?那么17世纪中叶的荷兰,虽国土面积不大,却仍是历史上崛起过的大国。那么国力强盛呢?日本在国力方面无疑是强大的,但很少有人认为日本是一个大国,至少不是与美国、俄罗斯、中国等同等意义上的大国。如前所述,实力是构成大国的要件,但国际政治中的大国并不是仅仅拥有实力的国家。其次,"大国地位"所承担的国际责任远不限于国际法中的一般规定,在国际无政府状态下,大国的责任并无确定而严格的标准,但国际社会的舆论压力以及大国成长过程中逐渐形成的大国意识、大国利益等会进一步激发大国自觉,从而适当地迎合国际社会的期待,承担起更多的大国责任,提供更多的公共产品,并从长远的角度维护大国的日渐广泛的国家利益、树立良好的国际形象,赢得自身与国际社会的共同发展。最后,承担大国责任的方式是多种多样的,比如在维护区域或全球安全方面的责任、在国际经济领域的作为、在全球气候变化及防治疾病传播等非传统安全问题上的协作等,都是一个负责任大国应有的担当。虽然国际上也并没有通行的大国责任清单或对大国责任内容的相关规定,但也不等于大国可以随心所欲

---

① 毛泽东. 毛泽东选集(第3卷)[M]. 北京:人民出版社,1991:1033.

第一章　中国特色社会主义理论体系形成的历史条件

地去履行大国责任。中国的大国责任的内容也不仅仅是自我认知下的大国责任，而是需要在实践中与时俱进地修正和完善。事实上，在中国综合国力有长足进步之前，中国至多可以说是一个人口、面积、资源上的大国而已。自中国在20世纪90年代末的亚洲金融危机中被称赞为大国以来，越来越赢得了国际社会的认可与接受，这当然与中国国家实力不断增长的事实分不开，但也与中国在国际社会中积极构建自身负责任大国身份的努力分不开。

2. 中国的大国作用

中国作为发展中国家的大国在联合国的建立和发展中发挥了重要作用。在联合国框架下，中国致力于推动建立公正合理的国际秩序。尽管是联合国创始成员国，但由于政治和历史原因，新中国成立后长期被排斥在联合国大门之外。1971年10月25日，中国恢复联合国合法席位，壮大了发展中国家的力量，加速了发展中国家的民族解放和政治独立进程。作为联合国安理会常任理事国中唯一的发展中国家，中国在联合国讲台上为发展中国家仗义执言，极大提高了发展中国家的代表性和发言权。中国始终坚持和平共处五项原则，在不同年代相继提出"三个世界划分""建立国际新秩序""建设和谐世界"和"构建以合作共赢为核心的新型国际关系"等重要理念，对维护以《联合国宪章》宗旨和原则为基础的国际秩序发挥了建设性作用。作为联合国安理会常任理事国，中国一直致力于维护世界和平与安全，积极承担相关责任和义务。中国积极参加联合国维和行动，是安理会五常中派出维和人员最多的国家，缴纳的维和经费已上升到世界第二位。同时，中国积极参与处理地区冲突和热点问题，在联合国框架下中国为东帝汶、海地、伊朗核问题、叙利亚、南苏丹等国际和地区热点问题的政治解决发挥了负责任的大国作用。此外，作为最大发展中国家，中国还为联合国发展事业作出了突出贡献，为联合国制定千年发展目标和2030年可持续发展议程发挥了重要作用。而且，中国自身发展就是对世界发展事业的重大贡献，中国成功使7亿多人脱贫，对全球减贫事业的贡献率达到70%，成为全球最早实现联合国千年发展目标中减贫目标的发展中国家。中国还积极支持联合国为深化南南合作、促进发展援助所做各项努力，向166个国家和国际组织提供了近4 000亿元人民币援助。中国率先响应联合国倡议，为非洲抗击埃博拉疫情派遣医疗队并提供慷慨援助，与西非人民守望相助、共克时艰。

重返联合国,推动了中国走向对外开放,更深地融入世界。中国重返联合国以后,越来越多的国家与中国建交,外部环境不断改善为中国实行改革开放、走上繁荣发展道路提供了良好条件。截至2021年12月,中国已与181个国家建立了外交关系,参加了几乎所有政府间国际组织,加入了400多项国际多边条约。中国与世界各国加强友好往来与互利合作,加入联合国框架下各类机构及更多国际机构,扩大对外开放和合作,加快了中国现代化事业的发展,在短短几十年时间里完成了其他国家需要上百年才能完成的工业化进程。

当前,中国人民正在为实现中华民族伟大复兴的中国梦而努力。在这一历史进程中,中国与联合国及其成员国的良性互动将越来越多,这种互动将为世界和平与发展事业带来更多利好。正如中国国家主席习近平会见时任联合国秘书长的潘基文时所说,中国需要联合国,联合国也需要中国,中国重视联合国,将坚定支持联合国。李克强也曾在联合国讲台上,再次郑重表明中国政府对联合国以及世界和平与发展事业的庄严承诺。中国将继续高举和平、发展、合作、共赢的旗帜,同各国携手努力,继续为世界和平与发展事业共同奋斗。

中国作为发展中国家的大国,一方面在国际经贸领域的规则制定、消除贸易壁垒、推动全球贸易自由化等方面有着重要发言权和驱动力;另一方面,其自身的经贸发展也能够带动和促进全球经济的繁荣与增长,并通过帮助和支持其他发展中国家的发展"回馈"国际社会,以促进世界共同的和平与发展,这也是"和谐中国、和谐世界""中国梦、世界梦"等极具中国特色的外交理念所一直追求的目标。虽然中国在国际经济贸易规则中尚处于学习和运用阶段,但中国作为经济体量大国,其对全球经济的拉动作用是有目共睹的。尤其在全球遭遇金融危机时,中国不仅自身强劲不倒,而且积极对其他国家提供帮助,成为拉动世界经济增长的引擎,对全球经济走出困境而发挥了重大作用。虽然未来几年中国的经济发展进入"新常态",开始换挡减速,但新一轮的结构调整和深化改革有利于中国的经济平稳健康运行,为世界经济的繁荣注入了持续动力。中国在2013年首次提出的"一带一路"倡议,也极大地带动了全

第一章 中国特色社会主义理论体系形成的历史条件

球经济的包容性增长、开创了欧亚经济发展的新纪元。

3. 中国的大国责任

在全球问题上中国展现了大国的责任和担当。全球化的深化一方面使得国家间的联系越来越紧密，相互依赖程度日益加深；另一方面也带来了一系列全球问题，使人类进入前所未有的"风险社会"，包括气候、能源、流行性疾病、跨国犯罪等在内的各种非传统安全问题成为全人类需要共同面对的挑战。这些全球问题的解决需要国家间的协调与合作，更需要大国间的共识与主导，需要大国承担起更多的国际责任。中国作为新兴大国之一，在很多问题的解决中都有着举足轻重的作用，作为负责任的大国，积极参与国际多边合作，提出解决问题的有效方案和主动承担适度的国际责任成为题中之义了。

党的十八大以来，在以习近平同志为核心的党中央坚强领导下，中国外交乘风破浪、昂扬奋进，中国的国际地位和影响力不断提升，成功地走出一条与历史上传统大国不同的强国之路，全方位开创了中国特色大国外交新局面、新地位。习近平同志指出我国是世界最大发展中国家的国际地位依然没有变。改革开放之初，我们党发出了走自己的路、建设中国特色社会主义的伟大号召，团结带领全国各族人民不懈奋斗，推动我国经济实力、科技实力、国防实力、综合国力进入世界前列，推动我国国际地位实现前所未有的提升，国家的面貌、人民的面貌、社会的面貌、中华民族的面貌发生了前所未有的变化，中华民族正以崭新姿态屹立于世界的东方。经过长期努力，中国特色社会主义进入了新时代，这是我国发展新的历史方位。习近平说："中国特色社会主义进入新时代，意味着近代以来久经磨难的中华民族迎来了从站起来、富起来到强起来的伟大飞跃，迎来了实现中华民族伟大复兴的光明前景；意味着科学社会主义在二十一世纪的中国焕发出强大生机活力，在世界上高高举起了中国特色社会主义伟大旗帜；意味着中国特色社会主义道路、理论、制度、文化不断发展，拓展了发展中国家走向现代化的途径，给世界上那些既希望加快发展又希望保持自身独立性的国家和民族提供了全新选择，为解决人类问题贡献了中国智慧和中国方案。这个新时代，是承前启后、继往开来、在新的历史条件下继续夺取中国特色社会主义伟大胜利的时代，是决胜全面建成小康社会、进而全面建成社会主义现代化强国的时代，是全国各族人民团结奋斗、不断创造美好生活、逐步实现全体人民共同富裕的时代,是全体中华儿女勠力同心、奋力实现中华民族伟大复兴中国梦的时代,是我国日益走近世界舞台中央、不断为人类作出更大贡献的时代。"①

---

① 习近平. 习近平谈治国理政(第3卷)[M]. 北京:外文出版社,2020:8-9.

第二章 中国特色社会主义理论体系形成的认识基础

中国特色社会主义理论体系形成于邓小平理论,后经"三个代表"重要思想、科学发展观和习近平新时代中国特色社会主义思想的进一步丰富、发展和完善,从邓小平理论"什么是社会主义""怎样建设社会主义",到"三个代表"重要思想"建设什么样的党""怎样建设党",再到科学发展观"实现什么样的发展""怎样发展",到当下习近平新时代中国特色社会主义思想"建设什么样的现代化强国,怎样建设现代化强国",这些思想理论成果各有侧重,但都以发展为主线。2007年党的十七大报告指出:中国特色社会主义理论体系,就是包括邓小平理论、"三个代表"重要思想以及科学发展观等重大战略思想在内的科学理论体系。党的十九大确立了习近平新时代中国特色社会主义思想的历史地位,并将其作为马克思主义中国化的又一重大理论成果丰富和发展了中国特色社会主义理论体系。中国特色社会主义理论体系的四大理论成果,体现了历史与逻辑的承继和统一,具有紧密的内在联系和外部同质性、同向性,形成了逻辑结构完整的理论体系。这个理论体系的生成和发展都是建立在共同的认识论基础之上的。

一、中国特色社会主义理论体系整体性形成的哲学认识论

(一)用唯物辩证法分析整体性

唯物辩证法是一种研究自然、社会、历史和思维的哲学方法,它科学地反映了关于宇宙自然、人类社会和人类思维的最一般、最普遍、最深刻、最基础的规律与本质。它指出:世界万事万物是永远运动和普遍联系的,而运动

的法则主要是依据一切事物内部的客观存在的"一分为二"的矛盾性构成的辩证运动法则，联系的纽带与方法主要是客观存在的又对立又统一为核心的一系列辩证原理形成的结构组成的纽带。唯物辩证法的基础是唯物论，主导则是辩证法。唯物论与辩证法互相制约、相辅相成、有机结合推动着唯物辩证法本身与社会实践亦步亦趋地共同发展和完善，并不断总结社会实践新的经验验证、完善与丰富自己，同时指导社会实践快速向前发展，以至无穷。在马克思主义中国化的过程中，以毛泽东、邓小平、江泽民、胡锦涛、习近平等同志为主要代表的中国共产党人经过领导集体实践的运用和智慧的发展，使马克思主义的唯物辩证法思想得以继承、发展、完善和创新，通过毛泽东思想和中国特色社会主义理论体系的丰富，最终在中国实现了这一思想的中国化转变。而毛泽东思想和中国特色社会主义理论体系的哲学思想理论源于马克思主义唯物辩证法哲学观，却在中国革命和社会主义建设的实践中，形成了一套独特的世界观、认识论和方法论的中国化思想体系，成为马克思主义哲学中国化的重要理论成果。

唯物辩证的发展观本身就包含着系统联系的整体思想。恩格斯提到马克思主义哲学时，认为一个伟大的基本思想，即认为世界不是一成不变的事物的集合体，而是过程的集合体。关于过程，恩格斯又论述道，关于这些事物的发生和发展，以及关于把这些自然过程结合为一个伟大整体的联系的科学。这些就是唯物辩证法所给予我们对事物、对世界的认知。中国特色社会主义理论体系是马克思主义中国化的理论成果，包含了深厚而丰富的唯物辩证法思想，这也是这一理论体系成为一个体系，作为一个整体性存在的首要原因所在。

"辩证法是一种学说，它研究对立面怎样才能够同一，是怎样（怎样成为）同一的。"[①]党的十一届三中全会之后，中国共产党审时度势，立足当时中国的发展，做出发展重心转移的重大决定，把全部工作的重点转移到以经济建设为中心的发展轨道上来，邓小平理论开创了当时中国社会发展的新局面，回答了当时中国"什么是社会主义""怎样建设社会主义"这一重大社会发展走向

[①] 列宁. 列宁全集(第55卷)[M]. 北京：人民出版社，2017：90.

的问题。"三个代表"重要思想产生于中国共产党对发展历史经验的总结和新阶段、新形势对党的要求,厘清了"建设什么样的党""怎样建设党"是重大党建问题。科学发展观立足当代,高瞻远瞩,做出了"实现什么样的发展""怎样发展"的重大战略决策。习近平新时代中国特色社会主义思想阐明了中国特色社会主义进入新时代,回答了"实现什么样的现代化强国,怎样实现现代化强国,实现什么样的民族振兴,怎样实现民族振兴"的根本性问题。以上四大理论成果在社会发展的不同阶段,做出了符合时代发展和不同要求的战略指导。理论的产生必然是时代的发展的反映,随着时代和社会的发展,理论也不断丰富和发展,这本身就是辩证法的体现。从纵向度来看,四大理论成果具有不同社会发展的阶段性、自身特性和理论重点,这属于事物发展的个性;从横向度来看,以上四大理论成果都以马克思列宁主义为理论指导,并始终以发展作为自己的价值指向,都是对马克思主义的丰富和发展,目标都是发展中国特色社会主义。从辩证法角度讲,这是事物发展的共性,即同一性。每一种理论成果在继承中不断推陈出新,发展、丰富和创新。理论经历着量变的过程,随着不同阶段、不同类别社会矛盾的解决,不断完成质变。我国经济增长方式从粗放型向集约型转变,便是量变到质变、矛盾运动的辩证过程。而随着事物发展的要求变化,不断地调整,甚至剔除与社会发展状况不适应的决策,体现了事物发展的批判性,即矛盾。中国特色社会主义理论体系共出一脉,有着共同的发展目标,每一种事物都是个性与共性的统一体。在中国特色社会主义理论体系中,每一个重大思想理论成果都是共性与个性辩证统一的综合体,其中既有对前一种理论的继承和捍卫,又有对前一种理论的发展和创新。正因如此,矛盾方能多元化,联系方能呈现多样性,发展方能全方位。在这种辩证运动中,不断发展的过程才一直呈现着理论和逻辑架构上的整体性。

(二)用辩证唯物主义认识论分析整体性

认识论是马克思主义哲学中关于认识的来源、本质及其规律的学说。认识论作为辩证唯物主义的重要组成部分,是关于人类的认识来源、认识能力、认识形式、认识过程和认识真理性问题的科学理论。第一,唯物主义认识论是可知论。认为客观物质世界是可知的。人们不仅能够认识物质世界的现象,而且可以透过现象认识其本质。人类的认识能力是无限的，世界上只有尚未认识的事物，没有不可认识的事物，从而与不可知论划清了界限。第二，唯物主义认识论的基本前提是反映论。认为物质世界是不依人的主观意志而独立存在的，人的意识是物质长期发展的产物，是人脑的机能，是对物质世界的反映。坚持从物到感觉、思想的唯物主义认识路线，与从思想、感觉到物的唯心主义认识路线划清了界限。第三，唯物主义认识论是实践论。它把辩证法应用于认识论，强调人的认识是一个不断深化的能动的辩证发展过程。认识的辩证表现在认识和实践的关系上，认识来自实践，又可以反过来指导实践，为实践服务。人对世界的认识不是一次完成的，而是一个多次反复、无限深化的过程。无论从可知论角度，还是从唯物主义认识论的基本前提出发，以及到它最后的落脚点——实践论，都体现了这一认识论体系的整体性和整体性之中实践基础上的逻辑建构。

"人的思维是否具有客观的[gegenständliche]真理性，这不是一个理论的问题，而是一个实践的问题。人应该在实践中证明自己思维的真理性，即自己思维的现实性和力量，自己思维的此岸性。"[1]"从前的一切唯物主义——包括费尔巴哈的唯物主义——的主要缺点是：对对象、现实、感性，只是从客体的或者直观的形式去理解，而不是把它们当做人的感性活动，当做实践去理解，不是从主体方面去理解。"[2]从主观性去理解客体，人的思维是否与客观一致，是否被客观所容纳，实践便是衡量的唯一尺寸和标准。中国特色社会主义理论体系是科学社会主义在中国的具体理论形态和实践样态，经过无数仁人志士的艰辛探索和总结，是马克思主义理论和中国具体的社会发展形态和发展阶段的无数运用和结合的尝试，最终形成的中国化的马克思主义。在实践中运用，在实践中调整，在实践中生成，并最终在实践中新生。"社会的物质生产力发展到一定阶段，便同它们一直在其中运动的现存生产关系或财产关系（这只是生产关系的法律用语）发生矛盾。于是这些关系便由生产力的发展形式变成生产力的桎梏。那时社会革命的时代就到来了。随着经济基础

---

[1] 马克思，恩格斯. 马克思恩格斯选集(第1卷)[M]. 北京：人民出版社，2012：134.
[2] 马克思，恩格斯. 马克思恩格斯选集(第1卷)[M]. 北京：人民出版社，2012：137.

第二章 中国特色社会主义理论体系形成的认识基础

的变更,全部庞大的上层建筑也或慢或快地发生变革。"①

中国特色社会主义理论体系作为一个逻辑体系严密统一、思维框架完整的理论体系,其整体性最突出的体现就是实践基础,这是唯物主义认识论的出发点和落脚点。实践性是四大重大理论成果自成整体的最闪耀之处,也是辩证认识中国特色社会主义理论体系整体性的第一把钥匙。除此之外,中国特色社会主义理论体系作为一个整体,处处都闪耀着唯物主义的光辉。"一切划时代的体系的真正的内容都是由于产生这些体系的那个时期的需要而形成起来的。所有这些体系都是以本国过去的整个发展为基础的。"②理论体系产生于人类社会发展的土壤里,遵循社会发展的客观规律,契合社会发展的客观需求,理论对社会发展的指导才能发挥作用。马克思在《〈黑格尔法哲学批判〉导言》中指出:"批判的武器当然不能代替武器的批判,物质力量只能用物质力量来摧毁,但是理论一经掌握群众,也会变成物质力量。理论只要说服人,就能掌握群众;而理论只要彻底,就能说服人。所谓彻底,就是抓住事物的根本。而人的根本就是人本身。"③

思想是行动的先导。从理论层面上来说,中国特色社会主义理论体系是中国共产党集体智慧的结晶,是对社会主义发展过程中经验、成就和发展期待与走向的理论升华,从而作为指导中国特色社会主义继续前进和发展的理论基础和指导思想;从实践层面上来看,这一理论体系的生成并使之系统化、整体化,是在长期不断的实践中完成的。"思想、观念、意识的生产最初是直接与人们的物质活动,与人们的物质交往,与现实生活的语言交织在一起的。"④实践中产生想法,想法生成思想,思想上升到真理,真理从而作为指导实践的真理性存在,贯穿到社会发展的具体行动中。中国特色社会主义理论体系之所以作为整体性存在,从思想基础上分析,具有一以贯之的共同的思想路线、发展理念、思想方法论和最终发展指向一致性的思想基础,这些思想基础是这一体系形成整体性理论体系的强大力量。

---

① 马克思,恩格斯.马克思恩格斯选集(第2卷)[M].北京:人民出版社,1995:32-33.
② 马克思,恩格斯.马克思恩格斯全集(第3卷)[M].北京:人民出版社,1960:544.
③ 马克思,恩格斯.马克思恩格斯选集(第1卷)[M].北京:人民出版社,2012:9-10.
④ 马克思,恩格斯.马克思恩格斯选集(第1卷)[M].北京:人民出版社,1995:72.

（三）从系统论分析整体性

1. 用系统论认识中国特色社会主义理论体系的必要性

系统论最早是自然科学研究领域的研究方法，随着现代社会的发展，随着社会科学技术整体性趋势的增强，系统论已不仅仅是自然科学研究中的研究方法，社会科学领域也普遍运用这一研究方法。这一转变产生的原因一方面是科学技术整体性趋势的增强，学科之间的跨学科关联度和连接性加强，另一方面是社会结构发展的日趋复杂，随着产生的社会构成因子丰富而多样，社会科学仅仅依靠传统的直线研究，在推理和演绎中做静态研究，已经远远不能满足社会结构的发展需求，社会科学所具有的思想理论这个工具功能往往就只能停留在文本理论这个层面上，其工具功能就不能从文本理论中演变成具有社会发展实践指导意义的理性工具。理论滞后于实践，在很大程度上就是理论所起到的实践指导功能弱化。那么在这一社会发展需求下，强化理论体系的工具功能，转变社会科学理论的研究方法和思路便时所必然，势在必行了。系统论最初作为自然科学研究的方法，就说明了这种方法对所研究的事物的要求是，研究对象必须具备实践操作性。而在一般意义上来看，长久以来社会科学理论大多停留在理论研究的直线研究轨道上，而对直线研究理论运用系统论的研究方法，无疑是南辕北辙。而中国特色社会主义理论体系是一个内含哲学、政治经济学、科学社会主义的系统的科学，容纳着社会结构的多种组成部分，社会机体的显性和隐性有机构成因素，以及人类社会发展的循环往复和必然规律，同时包含着对人类这一作为社会的最主体因素所提出的物的尺度和价值尺度的统一这一要求，如何实现这种统一，实现求真达善和美的目标，最本质的基础，或称作前提就是实践了。如此复杂的理论体系，单纯采用直观分析、线性说明、演绎推理、总结概括等传统研究范式是无法研究中国特色社会主义理论体系的精神内涵的，势必找不到这一理论体系实践操作的关键节点，那么对这一理论体系的研究便毫无意义了，也无法从本质上认识这一理论体系的整体性和这种整体性之于每一种思想理论成果的系统影响。

中国特色社会主义理论体系形成整体性的一个非常重要的基础就是在这一理论体系的形成、发展和完善过程中，无不渗透着自然科学研究的系统研

第二章 中国特色社会主义理论体系形成的认识基础

究方法,从动态的研究对象出发,立足于中国社会发展的现实国情,把每一个社会发展阶段,作为一个动态的实践对象来理性分析、辩证考察,科学验证,最后使其各类实践活动上升为系统的理论概括。并随着社会发展阶段目标的实现,和社会发展新阶段新形势的要求和变化,再把原有的理论加以发展、补充和完善,在原有理论体系的基础上综合比较、动态分析,进行系统总结和全局研究,使之适应新的社会发展规律。这种动态的理论研究的逻辑思路,符合人类社会发展的规律,使得中国特色社会主义理论体系作为一个整体,既具有思想导向作用,又强化了理论指导实践这一工具理性功能。由此,要研究中国特色社会主义理论体系整体性形成的认识基础,系统论这个研究因素不可或缺。

2. 在中国特色社会主义理论体系的系统结构中认识其整体性

"要真正地认识事物,就必须把握、研究它的一切方面、一切联系和'中介'。"①列宁这里所说的研究事物的一切方面、一切联系和中介,其实质就是一个系统研究的过程,用辩证思维方法研究事物,分析事物间的千丝万缕的联系。这种过程和方法本质上体现了研究者的全局观念和整体意识。系统论是现代科学技术的成果,最初的研究对象是自然科学中客观存在的事物,即自然界的客体。但随着现代科学研究整体性和关联性的增强,系统论广泛被应用到自然科学领域和社会科学领域。其研究对象已不仅仅局限于自然界中的客体。但从自然科学和社会科学在系统论中的研究对象来看,系统论的研究主体是自然界,同时也会鉴于研究对象的需要涉及社会科学领域。而马克思主义理论属于社会科学领域,其研究的对象是社会发展规律和历史进程的科学,两者的研究对象都从属于物质世界存在的运动的范畴。中国特色社会主义理论体系作为马克思主义中国化的理论继承和发展的新样态,其本身的研究对象是中国社会发展的规律和中国社会历史的进程,研究对象自然也从属于自然界物质世界的存在和运动这一范畴体系。因此,研究和分析中国特色社会主义理论体系的整体性,以系统论作为研究的方法和思维实属必需。恩格斯说:"当我们深思熟虑地考察自然界或人类历史或我们自己的精神活动

---

① 列宁. 列宁选集(第4卷)[M]. 北京:人民出版社,1972:453.

的时候，首先呈现在我们眼前的，是一幅由种种联系和相互作用无穷无尽地交织起来的画面，其中没有任何东西是不动的和不变的，而是一切都在运动、变化、产生和消逝。"① 这充分表明无论何种研究必须把这种研究放在一个彼此关联的系统中，用整体意识把握事物的本质。

整体性是系统论的重要特征，也是系统论的重要法则。中国特色社会主义理论体系作为一个承上启下的一脉相承的体系，本身就是对马克思主义理论系统论的发展，蕴含着丰富的辩证法思想和系统论。中国特色社会主义理论体系是由相互作用、相互影响的各个要素（生产力、生产关系、政治、经济、社会、文化、环境、党的建设等）按照一定规则排列，并使这些要素与周围环境（即各要素所处的社会发展阶段）发生联系（即产生指导、运用、调整、丰富、发展、创新等发展行为和社会效益），且诸要素各自都是具有一定功能的整体，同时又与其他要素相互运动、相互承接和关联，产生质的变化，共同推动整个社会的整体发展，彼此之间在这一系统中又共同构成一个不可分割、不可或缺的统一整体。而这个整体与部分之间严格遵循 $S>A+B+C$ 的原则，即整体（S）大于各部分（A、B、C）相加之和。中国特色社会主义理论体系（大系统）中任何一个思想理论成果的各个部分（原子或分子），四个重大理论成果中每一个理论成果（子系统）的思想理论成果，在鼓励的状态下都具有自身的质，这种质使得各个部分具有了自身特性和个性功能。但这些不同的质与其他部分、其他子系统的质结合成一个整体，便会产生不同于原质的新质。这一整体性原则决定了我们研究中国特色社会主义理论体系时，要把这一理论体系作为有机统一的整体综合分析，从每一种理论成果与部分理论，大系统与各个子系统之间相互依赖、相互联系的关系入手，才能正确把握整个理论体系的本质和贯穿整个理论体系之中的统一的精神实质，才能从根本上形成对中国特色社会主义理论体系的整体性认识。

---

① 马克思恩格斯. 马克思恩格斯选集（第 3 卷）[M]. 北京：人民出版社，1995：733.

第二章 中国特色社会主义理论体系形成的认识基础

二、中国特色社会主义理论体系形成的社会认识论基础

(一)坚持实事求是的思想路线

实事求是的思想路线无不体现了中国特色社会主义理论体系所具有的马克思主义的唯物论、辩证法、认识论和历史观的哲学立场和哲学思维。在长期的革命、建设和改革过程中,正是由于实事求是,我们才冲出了教条主义思想,突破了苏联模式的藩篱,立足我国具体国情,通过艰辛探索,最终走出一条具有中国特色社会主义实践发展之路。实事求是体现了自然观和实践观的统一,从理论逻辑上看,这种自然观和实践观的统一符合认识世界,进而改造世界、改造自身,实现实践目标的认识过程。这种统一,体现的是实践主体对客观世界的尊重和坚守,实践主体和客观世界的和谐统一关系。从实践展开的逻辑进路来看,这种统一中彰显着强烈的人的主体性地位,人可以在这种统一中把主观意志落实到求是的过程中,发挥主观能动性,表达了追求真理,改造世界的价值理念。在中国革命和中国特色社会主义建设和发展的实践中,这种统一实现了社会存在和社会意识的高度辩证统一,是马克思主义最终实现马克思主义中国化的根本的科学方法。

1. 实事求是的内涵

实事求是有着深厚的历史文化基础,"实事求是"最早出自汉朝班固撰写的《汉书·景十三王传》。文中班固赞扬河间献王刘德:"修学好古,实事求是。从民得善书,必为好写与之,留其真。"毛泽东继承古代文化中的实事求是这一治学精神,在中国革命和社会主义建设的实践中,赋予实事求是新的理论概括和广泛含义。"'实事'就是客观存在着的一切事物,'是'就是客观事物的内部联系,即规律性,'求'就是我们去研究。"[1]这一具有中国特色的实事求是内涵的界定,是对马克思主义实事求是思想的中国化创造,不仅具有哲学世界观和方法论的哲学内涵,而且赋予了实事求是实践认识论的科学内涵。第一,实事求是坚持物质第一性,意识第二性的马克思主义哲学观,强调一切从客观存在的事物出发,尊重客观规律,辨别不同的具体情况,在此基础

---

[1] 毛泽东.毛泽东选集(第3卷)[M].北京:人民出版社,1991:801.

上发挥人的意识的能动性,从而达到物质和意识的相互促进和相互统一。第二,实事求是体现了普遍联系,矛盾运动的马克思主义唯物辩证法的观点。事物就是在这种相互联系、矛盾运动和对立统一中实现质量互变、螺旋上升的过程中变化的。第三,实事求是具有深厚的实践内涵。"求"的过程就是研究的过程,就是不断实践、深化认识的辩证过程:由实践到认识,由认识到实践的这样一个循环往复的过程。在这一过程中实践和认识产生着交互作用的理论提升和实践深化。

2. 实事求是贯穿中国特色社会主义理论体系的思想精髓

中国特色社会主义是实事求是实践的过程,在这一过程中,以马克思主义理论的世界观和方法论为理论基础,中国共产党人在继承中国传统文化的历史背景下,立足中国特有的政治、经济、历史、文化等具体国情,借鉴苏联社会主义的经验教训,对马克思主义理论中实事求是的思想做了新的诠释。在中国革命和建设的过程中,中国共产党的这一实事求是的思想路线已经被实践证明,马克思主义中国化的理论继承和发展中,实事求是不仅具有理论逻辑上的科学性,而且具有实践操作上的指导性。毛泽东指出,"现在我们有了自己的初步实践,又有了苏联的经验和教训,应当更加强调从中国的国情出发,强调开动脑筋,强调创造性,在结合上下功夫,努力找出在中国这块大地上建设社会主义的具体道路。"①中国革命和建设的实践充分证明了实事求是思想路线的科学性,也因此,邓小平把实事求是概括为毛泽东思想的精髓、马克思主义的精髓。

邓小平对实事求是这一思想做了进一步丰富和发展,"解放思想,就是使思想和实际相符合,使主观和客观相符合,就是实事求是。今后,在一切工作中要真正坚持实事求是,就必须继续解放思想。"②"毛泽东思想的基本点就是实事求是,就是把马列主义的普遍原理同中国革命的具体实践相结合。毛泽东同志在延安为中央党校题了'实事求是'四个大字,毛泽东思想的精髓就

---

① 吴冷西. 十年论战[M]. 北京:中央文献出版社,1999:24.
② 邓小平. 邓小平文选(第2卷)[M]. 北京:人民出版社,1994.364.

第二章　中国特色社会主义理论体系形成的认识基础

是这四个字。"①"实事求是,是无产阶级世界观的基础,是马克思主义的思想基础。"②党的十七大报告中指出邓小平理论、"三个代表"重要思想和科学发展观等重大战略思想是马克思主义中国化的最新理论成果。党的十九大提出习近平新时代中国特色社会主义思想也是马克思主义中国化的最新理论成果,它和邓小平理论、"三个代表"重要思想、科学发展观一起构成中国特色社会主义理论体系。坚持中国特色社会主义理论体系为指导,就是真正坚持马克思主义理论,中国特色社会主义理论体系是在长期的实事求是的实践过程中形成和发展起来的,那么实事求是也必然是这一理论体系的精髓。

(二)坚持统筹兼顾的科学方法

统筹兼顾的科学发展方法贯穿于中国特色社会主义建设的全过程,是中国共产党遵循社会发展规律,并在丰富的不断实践的过程中得出的具有马克思主义科学的世界观和方法论意义的总结、提炼。这也是中国特色社会主义理论体系自成整体性的重要因素之一。党的几代领导集体都把统筹兼顾的科学方法作为社会主义发展的根本方法,每一阶段的思想理论成果都体现了统筹兼顾的理论精华,一以贯之,使中国特色社会主义理论体系高度统一。

1. 统筹兼顾的科学内涵

人类社会是一个包含政治、经济、文化、社会、生态环境等多领域,以及个人、家庭、集体、社团、阶层、阶级等形态和性质千差万别的单元,这些多样化的领域和单元共同构成了人类社会复杂的社会结构,共同组成一个人类社会的整体,并影响着人类社会的进程。这就决定了社会建设是一个复杂而系统的工程,人们以推动社会发展的实践活动必须是有目的有计划的系统周密的科学筹划的结果,否则,这种实践活动便不能成为推动社会发展的社会力量。因此,中国特色社会主义建设的实践活动,必须经过政策的全局谋划,科学布局,既注重整体发展,又要兼顾局部的协调一致。毛泽东同志指出:"不能只注意一部分问题而把别的丢掉。凡是有问题的地方都要点一下,这个方法我们一定要学会。"③"世界上的事情是复杂的,是由各方面的因

---

① 邓小平. 邓小平文选(第2卷)[M]. 北京:人民出版社,1994.126.
② 邓小平. 邓小平文选(第2卷)[M]. 北京:人民出版社,1994.143.
③ 毛泽东. 毛泽东选集(第4卷)[M]. 北京:人民出版社,1991:1442.

素决定的。看问题要从各方面去看，不能只从单方面看。"①毛泽东同志的这些观点充满了统筹兼顾方法论的思想。

统筹兼顾就是用整体思维审视全局，从整体上把握整体系统中各个局部之间的相互联系和相互影响，了解局部和整体之间的发展辩证关系，遵循整体和局部的客观发展规律，在谋求发展中，考虑各个局部的发展状况和发展需求，用整体带动局部，局部促进整体的平衡发展模式，形成能够代表各个局部要求的整体发展合力和共同价值取向，使各个局部在实现整体发展中各得其所。

2. 统筹兼顾的发展演进

统筹兼顾被用来作为我国社会主义建设和发展中长期的科学方法论，贯穿于中国特色社会主义理论体系的整个理论体系之中，这一思想的历史演进是一个理论脉络不断丰富、理论内容不断扩展的过程。

第一，毛泽东的统筹方法论思想。在我国社会主义发展的历史上，最早论述具有统筹兼顾方法论意义的是毛泽东同志，在党的七届三中全会上，他明确指出："在统筹兼顾的方针下，逐步地消灭经济中的盲目性和无政府状态，合理地调整现有工商业，切实而妥善地改善公私关系和劳资关系，使各种社会经济成分，在具有社会主义性质的国营经济领导之下，分工合作，各得其所，以促进整个社会经济的恢复和发展。"②此后在《论十大关系》和《关于正确处理人民内部矛盾的问题》中，他对统筹兼顾这一思想又做了进一步阐述，概括为"统筹兼顾，适当安排"。

第二，邓小平对统筹兼顾思想的继承和拓展。改革开放之初邓小平同志运筹帷幄，立足中国社会当时的发展状况，从中国急需发展经济的大局出发，明确提出，发展是硬道理，做出工作重心转移的战略决定，贫穷不是社会主义，社会主义就是要消灭贫穷。他指出："要注意经济稳定、协调地发展，但稳定和协调也是相对的，不是绝对的。发展才是硬道理。这个问题要搞清楚。"③在经济建设的同时，强调也要加强精神文明建设和民主政治建设，"两

---

① 毛泽东. 毛泽东选集(第4卷)[M]. 北京：人民出版社，1991：1157.
② 毛泽东. 毛泽东文集(第6卷)[M]. 北京：人民出版社，1999：71.
③ 邓小平. 邓小平文选(第3卷)[M]. 北京：人民出版社，1993：377.

第二章 中国特色社会主义理论体系形成的认识基础

手都要抓,两手都要硬"。随着社会主义发展到一定阶段,邓小平同志又提出,必须坚持统筹兼顾的原则,以此来调节各种利益的相互关系,从而把毛泽东的统筹兼顾思想做了进一步阐述和运用。

第三,"三个代表"重要思想对统筹兼顾方法的运用和发展。三个始终,三个最有力的代表,其理论本身就内含着丰富的统筹兼顾的方法论意义。先进生产力,先进文化,人民的根本利益,三部分相得益彰,首先,先进生产力内含着中国共产党发展社会主义经济的历史使命,社会进步首先是以经济的发展为前提的,没有经济的发展,社会进步是无从谈起的;先进生产力必然是整个社会生产力的发展状况,局部地区生产力的提高和先进,并不能概括整个社会生产力的提高和先进,先进生产力必须是建立在整个社会生产力的全面提高和普遍先进基础之上的。其次,先进文化是一个国家、一个社会、一个民族赖以生存和延续,并在历史的更替中,发展强盛的内在精神支撑,这是社会发展的内在驱动力,也是维系整个国家民族的精神纽带。先进文化不会凭空产生,它必然也只能建立在经济发展的基础上,落后的国家无法使传统文化推陈出新,无法完成传统文化作为社会发展内在驱动力的现代使命。经济的飞速发展,人们的社会需求随时多样化而具有多变性,这一结果会催生人们对文化的多元需求。先进文化必须是建立在本国传统优秀文化的基础上而完成的上承旧统、下启新运的现代转换,而完成这一转换的前提必然是经济的发展。再次,人民的根本利益是统筹兼顾、科学发展的目的和归宿。对此,面对新形势和新情况,江泽民同志精辟论述了在推进社会主义现代化建设的过程中,必须统筹兼顾处理好十二种关系,把统筹兼顾这一思想运用到更广阔的领域中,处理好人民的各种利益关系,"认真考虑和兼顾不同阶层,不同方面群众的利益"[①]。

第四,科学发展观对统筹兼顾方法的全面实践。十六届三中全会提出要统筹城乡发展、统筹区域发展、统筹经济社会发展、统筹人与自然和谐发展、统筹国内发展和对外开放。党的十七大报告在"五个统筹"的基础上,进一步

---

① 江泽民.在庆祝中国共产党成立八十周年大会上的讲话(2001年7月1日)[M].北京:人民出版社,2001:22.

提出要统筹中央和地方关系，统筹个人利益和集体利益、局部利益和整体利益、当前利益和长远利益，统筹国内国际两个大局。这些方面的统筹，拓展了统筹兼顾方针的内涵、对象和范围。

(三)坚持新发展理念

新发展理念的提出，既坚持了马克思人类社会发展理论的基本原理和方法论，又是在中国特色社会主义发展的新阶段，社会主义发展面临的新任务的关键点，关于中国特色社会主义发展的基本原理和方法论的总结和提升。新发展理念是科学发展观的进一步深化和丰富，具有全方位辐射、多维度实践的价值和意义。随着我国改革开放巨大成就的取得，经济发展所带来的社会的飞速进步的同时，人们在注重长期量的积累便能促进社会发展的思维模式下，过份依赖粗放型经济模式，这种发展模式对资源、环境、分配等造成了严重的后果，新发展理念正是基于这一关键时期对整个社会、整个自然所做的具有战略意义的整体性发展布局。新发展理念是中国特色社会主义理论体系整体性思想的进一步延伸和深化，理论更加统筹，发展更加全面，思维更加系统。

1. 新发展理念的科学内涵

新发展理念的内涵，学术界从不同的角度、以不同的视野对此做了不同的分析、研究和界定。综合已有研究成果，从新发展理念的整体性层面对其内涵做如下阐述。

新发展理念彰显了系统论思维。创新、协调、绿色、开放、共享分别作为新发展理念的有机组成部分，对各自覆盖和注重的领域做了科学的阐释，以发展这一核心思想联结成一个系统的整体。创新直指生产力，创新的首要目的和终极目标都是以生产力的提高为根本旨趣。没有创新，协调各个方面、各个领域、各个地区、各个民族的发展都无从谈起。协调意味着发展过程中开始注重质的提升，开始关注社会的良性互动和综合发展，只有在生产力发展到一定程度才能出现质优物美的社会发展效应。而协调发展，是一定建立在人与自然、人与社会平衡和谐的"天人合一"的状态之下的。人对自然资源的开发和占有，一定要是既实现了改造世界以使改造过的世界适合自身的发展、满足自身的需求，而又使自然在人类的开放利用过程中，仍然可以按照自然界的资源再生、循环往复这一自然规律存留在宇宙中。

一个社会的发展一定是站在广阔的思维格局中,才能促进生产力和整个社会的综合协调发展的,中国特色社会主义取得举世瞩目的成就,改革开放是发展的永动机。新发展理念形成于中国特色社会主义改革的攻坚阶段,开放的世界视野,是发展生产力,引领中国社会主义融入地球村,利用国际丰富资源的前提,社会成果乃至世界文明成果才会惠及广大人民,为人民所共享。五大组成部分独立而实践自身发展,却在整个发展系统中相互促进、共同发展。

新发展理念体现了马克思主义唯物主义辩证法思想。新发展理念体现了物质和意识,社会存在和社会意识辩证关系具体的实践应用,它以崇尚创新这一内含的生产力第一的唯物辩证法思想引领注重协调、倡导绿色、厚植开放、推进共享四个实践体系,使新发展理念具有丰富的哲学内涵和严谨的理论逻辑框架,又在实践上赋予新发展理念以深厚的实践性,从而又具有了马克思主义认识论和方法论的内涵。

2. 新发展理念的实践内涵

在新发展理念中,发展是贯穿其中的最鲜明的一条红线,这条红线连接着新发展理念和当代中国的发展状况,也连接着新发展理念的目的和要求。如何在生产力发展的基础上实践创新,如何在创新中走向经济发展的良性循环,把各方面的发展协调统筹起来,在绿色开放中,"发展成果为全体人民共享",实践是实现发展目标的唯一路径。也正是实践这一唯一的路径,使新发展理念从形成之初就赋予自身鲜明的实践内涵,而被直接运用到中国特色社会主义建设的实践中,在实践中证明着其自身理念的指导性和实践性。

(四)新发展理念对中国特色社会主义理论体系整体性的丰富和拓展

1. 新发展理念丰富和拓展了中国特色社会主义理论体系的整体性

社会主义理论体系作为中国社会主义建设每一历史阶段的思想理论成果,用于指导中国社会主义建设的实践,发展是每一种理论成果的核心内容,也正是发展这一核心内容,在理论和实践上成为中国特色社会主义理论体系整体性的核心要素。新发展理念对这一体系的核心内容做了更具体更具有实践导向的延伸和丰富,每一种理念都侧重社会主义发展的某一具体发展预期,创新侧重生产力的发展，协调侧重社会发展各方面的平衡统一，绿色侧重人与自然相互改造过程中的和谐发展，开放侧重发展过程中的格局，内外联动的发展期望，共享侧重社会发展的公平正义，从而对中国特色社会主义理论体系整体性做了新的时代概括和阐释。

2. 新发展理念是中国特色社会理论体系内容的进一步深化和发展

新发展理念进一步探索了中国特色社会主义发展的规律，更加明晰了自然发展规律和社会发展规律对中国特色社会主义的双向作用的客观事实。一方面坚持目标导向，另一方面直接面对发展当中的问题，使新发展理念同时又具有问题导向，在尊重自然规律和社会发展规律的基础上，立足国内现实国情和实际发展水平，以全球视野推进合作共赢，坚持历史唯物主义，用唯物辩证法思维全面统筹规划、突出重点，促进社会的协调发展。新发展理念是战略性和操作性相结合的高度概括，对共产党执政、社会主义建设、人类社会发展这三大规律做了新的开拓和创新。

新发展理念进一步拓展了中国特色社会主义理论体系的治国方略。新发展理念发展的指向性更具体，发展理念的分工更明确细化，却又环环相扣，相互影响，相融共济，创新思维使治国方略找到了当代社会发展的动力所在，这也是改革开放攻坚克难的强大力量。长期粗放型的经济发展方式成为新时期创新发展的壁垒和障碍，破除这些壁垒和障碍的武器是创新，转变经济发展方式的武器还是创新，这就为攻坚克难找到了经济发展的最佳着力点。其三，新发展理念进一步阐释了中国特色社会主义理论体系的本质内涵。新发展理念中共享的提出，是对中国特色社会主义理论体系本质内涵的凝练和高度总结，理论的存在和发展旨在促进社会实践的开展和社会的进步，中国特色社会主义理论体系最终要完成的使命就是实现社会的进步和人的发展。人要发展，首要的前提是必须也应该是占有物质生产资料，利用自身所掌握的社会资源获得自身进行实践的物质基础，具备一定的发展条件，才能满足自身生存和发展的综合需求。"社会成果为全体人民共享"的共享发展理念，使人民为获得自身生存和发展由此具备了物质前提。

新发展理念多管齐下、多措并举，承接中国特色社会主义理论体系的整体性思维，发展更注重整体性、协调性、平衡性、包容性、可持续性，为中国特色社会主义理论体系整体性做出了深化和拓展。

三、中国特色社会主义理论体系整体性形成的综合认识基础

(一)整体性形成的历史环境因素

每一种思想理论的产生都有其丰富的土壤,构成这一土壤的因素呈现综合性、多样化、复杂性和多变性等特点。从社会发展规律层面上来讲,生产力、生产关系、上层建筑、物质、人与自然等都是影响和制约思想理论形成和发展的因素。从社会发展实践层面看,文化、思想意识、人文、社会发展水平等都是对思想理论形成和发展发生作用的因素。中国特色社会主义理论体系是一个极具实践性的理论体系,其整体性的形成是历史环境因素综合作用的结果,正是这些历史环境因素在这一理论体系发挥其实践工具功能的过程中综合作用,才使得这一理论体系作为一个系统的整体,使社会发展形成合力,推动社会主义在我国的实践。

1. 整体性形成的历史因素

马克思主义理论引进中国,在中国这样一个具有自身文化基因的东方国家生根发芽,并有力廓清了中国社会发展的前途和命运,这是一大批马克思主义者艰难实践、矢志不移的结果。这一漫长、艰难的历史实践进程,同时更是中国化马克思主义理论研究的继承、发展、完善和创新的过程,这一历史实践进程直接决定了中国特色社会主义理论体系的整体性。

从历史的角度考察中国特色社会主义理论体系整体性的生成,不难发现,这一整体性的生成绝不是偶然的,而是特定历史逻辑的必然结果。历史逻辑,就是"范畴的世俗历史""与时间次序相一致的历史",亦即"现实的历史"①,历史的逻辑就是实践发展的逻辑。"一切划时代的体系的真正的内容都是由于产生这些体系的那个时期的需要而形成起来的。所有这些体系都是以本国过去的整个发展为基础的,是以阶级关系的历史形式及其政治的、道德的、哲学的和其他的后果为基础的。"②正是中国特色社会主义理论体系这一历史逻辑演

---

① 马克思,恩格斯.马克思恩格斯选集(第1卷)[M].北京:人民出版社,1995:146.
② 马克思,恩格斯.马克思恩格斯全集(第3卷)[M].北京:人民出版社,1960:544.

进具有承继性和内在关联性，才使得这一理论体系内部虽然各自独立、重点不同，但却具有理论逻辑上的完整性。

第一，马克思列宁主义、毛泽东思想是中国特色社会主义理论体系整体性形成的历史理论基础。基于共同的思想理论基础，使得中国特色社会主义理论体系具有理论逻辑上的一致性。正是邓小平同志回答了"什么是社会主义"，"怎样建设社会主义"这一中国社会当时发展最核心、最基本的问题，经过社会主义改革和实践的探索与发展，才有"三个代表"重要思想回答了在社会主义改革和实践中面临的方向和目标的问题，"建设什么样的党""怎样建设党"。而只有这两个问题的初步解决，明确了国家道路，明确了国家性质，才有条件和可能进一步科学系统地回答在这样的发展条件下"实现什么样的发展、怎样发展"的问题。正是明确了社会发展的方向、怎么发展的问题，才可能进一步思考解决"实现什么样的现代化强国，怎样实现现代化强国，实现什么样的民族复兴，怎样实现民族复兴"根本性全局性问题。

第二，以毛泽东同志为核心的党的第一代中央领导集体对社会主义的探索是中国特色社会主义理论体系整体性形成的历史实践因素。新中国成立后，以毛泽东为代表的第一代中央领导集体对社会主义在中国的实践开始了艰辛的探索，有经验也有教训。那些宝贵的实践经验成为后来马克思主义中国化理论发展中坚实的中国基因，成为中国特色社会主义理论体系形成的最基本的理论条件。解放思想，实事求是的实践经验成为中国特色社会主义理论体系的思想精髓，揭示出中国社会主义发展中的基本矛盾、发展动力和中国社会的主要矛盾、主要任务等问题，关于如何正确认识和处理人民内部矛盾等问题，将这些经验上升到理论高度，为中国特色社会主义理论体系整体性的形成奠定了理论基础。

第三，中国优秀的传统文化是中国特色社会主义理论体系整体性形成的历史文化因素。中华优秀传统文化是马克思主义中国化最深层次的历史背景，马克思主义中国化必须依托于中华优秀传统文化这一根文化体系，才能使马克思主义理论在运用到中国社会实践的过程中富于生命力和实践操作性，马克思主义理论才能因此具有中国特色、中国风格、中国气派。梁漱溟先生就曾指出，中国唯有遵照自己早已存在的民族历史和文化传统，方可真正解决

第二章　中国特色社会主义理论体系形成的认识基础

"中国发展去向"这一有关国家兴亡重大问题。一个民族的复兴，都要从老根上发新芽，所谓"老根"指文化的根，社会的根而言。胡锦涛同志在耶鲁大学的讲话中提出："科学发展的理念，是在总结中国现代化建设经验、顺应时代潮流的基础上提出来的，也是在继承中华民族优秀文化传统的基础上提出来的。中华文明是世界古代文明中始终没有中断，连续五千多年发展至今的文明。中华民族在漫长历史发展中形成的独具特色的文化传统，深深影响了古代中国，也深深影响着当代中国。现时代中国强调的以人为本、与时俱进、社会和谐、和平发展，既有着中华文明的深厚根基，又体现了时代发展的进步精神。"[①]由此可见，中华民族传统文化是中国特色社会主义理论体系之所以为一个整体的民族历史情怀。

2. 整体性形成的环境因素

同其他任何理论的产生和形成的进程一样，中国特色社会主义理论体系的产生和形成，并进而作为一个系统整体稳固下来，作为指导当代中国特色社会主义实践与发展的思想导向和实践指导的双重工具，环境因素在其中也起着整合每部分思想理论，使之最终形成一个整体性的理论体系的作用。

第一，世界主题的转变和现代科学技术的发展是中国特色社会主义理论体系整体性形成的国际环境因素。从1978年党的十一届三中全会以后，邓小平同志审时度势，指出当今世界和平与发展已成为世界的主题，到当前中国特色社会主义改革开放40多年的今天，和平与发展仍然是世界的主题。随着世界主题的这一转变，现代科学技术也发生了空前迅猛的发展，综合国力的较量其实质是科学技术的比拼，谁占据了现代科学技术的主导领域，谁就拥有了领先于世界的国际优势，这一世界格局演变的客观现实性要求各国都必须以发展作为第一要务，以此与世界接轨，融入全球化的发展浪潮。中国作为当今世界举足轻重的大国，面对国际环境的变化，无论主观而言还是客观所需，都要求指导中国社会主义发展的理论必须以发展作为贯穿其中的主线，这条主线也就此成为邓小平理论、"三个代表"重要思想、科学发展观和习近平新时代中国特色社会主义思想的根本逻辑，使中国特色社会主义理论体系

---

① 胡锦涛. 胡锦涛文选(第2卷)[M]. 北京：人民出版社，2016：437-438.

具有了整体性的逻辑思维，这一整体性的逻辑思维从根本上确定了中国特色社会主义理论体系具有整体性特性的必然。

第二，国际共产主义运动的经验教训是中国特色社会主义理论体系整体性形成的国际实践因素。世界上第一个社会主义国家苏维埃俄国的建立标志着国际共产主义运动在实践中成为可能，变成现实。但作为新生的第一个社会主义国家，如何运用马克思主义基本原理，探索出一条适合本国国情和社会主义建设和发展的道路，这是摆在苏俄共产党面前最重要最艰难的问题。苏联(俄)在社会主义建设道路上做了积极的探索，取得了显著成绩，在巩固新生政权和社会主义制度上发挥了重要作用，并形成了苏联模式。但在苏联的后续发展中，没有很好地根据国情调整发展战略，使苏联模式的弊端日益暴露，加上后来改革方向的失误，导致东欧剧变，苏联解体，国际共产主义运动遭遇了重大挫折。中国社会主义建设此前在很大程度上借鉴并运用了苏联社会主义发展模式，实践中的经验和教训让中国共产党人开始思索适合中国社会主义建设的发展模式。中国特色社会主义理论正是在这种大背景下产生的。中国共产党锐意改革，继承创新，始终坚持理论的统一性，同时又立足不同时期中国社会主义的阶段性发展的现实状况，充分体现了整体性和阶段性的统一，最终形成中国特色社会主义理论体系这一完整的中国化马克思主义理论。

(二)整体性形成的关键环节因素

1. 遵循生产力和生产关系的发展运动的客观规律

中国特色社会主义理论体系是整体性和阶段性的统一，存在逻辑演进和理论建构上的差异，但其中也存在一定的关键环节点，使这一理论体系在历史的逻辑演进和理论建构上呈现出系统性、整体性和全面性。这一关键环节就是四大理论成果在不同阶段的理论演进中，始终遵循生产力与生产关系这一人类社会发展的规律。

生产力和生产关系是社会发展的永恒法则，也是社会实践中必须遵守的基本规律。无论是理论建构还是实践操作，生产力与生产关系的辩证关系，矛盾统一是制约或推动二者进程和预期效果的最终决定因素。马克思在《〈政治经济学批判〉序言》中写道："人们在自己生活的社会生产中发生一定的、必

第二章 中国特色社会主义理论体系形成的认识基础

然的、不以他们的意志为转移的关系,即同他们的物质生产力的一定发展阶段相适应的生产关系。这些生产关系的总和构成社会的经济结构,即有法律的和政治的上层建筑竖立其上并有一定的社会意识形式与之相适应的现实基础。物质生活的生产方式制约着整个社会生活、政治生活和精神生活的过程。""社会的物质生产力发展到一定阶段,便同它们一直在其中运动的现存生产关系或财产关系(这只是生产关系的法律用语)发生矛盾。"[①]

党的四个重大理论成果所揭示的基本问题和基本命题都是在生产力和生产关系这对人类社会最基本的矛盾关系中展开的,是整个中国特色理论体系发展建构和整个中国特色社会主义建设实践所要面对和解决的基本问题和基本命题,对于中国社会主义建设具有长远的指导意义和实践价值。但每一种理论成果又是为每一个历史发展时期生产力和生产关系发展而服务的,这就使每一种理论成果受到所处历史条件的制约和限制,不能超前也不能滞后,必须和当时社会发展的生产力相匹配,这也使每一种理论成果作为具有阶段性、现实性和历史性等特定的个别命题(或子理论)出现。随着社会实践的发展,阶段性问题的解决,生产力和生产关系就会要求新的理论来指导实践。因此,中国特色社会主义在建设进程中,随着实践活动的发展、社会结构中会出现新的客观事物,社会阶段随着实践活动的纵深发展会出现升级递进,中国特色社会主义理论体系的发展、完善和演进在新的历史条件下会随着生产力和生产关系的矛盾运动,其理论政策的着重点、关键点发生了变化,这一理论演进正是中国特色社会主义理论体系整体性与阶段性统一性的一种表现形态。成就理论体系理论演进的就是生产力和生产关系,这也是中国特色社会主义理论体系形成整体性的关键环节。

2. 坚持以人为本的发展理念

在人类社会实践活动中,人是生产力和生产关系中最关键的因素,人在生产力和生产关系的发展实践中的活跃程度和地位高低,直接决定了人类实践活动的价值创造以及社会生产力的发展程度。离开了人,离开了人的实践活动,生产力就失去了其应有的内涵和价值。马克思主义关于人民群众是社

[①] 马克思,恩格斯. 马克思恩格斯选集(第2卷)[M]. 北京:人民出版社,2012:2-3.

会历史的创造者,是社会发展中最具有决定性的力量的观点,就是从人是生产力发展之源的角度来论述的。

第一,以人为本的价值内涵。马克思主义理论作为科学的世界观和方法论,其理论思想无不处处彰显了人作为社会实践者的创造主体的地位,在《德意志意识形态》中,马克思指出,任何人类历史的第一个前提无疑是有生命的个人的存在。人们要从事生活资料的生产,必须以个人之间的交往为前提,而人们之间的交往或共同活动方式本身就是生产力。"自然界没有制造出任何机器,没有制造出机车、铁路、电报、走锭精纺机等等。它们是人类劳动的产物……是物化的知识力量……固定资本的发展表明,一般社会知识,已经在多么大的程度上变成了直接的生产力,从而社会生活过程的条件本身在多么大的程度上受到一般智力的控制并按照这种智力得到改造。"[①]马克思认为,生产工具只不过是"已经在生产中实现的科学力量"[②]是"物化的知识力量"或者说是人的本质力量的物化。

"在共产主义社会高级阶段,在迫使个人奴隶般地服从分工的情形已经消失,从而脑力劳动和体力劳动的对立也随之消失之后,在劳动已经不仅仅是谋生的手段,而且本身成了生活的第一需要之后,在随着个人的全面发展,他们的生产力也增长起来,而集体财富的一切源泉充分涌流之后,只有在那个时候,才能完全超出资产阶级权利的狭隘眼界,社会才能在自己的旗帜上写上:各尽所能,按需分配!"[③]马克思所设想的共产主义社会里,充分表达了在生产力高度发达的同时,社会发展的终极目标:即人的自由而全面的发展,"代替那存在着阶级和阶级对立的资产阶级旧社会的,将是这样一个联合体,在那里,每个人的自由发展是一切人的自由发展的条件"。坚持以人为本,便是实现人的自由而全面发展的合理内核。在生产力发展的进程中,使物的尺度与人的价值尺度相统一,随着人的社会实践活动的无限深入,人类社会终将实现人的类和个体之间发展需求的统一,而这种统一,便是生产力高度发

---

① 马克思,恩格斯. 马克思恩格斯全集(第 46 卷)(下册)[M]. 北京:人民出版社,1980:219-220.

② 马克思,恩格斯. 马克思恩格斯全集(第 46 卷)(下册)[M]. 北京:人民出版社,1980:285.

③ 马克思,恩格斯. 马克思恩格斯选集(第 3 卷)[M]. 北京:人民出版社,1995:305-306.

第二章　中国特色社会主义理论体系形成的认识基础

展（集体财富无限涌流，社会分工消失，异化劳动归于劳动的本质内涵等）和人的自由全面发展的价值满足（劳动是人的第一需要，各尽所能、按需分配，每个人在社会发展中实现着个人价值的效应最大化等）的高度统一，至此，以人为本的价值内涵最终完全实现。

第二，坚持以人为本的发展理念是中国特色社会主义理论体系整体性形成的关键人文环节。中国特色社会主义是马克思所论述的社会主义的初级阶段，尽管现在并长期处于这个初级阶段，但仍然属于科学社会主义在中国的实践和发展，仍然是马克思主义理论中社会主义理论的重要组成部分。中国特色社会主义理论体系中四个重大理论成果中，坚持以人为本的发展理念，无论是从人的活动的实践维度还是从人的需求的价值维度，都充分体现了中国共产党人坚守马克思主义理论中关于人的本质和人的发展的核心思想。毛泽东指出，人民，只有人民，才是创造世界历史的动力。毛泽东的人民群众观成为毛泽东思想的活的灵魂，成为中国革命胜利的制胜法宝之一，也由此创立了中国共产党建设中国特色社会主义的出发点和归宿。可以说，当前以人为本的发展理念就是人民群众观的实践总结和发展提炼。

中国特色社会主义理论体系中四个重大理论成果，各自在社会主义建设新的发展历史阶段，把马克思主义群众史观和毛泽东思想的人民群众观做了进一步发展和提升，邓小平同志指出："群众是我们力量的源泉，群众路线和群众观点是我们的传家宝。"[①]江泽民同志强调："在任何时候任何情况下，与人民群众同呼吸、共命运的立场不能变，全心全意为人民服务的宗旨不能忘，坚信群众是真正英雄的历史唯物主义观点不能丢。"[②]胡锦涛提出，相信谁、依靠谁、为了谁，是否始终站在最广大人民的立场上，是区分唯物史观和唯心史观的分水岭，也是判断马克思主义政党的试金石。习近平同志强调："把人民放在心中最高位置"，提出了以人民为中心的发展思想。这一思想是中国特色社会主义理论体系在中国化马克思主义的进程中，把马克思主义关于人与世界的物质统一性，以及人具有自觉意识和主观能动性的基本观点，贯穿于

---

① 邓小平. 邓小平论党的建设[M]. 北京：人民出版社，1990：176.
② 江泽民. 在庆祝中国共产党成立八十周年大会上的讲话（第3卷）[M]. 北京：人民出版社，2001：11.

一系列社会发展理论之中,这也成为这一理论体系虽然发展的着重点有所区别,但却自成一个整体性理论体系的关键人文环节,正是这个关键的人的因素,才从理论的价值导向上规定了中国特色社会主义发展的终极目标。

(三)整体性形成的体系结构因素

研究中国特色社会主义理论体系的整体性,体系结构的因素也是不可忽视的关键因素。无论从理论发展的逻辑走向方面还是社会实践的根本要求方面,体系结构的整体性都是分析中国特色社会主义理论体系整体性的基础。

1. 整体性是理论发展的逻辑要求

中国特色社会主义理论体系作为一脉相承的理论体系,是科学社会主义在中国的具体实施,在思想理论的继承、发展和创新中,如果脱离理论发展的整体性,必然会导致理论体系的断裂和思想体系的碎片化,从本质上来讲,其实质是脱离了马克思主义科学世界观和方法论的指导。中国特色社会主义理论体系之所以成为一个整体性的理论体系,其实质就在于四个重大理论成果构建的理论体系之间互为因果、相承相生,在理论体系的生成和发展中具有自身的贯穿四个重大理论成果的稳定的生成因素,这些生成因素决定了其内在的生成逻辑和理论本质,这也使这一理论体系具有了理论上的逻辑性,也是其成为思想理论成果的原因所在。

2. 体系结构的整体性是实践的根本要求

实践是人类改造主观世界和客观实际的活动,实践的主体是客观存在的人,实践的对象是客观存在的自然界和人类社会。但这并不说明人的实践活动是纯粹的人的主观精神活动,从本质上来讲,实践是改造世界改造自身的客观性活动,是人的精神活动和物质活动的统一,主要表现为劳动主体在一定的思想、理论指导下,有目的、有计划地从事自己的劳动实践活动。实践什么、怎么实践,实践的预期目的是什么,这一实践思维决定了人的实践活动不是无目的的个人主观意志的体现,实践要想达到预期的目标,实现自身价值的需求,必须在一定理论的指导下进行,这就要求指导实践活动的理论建构思路也必然具有相应严谨的逻辑思维——指导什么,怎么指导,指导的预期目标是什么,否则实践活动就是零散的、随意的个人的活动和意志的表达。中国特色社会主义是一项长期而系统的工程,其间充满了无数可知和不

第二章　中国特色社会主义理论体系形成的认识基础

可知、可预知和不可预知的变量因素,如何在这一伟大的社会主义实践活动中指导人的实践活动,规整人的实践行为,定位人的实践目标,进而实现建设社会主义的宏图伟业,首要的要求就是这一理论体系在体系结构上必须具有整体性、系统性,并稳定下来,在新的时期、新的实践活动中使这一理论体系不断调整、发展和创新。

（四）整体性形成的价值目标因素

价值目标是中国特色社会主义理论体系形成整体性的主观意识基础,共同的价值目标设计是中国特色社会主义理论体系理论和实践发展中的出发点和归宿。马克思明确提出的未来的共产主义社会是"每个人的自由发展是一切人的自由发展的条件",为中国特色社会主义理论体系价值目标的设计做了理论上的指导。"问渠哪得清如许,为有源头活水来",马克思科学社会主义理论中的未来社会和人的价值目标的构想,是中国特色社会主义理论体系整体性形成的逻辑前提,这一价值目标是中国特色社会主义的价值追求。

1. 价值目标的内涵

这里要论述的价值目标不是进行某一领域建设所设定的价值目标,而是整个社会发展阶段的阶段性目标（短期目标）和人类社会发展的最终目标（长期目标）,这种价值目标具有概括性、社会性、总体性和综合性,其实质彰显的是这个社会所要实现的人的社会期望和社会理想。对于中国特色社会主义的价值目标,学术界从不同角度界定了价值目标的内涵,概括来讲,其内涵就是人们进行社会主义实践活动,开展社会主义具体的实践行为的过程中所追求的社会理想,所要实现的目的和任务以及最终要实现的社会美好图景,这个过程集人们的实践、理想、精神、道德、需求、信念于一体,体现了人们的价值诉求和人文情怀。

2. 价值目标的功能性

功能指一个事物系统所具备的对周围其他事物发生作用的能力或根本属性。从社会存在和社会意识的唯物主义认识论来看,价值目标是人们主观意志的体现,反映了人们对实践所预期达到的目标,但作为中国特色社会主义理论体系中对价值目标的设计,价值目标是中国社会主义实践的逻辑前提,虽然以意识形态的样态存在,但却渗透到这一理论体系涵盖的社会发展的各个领域(政治、经济、文化、科技、教育等领域的发展,无不是促成这一价值目标的实现),在中国共产党的领导下,在广大人民群众群策群力的实践活动中,发挥着核心理论的功能性作用。可以说,价值目标是社会主义规律性的集中体现,属于其总战略和总原则。

从整体上来讲,价值目标的功能主要表现为指导定向功能、选择功能、评价功能等三个方面。其一,指导定向功能。价值目标的这一功能对社会实践活动具有指导与方向性的意义。中国特色社会主义的价值目标是中国特色社会主义理论体系的目的和进行社会主义建设实践活动的具体体现,它就像是一幅既定的、成熟的未来图景,指导着社会实践行为和发展方向,社会实践活动有计划、有目的、有组织、有针对性地进行。价值目标的设定,能使社会实践活动围绕价值目标一步步进行,在方向和进程上都达到预期的结果。其二,选择功能。这一功能是指价值目标对理论发展体系所涵盖的内容及其社会实践行为起到的一种标准的作用。在社会主义建设和发展过程中,为达到预期结果,价值目标起了选择标准的作用。随着中国特色社会主义建设的发展、实践活动的展开和价值目标的确定,人们对社会主义的建设和发展规律会有比较明确的认识。执政者和决策者就可以根据目标,选择能促进实践活动预期变化的有利条件、环境,调整实践内容、方式方法和组织形式,以促使价值目标的实现,这是目标选择的依据和标准。无论从实施者的角度还是从被实施者的角度,价值目标发挥选择功能的过程,都能实现发展的双赢局面。其三,评价功能。评价是依据一定的标准对事物进行定量与定性分析的一种模式。评价功能是指价值目标在评价社会实践活动是否达到预期结果中所起的作用。中国特色社会主义实践活动纷繁复杂,种类多样,从单一结构行为来说,有经济行为、政治行为、文化行为等,从复合结构行为来说,经济行为包含着政治行为,政治行为之中渗透着文化行为和环境行为等。社会结构是个非常复杂的构成体系,人们在实践活动中单一的实践行为几乎是不存在的。所以人的实践活动可以量化为无数个细小的指标,这些无数细小指标的聚合便成为评判价值目标是否实现的重要标准。

尽管中国特色社会主义在实践发展中,在各个不同的阶段,随着政治、经济、社会、文化和环境的进步和变化,各个时期会设定不同的价值目标,

第二章 中国特色社会主义理论体系形成的认识基础

我们称这类价值目标是短期目标,每一个短期目标都是为了实现最终长期的价值目标服务的。但最终长期目标的实现,不是短期目标的简单叠加,在短期目标的实现过程中,实际过程中的活动因素会随之发生量变到质变的转化,从而使长期目标在实现的进程中,呈现出螺旋式的上升态势。

3. 马克思主义理论对人类社会价值目标的论述

在马克思主义整个理论体系的构建和论述中,贯穿其中的一个核心思想就是实现人的自由全面发展。

首先,这是马克思主义哲学人本主义和自然主义的最终统一,人利用自身不断增长的知识以及使用这些知识所赋予人自身的智慧,最终实现了人与自然之间的平衡。① 那时,人们利用自己的技能创造出自己生存的环境(当然,这种生存环境已不仅仅是我们所指的社会环境,还包括自然环境、人文环境、道德环境等),并在这种最佳的平衡共生的状态中使自己创造的这个环境越来越适合自身发展和人类居住,人类最终完成由必然王国向自由王国的飞跃。马克思指出:"全面发展的个人——他们的社会关系作为他们自己的共同的关系,也是服从于他们自己的共同的控制的——不是自然的产物,而是历史的产物。要使这种个性成为可能,能力的发展就要达到一定的程度和全面性。"②

其次,这是马克思主义政治经济学思想人的劳动的最终复归,人的异化劳动最终完成劳动本质的转变。形成马克思异化劳动的四重内涵的"物的异化""自我异化""类本质异化"和"人同人的异化"最终消失,人最终获得对自己命运的支配力,属于人的真正东西成为人自身发展的一部分,人作为社会发展的主体彻底抛弃异化,使人的本性复归,人以一种全面的方式作为一个完整的人占有自己的全面本质,最终实现个人的自由与解放。"我的劳动是自由的生命表现,因此是生活的乐趣。"③

最后,这是马克思科学社会主义的最终归宿。马克思在科学社会主义理论体系中,论述了人类社会发展的一般规律,论述了资本主义必然灭亡、社

---

① [美]斯达夫里阿诺斯. 全球通史(上)[M]. 吴象婴,梁赤民,等,译. 北京:北京大学出版社,2012:24.
② 马克思,恩格斯. 马克思恩格斯全集(第46卷上)[M]. 北京:人民出版社,1979:108.
③ 马克思,恩格斯. 马克思恩格斯全集(第42卷)[M]. 北京:人民出版社,1979:38.

会主义必然胜利的历史必然性,人们将在共产主义社会(自由人联合体)实现个人价值与社会价值的统一,"每个人的自由发展是一切人自由发展的条件","人终于成为自己的社会结合的主人,从而也就成为自然界的主人,成为自身的主人——自由的人。"① 在自由人联合体里,劳动成为个人全面发展的一部分,人作为创造世界的主体,不再承受物的奴役的枷锁负重。当从事生产资料的活动的人的目的成为自身发展需求的时候,人们就真正实现了"在选择职业时,我们应该遵循的主要指针是人类的幸福和我们自身的完美。不应认为,这两种利益会彼此敌对、互相冲突的,一种利益必定消灭另一种利益;相反,人的本性是这样的:人只有为同时代人的完美、为他们的幸福而工作,自己才能达到完美。"②

4. 中国特色社会主义的价值目标内容

这里所界定的价值目标仍然是整个社会发展阶段的阶段性目标(短期目标)和人类社会发展的最终目标(长期目标)。

第一,短期目标的内容。中国特色社会主义所要实现的价值目标,正如胡锦涛所说的:"根据马克思主义基本原理和我国社会主义建设的实践经验,根据新世纪新阶段我国经济社会发展的新要求和我国社会出现的新趋势新特点,我们所要建设的社会主义和谐社会,应该是民主法治、公平正义、诚信友爱、充满活力、安定有序、人与自然和谐相处的社会。"③ 由此我们可以看出,建设社会主义和谐社会就是我们进行社会主义建设的短期价值目标。随

---

① 马克思,恩格斯. 马克思恩格斯选集(第3卷)[M]. 北京:人民出版社,2012:817.
② 马克思.《青年在选择职业时的考虑》尽管我们由于体质不适合我们的职业,不能持久地工作,而且工作起来也很少乐趣。但是,为了克尽职守而牺牲自己幸福的思想激励我们不顾体弱去努力工作。如果我们选择了力不能胜任的职业,那么,我们决不能把它做好,我们很快就会自愧无能,并对自己说,我们是无用的人,是不能完成自己使命的社会成员,由此产生的必然结果就是妄自菲薄。还有比这更痛苦的感情吗?还有比这更难于靠外界的赐予来补偿的感情吗?妄自菲薄是一条毒蛇,它永远啮噬着我们心灵,吮吸着其中滋润生命的血液,注入厌世和绝望的毒液。尊严就是最能使人高尚起来、使他的活动和他的一切努力具有崇高品质的东西,就是使他无可非议、受到众人钦佩并高于众人之上的东西。但是,能给人以尊严的只有这样的职业,在从事这种职业时我们不是作为奴隶般的工具,而是在自己的领域内独立地进行创造。这种职业不需要有不体面的行动(哪怕只是表面上不体面的行动),甚至最优秀的人物也会怀着崇高的自豪感去从事它。最合乎这些要求的职业,并不一定是最高贵的职业,但总是最可取的职业。
③ 胡锦涛. 胡锦涛文选(第2卷)[M]. 北京:人民出版社,2016:285.

第二章 中国特色社会主义理论体系形成的认识基础

着社会主义向纵深发展,习近平"中国梦"的提出,使这一价值目标更契合中华民族的传统文化追求,更符合中国民众家园情怀的心理向往,习近平同志指出,中国梦是民族的梦,也是每个中国人的梦。更好的教育、更稳定的工作、更满意的收入、更可靠的社会保障……这些梦想能否实现,关键看能否实干,化为老百姓看得见、摸得着、感受得到的福祉。只有坚定不移地走共同富裕道路,努力使全体人民学有所教、劳有所得、病有所医、老有所养、住有所居,做到发展为了人民、发展依靠人民、发展成果由人民共享;坚持以民生需求为第一信号,时刻关注并切实解决好群众最关心、最直接、最急迫、最现实的实际问题,确保群众难有所解、困有所帮,才能真正实现人民幸福。

第二,长期目标的内容。中国特色社会主义理论体系是马克思科学社会主义理论的组成部分,中国特色社会主义的实践是国际共产主义运动的新发展,中国特色社会主义理论体系是在中国社会主义建设的实践中,根据自身独特的现实国情和实际发展形成和发展起来的,是马克思主义中国化的最新理论成果,这些一脉相承的理论上的同根性和同质性,界定了中国特色社会主义长期价值目标和马克思主义理论的价值目标是完全一致的。中国共产党尊重人民的首创精神的群众路线,科学发展观彰显的以人为本的发展理念,无不体现着马克思主义人的全面发展理念的最终价值归宿,当前的短期目标都是实现未来长期目标的有机组成部分和综合基础。

马克思把人的自由全面发展作为未来社会的根本价值目标,每个人的自由全面发展是一切人自由全面发展的条件,社会财富无限涌流,劳动成为人的第一需要。从短期目标分析,邓小平理论把马克思这一未来社会的根本价值目标运用到具体的理论中,坚持毛泽东"全心全意为人民服务"等系列人民群众理论,坚守人民群众利益至上,以人民利益作为理论的出发点和归宿,界定了社会主义本质,把人的自由而全面发展的价值理想在社会主义初级阶段中践行,解放和发展生产力。"三个代表"重要思想首先把始终代表中国最广大人民的根本利益作为新时期理论和实践的出发点和落脚点,"以人为本"科学发展观从理论逻辑和实践高度上对这一价值目标进行了新的概括和诠释,在新的时期、新的时代要求下,统筹兼顾,科学发展。习近平"以人民为中心"发展理念,从人民需求的角度谋求中国特色社会主义的发展,谋求小康社会的全面建成和中华民族伟大复兴。这些短期目标之间虽然存在差异,但存在核心理念的统一,层层递进,不断丰富和提升。从长期目标分析,长期目标具有长期性,统摄性和超越性。中国特色社会主义的实践,无论从时间维度,还是从空间维度,都是一个长期复杂的历史过程,这一发展规律决定了目标具有长期性的必然。这一长期性必然对社会主义在各个领域的实践起到一个统摄的作用,所以从这个含义来说,长期目标具有全局、包容、预估观念。超越性是对长期目标超前意识、战略意识的概括。长期目标的这些特性赋予了中国特色社会主义的长期价值目标:国家富强、民族振兴、社会和谐、人民幸福。中国特色社会主义理论体系不断发展、完善和创新,力图使理论能与实践同步,使理论之于实践的实际效用最大化,而中国共产党人和人民群众所想要实现的社会愿景是一定会实现的。

第三章 中国特色社会主义理论体系的理论主题

中国特色社会主义理论体系是一个不断发展的开放的理论体系，它随着实践的发展而不断丰富和发展。一代又一代中国共产党人一直致力于探索一条具有中国特色的社会主义发展道路、促进中国人民的共同富裕。中国特色社会主义成为新中国成立后特别是改革开放以来党的全部理论和实践的主题。改革开放40多年归结起来，中国共产党人创造性地探索和回答了什么是马克思主义、怎样对待马克思主义，什么是社会主义、怎样建设社会主义，建设什么样的党、怎样建设党，实现什么样的发展、怎样发展，新时代坚持和发展什么样的中国特色社会主义、怎样坚持和发展中国特色社会主义重大时代课题。同时，"什么是马克思主义、怎样对待马克思主义，什么是社会主义、怎样建设社会主义，建设什么样的党、怎样建设党，实现什么样的发展、怎样发展"四个基本问题构建了中国特色社会主义理论体系的基底，为新时代"坚持和发展什么样的中国特色社会主义、怎样坚持和发展中国特色社会主义"提供了坚实的理论基石。习近平新时代中国特色社会主义思想是对中国特色社会主义理论体系的系统性深化与体系性拓展。为了走好新时代的长征路，我们需要厘清中国特色社会主义理论体系的理论主题，实现中国特色社会主义理论体系向新时代中国特色社会主义思想的衔接发展。

一、什么是社会主义？怎样建设社会主义？

"什么是社会主义？怎样建设社会主义？"是新中国成立后中国共产党面临的新课题，也是中国特色社会主义理论体系的基本理论与实践问题。马克思、恩格斯根据西方历史发展的理论总结，推断社会主义必将首先在最发达的资本主义国家获胜；不是在单个的发达资本主义国家，而是在那些最发达的国家同时取得胜利。但实践却是，社会主义革命首先发生在政治经济文化在当时相对落后的俄国、中国等国家。它不是在高度发达生产力基础上进入社会主义，而是在生产力落后、各种既有路径都不能成功的处境下选择了社会主义道路。这就要求各国无产阶级必须独立探索社会主义革命与社会主义发展道路。由于每个国家跨入社会主义的历史前提各不相同，进行社会主义探索的具体国情不同，所处国际环境更是大相径庭，"怎样建设社会主义"呈现出多样性特征。

（一）社会主义的根本任务是发展生产力

在中国，邓小平围绕"什么是社会主义，怎样建设社会主义"做了大量的阐述，江泽民、胡锦涛、习近平等党和国家领导人进一步发展完善，使其内涵与发展路径日益清晰。

1. 认识生产力与生产关系

社会主义要追求的"发达的社会生产力"是"社会"的，而不是单属于私人、利益集团、强权者的生产力。这是社会主义生产力与资本主义生产力的本质区别。历史上，我们对"社会生产力"的理解，走过一段弯路。在生产力与生产关系中，偏向生产关系的考虑多于对生产力的实质进步，这种观念有其根源。俄国十月革命后列宁曾经试图按照马克思恩格斯的构想直接向共产主义过渡，实行战时共产主义。但是经过1918—1920年的历史实践，列宁认识到："我们计划（说我们计划欠周地设想也许较确切）用无产阶级国家直接下命令的办法在一个小农国家里按共产主义原则来调整国家的产品生产和分配。现实生活说明我们错了。"[①]列宁放弃了战时共产主义政策，根据客观的经济规律、生产力发展的规律，转而实行新经济政策。然而，1924年列宁去世，掌握最高领导权的斯大林把列宁的新经济政策当作不得已的"暂时的退却"。1927年底，斯大林提出"消灭国民经济中的资本主义成分"，并在其后的实践中创造出对广大社会主义国家影响深远的苏联社会主义模式。中国也受此观

---

① 列宁. 列宁选集(第4卷)[M]. 北京：人民出版社，2012：570.

第三章 中国特色社会主义理论体系的理论主题

念与思维的影响,放弃了先前达成的建设新民主主义国家的基本共识,想要快速跨过新民主主义过渡时期生产力的充分发展,急速进入共产主义。

我们集中全国有限的人力、物力、财力开始大规模工业建设,急速完成对农业、手工业、资本主义工商业的社会主义改造。1956年毛泽东指出:"社会主义革命的目的是为了解放生产力。农业和手工业由个体所有制变为社会主义的集体所有制,私营工商业由资本主义所有制变为社会主义所有制,必然使生产力大大的获得解放。"[①]同年12月3日,中共中央农村工作部部长邓子恢关于农业合作社若干问题的报告提出"龙岩是山区,县委拟将现有的七百多个社合并到三百个左右,平均一百二十户。"[②]受此影响,人们几乎认为"公"有化程度越高越有利于社会生产力的发展。于是农业社纷纷合并组成人民公社,取消自留地,组织公共食堂,把吃"大锅饭"看成由社会主义向共产主义过渡的最好形式。这导致了我党遭遇严重的挫折。正如毛泽东同志在1962年1月30日扩大的中央工作会议上讲话所说:"我们还有很大的盲目性。社会主义经济,对于我们来说,还有许多未被认识的必然王国……我注意得较多的是制度方面的问题,生产关系方面的问题。至于生产力方面,我的知识很少。"[③]"什么是社会主义?如何建设社会主义?"需要新的探索和理性的选择。

2. 认识社会主义的本质

邓小平提出的观点振聋发聩。1984年6月30日在《建设有中国特色的社会主义》一文中,邓小平指出:"什么叫社会主义,什么叫马克思主义?我们过去对这个问题的认识不是完全清醒的。马克思主义最注重发展生产力。……所以社会主义阶段的最根本任务就是发展生产力,社会主义的优越性归根到底要体现在它的生产力比资本主义发展得更快一些、更高一些,并且在发展生产力的基础上不断改善人民的物质文化生活。如果说我们建国以后有

---

① 中共中央党史和文献研究院.毛泽东年谱(1949—1976)第2卷[M].北京:中央文献出版社,2013:519.
② 中共中央党史和文献研究院.建国以来毛泽东文稿(第6册)[M].北京:中央文献出版社,1992:253.
③ 中共中央党史和文献研究院.建国以来毛泽东文稿(第10册)[M].北京:中央文献出版社,1996:33.

缺点，那就是对发展生产力有某种忽略。"①1985 年，邓小平提出："我们冷静地分析了中国的现实，总结了经验，肯定了从建国到一九七八年三十年的成绩很大，但做的事情不能说都是成功的。我们建立的社会主义制度是个好制度，必须坚持。……但问题是什么是社会主义，如何建设社会主义。我们的经验有许多条，最重要的一条，就是要搞清楚这个问题。"②1985 年 8 月 28 日邓小平在《改革是中国发展生产力的必由之路》一文中说："我们总结了几十年搞社会主义的经验。社会主义是什么，马克思主义是什么，过去我们并没有完全搞清楚……要实现共产主义，一定要完成社会主义阶段的任务。社会主义的任务很多，但根本一条就是发展生产力，在发展生产力的基础上体现出优于资本主义，为实现共产主义创造物质基础。我们在一个长时期里忽视了发展社会主义社会的生产力。"③他进一步提出社会主义本质"是解放生产力，发展生产力，消灭剥削，消除两极分化，最终达到共同富裕"④。

对社会主义的认识触及本质。"什么是社会主义？怎样建设社会主义？"的首要意蕴在于，社会主义即发达的社会生产力，这个要求必须以经济建设为中心、促进社会生产力的发展。第一，要追求发达的社会生产力。需要在"以公有制为主体"的前提基础上"多种所有制经济共同发展"。生产力不发达、落后于资本主义的生产力水平，就违背了社会主义的本质。同时，生产力被社会的极少数人攫取和独占，生产力不能归社会所有、人民所有，还反过来成为奴役人民的异己的力量，也违背了社会主义的本质。习近平在《中共中央关于全面深化改革若干重大问题的决定》中指出："必须毫不动摇巩固和发展公有制经济，坚持公有制主体地位，发挥国有经济主导作用，不断增强国有经济活力、控制力、影响力。必须毫不动摇鼓励、支持、引导非公有制经济发展，激发非公有制经济活力和创造力"，同时，"积极发展混合所有制经济。……允许更多国有经济和其他所有制经济发展成为混合所有制经济。国有资本投资项目允许非国有资本参股。允许混合所有制经济实行企业员工持股，

---

① 邓小平. 邓小平文选（第 3 卷）[M]. 北京：人民出版社，1993：63.
② 邓小平. 邓小平文选（第 3 卷）[M]. 北京：人民出版社，1993：115-116.
③ 邓小平. 邓小平文选（第 3 卷）[M]. 北京：人民出版社，1993：137.
④ 邓小平. 邓小平文选（第 3 卷）[M]. 北京：人民出版社，1993：373.

形成资本所有者和劳动者利益共同体"。①坚持公有制为主体为主导,非公有制经济共同发展,这既是对发达的社会生产力的根本保障,也是使社会生产力充满活力的基本路径。第二,以经济建设为中心的发展。邓小平开门见山指出:"讲社会主义,首先就要使生产力发展,这是主要的。"②"但是说到最后,还是要把经济建设当作中心。离开了经济建设这个中心,就有丧失物质基础的危险。"③他要求全党,除了爆发大规模战争外,就要始终如一地、贯彻始终地搞好发展,不受任何干扰。要促进社会生产力的发展,不仅仅要解决好生产力与生产关系的问题,还要围绕生产力这个主题,深入推进生产力的基本要素,以经济建设为中心,合理调配劳动者、劳动对象、劳动资料之间的辩证关系,发展经济,搞活经济,满足人民物质文化需求,提高国家综合国力。这就要求我们必须毫不动摇保持稳定,深化改革,促进发展,在发展中解决问题、化解矛盾。这是"什么是社会主义?怎样建设社会主义?"的首要意涵。

(二)发展社会主义必须坚持四项基本原则和坚持改革开放

发展社会主义生产力的根本目的是人民共同富裕。在这一点上,"共同"两个字至关重要,这是社会主义与资本主义的本质区别。邓小平指出:"社会主义的目的就是要全国人民共同富裕,不是两极分化。如果我们的政策导致两极分化,我们就失败了。"④江泽民指出:"兼顾效率与公平。运用包括市场在内的各种调节手段,既鼓励先进,促进效率,合理拉开收入差距,又防止两极分化,逐步实现共同富裕。"⑤胡锦涛指出:"要始终把实现好、维护好、发展好最广大人民的根本利益作为党和国家一切工作的出发点和落脚点,尊重人民主体地位,发挥人民首创精神,保障人民各项权益,走共同富裕道路,

---

① 中共中央文献研究室.十八大以来重要文献选编(上)[M].北京:中央文献出版社,2014:515.
② 邓小平.邓小平文选(第2卷)[M].北京:人民出版社,1994:314.
③ 邓小平.邓小平文选(第2卷)[M].北京:人民出版社,1994:250.
④ 邓小平.邓小平文选(第3卷)[M].北京:人民出版社,1993:110-111.
⑤ 江泽民.江泽民文选(第1卷)[M].北京:人民出版社,2006:227.

促进人的全面发展,做到发展为了人民、发展依靠人民、发展成果由人民共享。"①习近平进一步指出,到 2020 年全面建成小康社会,实现第一个百年奋斗目标,是我们党向人民、向历史作出的庄严承诺。要突出抓重点、补短板、强弱项,推进经济社会持续健康发展,实现人民共同富裕。

为什么要坚持四项基本原则和坚持改革开放?坚持四项基本原则与坚持改革开放和共同富裕有何关系?1979 年,邓小平最早提出"四项基本原则"。1982 年写入宪法。1992 年,邓小平指出:"不坚持社会主义,不改革开放,不发展经济,不改善人民生活,只能是死路一条。基本路线要管一百年,动摇不得。只有坚持这条路线,人民才会相信你,拥护你。"②2000 年,江泽民指出:"我们坚定不移地贯彻执行以经济建设为中心、坚持四项基本原则、坚持改革开放的基本路线",强调"四项基本原则是立国之本,改革开放是强国之路"。③ 胡锦涛在十七大上明确指出:"党的基本路线是党和国家的生命线……以经济建设为中心是兴国之要,是我们党、我们国家兴旺发达和长治久安的根本要求;四项基本原则是立国之本,是我们党、我们国家生存发展的政治基石;改革开放是强国之路,是我们党、我们国家发展进步的活力源泉。……任何时候都决不能动摇。"④习近平指出,"全党要牢牢把握社会主义初级阶段这个基本国情,牢牢立足社会主义初级阶段这个最大实际,牢牢坚持党的基本路线这个党和国家的生命线、人民的幸福线,领导和团结全国各族人民,以经济建设为中心,坚持四项基本原则,坚持改革开放,自力更生,艰苦创业,为把我国建设成为富强民主文明和谐美丽的社会主义现代化强国而奋斗。"⑤坚持四项基本原则、坚持改革开放,是实现人民共同富裕的一体两翼。四项基本原则确保共同富裕的方向,改革开放提供共同富裕的活力。

1. 必须坚持四项基本原则

坚持四项基本原则,包括坚持社会主义道路,坚持人民民主专政,坚持

---

① 中共中央文献研究室. 十七大以来重要文献选编(上)[M]. 北京:中央文献出版社,2009:12.
② 邓小平. 邓小平文选(第 3 卷)[M]. 北京:人民出版社,1993:370-371.
③ 江泽民. 江泽民文选(第 2 卷)[M]. 北京:人民出版社,2006:525.
④ 胡锦涛. 胡锦涛文选(第 2 卷)[M]. 北京:人民出版社,2016:625.
⑤ 中国共产党第十九次全国代表大会文件汇编[M]. 北京:人民出版社,2017:10.

第三章　中国特色社会主义理论体系的理论主题

共产党的领导,坚持马列主义毛泽东思想。邓小平于1989年提出:"四个坚持本身没有错,如果说有错误的话,就是坚持四项基本原则还不够一贯,没有把它作为基本思想来教育人民,教育学生,教育全体干部和共产党员。"①他强调:"总结历史经验,坚持四项基本原则十分重要,特别是坚持社会主义和党的领导,决不能放松,否则我们非垮台不可。"②"没有这'四个坚持',特别是党的领导,什么事情也搞不好,会出问题。出问题就不是小问题。社会主义市场经济优越性在哪里?就在四个坚持。"③在坚持社会主义道路问题上,他指出:"我们搞的四个现代化,是社会主义的四个现代化。只有社会主义,才能有凝聚力,才能解决大家的困难,才能避免两极分化,逐步实现共同富裕。"④"没有社会主义这个前提,改革开放就会走向资本主义,比如说两极分化。"⑤关于人民民主专政,他指出:"无产阶级作为一个新兴阶级夺取政权,建立社会主义,本身的力量在一个相当长时期内肯定弱于资本主义,不靠专政就抵制不住资本主义的进攻。坚持社会主义就必须坚持无产阶级专政,我们叫人民民主专政。在四个坚持中,坚持人民民主专政这一条不低于其他三条。"⑥具体到毛泽东和毛泽东思想,邓小平指出,《关于建国以来党的若干历史问题的决议》对此已经做出了恰当的评价,"对毛泽东同志晚年错误的批评不能过分,不能出格,因为否定这样一个伟大的历史人物,意味着否定我们国家的一段重要历史。这就会造成思想混乱,导致政治的不稳定"⑦。针对国内外一些人对我们只搞经济体制改革而不搞政治体制改革的指责,他明确指出:"这不对。我们的政治体制改革是有前提的,即必须坚持四项基本原则。"⑧"某些人所谓的改革,应该换个名字,叫作自由化,即资本主义化。他

---

① 邓小平. 邓小平文选(第3卷)[M]. 北京:人民出版社,1993:305.
② 中共中央文献研究室. 邓小平年谱(1975—1997)(下)[M]. 北京:中央文献出版社,2004:1295.
③ 中共中央文献研究室. 邓小平年谱(1975—1997)(下)[M]. 北京:中央文献出版社,2004:1363.
④ 邓小平. 邓小平文选(第3卷)[M]. 北京:人民出版社,1993:357.
⑤ 中共中央文献研究室. 邓小平年谱(1975—1997)(下)[M]. 北京:中央文献出版社,2004:1317.
⑥ 邓小平. 邓小平文选(第3卷)[M]. 北京:人民出版社,1993:365.
⑦ 邓小平. 邓小平文选(第3卷)[M]. 北京:人民出版社,1993:284.
⑧ 邓小平. 邓小平文选(第3卷)[M]. 北京:人民出版社,1993:332.

们'改革'的中心是资本主义化。我们讲的改革与他们不同,这个问题还要继续争论的。"①邓小平对坚持四项基本原则的认识是极为睿智与深刻的,对中国影响深远。

2. 必须坚持改革开放

改革开放不是对原有经济体制的细枝末节的修补,而是党在新的时代条件下带领人民进行的新的伟大革命、根本性的变革。改革开放的目的,就是要解放和发展社会生产力,实现国家富强、民族振兴、人民富裕。邓小平把改革等同于革命,他在强调改革的必要性时指出,如果现在再不实行改革,我们的现代化事业和社会主义事业就会被葬送。邓小平总结道:"革命是解放生产力,改革也是解放生产力。"②同时提出:"计划经济不等于社会主义,资本主义也有计划;市场经济不等于资本主义,社会主义也有市场。计划和市场都是经济手段。"③在他倡导的社会主义市场经济的理论和实践中,既肯定了个人和企业的自主权,市场在配置资源方面的积极作用;同时又肯定计划、国家干预在市场基础上的调节和控制的积极作用,以此遏制市场固有的弊端。邓小平提出的社会主义市场经济的理论和实践,结束了把市场和计划绝对对立起来的认识和做法,既激发了经济发展的生机和活力,又保持了全社会的有序与稳定。这在全世界来说,是一个巨大的突破。

究竟如何协调计划与市场的关系?其关键是坚持以公有制为主体、多种所有制经济共同发展的基本经济制度。党的十六届三中全会通过的《中共中央关于完善社会主义市场经济体制若干问题的决定》指出:"坚持公有制的主体地位,发挥国有经济的主导作用。积极推行公有制的多种有效实现形式,加快调整国有经济布局和结构。要适应经济市场化不断发展的趋势,进一步增强公有制经济的活力,大力发展国有资本、集体资本和非公有资本等参股的混合所有制经济,实现投资主体多元化,使股份制成为公有制的主要实现形式。"④十八届三中全会《中共中央关于全面深化改革若干重大问题的决定》指

---

① 邓小平. 邓小平文选(第3卷)[M]. 北京:人民出版社,1993:297.
② 邓小平. 邓小平文选(第3卷)[M]. 北京:人民出版社,1993:370.
③ 邓小平. 邓小平文选(第3卷)[M]. 北京:人民出版社,1993:373.
④ 中共中央文献研究室. 十六大以来重要文献选编(上)[M]. 北京:中央文献出版社,2005:466.

第三章　中国特色社会主义理论体系的理论主题

出,坚持和完善公有制为主体、多种所有制经济共同发展的基本经济制度;"国有资本、集体资本、非公有资本等交叉持股、相互融合的混合所有制经济,是基本经济制度的重要实现形式","积极发展混合所有制经济";在政府与市场的关系上,"使市场在资源配置中起决定性作用和更好发挥政府作用"。① 转变经济发展方式,转变政府职能,抑制消极腐败现象;大幅度减少政府对资源的直接配置,推动资源配置依据市场规则、市场价格、市场竞争实现效益最大化和效率最优化。关于人们关心的分配、缩小两极分化的问题,要坚持以按劳分配为主体、多种分配方式共同发展的制度,正确处理效率与公平之间的关系。政府发挥"保持宏观经济稳定,加强和优化公共服务,保障公平竞争,加强市场监管,维护市场秩序,推动可持续发展,促进共同富裕"②的积极作用,使计划与市场辩证统一。

(三)发展社会主义就是要建设社会主义和谐社会

在"什么是社会主义?怎样建设社会主义?"中,社会主义公平正义、和谐有序是其题中应有之义。邓小平指出"消除两极分化""实现共同富裕",建设"小康社会",本质都在于建设一个和谐的社会。党的十三届四中全会以来,江泽民在建设中国特色社会主义实践中形成了"三个代表"重要思想,勾勒出社会主义和谐社会的三个重要方面。胡锦涛提出科学发展观,"坚持以人为本,树立全面、协调、可持续的发展观,促进经济社会和人的全面发展"。明确提出"社会和谐是中国特色社会主义的本质属性"③,把社会主义和谐社会的基本特征简明概括为"民主法治、公平正义、诚信友爱、充满活力、安定有序、人与自然和谐相处的社会"④。习近平对社会主义的公平与和谐进行了更为具体全面的阐述,通过"四个全面"战略布局、"五位一体"的总体布局,丰富和发展了社会主义和谐社会思想。

1. 民主法治是社会主义社会和谐发展的政治基础

习近平深刻指出:"社会主义和谐社会的首要特征是民主法治。"⑤"和谐社

---

① 习近平.习近平谈治国理政[M].北京:外文出版社,2014:77+75.
② 习近平.习近平谈治国理政[M].北京:外文出版社,2014:77.
③ 胡锦涛.胡锦涛文选(第2卷)[M].北京:人民出版社,2016:425.
④ 胡锦涛.胡锦涛文选(第2卷)[M].北京:人民出版社,2016:285.
⑤ 习近平.加强基层基础工作 夯实社会和谐之基[N].浙江日报,2006-11-3.

会本质上是民主法治的社会。"①"人民群众的民主和法治素质越高,……社会就越和谐稳定。"②民主法治之所以能够促进社会的和谐,因为通过民主和法治的运作,可以使各种利益群体按照正常的程序表达自己的意愿,使国家在制定法律政策时能够充分反映这些意愿;通过国家法律政策的整合幅度,将不同利益群体纳入自己的调控范围,从而极大增强人们对国家公权力的认同程度,进而使民主成为促进和谐社会的助推器。和谐社会不是没有纠纷的社会,而是纠纷的解决不仅依赖于习俗、道德、权威、策略,更重要的是依赖于法治,依赖于民主参与。依宪治国、科学立法、严格执法、公正司法、全民守法协调统一,共同促进和谐社会的建立。

2. 健全"公平正义"制度,增强人民群众在共建共享中的获得感

柏拉图说:"公正即和谐。"公正是镌刻在我们内心深处的价值坐标。公平正义是人民群众获得安全感和幸福感的重要保障。胡锦涛同志在总结历史经验基础上,以人为本,提出"共建共享"和谐社会的思想,"我们要构建的社会主义和谐社会,是在中国共产党领导下、在中国特色社会主义事业中、在全国人民根本利益一致基础上全体人民共同建设、共同享有的和谐社会"③。当前,中国社会总体和谐稳定,但社会矛盾和问题逐步增多,成为影响社会和谐稳定的潜在因素。从总体上看,矛盾主要是由于一些社会规则的制定不够科学合理。促进社会和谐必须坚持在进行制度设计和制度安排的过程中遵循公平正义的原则,促进社会各方面的利益关系得到妥善协调,人民内部矛盾和其他社会矛盾得到正确处理。我国现行分配制度是以按劳分配为主体,多种分配方式并存。这一制度本身没有问题。但是在分配制度执行中,初次分配片面注重效率,劳动这一生产要素对创造财富的贡献权重长期被低估,资本、管理等生产要素的贡献权重被高估,致使普通劳动者收入偏低,资本所有者、管理者所得过高。目前我们要把分配原则调整为初次分配和再分配都要兼顾效率和公平,再分配更加注重公平,逐步提高普通劳动者的收入。目前党和国家实施积极的"不断增加劳动者特别是一线劳动者劳动报酬"的就业

---

① 习近平. 努力在又好又快发展中推进浙江和谐社会建设[N]. 浙江日报,2007-2-4.
② 习近平. 加强基层基础工作 夯实社会和谐之基[N]. 浙江日报,2006-11-3.
③ 胡锦涛. 胡锦涛文选(第2卷)[M]. 北京:人民出版社,2016:425.

第三章　中国特色社会主义理论体系的理论主题

政策，就是要努力减少有违公平正义的现象，使全体人民在共建共享发展中有更多获得感，促进社会和谐。

3. 弘扬"诚信友爱"社会风尚，促进"人与人之间关系的和谐"

诚信友爱是社会主义社会和谐发展的道德基础。社会和谐必然要求人与人、人与社会、人与自然关系的和谐，但"最主要的是人与人关系的和谐"①。实现人的和谐是建设和谐社会的关键。为此，江泽民提出"中国共产党要始终代表中国先进文化的前进方向"的重要主张，指出要大力发展社会主义先进文化，坚持以科学的理论武装人，以正确的舆论引导人，以高尚的精神塑造人，以优秀的作品鼓舞人。2006年胡锦涛同志提出了"八荣八耻"的社会主义荣辱观。在生活中，人们应该坚持什么、提倡什么、反对什么和抵制什么，对自己行为做出道德的是非善恶选择与评判。这充分体现了社会主义的价值导向、社会引领。受市场经济负面效应的影响，人与人交往功利因素增多，感情因素减少，彼此关系日益冷漠；由于竞争加剧、利益分配不公、社会保障和社会管理机制不健全，人与人之间对抗情绪增强；加上价值观念、风俗习惯、宗教信仰、文化水准等因素的差异，人与人之间沟通困难。据中国社科院2013年《社会心态蓝皮书》，我国社会总体信任指标进一步下降，低于60分的及格线。社会不信任导致社会冲突增加。人与人之间关系的和谐涉及经济、政治、文化、社会等各方面的工作。道德是"人际和谐的基础"②，是社会矛盾的调节器，对人与人之间关系具有重要引导、调节、整合和规范功能。习近平指出，促进社会主义社会和谐发展必须"积极引导人们讲道德、尊道德、守道德"③，推进社会公德、职业道德、家庭美德、个人品德教育，倡导爱国、敬业、诚信、友善等基本道德规范，培育知荣辱、讲正气、做奉献、促和谐的良好风尚。弘扬诚信友爱社会风尚会促进"人与人之间关系的和谐"。诚信是我国传统道德文化的重要内容，是"和谐社会的基石和重要特征"④。维护社会诚信，既要加强诚信教育与诚信文化建设，又要加快推进信用信息系统建

---

① 习近平. 加强基层基础工作 夯实社会和谐之基[N]. 浙江日报，2006-11-03.
② 习近平在会见第四届全国道德模范及提名奖获得者时强调深入开展学习宣传道德模范活动为实现中国梦凝聚有力道德支撑[N/OL]. 央视网，2013-09-26.
③ 习近平. 习近平谈治国理政[M]. 北京：外文出版社，2014：163.
④ 习近平强调：不断创业诚信和谐造福社会[N/OL]. 浙江在线新闻网站，2005-05-30.

设和应用，完善以奖惩制度为重点的社会信用体系运行机制。我们也要从金钱关系的束缚中解脱出来，实现全社会相互信任、互帮互助、和谐相处。

4. 营造"充满活力"的社会氛围，促进"社会成员的积极性、创造性与经济社会发展的和谐"

改革开放 40 多年来，我国经济社会发展取得了举世瞩目的巨大成就，但是这些成就主要源于劳动力和资源环境的低成本优势。随着资源环境约束加剧、产业结构不合理、城乡区域发展不协调、就业总量压力和结构性矛盾并存等问题日益突出，在群众中产生一种对未来发展的担忧与忧虑。这样，创新驱动发展成为我国"破解经济发展深层次矛盾和问题、增强经济发展内生动力和活力的根本措施"[①]。必须加快推动以科技创新为核心的全面创新，最大限度激发科技作为第一生产力的巨大潜能，最大限度释放全社会的创新活力与潜力，向科技要效益，向创新要动力。2012 年，党中央、国务院召开全国科技创新大会，提出创新驱动发展战略。2015 年，中共中央、国务院发布的《关于深化体制机制改革加快实施创新驱动发展战略的若干意见》指出，加快实施创新驱动发展战略，就是要营造大众创业、万众创新的政策环境和制度环境，激发全社会创新活力和创造潜能，打造促进经济增长和就业创业的新引擎。党的十八届五中全会提出，创新是引领发展的第一动力，并将创新列为新发展理念之首，强调要把创新摆在国家发展全局的核心位置。当前，创新驱动发展战略已经成为我国提高社会生产力和综合国力的战略支撑。在经济新常态、简政放权、高新区和科技园区平台、职业创业人兴起等动力推动下，借助风险投资和"互联网＋"，我国已经形成了新一轮创新浪潮，成为建设创新型国家和社会主义社会和谐发展的动力源泉，人们摒弃零和博弈思维，使化解矛盾、缓和冲突、凝聚共识成为可能。

5. 维护"安定有序"局面，促进"公民的行为方式与社会秩序的和谐"

改革开放以来，我们党高度重视改革发展稳定的关系，始终把维护社会安定有序作为党和国家的一项基础性工作。目前社会大局稳定，同时也存在

---

① 习近平强调实施创新驱动发展战略[N/OL]. 新华网，2013-03-04.

第三章 中国特色社会主义理论体系的理论主题

"社会安定面临的威胁和挑战增多,特别是各种威胁和挑战联动效应明显。"[①]违法犯罪活动继续呈高发态势。由工资福利待遇、农村征地补偿、城市建设拆迁引发的群体性冲突进入多发时期。由于人民群众对社会分配不公问题反应越来越强烈,加之部分干部素质作风问题,社会不满、怨恨等社会群体心理较为突出。安定有序是社会主义社会和谐发展的重要标志。"和谐社会是秩序良好的社会,它要求社会依照既定的规则有序运行,反对无序化和无序状态。"[②]因此,必须根据不同性质的问题,采取不同方式,有力应对、处置、化解挑战。针对暴力恐怖活动,要"建立健全反恐工作格局,完善反恐工作体系,加强反恐力量建设;要坚持专群结合、依靠群众,深入开展各种形式的群防群治活动,使暴力恐怖分子成为'过街老鼠、人人喊打'"。要加强对信教群众的正面引导,有效抵御极端宗教思想的渗透。针对民族分裂活动,"深入开展民族团结宣传教育,打牢民族团结的思想基础;要加强基层组织和基层政权建设,多做深入细致的群众工作;要正确把握党的民族、宗教政策,及时妥善解决影响民族团结的矛盾纠纷,坚决遏制和打击境内外敌对势力利用民族问题进行的分裂、渗透、破坏活动"。[③] 针对更多的由经济利益引发的社会矛盾,要坚持科学发展,大力保障和改善民生,妥善协调各方面利益关系,推动发展成果更多更公平惠及全体人民,预防和减少利益冲突。

6. 树立"人与自然和谐相处"理念,促进"生产、生活、生态良性互动的和谐"

习近平指出,人与自然和谐相处就要推动"生产、生活、生态良性互动的和谐"。首先,生产发展。社会和谐在很大程度上取决于社会生产力的发展水平,通过发展来解决发展中存在的矛盾和问题,通过发展为社会和谐创造雄厚的物质基础。其次,促进社会和谐,民生是根本。[④] 以人为本、促进人的全面发展,是和谐社会的最高价值理念。再次,促进社会和谐,生态是自然条件。自然界是人类社会产生、存在和发展的基础和前提。良好生态环境是和

---

① 习近平.习近平谈治国理政[M].北京:外文出版社,2014:202.
② 习近平.之江新语[M].杭州:浙江人民出版社,2007:204.
③ 习近平.习近平谈治国理政[M].北京:外文出版社,2014:203.
④ 习近平.努力在又好又快发展中推进浙江和谐社会建设[N].浙江日报,2007-2-4.

谐社会产生、存在和发展的基础和前提。生产发展、生活富裕、生态良好，它们之间既矛盾又统一。习近平同志指出，我们既要绿水青山，又要金山银山。绿水青山就是金山银山。保护生态环境就是保护生产力、改善生态环境就是发展生产力。同时习近平同志也把生态环境问题作为重大的民生问题来对待，他曾经指出，"环境就是民生"①，"良好生态环境是最公平的公共产品，是最普惠的民生福祉"②。在生产、生活、生态良性互动理念的指导下，习近平提出坚持绿色富国、绿色惠民，经济效益、社会效益、生态效益同步提升。针对当前生产、生活、生态三者的矛盾，"要按照系统工程的思路，抓好生态文明建设重点任务的落实"③。一要积极培育生态文化，增强全民生态文明意识。即"加强生态文化建设，在全社会确立起追求人与自然和谐相处的生态价值观"④。二要推动技术创新和结构调整，提高发展的质量和效益。最关键的，是必须构建科技含量高、资源消耗低、环境污染少的产业结构，加快推动生产方式的绿色化。三要强化主体功能定位，优化国土空间开发格局。科学合理布局生产空间、生活空间、生态空间。四要健全生态文明制度体系，用制度保护生态环境。"只有实行最严格的制度、最严密的法治，才能为生态文明建设提供可靠保障。"⑤

综上所述，推进社会主义社会和谐发展是一个庞大的系统工程。它涉及经济、政治、文化、社会、生态诸多领域，需要我们从顶层设计、科学规划上统筹考量人与人、人与社会、人与自然关系的和谐，努力实现民主与法治、公平与效率、活力与秩序、仁爱与礼让、自然与人文的有机统一。

二、建设什么样的党？怎样建设党？

我党的历届领导人一贯重视党的建设。1989年6月邓小平指出，第三代领导集体要抓几件人民满意的事情，"一个是更大胆地改革开放，另一个是抓紧惩治腐败。……不惩治腐败，特别是党内的高层的腐败现象，确实有失败

---

① 习近平. 环境就是民生 青山就是美丽蓝天 也是幸福[N/OL]. 新华网，2015-03-07.
② 习近平. 习近平总书记系列重要讲话读本[M]. 北京：学习出版社，人民出版社，2014：123.
③ 习近平. 习近平总书记系列重要讲话读本[M]. 北京：学习出版社，人民出版社，2014：126.
④ 习近平. 之江新语[M]. 杭州：浙江人民出版社，2007：48.
⑤ 习近平. 习近平总书记系列重要讲话读本[M]. 北京：学习出版社，人民出版社，2014：129.

第三章　中国特色社会主义理论体系的理论主题

的危险"①，并指示"常委会的同志要聚精会神地抓党的建设，这个党该抓了，不抓不行了"②。"建设什么样的党"和"怎样建设党"的重任摆在中国共产党新一代领导人面前。1989年12月，江泽民指出："要在全党系统地深入地进行马列主义、毛泽东思想基本理论的教育，特别是马克思主义哲学教育，党的基本路线的教育，党的基本知识教育。"③2000年，江泽民提出了"三个代表"重要思想。党的十六大报告，聚焦党自身建设的科学化问题。党的十七大报告系统提出了党的建设的总体布局："必须把党的执政能力建设和先进性建设作为主线。"④党的十八大报告明确提出："建设学习型、服务型、创新型的马克思主义执政党，确保党始终成为中国特色社会主义事业的坚强领导核心。"⑤党的十九大报告指出："新时代党的建设总要求是：坚持和加强党的全面领导，坚持党要管党、全面从严治党，以加强党的长期执政能力建设、先进性和纯洁性建设为主线，以党的政治建设为统领，以坚定理想信念宗旨为根基。"⑥党的二十大报告强调："全党同志务必不忘初心、牢记使命，务必谦虚谨慎、艰苦奋斗，务必敢于斗争、善于斗争，坚定历史自信，增强历史主动。"⑦

(一)加强服务型政党建设

中国共产党是马克思主义政党，是一个立党为公、执政为民的党。马克思恩格斯在《共产党宣言》中指出："共产党人不是同其他工人政党相对立的特殊政党。他们没有任何同整个无产阶级的利益不同的利益。他们不提出任何特殊的原则，用以塑造无产阶级的运动。共产党人同其他无产阶级政党不同的地方只是：一方面，在各国无产者的斗争中，共产党人强调和坚持整个无产阶级的不分民族的共同利益。另一方面，在无产阶级和资产阶级的斗争所

---

① 邓小平. 邓小平文选(第3卷)[M]. 北京：人民出版社，1993：313.
② 邓小平. 邓小平文选(第3卷)[M]. 北京：人民出版社，1993：314.
③ 江泽民. 论党的建设[M]. 北京：中央文献出版社，2001：10.
④ 胡锦涛. 胡锦涛文选(第2卷)[M]. 北京：人民出版社，2016：652.
⑤ 胡锦涛. 胡锦涛文选(第3卷)[M]. 北京：人民出版社，2016：653-654.
⑥ 中国共产党第十九次全国代表大会文件汇编[M]. 北京：人民出版社，2017：49-50.
⑦ 习近平. 高举中国特色社会主义伟大旗帜 为全面建设社会主义现代化国家而团结奋斗[M]. 北京：人民出版社，2022：1-2.

经历的各个发展阶段上，共产党人始终代表整个运动的利益。"①共产党矢志于实现全人类的自由而全面的发展。

1. 为什么要建设服务型政党？

中国共产党为什么必须建设服务型政党？从根本上来说，它是基于我们党对人民群众的历史地位和自己历史地位的科学定位。历史唯物主义认为，人民群众是历史活动的主体，是历史的创造者，是社会物质财富和精神财富的创造者，是推动社会变革的决定力量。即"历史活动是群众的活动，随着历史活动的深入，必将是群众队伍的扩大"②。历史是人民群众创造的，工人阶级必须依靠本阶级的群众力量和全体劳动人民的群众力量，才能实现解放自己，同时解放全体劳动人民的历史使命。工人阶级的政党不是把人民群众当作自己的工具，而是自觉地认定自己是人民群众在特定的历史时期为完成特定的历史任务的一种工具。邓小平曾强调："什么叫领导？领导就是服务。"③这种思想不仅体现了马克思主义的权力观，而且本身就是中国共产党为人民服务思想的继承和延伸。服务型马克思主义政党就是以最广大人民群众的根本利益为出发点，坚持全心全意为人民服务，坚持人民中心的核心理念，将服务贯穿于执政活动始终的政党组织。

政党的权力来源于人民，政党的所有决策和行为都必须以人民群众的根本利益为出发点和归宿，必须全心全意为人民服务。毛泽东认为，无产阶级政党区别于其他政党的分水岭就是立党为公还是立党为私，指出："共产党人的一切言论行动，必须以合乎最广大人民群众的最大利益，为最广大人民群众所拥护为最高标准。"④毛泽东把马克思主义的基本原理，概括为十分简练的五个字：为人民服务。毛泽东在革命时期要求党员干部，"关心群众的痛痒"，"真心实意地为群众谋利益，解决群众的生产和生活的问题，盐的问题，米的问题，房子的问题，衣的问题，生孩子的问题，解决群众的一切问题"⑤。江

---

① 马克思，恩格斯. 马克思恩格斯文选（第2卷）[M]. 北京：人民出版社，2009：44.
② 马克思，恩格斯. 马克思恩格斯文集（第1卷）[M]. 北京：人民出版社，2009：287.
③ 邓小平. 邓小平文选（第3卷）[M]. 北京：人民出版社，1993：121.
④ 毛泽东. 毛泽东选集（第3卷）[M]. 北京：人民出版社，1991：1096.
⑤ 毛泽东. 毛泽东选集（第1卷）[M]. 北京：人民出版社，1991：138-139.

第三章　中国特色社会主义理论体系的理论主题

泽民提出，中国共产党代表最广大人民群众的利益。党的十六大以来，以胡锦涛为总书记的党中央提出科学发展观，其核心是"以人为本"，这里的"人"就是指最广大的人民群众。习近平提醒全党"为什么人的问题，是检验一个政党、一个政权性质的试金石"[①]，指出"中国共产党是为中国人民谋幸福的政党"[②]，"为中国人民谋幸福……这个初心和使命是激励中国共产党人不断前进的根本动力"[③]。"人民中心"，这就为马克思主义服务型政党建设指明了价值方向，充分体现了中国共产党"立党为公，执政为民"的服务理念。

2. 如何建设服务型政党？

(1) 加强党的先进性建设

先进性是马克思主义政党的根本特征，也是生命力所在。早在170多年前，马克思、恩格斯就在《共产党宣言》中指出："在无产阶级和资产阶级的斗争所经历的各个发展阶段上，共产党人始终代表整个运动的利益。因此，在实践方面，共产党人是各国工人政党中最坚决的、始终起推动作用的部分；在理论方面，他们胜过其余无产阶级群众的地方在于他们了解无产阶级运动的条件、进程和一般结果。"[④]工人阶级运动既是求得自身解放的运动，也是解放全人类的运动，代表着人类社会发展的方向。这决定了马克思主义政党的先进性。列宁在创建新型无产阶级政党的实践中也明确指出："党是阶级的先进觉悟阶层，是阶级的先锋队。"[⑤]中国共产党是按照马克思主义的先锋队理论建立起来的，明确宣布自己"是无产阶级的柱石，是无产阶级的头脑"。党的二大明确规定：共产党"应当是无产阶级中最有革命精神的大群众组织起来为无产阶级之利益而奋斗的政党，为无产阶级做革命运动的急先锋"[⑥]。1929年古田会议上，毛泽东提出了思想建党的原则，强调党员不但要在组织上入党，而且要在思想上入党，要经常注意用无产阶级思想改造和克服各种非无产阶

---

① 中国共产党第十九次全国代表大会文件汇编[M]. 北京：人民出版社，2017：36.
② 中国共产党第十九次全国代表大会文件汇编[M]. 北京：人民出版社，2017：46.
③ 中国共产党第十九次全国代表大会文件汇编[M]. 北京：人民出版社，2017：1.
④ 马克思，恩格斯. 共产党宣言[M]. 北京：人民出版社，1997：40.
⑤ 列宁. 列宁全集(第24卷)[M]. 北京：人民出版社，1990：前言Ⅲ.
⑥ 中共中央文献研究室. 建党以来重要文献选编(1921—1949)(第1册)[M]. 北京：中央文献出版社，2011：162.

级思想。"思想建党"对党的先进性建设产生了极为深远的影响。

党的十一届三中全会以后,邓小平总结"文革"的深刻教训和新时期党的建设的新鲜经验,提出要通过思想教育"使全党在思想上政治上和精神状态上有显著的进步,党员为人民服务而不谋私利的觉悟有显著的提高,党和群众的关系有显著的改善"①。党的十二大提出"把党建设成为领导社会主义现代化事业的坚强核心"的目标。党的十三大强调,党的建设目标是"成为一个勇于改革、充满活力的党,纪律严明、公正廉洁的党,选贤任能、卓有成效地为人民服务的党"。在党的十五大报告中,江泽民对新形势下保持共产党员先进性提出了明确要求:"在新的历史条件下,共产党员保持先进性,要体现时代的要求,做到:胸怀共产主义远大理想,带头执行党和国家现阶段的各项政策,勇于开拓,积极进取,不怕困难,不怕挫折;诚心诚意为人民谋利益,吃苦在前,享受在后,克己奉公,多作贡献。"②党的十六大以后,胡锦涛同志第一次明确提出了"党的先进性建设"命题,认为"抓住了先进性建设,就抓住了党的建设的根本,就抓住了加强党的执政能力建设、巩固党的执政地位的关键"③。

新时代,加强党的先进性建设,习近平提出我党要牢固树立马克思主义群众观。第一,以人民群众的美好向往作为我们的奋斗目标,始终围绕人民的福祉深化改革。习近平指出,我们党必须从人民的立场出发,坚持维护最广大人民群众的根本利益,切实解决民生问题。他要求所有党员干部,必须立足于我国的当前实际,正确客观地处理好最广大人民群众的根本利益、当前阶段人民群众的共同利益以及不同群体所要求的特殊利益之间的关系,实实在在地把人民的利益放在第一位,并时时刻刻实现好、发展好、维护好人民群众的利益。针对人民群众反映强烈的问题,必须通过责任化、制度化落实到具体部门、具体人,切实有效妥善地解决。第二,发挥人民群众的主体地位,紧紧依靠人民的力量深化改革。"官僚主义""命令主义"都是脱离人民

---

① 邓小平. 邓小平文选(第3卷)[M]. 北京:人民出版社,1993:38.
② 江泽民. 江泽民文选(第2卷)[M]. 北京:人民出版社,2006:46.
③ 胡锦涛. 胡锦涛在新时期保持共产党员先进性专题报告会上作重要报告[N]. 人民日报,2005-1-15.

第三章 中国特色社会主义理论体系的理论主题

群众、脱离社会实际的"形式主义",认为天下是由少数人打拼出来的观点,不过是唯心史观的翻版。一切依靠群众,这是我们党的力量之源、胜利之本和战胜一切困难的法宝。习近平指出,只有广大人民群众的积极参与、主动创造,才能真正建成中国特色社会主义现代化国家。必须与人民心心相印、与人民同甘共苦、与人民团结奋斗,必须把群众工作做实、做深、做细、做透,不断提高群众工作的水平。第三,充分发挥人民智慧,以人民群众的丰富经验作为我们的思想宝库。习近平指出,人民群众中有的是能者和智者,要不断从人民群众中吸收营养和力量。领导只有放下"架子",认真、虚心地向群众求教、学习,才能真正地增强自身的能力,才能真正地为社会、国家多做实事,才能为深化改革提供取之不尽、用之不竭的智慧泉源。第四,党的先进性建设要与解决中心任务紧密相连。人民群众判断我们党的先进性,不仅要看理论、纲领和路线是否正确,更重要的是要看我们党带领在解决每个时代的中心任务中的成效与业绩。所以,我党必须领导和推动我国全方位地发展,推动经济社会全面、协调和可持续健康发展,不断满足人民群众日益增长的物质文化需要。

(2)加强党的纯洁性建设

我党一贯重视党的纯洁性建设。"纯洁"的本义为纯粹洁白、没有污点、没有私心。马克思主义政党的纯洁性是指全党及其党员干部要始终坚持马克思主义政党的理想信念、性质与宗旨,坚决反对腐败与不正之风,永葆共产党的政治本色。2012年胡锦涛强调:"实践证明,我们党作为马克思主义执政党,只有不断保持纯洁性,才能提高在群众中的威信,才能赢得人民信赖和拥护,才能不断巩固执政基础,才能实现党和国家兴旺发达、长治久安。"[①] 2012年3月1日,习近平在中央党校春季学期开学典礼上讲话指出:保持党在思想上的纯洁性,是保证党的正确政治方向和党的团结统一的思想基础;保持党在组织上的纯洁性,是保持全党步调一致和增强党的创造力、凝聚力、战斗力的组织保证;保持党在作风上的纯洁性,是保持党同人民群众血肉联

---

① 胡锦涛.切实做好保持党的纯洁性各项工作,深入推进党风廉政建设和反腐败斗争[N].人民日报,2012-1-10.

系和不断从人民群众实践中吸取经验、智慧和力量的固本之道。① 习近平明确指出:"我们党成立90多年来的历史证明,党的坚强有力和事业发展取决于多种因素,党的纯洁性对党的创造力、凝聚力、战斗力有着根本性影响。什么时候党的纯洁性保持得好,党就更加坚强有力,党的事业就能健康发展;什么时候党的纯洁性受到影响和削弱,党的战斗力就会下降,党的事业就会遭受损失。"②

第一,加强党的纯洁性建设的关键,是领导干部的党风廉政建设。毛泽东曾强调,我们要建设"一个有纪律的、思想上纯洁的、组织上纯洁的党,合乎统一的标准的党。"③干部就成为决定性因素。没有大多数德才兼备的领导干部,党是不能保证纯洁性的。因为,党的领导干部既是保持党的纯洁性的组织者和领导者,又是保持党的纯洁性的执行者和实践者,更是党风廉政建设、党的纯洁性建设的重点对象。如果党的各级干部不能保持纯洁性,势必导致上行下效。各级领导干部是党的纯洁性建设的关键。

第二,解决干部党性纯洁问题,必须用制度治其根本。解决党员干部纯洁性的根本性问题,是干部制度问题,是党员干部的"民主选举、民主监督""选人、用人"制度的民主化、科学化。一方面,"权由民所授",切实解决党员干部的"世界观、人生观、价值观与权力观"问题,从源头上解决各种不正之风与腐败现象。另一方面,加强对干部权力的监督与制约,建立健全决策权、执行权、监督权既相互制约又相互协调的权力结构和运行机制,将权力关进制度的笼子,让权力在阳光下运行。在改革开放之初,邓小平就指出:"要有群众监督制度,让群众和党员监督干部,特别是领导干部。凡是搞特权、特殊化,经过批评教育而又不改的,人民就有权依法进行检举、控告、弹劾、撤换、罢免,要求他们在经济上退赔,并使他们受到法律、纪律处分。对各级干部的职权范围和政治、生活待遇,要制定各种条例,最重要的是要

---

① 李章军. 认真落实胡锦涛同志重要讲话精神 扎实做好保持党的纯洁性各项工作[N]. 人民日报, 2012-3-2.
② 习近平. 扎实做好保持党的纯洁性各项工作[J]. 求是, 2012(6): 4.
③ 毛泽东. 毛泽东文集(第3卷)[M]. 北京: 人民出版社, 1996: 261.

第三章 中国特色社会主义理论体系的理论主题

有专门的机构进行铁面无私的监督检查。"①

第三，适应民主法治的时代要求，改进党的纯洁性建设的方式。"整党整风"是我党保持党的纯洁性的优良传统。在延安时期，"整风运动"对当时保持党在思想组织作风上的纯洁起到了重要的作用。新中国成立以后，无论社会主义改造时期的"三反"运动，还是改革开放以后的"三讲"活动，以及新时期开展的"保持党的先进性""创先争优""群众路线""三严三实""两学一做"等活动，都对保持党的纯洁性起到了积极的作用。在新时期，依法治国、依法执政已经成为党的基本方略与执政的基本方式，以民主法治方式解决党的建设中的问题已经成为时代要求。这要求必须建立自上而下与自下而上相结合、以"民主、公开"为基本特点的现代党建方式，实现党建科学化、制度化、法治化，促进党的纯洁性建设。

第四，把好入口与考评，实现党员质量与数量的统一。列宁强调："徒有其名的党员，就是白给，我们也不要……只让有觉悟的真正忠于共产主义的人留在党内。"②在井冈山斗争时期，即使是在党组织遭到严重破坏、党员数量急剧减少情况下，也注重发展的学员的质量。针对一些地方"拉夫式"发展党员，我党进行了严厉的批评，对党员发展的对象、程序以及监督都做了严格的规定，有效清除了一些动机不纯的投机分子，纯洁了党的队伍，增强了党的战斗力。截至2022年12月31日，我们的党拥有党员9 804.1万名，基层党组织506.5万个，党的队伍非常庞大。习近平在十九大报告中指出，必须"思想建党和制度治党同向发力，统筹推进党的各项建设，抓住'关键少数'，坚持'三严三实'，坚持民主集中制，严肃党内政治生活，严明党的纪律，强化党内监督，发展积极健康的党内政治文化，全面净化党内政治生态，坚决纠正各种不正之风，以零容忍态度惩治腐败，不断增强党自我净化、自我完善、自我革新、自我提高的能力。"③"要坚持无禁区、全覆盖、零容忍，坚持重遏制、强高压、长震慑……强化不敢腐的震慑，扎牢不能腐的笼子，增强

---

① 邓小平. 邓小平文选(第2卷)[M]. 北京：人民出版社，1994：332.
② 列宁. 列宁全集(第37卷)[M]. 北京：人民出版社，1986：215.
③ 中国共产党第十九次全国代表大会文件汇编[M]. 北京：人民出版社，2017：21.

不想腐的自觉。"①

(二)加强学习型政党建设

1. 为什么要建设学习型政党？

学习是马克思主义政党的特质。学习型政党就是指代表一定阶级、阶层或者利益集团，为了更好地维护本阶级、阶层或集团的利益，让其政党及成员内部树立不断学习的理念和机制，创新学习手段，提高学习能力，以更好地实现其政治目的的组织。马克思与恩格斯都是学习的典范。马克思主义建立在人类一切优秀文明成果的基础之上，是人类迄今为止最先进的思想理论体系。正如列宁所说："共产主义是从人类知识的总和中产生出来的。"②中国共产党是一个处于大变革时期的马克思主义执政党。以马克思主义的科学理论和革命风格建立起来的中国共产党非常注重学习和善于学习。只有在不断学习中才能永葆其先进性，巩固其意识形态领导权，巩固其执政地位。

面对改革开放之初百业重建的复杂形势，邓小平敏锐地抓住党的理论建设和理论创新这一重要环节。他指出："实现四个现代化是一场深刻的伟大的革命。在这场伟大的革命中，我们是在不断地解决新的矛盾中前进的。因此，全党同志一定要善于学习，善于重新学习"，为此他号召"全党必须再重新进行一次学习"。③"三讲"教育活动把"讲学习"放在第一位。党的十七届四中全会决定指出："世界在变化，形势在发展，中国特色社会主义实践在深入，不断学习、善于学习，努力掌握和运用一切科学的新思想、新知识、新经验，是党始终走在时代前列引领中国发展进步的决定性因素。"④党的十七届四中全会基于党的十七大精神，把建设马克思主义学习型政党作为一项重大而紧迫的任务，提到全党面前。

新时代，学习型政党建设更为迫切。建设中国特色社会主义是一项前无古人的伟大事业。在中国这样一个14多亿人口的大国长期执政并推进改革开放和社会主义现代化建设，我们遇到的矛盾和困难世所罕见，面临的挑战和

---

① 中国共产党第十九次全国代表大会文件汇编[M]. 北京：人民出版社，2017：54.
② 列宁. 列宁选集(第4卷)[M]. 北京：人民出版社，1995：284.
③ 邓小平. 邓小平文选(第2卷)[M]. 北京：人民出版社，1994：152-153.
④ 中国共产党第十七届中央委员会第四次全体会议公报[M]. 北京：人民出版社，2009：7-8

第三章 中国特色社会主义理论体系的理论主题

风险前所未有。当今世界正处在大发展大变革大调整时期。而我国正处在进一步发展的重要战略机遇期,也处在一个矛盾凸显期。世情、国情发展变化,对党提出了更高的要求,要求我们党加强学习,在理论素养上有新提高,在实践上有新突破,更好地担当起执政兴国的历史使命。习近平指出:"同过去相比,我们今天学习的任务不是轻了,而是更重了。"①全党需要在加强学习中增强工作的科学性、预见性、主动性,提高执政能力和执政水平。抓住机遇、迎接挑战,化不利因素为有利因素,推动社会主义现代化不断前进。习近平强调:"领导干部学习不学习不仅仅是自己的事情,本领大小也不仅仅是自己的事情,而是关乎党和国家事业发展的大事情。"②全党只有通过学习和实践不断增强本领,"'两个一百年'的奋斗目标才能实现,中华民族伟大复兴的'中国梦'才能梦想成真"。③这就要求全党必须在不断学习中克服本领恐慌,更好地担负起团结带领各族人民实现中华民族伟大复兴中国梦的重任。

2. 学习型政党要学什么?

党在不同的历史时期面临不同的时代主题,历史赋予不同时代的国家领导人不同的使命要求。从邓小平到江泽民、胡锦涛,到今天的以习近平同志为核心的党中央,面临的建设与发展主题不同,但是面临的中国特色社会主义建设的伟大事业是相同的。所以在学习的基本内容方面有着相通之处。

第一,要学习与思考重大而根本的理论问题。它包括"什么是马克思主义、怎样对待马克思主义,什么是社会主义、怎样建设社会主义,建设什么样的党、怎样建设党,实现什么样的发展、怎样发展"等。④邓小平、江泽民、胡锦涛和习近平等,每一代中央领导人都极为重视学习这一根本理论问题。邓小平继承了毛泽东重视从思想上建党的优良传统,着重指出:"根本的是要

---

① 习近平. 中央党校建校 80 周年庆祝大会暨 2013 年春季学期开学典礼上的讲话[N]. 人民日报,2013-3-3.

② 习近平. 在中央党校建校 80 周年庆祝大会暨 2013 年春季学期开学典礼上的讲话[N]. 人民日报,2013-3-3.

③ 习近平. 在中央党校建校 80 周年庆祝大会暨 2013 年春季学期开学典礼上的讲话[N]. 人民日报,2013-3-3.

④ 中共中央关于加强和改进新形势下党的建设若干重大问题的决定[M]. 北京:人民出版社,2009:11.

学习马列主义、毛泽东思想"①,要善于学习和运用毛泽东思想的体系来指导各项工作。江泽民强调,首先要学习马克思主义理论,要用马克思主义中国化的新成果武装全党。他强调指出,马克思主义理论是管总的东西,不学习理论,势必思想空虚,精神贫乏,是非不辨,方向不明。他要求全党认真学习马克思主义理论,尤其是要认真学习邓小平理论。胡锦涛指出:"深入学习马克思列宁主义、毛泽东思想、邓小平理论和'三个代表'重要思想,在全党开展深入学习实践科学发展观活动。"②习近平指出,要"按照建设马克思主义学习型政党的要求,深入学习和掌握马克思列宁主义、毛泽东思想,深入学习和掌握中国特色社会主义理论体系,牢固树立辩证唯物主义和历史唯物主义世界观和方法论"③。"首先要认真学习马克思主义理论,这是我们做好一切工作的看家本领,也是领导干部必须普遍掌握的工作制胜的看家本领。"④毛泽东思想是马克思主义中国化第一次飞跃的理论成果。深入学习和掌握毛泽东思想,有助于全党深刻领会和把握马克思主义基本原理和中国实际相结合的基本要求,有助于深入认识实事求是的马克思主义理论精髓,有助于深刻认识和把握改革开放前后两个时期的辩证关系。中国特色社会主义理论体系与马克思列宁主义、毛泽东思想一脉相承,是中国共产党人在长期的建设和改革实践中形成和发展起来的理论宝库和思想指南,是推进中国特色社会主义各项事业顺利发展的内在要求。

第二,学习党的路线方针政策和国家法律法规。党的路线方针政策是党围绕一定时期的工作重心而制定的奋斗目标和基本任务。国家法律法规是全国人民的行为准绳。邓小平1980年在《目前的形势和任务》的报告中,向全党同志和全体干部发出号召:"我们要学会使用和用好法律武器",这是"我们必须尽快学会处理的新课题"。之后,江泽民、胡锦涛都有相应的论述。新的历史时代,习近平指出:"学习党的路线方针政策和国家法律法规,这是领导干

---

① 邓小平. 邓小平文选(第2卷)[M]. 北京:人民出版社,1994:153.
② 胡锦涛. 胡锦涛文选(第2卷)[M]. 北京:人民出版社,2016:653.
③ 习近平. 全面贯彻落实党的十八大精神要突出抓好六个方面工作[J]. 求是,2013(1):5.
④ 习近平. 在中央党校建校80周年庆祝大会暨2013年春季学期开学典礼上的讲话[N]. 人民日报,2013-3-3.

第三章 中国特色社会主义理论体系的理论主题

部开展工作要做的基本准备,也是很重要的政治素养。"①现阶段,党所坚持的路线、方针和政策,是十一届三中全会以来所形成的以"一个中心、两个基本点"为基本内容的基本路线。这明确指出了我国未来发展举什么旗、走什么路的问题。也正是在这一意义上,习近平指出:"在前进道路上,我们一定要坚定不移坚持党的十一届三中全会以来的路线方针政策,坚持不懈把改革创新精神贯彻到治国理政各个环节,奋力把改革开放推向前进。"②

第三,学习党史、新中国史、改革开放史、社会主义发展史。中国共产党人历来重视对历史的学习和研究。邓小平既善于从对历史规律的不断认识和把握中寻找前进的道路和方向,也善于从历史中汲取领导智慧和工作经验,还擅长于把历史这本"最富哲理的教科书"作为中国人民奋斗和前行的力量之源。邓小平对外宾讲:"要懂得些中国历史,这是中国发展的一个精神动力。"③回望过去,党的历程一路坎坷。展望未来,新的挑战新的困难,层出不穷。这些都对我党的执政智慧与能力提出极高的要求。面对发展中国特色社会主义的历史重任,习近平特别注重广大党员干部对党史、国史的学习,他要求:"各级领导干部还要认真学习党史、国史,知史爱党,知史爱国。"④"学习党史、国史,是坚持和发展中国特色社会主义、把党和国家各项事业继续推向前进的必修课"⑤。更为重要的是,全党要通过对党史、国史等的学习,"在对历史的深入思考中做好现实工作、更好走向未来,不断交出坚持和发展中国特色社会主义的合格答卷"⑥。

第四,综合学习各种知识。执政党面临的问题涉及方方面面,改革发展稳定、内政外交国防、党政军民学、东西南北中。这对我党的知识要求提出

---

① 习近平. 在中央党校建校80周年庆祝大会暨2013年春季学期开学典礼上的讲话[N]. 人民日报,2013-3-3.
② 习近平. 全面贯彻落实党的十八大精神要突出抓好六个方面工作[J]. 求是,2013(1):7.
③ 邓小平. 邓小平文选(第3卷)[M]. 北京:人民出版社,1993:358.
④ 习近平. 在中央党校建校80周年庆祝大会暨2013年春季学期开学典礼上的讲话[N]. 人民日报,2013-3-3.
⑤ 习近平. 在对历史的深入思考中更好走向未来交出发展中国特色社会主义合格答卷[N]. 人民日报,2013-6-27.
⑥ 习近平. 在对历史的深入思考中更好走向未来交出发展中国特色社会主义合格答卷[N]. 人民日报,2013-6-27.

了极高的要求。第一，要学习掌握做好领导工作、履行岗位职责所必备的知识。在现代化建设进程中，党员干部要发挥先锋模范作用，使自己成长为本领域的行家里手。学习是一项全面的系统的工程，这要求全党要树立终身学习的观念，全面学习、系统学习。江泽民认为，知识经济和信息时代，全党尤其是党的高级干部必须全方位武装自己。他指出："各级各类干部都要树立终身学习的观念，通过持之以恒的学习，使自己始终跟上时代前进的步伐。"①他强调："做一名合格的政治领导者，哲学、政治学、经济学、法学、历史学、文学和科学技术等方面的知识都要学习。"②2005年，胡锦涛在保持共产党员先进性专题报告会上强调，通过全体党员的勤奋学习，推动建设学习型政党、学习型社会。习近平指出："经济、政治、历史、文化、社会、科技、军事、外交等方面的知识，领导干部要结合工作需要来学习，不断提高自己的知识化、专业化水平。"③第二，要学习传统文化、文学等其他相关知识。习近平特别重视全面提高党员干部的水平和能力，实现优良工作作风的培育与积极人生态度、良好道德品质、健康生活情趣养成的有机结合。习近平提出："学史可以看成败、鉴得失、知兴替；学诗可以情飞扬、志高昂、人灵秀；学伦理可以知廉耻、懂荣辱、辨是非。"④第三，要学习世界上不同民族的历史文化。注重对世界上不同民族先进文化的学习、借鉴与吸收，"不论发展到什么水平都虚心向世界各国人民学习"⑤。

3. 怎样建设学习型政党？

在长期的实践过程中，中国共产党积累了推动全党学习的丰富经验。中国特色社会主义建设时期，面对这一史无前例的新的课题，我党从坚持正确政治方向，到哲学方法，到学习途径，具体学习方法，为建设学习型政党提出了体系化学习路径。

---

① 江泽民. 江泽民文选(第3卷)[M]. 北京：人民出版社，2006：593.
② 江泽民. 江泽民文选(第2卷)[M]. 北京：人民出版社，2006：284-285.
③ 习近平. 在中央党校建校80周年庆祝大会暨2013年春季学期开学典礼上的讲话[N]. 人民日报，2013-3-3.
④ 习近平. 在中央党校建校80周年庆祝大会暨2013年春季学期开学典礼上的讲话[N]. 人民日报，2013-3-3.
⑤ 习近平. 中国要永远做一个学习大国[N]. 人民日报，2014-5-24.

第三章　中国特色社会主义理论体系的理论主题

第一，坚持正确方向。与一般意义上的学习不同，党员干部的学习要把坚持正确的方向放在第一位。这是对学习型政党的第一要求。毛泽东就曾提醒："没有正确的政治观点，就等于没有灵魂。"① 他又说："思想和政治又是统帅，是灵魂。只要我们的思想工作和政治工作稍为一放松，经济工作和技术工作就一定会走到邪路上去。"② 毛泽东高度重视从思想上建党，重视正确的方向。"文革"后，邓小平明确指出社会主义现代化建设方向。他指出："实现四个现代化是一场深刻的伟大的革命。在这场伟大的革命中，我们是在不断地解决新的矛盾中前进的。因此，全党同志一定要善于学习，善于重新学习。"③ 江泽民则要求全党必须要以对党、对人民、对历史高度负责的态度来加强学习。习近平强调领导干部学习坚持正确方向的重要意义，指出"没有正确方向，不仅学不到有益的知识，还很容易被一些天花乱坠、脱离实际甚至荒唐可笑、极其错误的东西所迷惑、所俘房"④。因此，党员干部在学习过程中，要有正确的方向，即马克思主义所指引的方向。运用到中国的实践中，就是要通过学习，"不断推动社会主义制度自我完善和发展，坚定不移走中国特色社会主义道路"⑤。这是学习型政党必须明确的首要问题。

第二，理论联系实际。理论联系实际最根本的要求是，结合中国的伟大实践学习和研究马克思主义的基本理论，并把马克思主义理论同中国具体实际结合起来，不断探索和研究马克思主义中国化的基本规律。在革命时期毛泽东就提出："读书是学习，使用也是学习，并且是更重要的学习。"⑥ 在延安整风时期，毛泽东同志对党内学习提出了明确要求，他指出学习马克思主义必须"有的放矢"，中国共产党人所以要找出马克思主义这根"矢"，是为了射中国革命这个"的"。他还强调，对于马克思主义的理论，要能够精通它、应用它，精通的目的全在于应用。邓小平精辟地指出："马克思主义理论从来不

---

① 毛泽东. 毛泽东文集(第7卷)[M]. 北京：人民出版社，1999：226.
② 毛泽东. 毛泽东文集(第7卷)[M]. 北京：人民出版社，1999：351.
③ 邓小平. 邓小平文选(第2卷)[M]. 北京：人民出版社，1994：152-153.
④ 习近平. 在中央党校建校80周年庆祝大会暨2013年春季学期开学典礼上的讲话[N]. 人民日报，2013-3-3.
⑤ 习近平. 以更大的政治勇气和智慧深化改革[N]. 人民日报，2014-1-2.
⑥ 毛泽东. 毛泽东选集(第1卷)[M]. 北京：人民出版社，1991：181.

是教条，而是行动的指南。它要求人们根据它的基本原则和基本方法，不断结合变化着的实际，探索解决新问题的答案，从而也发展马克思主义理论本身。"①他要求党的各级干部尤其是领导干部，一定要注重理论学习和思考，熟悉和研究马克思主义的基本理论，"从而加强我们工作中的原则性、系统性、预见性和创造性"②。邓小平特别强调："学马列要精，要管用的。"③江泽民指出，一定"要以我国改革开放和现代化建设的实际问题、以我们正在做的事情为中心，着眼于马克思主义理论的运用，着眼于对实际问题的理论思考，着眼于新的实践和新的发展"④。胡锦涛进一步强调："坚持用发展着的马克思主义指导客观世界和主观世界的改造，进一步把握共产党执政规律、社会主义建设规律、人类社会发展规律，提高运用科学理论分析和解决实际问题能力。"⑤在新的学习实践任务面前，习近平特别强调学以致用的问题，要求党员干部要把提高自身解决实际问题的水平作为学习的根本目的，"领导干部加强学习，根本目的是增强工作本领、提高解决实际问题的水平"⑥。并且要求党员干部要带着问题学习，向群众学习，向实践学习，做到学用双赢。

第三，乐学好学贵在坚持。早前针对有的同志认为工作忙没有时间学，看不懂，不愿学的情况，毛泽东就曾指出："工作忙就要'挤'，看不懂就要'钻'，用这两个法子来对付它，学习是一定可以获胜的。"⑦江泽民也强调，要始终发扬"挤"和"钻"的学习精神。习近平从党员干部要提高学习兴趣入手，提出了"把学习作为一种追求、一种爱好、一种健康的生活方式"⑧的要求。这要求党员干部要把学习不仅仅看成是一种政治责任，看成是顺利开展各项工作的前提，而且要把学习当作自己生活的一部分，当作一种生活方式，当作

---

① 邓小平. 邓小平文选（第 3 卷）[M]. 北京：人民出版社，1993：146.
② 邓小平. 邓小平文选（第 3 卷）[M]. 北京：人民出版社，1993：147.
③ 邓小平. 邓小平文选（第 3 卷）[M]. 北京：人民出版社，1993：382.
④ 江泽民. 江泽民文选（第 2 卷）[M]. 北京：人民出版社，2006：304.
⑤ 胡锦涛. 胡锦涛文选（第 2 卷）[M]. 北京：人民出版社，2016：653.
⑥ 习近平. 在中央党校建校 80 周年庆祝大会暨 2013 年春季学期开学典礼上的讲话[N]. 人民日报，2013-3-3.
⑦ 毛泽东. 毛泽东文集（第 2 卷）[M]. 北京：人民出版社，1993：182.
⑧ 习近平. 在中央党校建校 80 周年庆祝大会暨 2013 年春季学期开学典礼上的讲话[N]. 人民日报，2013-3-3.

第三章 中国特色社会主义理论体系的理论主题

一种日常习惯。充分利用好"8小时"之外的时间，使自己从各种不必要的应酬中解放出来。为此，习近平要求党员干部要善于挤时间学习，要静下心持之以恒地学习，"哪怕一天挤出半小时，即使读几页书，只要坚持下去，必定会积少成多、积沙成塔、积跬步以至千里"①。这就把看似艰难繁重的读书学习变得简易可行。

第四，创新集体学习制度。如何把全党学习提高到一个新水平？制度保证、组织保证是关键。邓小平认为："领导制度、组织制度问题更带有根本性、全局性、稳定性和长期性。"②他特别强调："要把学习搞好，认真建立学习制度。"③"我希望党中央能作出切实可行的决定，使全党的各级干部，首先是领导干部，在繁忙的工作中，仍然有一定的时间学习，熟悉马克思主义基本理论，从而加强我们工作中的原则性、系统性、预见性和创造性。"④根据邓小平指示，中央于1989年专门下发《关于建立健全省部级在职领导干部学习制度的通知》。于是，党的学习制度的初步建立。在此基础上，胡锦涛积极推进集体学习制度化建设，率先创建学习型领导班子。2002年12月，中央政治局进行首次集体学习，进而将中央政治局集体学习形成一项制度。从党的十六大到十七大，五年间中共中央政治局共进行44次集体学习，40天左右一次，从未间断。党的十八大以来，以习近平同志为核心的党中央坚持这一学习制度，内容涉及经济、政治、文化、社会、生态、党建、军事等中国特色社会主义现代化建设的各个领域。除了邀请学者及相关领导主讲，还采取政治局自学的形式。建设学习型党组织，不仅意味着各级党组织在学习内容、学习方法、学习要求上要有新的思路，而且在管理方法、组织形式等方面要进行新的探索，使学习型政党学习更加规范化、制度化、常态化。

（三）加强创新型政党建设

中国特色社会主义事业是一个改革创新的伟大事业，没有任何经验可以借鉴，要求我们必须建设创新型马克思主义政党。创新型政党，就是要在马

---

① 习近平. 在中央党校建校80周年庆祝大会暨2013年春季学期开学典礼上的讲话[N]. 人民日报，2013-3-3.
② 邓小平. 邓小平文选(第2卷)[M]. 北京：人民出版社，1994：333.
③ 邓小平. 邓小平文选(第1卷)[M]. 北京：人民出版社，1994：160.
④ 邓小平. 邓小平文选(第3卷)[M]. 北京：人民出版社，1993：147.

克思主义理论的指导下,继承和发扬党的创新传统,吸取创新型组织理论的合理因素,通过加强党组织自身建设,进一步提升党的创新能力,以更好实现治国理政、促进发展的政党。

1. 为什么要建设创新型政党?

党的十八大报告明确提出要建设创新型的马克思主义执政党。但在党的历史上,一直不乏对创新的运用。不论是理论的创新,还是实践的创新,这是一以贯之的主题。江泽民指出:"世界在变化,我国改革开放和现代化建设在前进,人民群众的伟大实践在发展,迫切要求我们党以马克思主义的理论勇气,总结实践的新经验,借鉴当代人类文明的有益成果,在理论上不断扩展新视野,作出新概括。"①"实践没有止境,创新也没有止境。我们要突破前人,后人也必然会突破我们。这是社会前进的必然规律。我们一定要适应实践的发展,以实践来检验一切,自觉地把思想认识从那些不合时宜的观念、做法和体制的束缚中解放出来,从对马克思主义的错误的和教条式的理解中解放出来,从主观主义和形而上学的桎梏中解放出来。"②

建设创新型政党是中国共产党保持生机和活力的根本途径。中国共产党从1921年成立时的拥有50多名党员的政党,发展到现在拥有9 800多万党员的世界第一大党;从一个领导中国人民努力完成反帝反封建革命任务而斗争的党,转变成为一个担负实现现代化任务的长期执政的党,不断创造着中国历史的奇迹,不断刷新世界政党的业绩。中国共产党一百多年的历史表明,始终坚持创新是其从弱到强、从失败到成功的关键原因,也是继续保持党的生机和活力的源泉。在世界迅速发展变化的今天,一个政党只有不断学习、不断创新,努力推动理论创新和实践创新,才能保持马克思主义政党的先进性,才能增强服务人民的能力。创新型政党是马克思主义执政党建设的动力源泉。

建设创新型政党是应对新时期改革开放和经济社会发展挑战的利器。为了适应领导改革发展重任的需要,在党的十七大报告中,胡锦涛指出:"中国

---

① 江泽民. 江泽民文选(第3卷)[M]. 北京:人民出版社,2006:537.
② 江泽民. 江泽民文选(第3卷)[M]. 北京:人民出版社,2006:538.

第三章 中国特色社会主义理论体系的理论主题

特色社会主义事业是改革创新的事业。党要站在时代前列带领人民不断开创事业发展新局面,必须以改革创新精神加强自身建设,始终成为中国特色社会主义事业的坚强领导核心。"①改革开放以来我们党所以能够坚强有力地领导和推进中国特色社会主义伟大事业,最根本的就是我们党在自身建设理论创新上永不僵化、永不停滞,始终"与本国国情相结合、与时代发展同进步、与人民群众共命运"②地坚持创新,把创新提到显要的地位。当前,党面临的机遇与挑战同样巨大,要带领世界上人口最多的国家实现中国式现代化,这是一项史无前例的伟大事业,只能靠创新去实现。

2. 如何建设创新型政党?

创新型马克思主义政党的建设,必须深化改革,从理论创新、实践创新、组织管理机制创新等方面予以创新,不断加强党的执政能力建设。

第一,理论创新。理论是实践的指南,代表着政党的旗帜和方向,理论成熟是政党成熟的重要标志。建设创新型马克思主义政党需要党中央凝聚全党智慧,构建完善的创新型马克思主义政党建设理论。这个理论需要我们应用马克思主义的基本原理、立场、方法,结合我党的实际情况,在实践中不断补充完善。毛泽东曾指出:"任何国家的共产党,任何国家的思想界,都要创造新的理论,写出新的著作,产生自己的理论家,来为当前的政治服务,单靠老祖宗是不行的。"③马克思列宁主义、毛泽东思想和中国特色社会主义理论体系中蕴含着丰富的政党建设理论和创新思想,中国共产党革命和建设历程中更积淀了丰硕的政党建设经验教训,中华民族传统文化中积累了丰富的组织建设和创新思想遗产,其他国家和民族有关组织建设的理论和经验教训也值得我们认真学习借鉴。我们要从人类思想宝库中梳理、总结、凝练并发展出反映时代特征和实践要求的创新型马克思主义政党理论,并在实践检验中予以修正、补充、发展。

第二,组织管理制度创新。党的各级组织是党在各个地方、各条战线的战斗堡垒,是党员日常组织、管理、教育的主心骨。当前,对我党的执政地

---

① 胡锦涛. 胡锦涛文选(第2卷)[M]. 北京:人民出版社,2016:652.
② 胡锦涛. 胡锦涛文选(第2卷)[M]. 北京:人民出版社,2016:621.
③ 毛泽东. 毛泽东文集(第8卷)[M]. 北京:人民出版社,1999:109.

位构成最大威胁的是执政党内部的消极腐败。其中,制度是根基,尤其是"讲规矩"。一是制度体系创新。从组织管理制度、目标责任制度、考核评价制度、反馈激励制度等加以创新,消除产生腐败涣散、官僚主义、形式主义、推诿扯皮等不良现象的制度基础,形成适合经济社会日趋复杂化条件下管理所需要的制度体系。二是运行机制创新。形成完善的情报收集、问题调查、方案研究、措施落实、检查监督、反馈调整、总结反思等流程化机制,便于发现问题、研究问题、解决问题。三是管理模型创新。管理模型从金字塔形向扁平型转化,形成组织内部分工合理、优势互补、职责明确、对接紧密、富有弹性、分权科学、同心同德的管理体制,克服实践中存在的"上级领导创新、下级服从执行"的现象,使得每位党员干部在实际工作中愿意创新、敢于创新。四是完善创新激励机制。邓小平曾指出:"要创造一种环境,使拔尖人才能够脱颖而出,改革就是要创造这种环境。"[1]建立有效的激励机制,鼓励开拓创新,鞭策因循守旧,发现人才、培养人才、尊重人才、善待人才,形成全体党员在各条战线上奋勇当先、不甘落后的良好局面。五是创新学习与选拔制度。有效利用党校干校和大专院校等培训载体,通过有计划、有组织、有针对性的学习培训,使各级领导干部不仅受到系统深入的马克思主义理论教育,掌握指导工作实践的科学理论,而且学到胜任本职工作的专业知识,懂得现代政治、经济、法律、管理、科学等方面的知识,实现工作创新。

  第三,在执政实践中加强创新。1980 年,邓小平提出一个尖锐的问题,"执政党应该是一个什么样的党,执政党的党员应该怎样才合格?党怎样才叫善于领导?"[2]十三届四中全会以后,在改革开放和社会主义市场经济深入发展的新形势下,江泽民同志指出:"我们的事业最终能否成功,很大程度上取决于我们党的领导水平和执政能力。"[3]"我们必须继续围绕在新的历史条件下建设一个什么样的党和怎样建设党这个基本问题,进一步解决提高党的执政能力和领导水平、提高拒腐防变和抵御风险能力这两大历史性课题,全面推进

---

[1] 邓小平. 邓小平文选(第 3 卷)[M]. 北京:人民出版社,1993:109.
[2] 邓小平. 邓小平文选(第 2 卷)[M]. 北京:人民出版社,1994:276.
[3] 江泽民. 论党的建设[M]. 北京:中央文献出版社,2001:484.

第三章 中国特色社会主义理论体系的理论主题

党的建设新的伟大工程。"①2002年，党的十六大报告进一步强调，"面对执政条件和社会环境的深刻变化"，必须"加强党的执政能力建设，提高党的领导水平和执政水平"。②

党的十六大后以胡锦涛为总书记的党中央坚持以提高党的执政能力为重点，进一步提出"以加强党的执政能力建设为重点全面推进党的建设新的伟大工程"的重大课题。胡锦涛指出，要"从党的执政理念、执政基础、执政方略、执政体制、执政方式、执政资源、执政环境等方面进行努力，全面加强和改进党的思想、组织、作风和制度建设。"③2004年党的十六届四中全会通过的《中共中央关于加强党的执政能力建设的决定》明确提出，不断提高驾驭社会主义市场经济的能力、发展社会主义民主政治的能力、建设社会主义先进文化的能力、构建社会主义和谐社会的能力以及应对国际局势和处理国际事务的能力等五种能力。《决定》还对"党的执政能力"这一概念做了科学界定，指出"党的执政能力，就是党提出和运用正确的理论、路线、方针、政策和策略，领导制定和实施宪法和法律，采取科学的领导制度和领导方式，动员和组织人民依法管理国家和社会事务、经济和文化事业，有效治党治国治军，建设社会主义现代化国家的本领"④。

在党的十九大报告中，习近平总书记指出要增强执政的八种本领。其中五项都在强调在执政实践中要加强创新，要通过创新进一步增强党的执政能力。即，"增强政治领导本领，坚持战略思维、创新思维、辩证思维、法治思维、底线思维，科学制定和坚决执行党的路线方针政策，把党总揽全局、协调各方落到实处。增强改革创新本领，保持锐意进取的精神风貌，善于结合实际创造性推动工作，善于运用互联网技术和信息化手段开展工作。增强科学发展本领，善于贯彻新发展理念，不断开创发展新局面。增强依法执政本领，加快形成覆盖党的领导和党的建设各方面的党内法规制度体系，加强和

---

① 江泽民.江泽民文选(第3卷)[M].北京：人民出版社，2006：272.
② 江泽民.江泽民文选(第3卷)[M].北京：人民出版社，2006：569.
③ 胡锦涛.胡锦涛文选(第2卷)[M].北京：人民出版社，2016：217.
④ 中共中央文献研究室.十六大以来重要文献选编(中)[M].北京：中央文献出版社，2006：272.

改善对国家政权机关的领导。增强群众工作本领,创新群众工作体制机制和方式方法,推动工会、共青团、妇联等群团组织增强政治性、先进性、群众性,发挥联系群众的桥梁纽带作用,组织动员广大人民群众坚定不移跟党走。"①通过加强执政实践中的创新,实现推动经济社会又好又快发展,不断满足广大人民群众对美好生活的期待,实现中华民族伟大复兴的中国梦。

三、实现什么样的发展？怎样发展？

进入21世纪,改革开放和社会主义建设取得了举世瞩目的伟大成就。市场经济、经济全球化在带来经济大发展和大繁荣的同时,也产生了一些负面影响。受资本逻辑支配、以利益最大化为核心的市场经济激起人们无度的欲望。无度的欲望又导致对自然资源的无度掠夺,由此带来生态环境的恶化和能源危机,人与自然、人与人、人与社会的关系日趋紧张。收入分配差距和城乡差距的不断扩大造成个体之间的不平等,由此引发了诸多社会不稳定因素。从国际背景看,经济全球化和资本扩张的趋势明显增强,一些不可预测的风险增加,大国间的关系更加复杂。胡锦涛指出:"树立和落实科学发展观,这是二十多年改革开放实践的经验总结。"②在中国共产党第十七次全国代表大会上,胡锦涛同志指出:"科学发展观,第一要义是发展,核心是以人为本,基本要求是全面协调可持续,根本方法是统筹兼顾。"③2012年,习近平在党的十八届一中全会上提出,坚持以科学发展为主题、以加快转变经济发展方式为主线,以满足人民对美好生活的需要为目的,切实把推动发展的立足点转到提高质量和效益上来。

(一)把发展作为党执政兴国的第一要务

发展是人类社会永恒的课题。中国共产党自成立之日起直到今天,一代接一代地积极探寻符合中国国情、具有中国特色的发展道路。邓小平指出:"讲社会主义,首先就要使生产力发展,这是主要的。"④他要求全党要横下心

---

① 中国共产党第十九次全国代表大会文件汇编[M]. 北京:人民出版社,2017:55.
② 中共中央文献研究室. 十六大以来重要文献选编(上)[M]. 北京:中央文献出版社,2005:483.
③ 中国共产党第十七次全国代表大会文件汇编[M]. 北京:人民出版社,2007:14.
④ 邓小平. 邓小平文选(第2卷)[M]. 北京:人民出版社,1994:314.

第三章　中国特色社会主义理论体系的理论主题

来,除了爆发大规模战争,都要始终如一地搞好发展,不受任何干扰。1987年,党的十三大确立了"一个中心、两个基本点"的基本路线,成为党和国家的生命线。为推动改革开放不断深入,邓小平又提出:贫穷不是社会主义,发展太慢也不是社会主义,只有加快发展,才能为社会主义最终战胜资本主义创造条件,才能体现社会主义的本质要求和优越性。邓小平在很多讲话中都反复强调:"中国解决所有问题的关键是要靠自己的发展。"①到1992年南方谈话中更是鲜明提出,"发展才是硬道理",是关系到中国社会主义前途和命运的根本性、长远性、战略性问题。邓小平指出,一定要"坚持发展生产力,始终扭住这个根本环节不放松"②。

党的十三届四中全会后,江泽民顺应历史潮流提出了"发展是党执政兴国的第一要务",把发展和执政兴国联系起来,进一步突出了发展的地位和对于党执政兴国的重要性,对进一步明确我们党执政的任务、我们党的历史使命具有重要意义。在党的十八大,胡锦涛把"必须坚持解放和发展社会生产力。解放和发展社会生产力是中国特色社会主义的根本任务"确立为夺取中国特色社会主义新胜利必须牢牢把握的"基本要求"③。党的十七大报告重申:"发展,对于全面建设小康社会、加快推进社会主义现代化,具有决定性意义。"④胡锦涛指出:"科学发展观,是用来指导发展的,不能离开发展这个主题,离开发展这个主题就没有意义了。"⑤科学发展观把发展作为第一要义,牢牢扭住经济建设这个中心,坚持聚精会神搞建设、一心一意谋发展,不断解放和发展社会生产力,把握发展规律、创新发展理念、转变发展方式、破解发展难题,积极推进中国特色社会主义事业。

发展生产力同样是习近平系列讲话中谋划中国特色社会主义总布局的重要基点。党的十八大结束,习近平团结带领全党全国各族人民,继续解放思

---

① 邓小平.邓小平文选(第3卷)[M].北京:人民出版社,1993:265.
② 邓小平.邓小平文选(第3卷)[M].北京:人民出版社,1993:64.
③ 中共中央文献研究室.十八大以来重要文献选编(上)[M].北京:中央文献出版社,2014:11.
④ 胡锦涛.胡锦涛文选(第2卷)[M].北京:人民出版社,2016:623-624.
⑤ 中共中央文献研究室.十六大以来重要文献选编(上)[M].北京:中央文献出版社,2005:850-851.

想，坚持改革开放，不断解放和发展社会生产力，努力解决群众的生产生活困难，坚定不移走共同富裕的道路。通过对"十三五"时期可能遇到的困难和挑战的科学准确分析，习近平总书记提出了全面建成小康社会的奋斗目标，也强调了推动经济社会持续健康发展必须坚持的六个原则——坚持人民主体地位、坚持科学发展、坚持深化改革、坚持依法治国、坚持统筹国内国际两个大局、坚持党的领导，明确新发展的五大理念——创新、协调、绿色、开放、共享。发展的"六个原则"和"五个理念"，是对科学发展观的丰富和发展，是新时期新阶段党的发展理论的深化和升华。2015年，习近平在联合国发展峰会上作了题为"谋共同永续发展，做合作共赢伙伴"的讲话，不仅指出发展机会、发展成果、发展基础、发展目的等，也指出公平的发展、开放的发展、全面的发展、创新的发展等。这充分体现了中国将发展作为治国理政第一要务的思想。

（二）坚持发展的人民性要求

为谁发展的问题，是根本立场问题，是判断一个政党是否先进的标准。在"为谁发展"问题上，科学发展观鲜明提出发展要以人为本。以人为本是科学发展观的本质和核心，人的全面发展才是发展的最终目的。胡锦涛指出："坚持以人为本，就是要以实现人的全面发展为目标，从人民群众根本利益出发谋发展、促发展，不断满足人民群众日益增长的物质文化需要，切实保障人民群众经济、政治、文化权益，让发展的成果惠及全体人民。"[①]以人为本，是相对于以官为本、以物为本、以资本为本的概念，要纠正"重物轻人""见物不见人"的错误倾向，要纠正搞劳民伤财的"形象工程"和沽名钓誉的"政绩工程"。

往前追溯，邓小平在"为谁发展"上的情怀是非常打动人心的。"文革"结束不久，邓小平就指出："我们要想一想，我们给人民究竟做了多少事情呢？我们一定要根据现在的有利条件加速发展生产力，使人民的物质生活好一些，使人民的文化生活、精神面貌好一些。"[②]邓小平主持制定的我国经济社会发展

---

① 胡锦涛. 胡锦涛文选（第2卷）[M]. 北京：人民出版社，2016：166-167.
② 邓小平. 邓小平文选（第2卷）[M]. 北京：人民出版社，1994：128.

第三章 中国特色社会主义理论体系的理论主题

"三步走"战略,就是以人民的富裕程度作为重要尺度。他把是否有利于提高人民群众的生活水平作为"三个有利于"判断标准的核心内容,视为判断社会主义还是资本主义的一个主要标准。邓小平指出:党的领导干部"要全心全意为人民服务,深入群众倾听他们的呼声"。他还提出,要以"人民满意不满意""人民高兴不高兴""人民答应不答应"来衡量党的各项工作。这体现了人民利益高于一切的价值观,奠定了科学发展观以人为本理念的坚实基础。

在"为谁发展"问题上,江泽民同志指出:"党的一切方针政策,都要以是否符合最广大人民群众的利益为最高标准,以最广大人民群众满意不满意为根本准则。"①江泽民提出要在发展社会主义社会物质文明和精神文明的基础上,不断推进人的全面发展。2001年,江泽民在庆祝中国共产党成立80周年大会上指出:我们建设有中国特色社会主义的各项事业,我们进行的一切工作,既要着眼于人民现实的物质文化生活需要,同时又要着眼于促进人民素质的提高,也就是要努力促进人的全面发展。"推进人的全面发展,同推进经济、文化的发展和改善人民物质文化生活,是互为前提和基础的。""社会生产力和经济文化的发展水平是逐步提高、永无止境的历史过程,人的全面发展程度也是逐步提高、永无止境的历史过程。这两个历史过程应相互结合、相互促进地向前发展。"②江泽民关于"促进社会全面进步,实现人的全面发展"的思想,进一步巩固了以人为本的科学发展观的基础。

以胡锦涛同志为总书记的党中央,始终坚持党的宗旨不动摇。胡锦涛同志总是强调:"全心全意为人民服务是党的根本宗旨,党的一切奋斗和工作都是为了造福人民。"③"以人为本"的"人",是指以工人、农民、知识分子等劳动者为主体,包括社会各阶层在内的最广大人民群众。"以人为本"的主要含义包括:第一,发展为人民。必须"始终把最广大人民根本利益作为党和国家工作根本出发点和落脚点,在经济发展的基础上不断满足人民群众日益增长的

---

① 中共中央文献研究室.十五大以来重要文献选编(中册)[M].北京:人民出版社,2001:1076.
② 江泽民.江泽民文选(第3卷)[M].北京:人民出版社,2006:295.
③ 胡锦涛.胡锦涛文选(第2卷)[M].北京:人民出版社,2016:624.

物质文化需要,促进人的全面发展。"①"坚持立党为公、执政为民"②。各级领导干部"要牢固树立全心全意为人民服务、真心真意对人民负责的精神,坚持权为民所用、情为民所系、利为民所谋,从群众最现实、最关心、最直接的利益入手,为群众诚心诚意办实事、尽心竭力解难事、坚持不懈做好事"③。第二,发展靠人民。"必须尊重人民群众创造精神,通过深化改革、创新体制,调动一切积极因素,激发全社会创造活力;必须注重社会公平,正确反映和兼顾不同方面群众利益,正确处理人民内部矛盾和其他社会矛盾,妥善协调各方面利益关系。"④第三,要把以民为本这一中华民族优秀文化传统发扬光大。胡锦涛同志指出:中华文明历来注重以民为本,尊重人的尊严和价值。古代中国人就提出"民惟邦本,本固邦宁""天地之间,莫贵于人",强调要利民、裕民、养民、惠民。今天,我们坚持以人为本,就是要使13亿中国人民过上幸福生活。

在庆祝中华人民共和国成立65周年招待会的讲话中,习近平在论及我们必须坚持的八项工作中,把"必须坚持同人民在一起"放在首位,强调"我们要紧紧依靠人民,充分发挥人民主体作用,尊重人民首创精神,为了人民干事创业,依靠人民干事创业。我们要坚持'以百姓心为心',倾听人民心声,汲取人民智慧,始终把实现好、维护好、发展好最广大人民根本利益作为一切工作的出发点和落脚点,让发展成果更多更公平惠及全体人民"⑤。在庆祝中国共产党成立95周年大会上的重要讲话中习近平总书记指出:"坚持不忘初心、继续前进,就要坚信党的根基在人民、党的力量在人民,坚持一切为了人民、一切依靠人民,充分发挥广大人民群众积极性、主动性、创造性,不断把为人民造福事业推向前进",要"把人民放在心中最高位置","坚持以人民为中心的发展思想"。⑥ 这丰富发展了中国共产党一脉相承的政治主张,为中国共产党的人民观做出了新的概括,赋予了新的内涵。他多次强调:"人民

---

① 胡锦涛.胡锦涛文选(第2卷)[M].北京:人民出版社,2016:286.
② 胡锦涛.胡锦涛文选(第2卷)[M].北京:人民出版社,2016:58.
③ 胡锦涛.胡锦涛文选(第2卷)[M].北京:人民出版社,2016:140.
④ 胡锦涛.胡锦涛文选(第2卷)[M].北京:人民出版社,2016:286.
⑤ 习近平.在庆祝中华人民共和国成立65周年招待会上的讲话[N].人民日报,2014-10-1.
⑥ 习近平.习近平治国理政(第2卷)[M].北京:外文出版社,2017:40.

第三章　中国特色社会主义理论体系的理论主题

是历史的创造者,群众是真正的英雄。人民群众是我们力量的源泉。"[①]习近平在接受国外媒体专访时曾由衷地说:"我的执政理念,概括起来说就是:为人民服务,担当起该担当的责任。"[②]他还在各种场合多次讲到"要树立以人民为中心的工作导向"[③]。同时,中国共产党执政地位的继续巩固,社会发展稳定局面的保持,改革开放事业的进一步深化,全面建成小康社会与中华民族伟大复兴美好前景的实现,都要寄希望于人民,都离不开人民的辛勤耕耘和艰苦创造,都要求调动起人民群众生产劳动的积极性、主动性和创造性。我们必须尊重人民的社会主体地位,尊重群众首创精神,尊重人民的主人翁地位,真正把人民视为社会主义建设的依靠力量。

面对今天纷繁复杂的利益关系,究竟如何坚持人民中心,调动起全体人民参与发展的能动性,实现人民性发展?一方面,科学发展观强调既要总揽全局、统筹规划,又要抓住事关群众利益的突出问题,正确认识和妥善处理中国特色社会主义建设中的重大利益关系。深化收入分配制度改革,增加城乡居民收入,坚持和完善按劳分配为主体、多种分配方式并存的分配制度,健全劳动、资本、技术、管理等生产要素按贡献参与分配的制度,初次分配和再分配都要处理好效率和公平的关系,再分配更加注重公平,合理提高劳动所得在 GDP 中的比重,以及创造条件让更多群众拥有财产性收入等等。在基础设施建设及相关的公共产品提供上,逐步缩小地区之间、城乡之间的水平和差距;对乡镇公路、电网、水利、通信、文化、卫生等基础设施建设,逐步加大财政的投入力度,保证城乡居民在公共物品享受过程中的差距逐步缩小,不断提高生活质量。健全覆盖全民的社会保障制度,不断提高国家财政对社会保障投入的水平,逐步缩小城乡之间的利益差距,使全体公民的社会保障得到有序的发展。在九年义务制教育的基础上,不断提高受教育年限,并对贫困大学生的学习给予基本保障;在实施普及九年义务教育制度的同时,还应因地制宜在贫困落后地区不断推出中专形式的职业技术教育,大力推行

---

① 习近平. 习近平治国理政[M]. 北京:外文出版社,2014:5.
② 习近平谈执政理念:为人民服务,担当起该担当的责任[N/OL]. 人民网,http://politics.people.com.cn/n/2014/0209/c70731-24303863.html.
③ 张效廉. 树立以人民为中心的工作导向[N]. 人民日报,2014-02-13(11).

免费职业技术培训，使贫困家庭青年通过培训获得参与市场竞争的能力，保证其获得可持续发展的基本经济收入。建立健全覆盖全民的医疗保障体系，努力使全体人民学有所教、劳有所得、病有所医、老有所养、住有所居、幼有所扶，全面建成小康社会。另一方面，科学发展观也包含了发展"依靠谁"的深刻内容。它既强调为最广大人民的利益谋发展，又强调依靠最广大人民的力量，尊重实践，尊重群众，关注最广大人民的利益和愿望。在实践中，它注重研究代表先进生产力的新生事物，注重从人民群众的首创精神和实践经验中捕捉、把握社会变革与发展的契机，注重从本质上发现、保护、调动人民群众的积极性，凝心聚力共促发展。这两方面，是辩证统一的。

（三）坚持全面协调可持续的发展

中国有着古老而悠久的系统的哲学智慧，共产党人有着深厚的全面发展的哲学素养。新中国成立后，毛泽东的《论十大关系》指出当时中国面临的复杂的矛盾关系、奋斗目标与历史任务，以及实现的方法。进入新的历史时期，我国社会经济成分、组织形式、就业方式、利益关系和分配方式呈现多样化，使中国特色社会主义事业面临许多新情况、新问题、新矛盾。与此同时，旧问题、旧矛盾与之并存。特别是经济结构矛盾突出、经济增长方式粗放、一些涉及群众利益的突出问题解决得不够好等。这些矛盾和问题，都是在发展中出现的，需要在进一步的全面协调发展中解决。

邓小平提出了经济社会整体发展、全面进步的目标。改革伊始，邓小平就把全面发展与社会主义现代化目标联系在一起。他一方面强调发展经济是关键，同时又强调"现代化建设的任务是多方面的，各个方面需要综合平衡，不能单打一"①。他针对现代化建设实践中存在的"一手硬、一手软"的情况，提出了"两手抓"论断。邓小平也十分注重现代化建设过程中实现协调发展和可持续发展问题。1987年他指出："我们现在要注意的是发展速度不要太快，要适当控制速度，否则配套跟不上，能源、原材料、资金都跟不上，特别是不能为下个世纪发展的后劲打下很好的基础。"②他把人口、资源和环境问题放

---

① 邓小平.邓小平文选（第2卷）[M].北京：人民出版社，1994：250.
② 中共中央文献研究室.邓小平年谱（一九七五——一九九七）（下）[M].北京：中央文献出版社，2004：1212.

第三章 中国特色社会主义理论体系的理论主题

在国民经济和社会发展的战略全局来考察,提出科学技术是第一生产力,"人口问题是个战略问题,要很好控制",认为要合理利用资源,保护自然环境,"植树造林,绿化祖国,造福后代"。他告诫新的中央领导集体"要采取有力的步骤,使我们的发展能够持续、有后劲"。[①]

江泽民提出抓住机遇,全面建设小康社会,促进社会主义经济、政治、文化全面发展。江泽民指出,21世纪头20年对我国来说是一个大有作为的重要战略机遇期。为此,必须集中力量,全面建设惠及十几亿人口的更高水平的小康社会,使经济更加发展,民主更加健全,科教更加进步,文化更加繁荣,社会更加和谐,人民生活更加殷实。党的十六大报告确立了建设社会主义物质文明、政治文明和精神文明的重要目标,突显了全面发展、协调发展对于中国特色社会主义的重要意义。针对我国经济发展忽视环境资源保护的现实问题,江泽民指出:社会主义社会是全面发展、全面进步的社会,我们绝不能走人口增长失控、过度消耗资源、破坏生态环境的发展道路,"要促进人和自然的协调与和谐,使人们在优美的生态环境中工作和生活。坚持实施可持续发展战略,正确处理经济发展同人口、资源、环境的关系,改善生态环境和美化生活环境,改善公共设施和社会福利设施。努力开创生产发展、生活富裕和生态良好的文明发展道路"[②]。这就正确回答了我国现代化建设中出现的经济发展与生态环境的关系问题,为党的发展理论增添了新的内容,成为科学发展观思想的直接来源。

胡锦涛坚持以人为本的发展理念,进一步强化本土化的生产发展、生活富裕和生态良好的社会整体建设与发展,加强环境友好型、资源节约型"两型"社会的建设与发展,运用发展的方法妥善处理好改革、发展、稳定以及人口、经济、社会、资源、生态等方面的有机联系,通过深化改革开放、促进生产力科学发展来实现社会公共需求与国家公共服务、生产力与生产关系、经济基础与上层建筑等方面的关系协调发展,千方百计地推进中国特色社会主义全面协调可持续发展。也就是说,科学发展观所要实现的发展绝不只是

---

① 邓小平. 邓小平文选(第3卷)[M]. 北京:人民出版社,1993:312.
② 江泽民. 江泽民文选(第3卷)[M]. 北京:人民出版社,2006:295.

指经济增长，而是在经济发展基础上实现全面、协调、可持续发展。全面就是以经济建设为中心，推进经济、政治、文化、社会建设，实现经济发展和社会全面进步。协调就是促进现代化建设各个环节、各个方面相协调，促进生产关系与生产力、上层建筑与经济基础相协调。可持续就是坚持生产发展、生活富裕、生态良好的文明发展道路。

习近平总书记深刻指出：当前中国"发展中不平衡、不协调、不可持续问题依然突出，科技创新能力不强，产业结构不合理，发展方式依然粗放，城乡区域发展差距和居民收入分配差距依然较大，社会矛盾明显增多，教育、就业、社会保障、医疗、住房、生态环境、食品药品安全、安全生产、社会治安、执法司法等关系群众切身利益的问题较多，部分群众生活困难，形式主义、官僚主义、享乐主义和奢靡之风问题突出，一些领域消极腐败现象易发多发，反腐败斗争形势依然严峻，等等。解决这些问题，关键在于深化改革"。① 改革就是要改革与生产力发展不相适应的生产关系，与经济基础不相适应的上层建筑，消除全面协调可持续健康发展的体制机制障碍，促进经济、社会、人的全面协调可持续发展。同时，习近平总书记也深刻地指出，我们要坚持发展是硬道理的战略思想，坚持以经济建设为中心，全面推进社会主义经济建设、政治建设、文化建设、社会建设、生态文明建设，深化改革开放，推动科学发展，促进人与自然、人与人、人与社会的和谐共生，实现中国特色社会主义的全面协调可持续发展。

（四）坚持统筹兼顾的共享发展

科学发展观的根本方法是统筹兼顾。统筹兼顾，是一个体现辩证法思想的中国成语。统筹是指通盘筹划；兼，本义为一手执两禾，引申为同时进行几桩事情；顾：照顾。统筹兼顾，就是要统揽全局，统筹规划，协调发展。实行统筹兼顾，是我们党在革命和建设实践中总结和形成的一条重要的马克思主义思想方法和工作方法。

在我们党领导社会主义建设的历史上，最早在一般方法论意义上论述统

---

① 习近平.关于《中共中央关于全面深化改革若干重大问题的决定》的说明[N].人民日报，2013-11-16.

第三章　中国特色社会主义理论体系的理论主题

筹兼顾的是毛泽东。新中国成立初期，为恢复国民经济，调动包括私人资本主义经济在内的各方面的积极性，尽快恢复和发展生产，争取财政的根本好转。1950年5月，毛泽东在政治局会上强调，对私营工商业要有所不同、一视同仁，这个精神在《共同纲领》第二十六条中已有，即统筹兼顾。① 之后，在党的七届三中全会上又指出："在统筹兼顾的方针下，逐步地消灭经济中的盲目性和无政府状态，合理地调整现有工商业，切实而妥善地改善公私关系和劳资关系，使各种社会经济成分，在具有社会主义性质的国营经济领导之下，分工合作，各得其所，以促进整个社会经济的恢复和发展。"② 这时的统筹兼顾，主要是统筹五种经济成分，正确处理人民政府、国营企业和私营资本主义经济之间的关系。而这个方针的贯彻，起到了恢复和发展国民经济的作用。毛泽东指出："我们的方针是统筹兼顾、适当安排"。"我们作计划、办事、想问题，都要从我国有六亿人口这一点出发"。③

邓小平同志在领导改革开放、建设中国特色社会主义的伟大事业中同样非常重视统筹兼顾的问题。在粉碎"四人帮"后，他反复强调：实现四个现代化是决定我国命运和前途的千秋大业，是我国人民压倒一切的中心任务，指出要横下心来，除了爆发大规模的战争以外，就要始终如一地搞好四个现代化。邓小平倡导的"先富带后富、实现共同富裕""沿海内地发展两个大局"的思想，都是注重统筹兼顾发展的集中体现。在改革开放发展到一定阶段后，又明确提出以经济建设为中心，必须同时搞好精神文明建设，民主政治建设，"两手都要抓，两手都要硬"，科学地阐述坚持四项基本原则与坚持改革开放的关系。在邓小平看来，社会主义要实现共同富裕，"社会主义的目的就是要全国人民共同富裕，不是两极分化"④。他坚信，"就全国范围来说，我们一定能够逐步顺利解决沿海同内地贫富差距的问题"⑤。社会主义应该而且能够避免两极分化，统筹兼顾地解决这个问题，既不能削弱发达地区的活力，也不能鼓励吃"大锅饭"。他主张"一部分地区有条件先发展起来，一部分地区发展

---

① 毛泽东. 毛泽东文集(第6卷)[M]. 北京：人民出版社，1999：61-62.
② 毛泽东. 毛泽东文集(第6卷)[M]. 北京：人民出版社，1999：71.
③ 毛泽东. 毛泽东文集(第7卷)[M]. 北京：人民出版社，1999：227-228.
④ 邓小平. 邓小平文选(第3卷)[M]. 北京：人民出版社，1993：110-111.
⑤ 邓小平. 邓小平文选(第3卷)[M]. 北京：人民出版社，1993：374.

慢点,先发展起来的地区带动后发展的地区,最终达到共同富裕"①,为此提出了"两个大局"的战略思想。这些思想和做法实质就是统筹兼顾。

党的十三届四中全会以后,江泽民同志在《正确处理社会主义现代化建设中的若干重大关系》的重要讲话中,精辟地分析论述了在推进社会主义现代化建设的过程中,必须统筹兼顾处理好十二种关系。即,改革、发展、稳定的关系;速度和效益的关系;经济建设和人口、资源、环境的关系;第一、第二、第三产业的关系;东部地区和中西部地区的关系;市场机制和宏观调控的关系;公有制经济和其他经济成分的关系;收入分配中国家、企业和个人的关系;扩大对外开放和坚持自力更生的关系;中央和地方的关系;国防建设和经济建设的关系;物质文明建设和精神文明建设的关系。江泽民同志还强调,我们所有的政策措施和工作,都应该正确反映并有利于妥善处理各种利益关系,都应认真考虑和兼顾不同阶层、不同方面群众的利益。这些思想无疑闪耀着统筹兼顾的光芒。

2003年10月党的十六届三中全会通过的《中共中央关于完善社会主义市场经济体制若干问题的决定》指出:"坚持以人为本,树立全面、协调、可持续的发展观,促进经济社会和人的全面发展。"同时提出了统筹发展的思想:要统筹推进各项改革,努力实现宏观经济改革和微观经济改革相协调,经济领域改革和社会领域改革相协调,城市改革和农村改革相协调,经济体制改革和政治体制改革相协调。党的十六届三中全会从完善社会主义市场经济体制的角度,提出了统筹城乡发展、统筹区域发展、统筹经济社会发展、统筹人与自然和谐发展、统筹国内发展和对外开放这"五个统筹"的要求。党的十七大明确提出:科学发展观的根本方法是统筹兼顾。同时把五个统筹发展成了七个统筹:统筹城乡发展,区域发展,经济社会发展,人与自然和谐发展,国内发展和对外开放,统筹中央和地方关系,统筹个人利益和集体利益、局部利益和整体利益、当前利益和长远利益,充分调动各方面积极性。党的十七大报告还提出了"十个结合"的思想,"把坚持马克思主义基本原理同推进马克思主义中国化结合起来""把坚持四项基本原则同坚持改革开放结合起来"

---

① 邓小平. 邓小平文选(第3卷)[M]. 北京:人民出版社,1993:374.

第三章 中国特色社会主义理论体系的理论主题

"把尊重人民首创精神同加强和改善党的领导结合起来""把坚持社会主义基本制度同发展市场经济结合起来""把推动经济基础变革同推动上层建筑改革结合起来""把发展社会生产力同提高全民族文明素质结合起来""把提高效率同促进社会公平结合起来""把坚持独立自主同参与经济全球化结合起来""把促进改革发展同保持社会稳定结合起来""把推进中国特色社会主义伟大事业同推进党的建设新的伟大工程结合起来"。"十个结合"将当时中国面临的方方面面的矛盾关系辩证统一起来，是科学发展观的进一步发展，为科学发展提供了更明确的方向。

党的十八大以来，以习近平同志为核心的党中央坚持实践创新、理论创新，协调推进"四个全面"战略布局，坚持统筹国内国际两个大局，促进经济、政治、文化、社会、生态五个总体布局，毫不动摇坚持和发展中国特色社会主义。习近平同志指出，在"四个全面"中，全面建成小康社会是"战略目标"，而全面深化改革、全面依法治国、全面从严治党，则是三大"战略举措"。战略举措，促进目标实现。习近平同志强调，"协调既是发展手段又是发展目标，同时还是评价发展的标准和尺度。"①同时，"下好'十三五'时期发展的全国一盘棋，协调发展是制胜要诀。我们要学会运用辩证法，善于'弹钢琴'，处理好局部和全局、当前和长远、重点和非重点的关系，在权衡利弊中趋利避害、作出最为有利的战略抉择。从当前我国发展中不平衡、不协调、不可持续的突出问题出发，我们要着力推动区域协调发展、城乡协调发展、物质文明和精神文明协调发展，推动经济建设和国防建设融合发展。"②在中国这样一个十几亿人口的发展中大国要实现治国理政，统筹兼顾是最基本的方法。因此，党的每一代中央领导集体都强调要从我国的实际、全局和广大人民的根本利益出发，协调各种关系，调动全体人民的积极性。

四、坚持什么样的马克思主义？怎样坚持马克思主义？

邓小平说："建国以后，我们从旧中国接受下来的是一个烂摊子，工业几

---

① 习近平. 习近平谈治国理政(第2卷)[M]. 北京：外文出版社，2017：205.
② 习近平. 习近平谈治国理政(第2卷)[M]. 北京：外文出版社，2017：206.

乎等于零，粮食也不够吃，通货恶性膨胀，经济十分混乱。……国民经济很快得到恢复，在这个基础上进行了大规模经济建设。靠的是什么？靠的是马克思主义。"①中国共产党在领导中国革命和建设过程中，实现了马克思主义和中国实际的两次结合。但须注意，这两次结合均被污蔑为"对马克思主义的背叛"。无论是革命还是社会主义建设，总是有人怀疑或污蔑我们党的中国化、时代化做法是背叛马克思主义，是抛弃共产主义的理想和信念。究其原因，主要是对"什么是马克思主义，怎样坚持马克思主义"并没有真正搞懂。邓小平坦言："什么叫马克思主义？我们过去对这个问题的认识不是完全清醒的。"②只有真正弄懂"什么是马克思主义，怎样坚持马克思主义"，才能更好地建设中国特色社会主义。

（一）马克思主义是对客观世界的反映

马克思主义理论的科学性，是马克思主义生命力和战斗力的根源。马克思主义是科学的世界观和方法论，要求我们必须坚持马克思主义对实践的理论指导。下面就来具体论述这两个方面。

1. 马克思主义是科学的世界观和方法论

在坚持马克思主义世界观和方法论问题上，每一代党和国家领导人都从未含糊过。江泽民指出："我们党所以坚强有力，重要原因之一就是坚持以马克思主义理论体系作为自己的世界观和行动指南。"③"没有先进理论武装的党，不可能是先进的党；没有先进理论武装的共产党员，不可能发挥先进战士的作用；拒绝用先进理论武装头脑的人，就不会有真正的党性，就没有资格存身于工人阶级先锋队的行列。"④"在建设社会主义的进程中，坚持马克思主义基本原理，最重要的就是要坚持生产关系必须适应生产力发展的论断，通过改革开放不断解放和发展社会生产力，逐步实现全体人民共同富裕。这是历史唯物主义的真谛。"⑤"马克思主义是我们立党立国的根本指导思想，是全国各族人民团结奋斗的共同理论基础。马克思主义的基本原理任何时候都要坚

---

① 邓小平. 邓小平文选（第3卷）[M]. 北京：人民出版社，1993：63.
② 邓小平. 邓小平文选（第3卷）[M]. 北京：人民出版社，1993：63.
③ 江泽民. 江泽民文选（第1卷）[M]. 北京：人民出版社，2006：95.
④ 江泽民. 江泽民文选（第1卷）[M]. 北京：人民出版社，2006：95.
⑤ 江泽民. 江泽民文选（第3卷）[M]. 北京：人民出版社，2006：131-132.

第三章　中国特色社会主义理论体系的理论主题

持，否则我们的事业就会因为没有正确的理论基础和思想灵魂而迷失方向，就会归于失败。这就是我们为什么必须始终坚持马克思主义基本原理的道理所在。"①

胡锦涛在2003年"七一"讲话中深刻论述：我们要坚持的马克思主义是以辩证唯物主义和历史唯物主义为理论特征和世界观方法论基础的马克思主义。因为"辩证唯物主义和历史唯物主义的世界观和方法论，是马克思主义最根本的理论特征"②。马克思主义的科学理论体系是运用辩证唯物主义和历史唯物主义的世界观和方法论创立的，渗透和体现着辩证唯物主义和历史唯物主义。胡锦涛强调，辩证唯物主义和历史唯物主义作为马克思主义最根本的理论特征，它的目的在于运用，在运用中把握社会发展规律。他指出："'三个代表'重要思想所具有的基本点，马克思主义经典作家都有论述，但把发展先进生产力和先进文化、实现最广大人民的根本利益同坚持党的先进性联系在一起，上升到党的性质和宗旨的高度，上升到党的指导思想的高度，构成一个完整的体系，这是当代中国共产党人对辩证唯物主义和历史唯物主义的创造性运用和发展。'三个代表'重要思想既坚定不移地坚持了马克思主义的世界观和方法论，又赋予它们鲜明的时代精神和实践要求。"③胡锦涛通过列举"三个代表"重要思想，对"什么是马克思主义，如何坚持马克思主义"做了很好的说明。

习近平指出："掌握和运用马克思主义立场观点方法来研究和解决中国的实际问题，是以毛泽东同志为主要代表的中国共产党人留给我们的传家宝。"④马克思主义不是一般的理论，其基本原理是对事物本质和发展规律的概括，具有普遍且根本的指导意义。正是在这一意义上，"我们说老祖宗不能丢，很重要的就是马克思主义基本原理不能丢"⑤。马克思主义的精神实质是什么？

---

① 江泽民.江泽民文选(第3卷)[M].北京：人民出版社，2006：282.
② 胡锦涛.在"三个代表"重要思想理论研讨会上的讲话[M].北京：人民出版社，2003：6.
③ 中共中央文献研究室.十六大以来重要文献选编(上)[M].北京：中央文献出版社，2005：362-363.
④ 习近平：努力学习和掌握马克思主义立场观点方法[EB/OL].http://www.gov.cn/ldhd/2010-04/01/content_1570917.htm.
⑤ 习近平.中国共产党90年来指导思想和基本理论的与时俱进及历史启示[N].学习时报，2011-6-28.

它是科学的世界观和方法论、是崇高的理想与追求、人民群众的行动指南、开放的发展的理论。习近平曾指出，系统掌握马克思主义基本原理，"才能完整准确地理解中国特色社会主义理论体系，才能创造性地运用马克思主义立场观点方法去分析和解决我们面临的实际问题，不断把中国特色社会主义事业推向前进"[①]。

在马克思主义中，我们通常所说的"一脉相承"的"脉"究竟是什么？马克思主义的本质规定性究竟是什么？马克思主义基本原理究竟包括什么？这些都是我们要回答的问题。"脉"是最本质规定之处。马克思主义内在的本质规定性：一是辩证唯物主义和历史唯物主义的世界观和方法论，这是马克思主义最根本的科学原理和理论基石；二是科学社会主义、共产主义理想信念，这是马克思主义的根本方向和理想追求；三是为无产阶级和广大人民群众谋利益，这是马克思主义的政治立场和根本宗旨；四是坚持实事求是、与时俱进，这是马克思主义根本的理论品质。这四点，是区分真假马克思主义的本质关键。

马克思主义基本原理究竟包括什么？它们包括：关于客观世界相互联系、相互作用和运动发展的一般规律原理，这是唯物辩证法认识世界和改造世界的理论；关于人类实践活动及其发展规律的原理，这是认识的本质及其发展规律的理论；关于人类社会形态由低级向高级演进及其发展规律的原理，这是社会演进的历史规律及其趋势的理论，主要有生产力和生产关系、经济基础和上层建筑的辩证关系，阶级、阶级斗争、阶级分析和无产阶级专政的原理，人民群众是历史主体和历史创造者的原理；关于剩余价值学说和资本主义发展规律的原理，这是揭示资本主义生产方式奥秘及其绝对规律的理论；关于社会主义历史必然性和工人阶级历史使命的原理，这是社会主义革命、建设和改革的理论；关于无产阶级政党学说和在执政条件下加强党的建设的原理，这是无产阶级政党建设的基本理论；关于人的全面发展和建设共产主义社会的原理，这是关于未来社会发展的理论等等。这些都是我们要坚持的马克思主义的基本原理。如果试图抛弃某个内容，就会导致对"马克思主义是

---

① 认真学习马克思主义经典著作不断推进中国特色社会主义事业[N]. 人民日报，2011-5-14.

第三章　中国特色社会主义理论体系的理论主题

科学的世界观"的以偏概全。

2. 要坚持马克思主义对中国特色社会主义的指导

坚持马列主义是我们党一贯坚持的基本原则和理论指导。马列主义、毛泽东思想、中国特色社会主义理论体系，是我们党把马克思主义理论与中国革命和建设、改革开放实际相结合产生的马克思主义中国化的理论成果。它是我们党和人民战胜资产阶级的、封建主义的各种腐朽思想，赢得今天举世瞩目成就的强大精神武器。习近平总书记提出，要"认真学习马克思主义理论"，这是我们"做好一切工作的看家本领"，也是领导干部必须普遍掌握的工作制胜的看家本领"。① 领导干部掌握了马克思主义这一本领，掌握了科学的世界观和方法论，就能更好认识国情、更好认识党和国家事业发展大势、更好认识历史发展规律，不断增强工作的规律性、系统性、预见性、创造性。

坚持马克思主义理论在主流意识形态领域的一元指导。马克思主义是指导中国革命、建设、改革取得成功的理论武器。我们不能取得一点成绩就沾沾自喜，忘记了坚持马克思主义理论指导。坚持马克思主义，就必须坚持和巩固马克思主义在意识形态领域的指导地位，勇敢回应种种挑战和攻击，旗帜鲜明地捍卫马克思主义。面对国际国内新形势出现的"过时论""破产论""失败论""终结论""多元论"，我们应该做出科学的有说服力的回应，坚定不移地推进马克思主义中国化，用马克思主义中国化最新成果武装人们的头脑，在主流意识形态领域坚持马克思主义理论一元化指导，有力推进中国特色社会主义事业发展。

用辩证唯物主义和历史唯物主义的观点指导中国特色社会主义实践。当代世界是一个资本主义与社会主义两大制度并存的世界。既然社会主义是以资本主义的继承与替代者的身份出现的，那么资本主义的发展程度以及如何处理与资本主义之间的关系对于我们如何建设社会主义无疑极为重要。历史地看，资本主义社会大致经历了原始积累、自由资本主义、垄断资本主义、社会资本主义四大阶段。在这四大阶段逐次演进的过程中，资本主义社会的经济结构、管理模式、价值观念、分配方式等均发生了重大的调整和变化。

---

① 习近平. 习近平谈治国理政[M]. 北京：外文出版社，2014：404.

这些重大调整和变化不仅缓和了资本主义社会内部生产力与生产关系的内在矛盾,极大延长了资本主义社会的寿命,也无形地提高了落后国家进入社会主义的门槛,改变了社会主义取代资本主义的方式。于是,彼此相互学习、相互借鉴、相互吸收对方有用的东西为己所用,就成为世界相当长时期的必然选择。所以,今天社会主义国家必须正视生产力水平落后于西方发达资本主义国家的现实,在坚持社会主义前提下,充分利用好资本主义这一母体,对其进行积极扬弃,实现生产力水平的跨越,根本解决资本主义社会所不能解决的历史难题,充分彰显社会主义制度的优越性,激励与引导世界上其他国家自觉走上社会主义道路。

重视马克思主义的方法论在改革发展实践中的运用。辩证唯物主义把矛盾分析方法作为无产阶级政党认识世界、改造世界的基本方法。中国改革已进入攻坚期和深水区,面临着一系列突出的错综复杂的矛盾和挑战。习近平同志从辩证唯物主义的整体观点出发,加强改革开放的顶层设计,为实现"两个一百年"的壮丽目标描绘出科学的路线图。一方面坚持以经济建设为中心,另一方面又是经济、政治、文化、社会、生态文明等多位一体建设的全面推进;一方面坚持不断解放和发展社会生产力,另一方面又坚持逐步实现全体人民的共同富裕和人的自由全面发展;一方面反对走封闭僵化的老路,另一方面反对走改旗易帜的邪路。在全面深化改革的问题上,习近平总书记从纷繁复杂的表象中把准改革脉搏,抓住全面深化改革的内在规律,协调和处理好多重尖锐的二元矛盾。尤其是在整体大局发展与局部重点推进、坚持实事求是与继续解放思想、做好顶层设计与摸着石头过河、改革的胆子要大与发展的步子要稳等等的关系问题上,将矛盾的对立的方面辩证统一起来。在观察研判国际国内形势的问题上,习近平总书记强调,面对错综复杂的国际国内形势,我们要保持清醒头脑,既要利用好和平大环境给予我国经济社会发展的良好态势,又要正视各种不利因素的长期性、顽固性、危险性,将挑战化为发展的机遇,为民族复兴的胜利实现提供各项事业的有力支撑。

深化马克思主义理论研究,强固中国特色社会主义理论根基。"没有革命

第三章　中国特色社会主义理论体系的理论主题

的理论，就不会有革命的运动。"①对于作为指导思想的马克思主义理论，我们必须对其进行深入研究，坚持方向、追根溯源、返本开新。为此，第一，必须把马克思主义理论分为若干层次，分别加以深入的考察。这些基本理论包括：唯物辩证法认识世界和改造世界的理论，人类实践活动及其发展规律的原理，人类社会演进的历史规律及其趋势的理论，社会结构及其系统认识的理论，现代社会分析以及过渡时期特征的理论，社会发展和动力的根本理论，资本主义生产方式奥秘的理论，社会主义革命、建设和改革的理论，无产阶级政党学说的理论，人的全面发展和共产主义社会理论等。这些基本原理的深入考察，有助于筑牢我们的理论根基，提升马克思主义理论素养。第二，必须把握好原创马克思主义理论与马克思的后继者们所阐发的理论体系的继承与创新的关系。原创马克思主义理论只是马克思、恩格斯所创立的一种学说，有着自己确定的理论方法、思想逻辑和适用范围。但随着历史的发展，后继者们或是出于论战或是出于指导实践的需要，纷纷从自己的立场、角度出发，对原创马克思主义理论做了各种阐释，简单将之混同于原创马克思主义理论将不利于人们把握马克思主义的真谛。应该厘清原创马克思主义理论与马克思的后继者们所阐述和发挥的理论体系的继承与创新关系，把不同的马克思主义学说、学派置于其所产生的具体的历史环境中去，历史地考察其所产生的历史背景，所完成的历史任务，所采取的具体方法，所产生的历史影响，揭示其内在的继承与发展关系，为新的发展实践提供智慧与启迪。第三，构建与完善中国特色社会主义理论体系。中国特色社会主义理论体系，既是对改革开放伟大实践做出的理论概括和升华，又有力地指导了这一伟大实践的健康发展。它肩负着回答中国为什么要走这样一条社会主义道路和怎样走好这条社会主义道路的双重历史使命。我们要自觉地把中国改革开放所遇到的重大问题纳入理论思考之内，把局部地区解决实践难题的成功经验升华为理论，把理论应用到指导社会主义现代化建设的实践中去。我们也要坚信中国特色社会主义理论体系不仅能够解决伟大中国现阶段所面临的重大问题，而且必将能够为解决世界难题开辟出新道路、提供新思维。

---

① 列宁. 列宁专题文集·论无产阶级政党[M]. 北京：人民出版社，2009：70.

(二)马克思主义是伟大的理想与信仰追求

《共产党宣言》郑重宣布,"无产阶级的运动是绝大多数人的、为绝大多数人谋利益的独立的运动"①。马克思主义指明人类崇高的社会理想,就是要"实现物质财富极大丰富、人民精神境界极大提高、每个人自由而全面发展的共产主义社会。"②我们要坚持的马克思主义,是以致力于为最广大人民谋利益作为自己根本政治立场和理想追求的无产阶级学说。"马克思主义政党的一切理论和奋斗都应致力于实现最广大人民的根本利益,这是马克思主义最鲜明的政治立场。"③

1. 马克思主义是人类的伟大理想

人类崇高的理想追求是什么?是否遥不可及?马克思主义指出,共产党人要实现物质财富极大丰富、人民精神境界极大提高、每个人自由而全面发展的共产主义社会。这个崇高理想把人民放在核心地位,一切的实践皆围绕人民群众的利益开展。马克思主义揭示了无产阶级伟大而崇高的历史使命,表达了对美好未来的关注和人生价值的追求。它所具有的革命性和实践性,使共产主义理想具有了现实性的基础,在带给人们以最大物质利益的同时,也以崇高的精神鼓舞人们进入高尚的精神境界。

中国共产党始终坚持马克思主义精神支柱。中国共产党人在找到了马克思主义这个人类文明发展史上最先进的思想体系之后,就把它作为自己的理想和旗帜,作为中国人民前进发展的方向引领。在革命过程中,党靠着这种对理想的坚定信念,把中国最广大人民群众紧密团结起来,进行了波澜壮阔的革命实践。同样,也正是在马克思主义的旗帜下,在新中国成立后,党带领中国人民在遭遇重大困难的情况下众志成城,力克时艰,取得社会主义革命的胜利,建立了社会主义制度,为国家的进一步发展奠定了坚实基础。改革开放以来,中国共产党人坚定共产主义理想,高举马克思主义的旗帜,抵挡住国际风浪的袭击,开创了中国特色社会主义的道路,实现了马克思主义中国化的第二次历史性飞跃,取得了社会主义改革、发展的伟大胜利。中国

---

① 马克思,恩格斯. 马克思恩格斯选集(第1卷)[M]. 北京:人民出版社,1995:283.
② 胡锦涛. 在"三个代表"重要思想理论研讨会上的讲话[M]. 北京:人民出版社,2003:7.
③ 胡锦涛. 在"三个代表"重要思想理论研讨会上的讲话[M]. 北京:人民出版社,2003:8.

第三章　中国特色社会主义理论体系的理论主题

革命、建设、改革的胜利，是中国共产党的胜利，是社会主义在中国的胜利，是马克思主义理想在中国的胜利。没有马克思主义与共产主义的理想信念，这些胜利是绝对不可能的。正如毛泽东曾经说过："如果我们党有一百个至二百个系统地而不是零碎地、实际地而不是空洞地学会了马克思列宁主义的同志，就会大大地提高我们党的战斗力量。"①

邓小平也曾反复强调："对马克思主义的信仰，是中国革命胜利的一种精神动力"，"如果我们不是马克思主义者，没有对马克思主义的充分信仰，或者不是把马克思主义同中国自己的实际相结合，走自己的道路，中国革命就搞不成功，中国现在还会是四分五裂，没有独立，也没有统一"。②邓小平还指出："建国以后，……我们解决吃饭问题，就业问题，稳定物价和财经统一问题，国民经济很快得到恢复，在这个基础上进行了大规模经济建设。靠的是什么？靠的是马克思主义，是社会主义。"③他特别强调指出："没有这样的信念，就没有凝聚力。没有这样的信念，就没有一切。"④邓小平同志还指导我们思考分析："为什么我们过去能在非常困难的情况下奋斗出来，战胜千难万险使革命胜利呢？就是因为我们有理想，有马克思主义信念，有共产主义信念。"⑤习近平总书记鲜明指出：青年有理想，"人民有信仰，民族有希望，国家有力量。"⑥马克思主义的理想与信仰，是我们的精神依托、行动指向，能够形成强大的社会凝聚力与合力。

2. 要树立对马克思主义的坚定信仰

邓小平说："马克思主义的另一个名词就是共产主义。"⑦反转过来说，共产主义的另一个名词就是马克思主义，信仰共产主义就是信仰马克思主义。共产党人对马克思主义的信仰，是建立在辩证唯物主义和历史唯物主义的科学世界观基础上的，因而是科学的。党的十八大报告指出："对马克思主义的

---

① 毛泽东.毛泽东选集(第2卷)[M].北京：人民出版社，1991：533.
② 邓小平.邓小平文选(第3卷)[M].北京：人民出版社，1993：63.
③ 邓小平.邓小平文选(第3卷)[M].北京：人民出版社，1993：63.
④ 邓小平.邓小平文选(第3卷)[M].北京：人民出版社，1993：190.
⑤ 邓小平.邓小平文选(第3卷)[M].北京：人民出版社，1993：110.
⑥ 习近平.习近平谈治国理政(第2卷)[M].北京：外文出版社，2017：323.
⑦ 邓小平.邓小平文选(第3卷)[M].北京：人民出版社，1993：137.

信仰，对社会主义和共产主义的信念，是共产党人的政治灵魂，是共产党人经受住任何考验的精神支柱。"①

坚定对马克思主义的信仰，就要维护马克思主义作为党的指导思想的地位。党在指导思想上必须旗帜鲜明、毫不含糊地信仰和奉行马克思主义，以马克思主义作为理论基础、精神支柱、决策依据、行动指南，作为全部活动的根本准绳。坚定对马克思主义的信仰，就要坚持马克思主义指导思想的一元论，不搞多元化。维护马克思主义指导地位，反对指导思想多元化，是同一问题的两个方面。共产党不是像19世纪末第二国际机会主义说的那种持有各种信仰（包括乌七八糟的"主义"和宗教教义）的人同处一党的大杂烩式的党，共产党不允许有所谓政治信仰自由，否则就不能保持党的先进性和纯洁性。当年戈尔巴乔夫搞意识形态多元论、指导思想多元化，在苏共党内以至广大人群中引起极大混乱，这是导致苏共亡党的一个重要原因。当今中国社会实际上呈现思想文化多元、多样、多变的复杂局面，我们在提倡尊重差异、包容多样的同时，必须在指导思想上坚持一元论，以一元化的指导思想去引领多样化的社会思潮，不然就会重蹈苏共的覆辙。马克思曾说过："如果从观念上来考察，那么一定的意识形式的解体足以使整个时代覆灭。"②这句话今天听来仍然极富启迪。

坚定对马克思主义的信仰，就要树立和践行马克思主义的基本观点。一是"两个必然"的观点。资本主义必然灭亡，共产主义必然胜利。坚信人类终将走向共产主义是社会运动的总规律、世界历史的总趋势，对远大理想，绝不动摇。二是"两个决不会"的观点。无论哪一个社会形态，在它所能容纳的全部生产力发挥出来以前，是决不会灭亡的；而新的更高的生产关系，在它的物质存在条件在旧社会的胎胞里成熟以前，是决不会出现的。我们要清醒看到实现远大理想的长期性艰巨性，脚踏实地，把中国特色社会主义建设好。三是生产力的观点。充分认识生产力发展是一切社会进步的根本动力，始终扭住经济建设这个中心和改革开放不放松。四是人民主体地位的观点。以人

---

① 中共中央文献研究室.十八大以来重要文献选编（上）[M].北京：中央文献出版社，2014：39.

② 马克思，恩格斯.马克思恩格斯全集（第46卷）（下册）[M].北京：人民出版社，1980：35.

第三章　中国特色社会主义理论体系的理论主题

为本,把维护好实现好发展好人民利益作为检验一切工作的最高标准。五是共同富裕的观点。把防止两极分化逐步实现共同富裕,看作社会主义的价值追求。六是科学发展的观点。确立发展才是硬道理、科学发展更是硬道理的发展理念,把科学发展观贯彻落实到"五位一体"总体布局的各方面和全过程。七是清正廉洁的观点。深刻理解不贪不腐是共产党人处世立身的第一要义,坚决把反腐败斗争进行到底,保持党的先进性、纯洁性。只有自觉践行这些基本观点,方能成为名副其实的马克思主义者,才能切实推进中国特色社会主义的伟大事业。

坚定对马克思主义的信仰,就要坚持群众史观。历史唯物主义认为,在归根结底的意义上,不是"圣人"而是群众的要求体现了历史的趋向,不是"精英"而是群众的实践推动了社会的进步。随着当前世情、国情、党情的深刻变化,我们党面临着前所未有的风险和挑战,精神懈怠、能力不足、脱离群众、消极腐败的危险,与执政、改革开放、市场经济、外部环境的考验一起,突出地摆在全党面前。习近平总书记多次指出,必须首先明确人民是历史的创造者,遵循历史唯物主义这一观点,并把群众路线作为党的生命线和根本工作路线。他特别强调,在革命、建设、改革各个历史时期,我们党都坚持紧紧依靠人民,今天,我们全面深化改革,依然要充分发挥人民主体作用。为了人民而改革,改革才有意义;依靠人民而改革,改革才有动力。因此,要尊重人民主体地位,发挥群众首创精神,紧紧依靠人民推动改革,促进人的全面发展,促进社会公平正义、增进人民福祉。他提醒全党同志:"我们要坚持马克思主义群众观点,坚持党的群众路线,'以百姓心为心',把实现好、维护好、发展好最广大人民根本利益作为推进改革的出发点和落脚点,让发展成果更多更公平惠及全体人民。"①从习近平的论述中我们可以看出,坚定对马克思主义的坚定信仰,就是坚持马克思主义群众观点和群众路线,坚信人民群众是历史的创造者,尊重人民群众的首创精神,紧紧地依靠人民群众,从群众中来、到群众中去,从人民群众中汲取智慧、寻找办法、汇聚力量,

---

① 中共中央文献研究室.习近平关于协调推进"四个全面"战略布局论述摘编[M].北京:中央文献出版社,2015:77.

推进人民群众的自由全面发展。

坚定对马克思主义的信仰，就要将志存高远与脚踏实地相结合。胡锦涛指出："实现物质财富极大丰富、人民精神境界极大提高、每个人自由而全面发展的共产主义社会，是马克思主义最崇高的社会理想。"①共产主义作为马克思主义最崇高的社会理想，它反映了历史发展的必然趋势。同时，实现共产主义的远大理想与现阶段的奋斗目标是结合在一起的。胡锦涛指出："我们既要胸怀共产主义的崇高理想，也要坚定走中国特色社会主义道路的信念，矢志不移地为实现党在社会主义初级阶段的基本路线、基本纲领而奋斗，扎扎实实地做好当前的每一项工作。"②我们坚信马克思主义，并不是幻想它能给我们提供解决一切问题的答案，也不是在一切问题上我们可以机械地去套用马克思主义，而是从它那里我们可以获得胸怀理想的热情与解决一切现实困难的勇气、信心、力量与方法。

（三）马克思主义是与时俱进的理论

马克思主义是一种开放的发展的理论。在马克思主义创始人那里，从来没有把自己的学说看成是一种既定的东西和只需照抄照搬的教条，他们坚决反对把自己的理论不问具体情况，不分条件地到处生搬硬套的做法。胡锦涛指出："坚持一切从实际出发，理论联系实际，实事求是，在实践中检验真理和发展真理，是马克思主义最重要的理论品质。这种与时俱进的理论品质，是150多年来马克思主义始终保持蓬勃生命力的关键所在。"③

1. 马克思主义是一种开放的发展的理论

马克思主义理论是一个开放的理论体系。这种开放性表现为：一是继承，二是完善，三是开拓。这三种方式又往往交织在一起，共同促进马克思主义的发展。恩格斯在《社会主义从空想到科学的发展》一书中，开始就阐明了科学社会主义的产生，就其内容来说，有深刻的社会经济根源，是对资本主义社会内在矛盾进行深入分析所做出的科学论证。然而，就其思想渊源来说，

---

① 中共中央文献研究室. 十六大以来重要文献选编（上）[M]. 北京：中央文献出版社，2005：363.

② 中共中央文献研究室. 十六大以来重要文献选编（中）[M]. 北京：中央文献出版社，2006：622.

③ 胡锦涛. 在"三个代表"重要思想理论研讨会上的讲话[M]. 北京：人民出版社，2003：9.

第三章　中国特色社会主义理论体系的理论主题

却是"从已有的思想材料出发"继承前人思想的成果。所以，科学社会主义是对空想社会主义的批判继承和发展。傅立叶（Charles Fourier）在他的"和谐制度"的空想方案中提出两个积极的观点：第一，取消雇佣劳动；第二，把劳动和享受统一起来。这种思想是表达了要求消灭旧式分工，把劳动变成人们乐于生活的第一需要的思想。恩格斯对此极为称赞，把这一思想称为"一个确立了社会哲学的伟大原理"①。欧文（Robert Owen）主张废除私有制，消灭工农、城乡、体力劳动和脑力劳动之间的差别，实行教育与生产劳动相结合。马克思对这一思想给予高度的评价，认为这是"未来教育的幼芽"，"它不仅是提高社会生产的一种方法，而且是造就全面发展的人的唯一方法"②。不仅如此，马克思恩格斯在理论创建过程中，还批判地继承了德国古典哲学的成果。恩格斯说："如果不是先有德国哲学，特别是黑格尔哲学，那末德国科学社会主义，即过去从来没有过的唯一的科学社会主义，就决不可能创立。"③他们继承了黑格尔辩证思想这一"合理内核"，"这个划时代的历史观是新的唯物主义观点的直接的理论前提"④。至于费尔巴哈唯物主义的"基本内核"，更是促成了马克思主义唯物史观的创立。此外，马克思深刻地批判了古典政治经济学的唯心史观和形而上学的方法论，继承了他们研究成果的合理因素，加以革命的改造，创立了伟大的剩余价值学说，令人信服地证明了"资产阶级的灭亡和无产阶级的胜利是同样不可避免的"这一科学社会主义的重要原理。

马克思主义的开放性还表现在根据历史条件的变化发展，不断地修正、补充和完善自己的理论。恩格斯就曾鲜明地表示过："我们的理论不是教条，而是对包含着一连串互相衔接的阶段的发展过程的阐明"，"我们的理论是发展着的理论，而不是必须背得烂熟并机械地加以重复的教条。"⑤《共产党宣言》是无产阶级革命的宣言书，其"所阐述的一般原理整个说来直到现在还是完全正确的"⑥，闪烁着真理的光芒。但是，正如恩格斯后来在1872年德文版序言

---

① 马克思，恩格斯. 马克思恩格斯全集（第1卷）[M]. 北京：人民出版社，1956：578.
② 马克思，恩格斯. 马克思恩格斯全集（第23卷）[M]. 北京：人民出版社，1972：530.
③ 马克思，恩格斯. 马克思恩格斯全集（第18卷）[M]. 北京：人民出版社，1964：565.
④ 马克思，恩格斯. 马克思恩格斯选集（第2卷）[M]. 北京：人民出版社，1995：42.
⑤ 马克思，恩格斯. 马克思恩格斯选集（第4卷）[M]. 北京：人民出版社，1995：680-681.
⑥ 马克思，恩格斯. 马克思恩格斯选集（第1卷）[M]. 北京：人民出版社，2012：376.

中指出的,由于历史进程的变化,这些基本原理的实际运用,随时随地都要以当时的历史条件为转移。因此,《宣言》中的个别地方是需要做某些修改的。《宣言》曾对阶级斗争史提出一个著名论断:"至今一切社会的历史都是阶级斗争的历史。"①这个论断失之偏颇,在当时还没有认识到阶级的产生要与生产发展的一定阶段相联系。到了1852年,马克思在给魏德迈的信中,强调了阶级的存在与生产发展的内在联系②,这表明马克思对先前的论断有了新的认识。在摩尔根《古代社会》一书出版后,马克思恩格斯接受了摩尔根的观点,认为原始社会是没有阶级对立的。因此,恩格斯在1883年德文版序言中修正了上述论断,将它表述为:"(从原始土地公有制解体以来)全部历史都是阶级斗争的历史。"马克思恩格斯曾根据19世纪30—40年代无产阶级革命斗争的形势,满怀激情地指出:资本主义生产力的发展已经受到生产关系的阻碍,这种生产关系再也容纳不了它本身所创造的物质财富,"资产阶级用什么办法来克服这种危机呢?一方面不得不消灭大量生产力,另一方面夺取新的市场,更加彻底地利用旧的市场。这究竟是怎样的一种办法呢?这不过是资产阶级准备更全面更猛烈的危机的办法,不过是使防止危机的手段愈来愈少的办法。"③

对资本主义生产关系的发展和其解决矛盾的办法,马克思恩格斯当时认为资产阶级和无产阶级的"伟大的决战已经开始"④。他们因此产生了革命高潮即将到来的预判。然而19世纪70年代以后,资本主义出现了和平发展局面。面对新的形势,恩格斯进行了深刻的反思。1895年,他在为马克思的《1848年至1850年的法兰西阶级斗争》一文所写的序言中,对以前的观点进行了"自我批评",指出:"历史表明我们也曾经错了,我们当时所持的观点只是一个幻想。"因为"历史清楚地表明,当时欧洲大陆经济发展的状况还远没有成熟到可以铲除资本主义生产方式的程度",资本主义的基础"在1848年还具有很大的扩展能力"。所以,"这就彻底证明了,在1848要以一次简单的突然袭击来达到社会改造,是多么不可能的事情",甚至在巴黎公社革命时期,"即在本

---

① 马克思,恩格斯. 马克思恩格斯选集(第1卷)[M]. 北京:人民出版社,2012:400.
② 马克思,恩格斯. 马克思恩格斯选集(第4卷)[M]. 北京:人民出版社,1995:332.
③ 马克思,恩格斯. 马克思恩格斯选集(第1卷)[M]. 北京:人民出版社,1972:257.
④ 马克思,恩格斯. 马克思恩格斯全集(第22卷)[M]. 北京:人民出版社,1965:595-603.

第三章 中国特色社会主义理论体系的理论主题

书所考察的那个时期后已经过了二十年的时候,工人阶级的这种统治还是不可能的",认为在19世纪90年代,当无产阶级的力量已十分强大时,它仍然"没有能够以一次决定性的打击取得胜利,而不得不慢慢向前推进,在严酷顽强的斗争中夺取一个一个的阵地"①。恩格斯因此根据19世纪90年代欧洲资本主义的发展和无产阶级革命斗争的新情况,调整整个革命战略和策略,认为无产阶级的斗争不能只强调"暴力革命","议会斗争"也是可行的,甚至明确提出,普选权是工人阶级对资产阶级斗争中"最锐利的武器中的一件武器",并且指出这要根据各国的特殊历史阶段和国家环境的主客观具体情况而定,只有这样,才能"使我们既可避免不合时宜的畏缩,又可避免不合时宜的蛮勇"②。由此,我们不难看到马克思主义经典作家对自己理论的不断修正、补充、发展和完善。

2. 要推动马克思主义在实践中发展创新

既然马克思主义是开放的、发展的、与时俱进的。这就要求我们在实践中,必须从本国实际出发,时刻关注社会发展的客观要求,时刻关注人民群众的实践创造,根据新鲜经验不断推进理论创新,并以新的理论指导新的伟大实践,推动中国特色社会主义伟大事业胜利。

坚持马克思主义基本原理,一切从实际出发。一切从实际出发、实事求是,是马克思主义的精髓。早在延安时期,毛泽东就把马克思主义的精神实质归结为"实事求是",提出马克思主义基本原理一定要同中国革命实践相结合。学习和运用马克思主义哲学,把辩证唯物论真正落实到具体工作中,做一个彻底的唯物主义者,认识问题和解决问题都不能离开客观存在,主观愿望必须符合客观实际。正如毛泽东所说:"按照实际情况决定工作方针,这是一切共产党员所必须牢牢记住的最基本的工作方法。"③要做到实事求是,就必须做深入细致的调查研究,这就是我们党历来强调的"没有调查就没有发言权"。新中国成立后,毛泽东明确提出"我们除了科学以外,什么都不要相

---

① 马克思,恩格斯. 马克思恩格斯全集(第22卷)[M]. 北京:人民出版社,1965:595-603.
② 马克思,恩格斯. 马克思恩格斯全集(第22卷)[M]. 北京:人民出版社,1965:601-602.
③ 毛泽东. 毛泽东选集(第4卷)[M]. 北京:人民出版社,1991:1308.

信","要破除迷信"。① 十一届三中全会后,邓小平总结新中国成立以来的经验教训,指出:"我们坚信马克思主义,但马克思主义必须与中国实际相结合。只有结合中国实际的马克思主义,才是我们所需要的真正的马克思主义。"②他还说:"实事求是是马克思主义的精髓。要提倡这个,不要提倡本本。我们改革开放的成功,不是靠本本,而是靠实践,靠实事求是。"③"一个党,一个国家,一个民族,如果一切从本本出发,思想僵化,迷信盛行,那它就不能前进,它的生机就停止了,就要亡党亡国。"④习近平总书记指出:"坚持实事求是,就是坚持一切从实际出发来研究和解决问题,坚持理论联系实际来制定和形成指导实践发展的正确路线方针政策,坚持在实践中检验真理和发展真理。"⑤我们党是靠实事求是起家并兴旺发展起来的。坚持实事求是,就能兴党兴国;违背实事求是,就会误党误国。在谈到实事求是和调查研究时,习近平总书记特别要求领导干部要了解实际、掌握实情。他指出:"坚持实事求是,最基础的工作在于搞清楚'实事',就是了解实际、掌握实情。这就要求我们必须不断对实际情况作深入系统而不是粗枝大叶的调查研究,使思想、行动、决策符合客观实际。""我们了解实际、掌握实情,最重要的是要清醒认识和准确把握我国社会主义初级阶段的基本国情。"⑥其中,实事求是是第一要义。

坚持马克思主义要不断发展和创新马克思主义。邓小平提出:"绝不能要求马克思为解决他去世之后上百年、几百年所产生的问题提供现成答案。……不以新的思想、观点去继承、发展马克思主义,不是真正的马克思主义者。……固定的模式是没有的,也不可能有。墨守成规的观点只能导致落后,甚至失败。"⑦江泽民指出:"马克思列宁主义、毛泽东思想一定不能丢,丢了就丧失根本。……离开本国实际和时代发展来谈马克思主义,没有意义。静

---

① 毛泽东. 毛泽东文集(第6卷)[M]. 北京:人民出版社,1999:330.
② 邓小平. 邓小平文选(第3卷)[M]. 北京:人民出版社,1993:213.
③ 邓小平. 邓小平文选(第3卷)[M]. 北京:人民出版社,1993:382.
④ 邓小平. 邓小平文选(第2卷)[M]. 北京:人民出版社,1994:143.
⑤ 习近平. 坚持实事求是的思想路线[N]. 学习时报,2012-5-28.
⑥ 习近平. 坚持实事求是的思想路线[N]. 学习时报,2012-5-28.
⑦ 邓小平. 邓小平文选(第3卷)[M]. 北京:人民出版社,1993:291-292.

第三章　中国特色社会主义理论体系的理论主题

止地孤立地研究马克思主义，把马克思主义同它在现实生活中的生动发展割裂开来、对立起来，没有出路。"①《共产党宣言》发表近180年来，世界政治、经济、文化、科技等发生了巨大的变化，我国社会主义建设也发生了重大变化，广大党员干部和人民群众工作、生活条件和社会环境都发生了重大变化。这就要求我们一定要适应中国特色社会主义建设实践的发展，"自觉地把思想认识从那些不合时宜的观念、做法和体制的束缚中解放出来，从对马克思主义的错误的和教条式的理解中解放出来，从主观主义和形而上学的桎梏中解放出来"②，不断作出新的理论概括。胡锦涛指出："理论创新必须以坚持马克思主义基本原理为前提，否则就会迷失方向，就会走上歧途，而坚持马克思主义又要以根据实践的发展不断推进理论创新为条件，否则马克思主义就会丧失活力，就不能很好地坚持下去。"③习近平针对今天世界大变局、国内深度转型改革攻坚的时代背景，提出了一系列新思想、新论断、新举措，很好地发展了中国特色社会主义理论体系。习近平指出："对待马克思主义，不能采取教条主义的态度，也不能采取实用主义的态度。"④而要强化问题意识、坚持问题导向，在解答时代课题中继续发展马克思主义。

旗帜鲜明地反对"马克思主义过时论"和"马克思主义无用论"。不了解马克思主义的发展史，不认真、系统、全面地阅读和研究马克思主义经典原著，就很容易误解马克思主义，做出"马克思主义过时论"和"马克思主义无用论"的错误判断。马克思本人是反对人们将"马克思主义"四处贴标签，反对人们做随意化的解释。马克思对那些以"马克思主义"的名义随意"创新"的人说道："我只知道我自己不是马克思主义者"；他还把海涅对自己的模仿者说的话送给他们："我播下的是龙种，而收获的却是跳蚤"⑤。如果抽象地理解与运用马克思主义，就必然会对中国等经济文化落后的社会主义革命与建设作出错误的判断与评价，从而导致更严重的"过时论"或"无用论"。中国在坚持与运用

---

① 江泽民. 江泽民文选(第2卷)[M]. 北京：人民出版社，2006：12.
② 江泽民. 江泽民文选(第3卷)[M]. 北京：人民出版社，2006：538.
③ 胡锦涛. 在"三个代表"重要思想研讨会上的讲话[M]. 北京：人民出版社，2003：10-11.
④ 习近平在哲学社会科学工作座谈会上的讲话[N/OL]. 央广网，http://news.cnr.cn/native/gd/20160519/t20160519_522178374.shtml.
⑤ 马克思，恩格斯. 马克思恩格斯选集(第4卷)[M]. 北京：人民出版社，1995：695.

马克思主义的过程中，与实际结合，形成了毛泽东思想，邓小平理论、"三个代表"重要思想、科学发展观、习近平新时代中国特色社会主义思想等。

在社会主义建设时期，不论是以邓小平，还是以江泽民、胡锦涛、习近平同志为代表的中国共产党人都紧紧围绕"什么是马克思主义、怎样对待马克思主义，什么是社会主义、怎样建设社会主义，建设什么样的党、怎样建设党，实现什么样的发展、怎样发展等重大理论和实际问题"，提出了适应于时代背景的重大战略规划，完成了每个时代的主要任务，解决了不同历史时代的主要问题。单独来看，这些不同历史背景下提出的理论主题，是基于不同的突出的时代问题而提出的理论应对，彰显了不同时期的党中央的政治智慧与执政能力。同时，这四大理论主题又总是同时呈现在同一历史时空，成为中国特色社会主义建设的四大方面的必备内涵。它们相互支撑，构成整个中国特色社会主义理论的不可分割的四个方面，推动中国特色社会主义伟大事业。其中，"什么是社会主义、怎样建设社会主义"为中国特色社会主义奠定基调。"建设什么样的党、怎样建设党"为中国特色社会主义提供领导保障。"实现什么样的发展、怎样发展"为中国特色社会主义提供具体的发展理念与发展方略。"什么是马克思主义、怎样对待马克思主义"为中国特色社会主义提供总的思想指南与理论指导。前三者是马克思主义的中国化，是对马克思主义的传承与发展。马克思主义作为党的指导思想，充满生机与活力，指导着国家事业的发展与演进。

第四章 中国特色社会主义理论体系的主要任务

经济、政治、文化、社会和生态文明"五位一体"总体布局形成了中国特色社会主义现代化建设的总布局，也是中国特色社会主义理论体系整体性发展的实践要求。从物质文明建设和精神文明建设"两位一体"，到经济、政治、文化建设"三位一体"，再到政治、经济、文化、社会建设"四位一体"，党的十八大提出经济、政治、文化、社会和生态文明"五位一体"的中国特色社会主义总体布局，体现了中国共产党对社会主义建设规律认识的不断深化，反映了广大人民群众的根本利益和共同愿望。五大建设是一个相互联系的有机整体：经济建设是基础，政治建设是保证，文化建设是灵魂，社会建设是纽带，生态文明建设是条件。在新的历史起点上，推进中国特色社会主义理论体系整体性的主要任务就是必须坚持以经济建设为中心，全面推进经济建设、政治建设、文化建设、社会建设、生态文明建设，不断开拓生产发展、生活富裕、生态良好的文明发展道路。

一、经济建设

中国特色社会主义经济建设是社会主义建设的基础和前提，是中国特色社会主义理论体系整体性的主要任务之一。改革开放以来，中国共产党人努力探寻一条既符合中国国情又符合客观规律的社会主义经济建设道路，形成了中国特色社会主义经济建设理论，开拓了马克思主义的新境界。

（一）建立和完善社会主义市场经济体制

以党的十一届三中全会为标志，我国进入了改革开放的新时期。新时期的经济改革试点既在实践上为发展商品经济、激发改革动力提供了鲜活的经验，使人民逐步认识到市场机制的活力和市场经济配置资源的效率，同时也为进一步发展社会主义经济提出了新的理论问题，即如何处理市场经济和社会主义的关系问题。在这样的背景下，中国共产党人密切观察各地改革的进程，深刻分析世界经济市场和中国的经济形势，重新认识了市场经济和社会主义的关系，提出了建立和完善社会主义市场经济体制的任务。

早在改革开放之初，邓小平同志就明确提出"计划经济为主，市场调节为辅"的思想。1979年，邓小平在接见美国不列颠百科全书出版公司编委会副主席吉布尼（Frank B. Gibney）等人时，指出："说市场经济只存在于资本主义社会，只有资本主义的市场经济，这肯定是不正确的。社会主义为什么不可以搞市场经济，这个不能说是资本主义。我们是计划经济为主，也结合市场经济，但这是社会主义的市场经济。"①在计划经济为主的前提下，允许市场调节发挥补充作用，实际上是在日益僵化的计划体制下引入市场机制，可谓是对传统高度集中的计划经济理论的重大的突破。不久，这一理论被党的十一届六中全会和党的十二大所确认，从而为社会主义经济体制改革确立了与以往改革所不同的新的建设方向。在此基础上，1984年，党的十二届三中全会通过的《关于经济体制改革的决定》，提出了社会主义经济是"公有制基础上的有计划的商品经济"的理论，突破了把商品经济等同于资本主义的传统观念，提出了发展社会主义商品经济的新方针。1992年，邓小平同志在南方谈话中进一步明确："计划和市场都是经济手段""计划多一点还是市场多一点，不是社会主义与资本主义的本质区别。"②这些精辟的论断从根本上解除了将计划经济和市场经济作为社会基本制度特征的思想束缚，突破了把市场经济与社会主义对立起来的思想观念，为市场经济体制在我国的建立打开了思想的阀门。

根据邓小平同志的理论，党的十四大提出把建立社会主义市场经济体制作为我国经济体制改革的目标模式，党的十四届三中全会通过的《关于建立社会主义市场经济体制若干问题的决定》，进一步勾画了建立和发展社会主义市

---

① 邓小平. 邓小平文选（第2卷）[M]. 北京：人民出版社，1994：236.
② 邓小平. 邓小平文选（第3卷）[M]. 北京：人民出版社，1993：373.

第四章 中国特色社会主义理论体系的主要任务

场经济体制的基本框架,其基本内容是:建立现代企业制度、培育和发展市场体系、建立健全宏观经济调控体系、建立合理的个人收入分配和社会保障制度。针对一些人对中国推行市场经济是否仍然走社会主义道路的问题,江泽民同志明确地指出:"我们搞的是社会主义市场经济,'社会主义'这几个字是不能没有的,这并非多余,并非'画蛇添足',而恰恰相反,这是'画龙点睛'。所谓'点睛',就是点明我们市场经济的性质。"①这是对社会主义与市场经济的关系的新的探索和理论回答。

经过20世纪90年代的经济体制建设,到20世纪末,我国已经初步建立了社会主义市场经济体制。进入21世纪以来,胡锦涛同志根据实践的新经验,进一步提出了完善社会主义市场经济体制的思想。这一思想得到了党的十六届三中全会的确认,并作出了《中共中央关于完善社会主义市场经济体制若干问题的决定》,明确了进一步完善社会主义市场经济体制的目标和任务。2007年,党的十七大根据在新的历史条件下实现社会主义经济发展的新目标,提出了从制度上更好地发挥市场在资源配置中起基础性作用的要求,对形成科学发展的宏观调控体系起了积极的推动作用。

进入社会主义的新时代,面对我国经济已由高速增长阶段转向高质量发展阶段的新情况,以习近平同志为核心的党中央号召全党要始终围绕经济建设这个中心,建立和完善社会主义市场经济体制,为全面建成小康社会而奋斗,为马克思主义政治经济学作出了新的贡献。党的十八大报告指出:"以经济建设为中心是兴国之要,发展仍是解决我国所有问题的关键。只有推动经济持续健康发展,才能筑牢国家繁荣富强、人民幸福安康、社会和谐稳定的物质基础。"②党的十九大进一步明确必须坚定不移贯彻创新、协调、绿色、开放、共享的新发展理念,提出了经济体制改革必须以完善产权制度和要素市场化配置为重点,完善各类国有资产管理体制、促进消费的体制机制、深化投融资体制改革,改革国有资本授权经营体制,深化国有企业改革、商事制

---

① 中共中央文献研究室.江泽民论有中国特色社会主义(专题摘编)[M].北京:中央文献出版社,2002:69.
② 中共中央文献研究室.十八大以来重要文献选编(上)[M].北京:中央文献出版社,2014:15.

度改革、税收制度改革、金融体制改革,创新和完善宏观调控,完善加快建立现代财政制度,建立全面规范透明、标准科学、约束有力的预算制度,健全货币政策和宏观审慎政策双支柱调控框架,深化利率和汇率市场化改革等重大改革措施,为完善社会主义市场经济体制作出了全方位的战略部署。

(二)坚持和完善社会主义经济制度

改革开放以来,我国社会主义所有制结构发生了巨大的变化,原来单一的公有制经济逐渐被公有制为主体、多种所有制经济共同发展的所有制经济所替代。这种基本的经济制度决定了以此相联系的个人收入分配实行的是按劳分配为主体,多种分配方式并存的分配制度。在社会主义初级阶段,我国社会主义基本经济制度和分配制度,必须毫不动摇巩固和发展公有制经济,毫不动摇鼓励、支持、引导非公有制经济发展。这些认识的深化是随着我国社会主义市场经济体制不断完善和社会主义经济建设不断深入的。

长期以来,由于没有认识到非公有制经济在我国经济中的地位和作用,人们普遍认为,即使允许非公有制经济存在和发展,也只能是暂时的权宜之计。针对当时国内对非公有制经济的错误认识,继而否定按劳分配原则的"左"的思潮,邓小平多次强调社会主义国家必须坚持按劳分配的原则。1978年3月28日,邓小平在看完国务院政治研究室起草的《贯彻执行按劳分配的社会主义原则》的文章后,就"坚持按劳分配原则"问题进行了一次专门谈话,他指出:"按劳分配的性质是社会主义的,不是资本主义的""我们一定要坚持按劳分配的社会主义原则。按劳分配就是按劳动的数量和质量进行分配。"[①] 1980年1月16日,邓小平在中央召集的干部会议上,在《目前的形势和任务》的讲话中,指出:"我们提倡按劳分配,对有特别贡献的个人和单位给予精神奖励和物质奖励;也提倡一部分人和一部分地方由于多劳多得,先富裕起来,这是坚定不移的。"[②] 根据邓小平的意见,党的十二大肯定了"一定范围的劳动者个体经济是公有制经济的必要补充"[③];党的十三大把私营经济、中外合资

---

① 邓小平. 邓小平文选(第2卷)[M]. 北京:人民出版社,1994:101.
② 邓小平. 邓小平文选(第2卷)[M]. 北京:人民出版社,1994:258.
③ 中国共产党中央委员会关于建国以来党的若干历史问题的决议[M]. 北京:人民出版社,1981:55.

第四章 中国特色社会主义理论体系的主要任务

合作经济、外商独资经济同个体经济一起作为公有制经济必要的和有益的补充。

党的十三届四中全会以来，以江泽民同志为核心的党的第三代中央领导集体高举邓小平理论的伟大旗帜，根据新阶段社会主义经济建设的发展实际，进一步发展了对于社会主义初级阶段的基本经济制度和分配制度的认识。党的十四大报告明确指出："在分配制度上，以按劳分配为主体，其他分配方式为补充，兼顾效率与公平。"[①]1995年5月22日，江泽民同志在上海、长春召开的企业座谈会上指出："坚持以公有制为主体、多种经济成分共同发展，是建设有中国特色社会主义的一个重大方针。"[②]在此思想指导下，党的十四大规定，多种经济成分长期共同发展，不是权宜之计，而是一项长期的方针。党的十五大在总结改革开放以来所有制改革经验的基础上，进一步明确提出，公有制为主体，多种所有制经济共同发展，是我国社会主义初级阶段的基本经济制度，非公有制经济是我国社会主义市场经济的重要组成部分。从将非公有制经济的存在和发展作为社会主义经济发展的权宜之计，到确立"公有制为主体、多种所有制经济共同发展"[③]为我国社会主义初级阶段的基本经济制度和分配制度，表明了我们党对社会主义初级阶段经济建设规律的认识提升到了一个新的高度。

进入21世纪以来，根据世界经济科技发展新趋势和我国经济发展新阶段的要求，以胡锦涛同志为总书记的党中央提出了本世纪头二十年经济建设和改革的主要任务，提出了坚持和完善公有制为主体、多种所有制经济共同发展的基本经济制度的具体要求。2002年，党的十六大针对巩固和发展基本经济制度的需要，第一次明确提出了"两个毫不动摇"的主张，即"必须毫不动摇地巩固和发展公有制经济""必须毫不动摇地鼓励、支持和引导非公有制经济发展"[④]"坚持公有制为主体，促进非公有制经济发展，统一于社会主义现代化

---

① 江泽民. 江泽民文选(第1卷)[M]. 北京：人民出版社，2006：227.
② 中共中央文献研究室. 十四大以来重要文献选编(中册)[M]. 北京：人民出版社，1997：1370.
③ 江泽民. 江泽民文选(第2卷)[M]. 北京：人民出版社，2006：561.
④ 中共中央文献研究室. 十六大以来重要文献选编(上)[M]. 北京：中央文献出版社，2005：19.

建设的进程中,不能把这两者对立起来"①。同时,大会在深入分析改革开放以来收入分配结构的基础上,进一步提出了深化分配制度改革的任务,明确了要按照确立劳动、资本、技术和管理等生产要素按贡献参与分配的原则,完善按劳分配为主体、多种分配方式并存的分配制度。

新时代以来,以习近平同志为核心的党中央,面对我国社会主义经济建设的新形势,对全面深化经济体制改革作出了部署,再次强调"两个毫不动摇"②的主张,提出了加快完善社会主义市场经济体制和加快转变经济发展方式,同时,要求在坚持社会主义基本经济制度和分配制度的基础上,调整国民收入分配格局,加大再分配调节力度,着力解决收入分配差距较大问题,使发展成果更多更公平惠及全体人民,朝着共同富裕方向稳步前进。

(三)促进国民经济又好又快发展

改革开放以来,中国共产党人带领全国人民坚持从本国国情出发,走自己的路,推动了我国改革开放长期高速的经济增长,实现了让世界瞩目的经济奇迹。同时,面对经济结构优化、资源约束趋紧、环境污染严重等严峻形势,我们也越来越迫切地认识到,发展中国特色社会主义经济,只有既实现国民经济发展的"快",又达到发展质量、效益、环境的"好",才能推动经济持续健康发展,才能筑牢国家繁荣富强、人民幸福安康、社会和谐稳定的物质基础。

改革开放初期,邓小平同志多次从发挥社会主义制度优越性的角度提出了对经济发展速度和效益的看法。1980 年 1 月 16 日,邓小平在中央召集的干部会议上,在《目前的形势和任务》的讲话中,指出社会主义制度优于资本主义制度。这要表现在许多方面,但首先要表现在经济发展的速度和效果方面。③ 1984 年 6 月 30 日,邓小平同志在会见第二次中日民间人士会议日方委员会代表团时谈道:"社会主义的优越性归根到底要体现在它的生产力比资本主义发展得更快一些、更高一些,并且在发展生产力的基础上不断改善人民

---

① 中国共产党第十六次全国代表大会文件汇编[M]. 北京:人民出版社,2002:25.
② 习近平. 习近平谈治国理政(第 1 卷)[M]. 北京:外文出版社,2018:79.
③ 邓小平. 邓小平文选(第 2 卷)[M]. 北京:人民出版社,1994:251.

第四章 中国特色社会主义理论体系的主要任务

的物质文化生活。"①

新阶段以来，江泽民同志在深刻分析20世纪80年代以来我国经济发展形势的基础上，提出了90年代我国经济的发展速度，要在提高质量、优化结构、增进效益的基础上努力实现国民生产总值平均每年增长8%到9%的发展目标。他指出："当前，要紧紧抓住有利时机，加快发展，有条件能搞快一些的就快一些，只要是质量高、效益好，适应国内外市场需求变化的，就应当鼓励发展。""要真抓实干，大胆而又细致地工作，齐心协力办好几件大事，走出一条既有较高速度又有较好效益的国民经济发展路子。"②

2003年，党的十六届三中全会进一步提出了坚持以人为本，全面协调可持续的科学发展观。2006年12月中央经济工作会议在总结几年来落实科学发展观的实践经验时指出："又快又好发展是全面落实科学发展观的本质要求。"③在此基础上，2007年党的十七大明确提出了要促进国民经济又好又快发展的要求，并提出了提高自主创新能力，建设创新型国家；加快转变经济发展方式，推动产业结构优化升级；统筹城乡发展，推进社会主义新农村建设；加强能源资源节约和生态环境保护，增强可持续发展能力；推动区域协调发展，优化国土开发格局；完善基本经济制度，健全现代市场体系；深化财税、金融等体制改革，完善宏观调控体系；拓展对外开放广度和深度，提高开放型经济水平等八个方面的任务。

党的十八大确立了"两个一百年"的奋斗目标，提出了加快完善社会主义市场经济体制和加快转变经济发展方式的总任务，明确了全面深化经济体制改革、实施创新驱动发展战略、推进经济结构战略性调整、推动城乡发展一体化、全面提高开放型经济水平等五个方面的新要求，进一步充实了"好"与"快"的内涵。随着我国经济由高速增长阶段转向高质量发展阶段，转变发展方式、优化经济结构、转换增长动力、建设现代化经济体系成为跨越关口的迫切要求和我国发展的战略目标，党的十九大在深入分析经济发展新形势的

---

① 邓小平. 邓小平文选(第3卷)[M]. 北京：人民出版社，1993：63.
② 江泽民. 江泽民文选(第1卷)[M]. 北京：人民出版社. 2006：225.
③ 胡锦涛. 胡锦涛文选(第2卷)[M]. 北京：人民出版社，2016：545.

基础上,明确了"坚持质量第一、效益优先"①的原则,提出以供给侧结构性改革为主线,推动经济发展质量变革、效率变革、动力变革,着力加快建设实体经济、科技创新、现代金融、人力资源协同发展的产业体系,着力构建市场机制有效、微观主体有活力、宏观调控有度的经济体制的新要求。

二、政治建设

没有民主,就没有社会主义,就没有社会主义现代化。发展社会主义民主政治,建设社会主义政治文明,是全面建成小康社会的重要目标,是中国特色社会主义整体性的重要任务。在长期社会主义实践中,中国共产党人把马克思主义基本原理与中国具体实际相结合,建立了人民代表大会制度、中国共产党领导的多党合作和政治协商制度、民族区域自治制度以及基层群众自治制度,全面推进依法治国,积极稳妥推进政治体制改革,走出了一条完全不同于西方民主政治模式、能够充分体现社会主义性质、具有鲜明中国特色的政治发展道路,为实现最广泛的人民民主确立了正确方向。

(一)坚持和完善中国特色社会主义政治制度

一个国家实行什么样的政治制度、走什么样的政治发展道路,归根结底取决于这个国家最广大人民群众的意志和愿望,取决于这个国家的具体国情和历史文化。改革开放以来,中国共产党坚持从中国国情出发,坚持和完善中国特色社会主义政治制度,推进社会主义政治文明,成功坚持和发展了中国特色社会主义政治发展道路。

中共十一届三中全会以后,中国共产党人在总结历史经验的同时,明确指出现阶段社会主义民主政治的建设,从要办得到的事情做起,致力于基本制度的完善。邓小平同志深刻总结"文化大革命"的经验,多次强调:"逐步建设高度民主的社会主义政治制度,是社会主义革命的根本任务之一。建国以来没有重视这一任务,成了'文化大革命'得以发生的一个重要条件,这是一

---

① 习近平. 论把握新发展阶段、贯彻新发展理念、构建新发展格局[M]. 北京:中央文献出版社,2021:216.

第四章 中国特色社会主义理论体系的主要任务

个沉痛教训。"①因此，必须将坚持和完善社会主义政治制度，并以此作为社会主义民主政治建设的重要内容和政治体制改革的重要任务。"现阶段社会主义民主政治的建设，必须着眼于实效，着眼于调动基层和群众的积极性，要从办得到的事情做起，致力于基本制度的完善。"②

1989年9月29日，江泽民同志在庆祝中华人民共和国成立四十周年大会上的讲话中，要求中国共产党人更加突出地强调要在党的领导下，坚持和完善社会主义基本政治制度。在此思想的指导下，1989年12月30日，中共中央作出《关于坚持和完善中国共产党领导的多党合作和政治协商制度的意见》明确提出，中国共产党领导的多党合作和政治协商制度是我国一项基本政治制度。在此基础上，党的十四大进一步将坚持和完善社会主义政治制度作为政治体制改革的目标，强调"政治体制改革的目标，是以完善人民代表大会制度、中国共产党领导的多党合作和政治协商制度为主要内容，发展社会主义民主政治"③。

21世纪以来，党中央进一步提出以坚持和完善社会主义基本政治制度为重点，实现社会主义民主政治制度化、规范化、程序化。党的十七大提出，明确将基层民主制度确立为我国四大基本政治制度之一，并提出"坚持社会主义政治制度的特点和优势，推进社会主义民主政治制度化、规范化、程序化"④，发展社会主义民主政治。2008年2月27日，胡锦涛在中共七届二中全会第二次全体会议上发表讲话提出，要"以坚持和完善人民代表大会制度、中国共产党领导的多党合作和政治协商制度、民族区域自治制度以及基层群众自治制度为重点，推进社会主义民主政治制度化、规范化、程序化"⑤。此外，

---

① 中共中央文献研究室. 三中全会以来重要文献选编（下）[M]. 北京：中央文献出版社，1982：841.
② 中共中央文献研究室. 十三大以来重要文献选编（上）[M]. 北京：中央文献出版社，1991：44.
③ 中共中央文献研究室. 十四大以来重要文献选编（上）[M]. 北京：中央文献出版社，1993：11.
④ 中共中央文献研究室. 十七大以来重要文献选编（上）[M]. 北京：中央文献出版社，2009：22.
⑤ 中共中央文献研究室. 十七大以来重要文献选编（上）[M]. 北京：中央文献出版社，2009：238.

中国共产党人还相继提出人民政协职能要逐步迈向制度化、规范化、程序化，提高科学化水平等任务。

党的十八大以来，以习近平同志为核心的党中央站在实现中华民族伟大复兴的历史新高度，进一步明确了完善和发展中国特色社会主义政治制度的历史地位和重大意义，将完善和发展中国特色社会主义政治制度作为建设社会主义现代化强国的主要任务之一。2014年2月17日，习近平同志在省部级主要领导干部学习贯彻十八届三中全会精神全面深化改革专题研讨班上指出：摆在我们面前的一项重大历史任务，就是推动中国特色社会主义制度更加成熟更加定型。可以这么说，从形成更加成熟更加定型的制度看，我国社会主义实践的前半程已经走过。后半程的主要任务是完善和发展中国特色社会主义制度，为党和国家发展、人民幸福安康、社会和谐稳定、国家长治久安提供一整套更完备、更稳定、更管用的制度体系。①

(二)依法治国，建设社会主义法治国家

党的十一届三中全会以来，在强调改革开放要坚持四项基本原则的前提下，中国共产党人提出了民主制度化、法律化的问题，认真思考了"法治"与"人治"的关系。1978年12月13日，邓小平在中央工作会议闭幕式上的讲话强调："必须使民主制度化、法律化，使这种制度和法律不因领导人的改变而改变，不因领导人的看法和注意力的改变而改变。"②1986年7月10日，中共中央发出《关于全党必须坚决维护社会主义法制的通知》第一次将"法治"作为与"人治"相区别的概念，提了出来。同年9月3日，邓小平在会见日本公明党委员长竹入义胜时，还谈道："要通过改革，处理好法治和人治的关系，处理好党和政府的关系"③。

新阶段以来，以江泽民同志为主要代表的中国共产党人将依法治国确定为党领导人民治理国家的基本方略，实现了党治国理政由理念到方式的转折，"法治"开始成为中国政治发展的基本理念。1996年2月8日，江泽民在中共

---

① 习近平：完善和发展中国特色社会主义制度 推进国家治理体系和治理能力现代化[N]．人民日报，2014－02－18(01)．

② 中共中央文献研究室．三中全会以来重要文献选编(上)[M]．北京：中央文献出版社，1982：26．

③ 邓小平．邓小平文选(第3卷)[M]．北京：人民出版社，1993：177．

第四章　中国特色社会主义理论体系的主要任务

中央举办的法制讲座上发表讲话,第一次提出了依法治国的地位、内涵和作用,指出:"实行和坚持依法治国,就是使国家各项工作逐步走上法制化的轨道,实现国家政治生活、经济生活、社会生活的法制化、规范化;就是广大人民群众在党的领导下,依照宪法和法律的规定,通过各种途径和形式,管理国家事务,管理经济和文化事业,管理社会事务;就是逐步实现社会主义民主的制度化、法律化。"[①]1997年,党的十五大明确提出了"依法治国,建设社会主义法治国家"[②]的重大战略,全面阐述了依法治国的科学内涵、重大意义和战略地位。1999年3月15日,九届全国人大二次会议通过的《中华人民共和国宪法修正案》,正式把"依法治国"载入宪法,从而把中国共产党的法治建设目标转变为国家的法治建设目标。从此,中国治国理政的理念和方式正式告别了我国延续使用数千年的人治模式。

党的十六大以后,中国共产党人明确提出全面落实依法治国基本方略,加快建设社会主义法治国家的主张。2004年9月19日十六届四中全会通过的《关于加强党的执政能力建设的决定》第一次提出了"科学执政、民主执政、依法执政"的重要论断,强调依法执政是新的历史条件下党执政的一个基本方式。[③] 这是中国共产党在新的历史条件下领导方式和执政方式的重大转变,适应了实行依法治国基本方略、建设社会主义政治文明的新要求。党的十七大进一步提出,依法治国是中国政治发展的基本要求,要"全面落实依法治国基本方略,加快建设社会主义法治国家"[④]。这一论断表明,加快推进社会主义各项事业的法治化进程将成为推动中国政治发展的一项重要内容。

党的十八大前后,进一步提出了建设法治中国的新目标,强调建设法治中国,必须"坚持依法治国、依法执政、依法行政共同推进,坚持法治国家、

---

① 江泽民.江泽民文选(第1卷)[M].北京:人民出版社,2006:511.
② 江泽民.高举邓小平理论伟大旗帜,把建设有中国特色社会主义事业全面推向二十一世纪[M].北京:人民出版社,1997:33.
③ 中共中央文献研究室.十六大以来重要文献选编(中)[M].北京:中央文献出版社,2006:274.
④ 胡锦涛.高举中国特色社会主义伟大旗帜 为夺取全面建设小康社会新胜利而奋斗——在中国共产党第十七次全国代表大会上的报告[M].北京:人民出版社,2007:30.

法治政府、法治社会一体建设"①。2012年,党的十八大根据到2020年全面建成小康社会的新形势和新要求,提出了"全面推进依法治国"的重要思想,强调"法治是治国理政的基本方式"②。这是继全面推进依法行政之后,中国共产党人对新形势下依法治国作出的新部署。它意味着,社会主义法治建设进程从政府层面的依法行政到国家层面的依法治国的重大提升。在此基础上,习近平同志于2012年12月4日在纪念现行宪法公布施行30周年大会上的讲话首次提出了"坚持依法治国、依法执政、依法行政共同推进,坚持法治国家、法治政府、法治社会一体建设"③的重要思想;2013年初就做好新形势下政法工作作出重要指示,第一次提出了"法治中国"的概念;2013年2月23日在主持中共中央政治局第四次集体学习时的讲话中就坚持依法治国、依法执政、依法行政共同推进进行了丰富和发展。2013年11月12日,党的十八届三中全会通过的《中共中央关于全面深化改革若干重大问题的决定》进一步提出,建设法治中国,必须坚持依法治国、依法执政、依法行政共同推进,吹响了全面推进依法治国、依法行政、依法执政的集结号。

(三)推进政治体制改革,发展民主政治

党的十三大以社会主义初级阶段国情为依据,第一次全面阐述了我国政治体制改革的七项任务。此后,中国共产党人在历次中国共产党全国代表大会上都对政治体制改革的任务作出了明确阐释,丰富和发展了关于政治体制改革的任务的思想。

根据邓小平的改革思路,党的十三大专章探讨了政治体制改革问题,明确指出,政治体制改革的任务主要是党政职能分开、下放权力、改革政府工作机构、改革干部人事制度、建立社会协商对话制度、完善社会主义民主政

---

① 中共中央文献研究室.十八大以来重要文献选编(上)[M].北京:中央文献出版社,2014:858.

② 胡锦涛.坚定不移沿着中国特色社会主义道路前进为全面建成小康社会而奋斗——在中国共产党第十八次全国代表大会上的报告[M].北京:人民出版社,2012:27.

③ 中共中央文献研究室.十八大以来重要文献选编(上)[M].北京:中央文献出版社,2014:858.

第四章　中国特色社会主义理论体系的主要任务

治的若干制度、加强社会主义法制建设,党政分开是政治体制改革的关键①;下放权力总的原则是:凡是适宜于下面办的事情,都应由下面决定和执行②;机构改革要以转变职能为关键;当前干部人事制度改革主要是建立国家公务员制度、对各类人员实行分类管理③等。报告还从社会主义发展全局的高度强调法制的重要性,将法制放在与建设和改革同等地位,认为必须"一手抓建设和改革,一手抓法制"④。法治建设的主要内容是"加强立法工作,改善执法活动,保障司法机关依法独立行使职权,提高公民的法律意识"⑤。

1989年下半年以后,党中央将"发展民主,加强法制,实行政企分开、精简机构,完善民主监督制度,维护安定团结"⑥作为推进政治体制改革的主要任务,将坚持和完善社会主义基本政治制度放在政治体制改革的第一位。1990年3月20日,李鹏在七届全国人大三次会议上作政府工作报告,进一步明确指出坚持和完善社会主义政治制度是我国政治体制改革的主要内容。⑦此后,这一思想在党的十四大报告、党的十四大通过的宪法修正案、江泽民在纪念毛泽东同志诞辰一百周年大会上的讲话中得到进一步确认。1997年,十五大将"坚持和完善人民代表大会制度和共产党领导的多党合作、政治协商制度以及民族区域自治制度"⑧纳入社会主义初级阶段的基本纲领。同时提出:"当前和今后一段时间,政治体制改革的主要任务是:发展民主,加强法制,实行政企分开、精简机构,完善民主监督制度,维护安定团结。"⑨由此,坚持和完善社会主义基本政治制度作为政治体制改革的主要任务开始稳定下来。

---

① 中共中央文献研究室.十三大以来重要文献选编(上)[M].北京:中央文献出版社,1991:36.
② 中共中央文献研究室.十三大以来重要文献选编(上)[M].北京:中央文献出版社,1991:38.
③ 中共中央文献研究室.十三大以来重要文献选编(上)[M].北京:中央文献出版社,1991:41-42.
④ 中共中央文献研究室.十三大以来重要文献选编(上)[M].北京:中央文献出版社,1991:46.
⑤ 中共中央文献研究室.十三大以来重要文献选编(上)[M].北京:中央文献出版社,1991:46.
⑥ 中国共产党第十五次全国代表大会文件汇编[M].北京:人民出版社,1997:32.
⑦ 中共中央文献研究室.十三大以来重要文献选编(中)[M]北京:人民出版社,1991:978.
⑧ 中国共产党第十五次全国代表大会文件汇编[M].北京:人民出版社,1997:15.
⑨ 中国共产党第十五次全国代表大会文件汇编[M].北京:人民出版社,1997:32.

21世纪进入新阶段以后,推进政治体制改革的主要任务是加快推进社会主义民主政治制度化、规范化、程序化,建设社会主义法治国家,强化权力运行制约和监督体系,增加"推进协商民主广泛多层制度化发展"为政治体制改革的重要内容。党的十六大强调,积极稳妥推进政治体制改革的主要任务是:坚持和完善社会主义民主制度、加强社会主义法制建设、改革和完善党的领导方式和执政方式、深化行政管理体制改革、深化干部人事制度改革、加强对权力的制约和监督、维护社会稳定。党的十七大明确提出深化政治体制改革的主要任务是扩大社会主义民主,建设社会主义法治国家,具体而言,就是要着力扩大人民民主、发展基层民主、全面落实依法治国基本方略、壮大爱国统一战线、加快行政管理体制改革、完善制约和监督机制,以推动社会主义政治文明。

　　党的十八大明确指出,政治体制改革的主要任务是健全社会主义协商民主制度、完善基层民主制度、全面推进依法治国、深化行政体制改革、健全权力运行制约和监督体系、巩固和发展最广泛的爱国统一战线、支持和保证人民通过人民代表大会行使国家权力。同时强调要更加注重改进党的领导方式和执政方式、健全民主制度、丰富民主形式,发挥法治在国家治理和社会管理中的重要作用。十八届三中全会在全面部署深化各项改革的同时,也对深化政治领域的改革作出深刻阐述,进一步指出,当前深化政治体制改革的主要任务是加强社会主义民主政治制度建设、推进法治中国建设、强化权力运行制约和监督体系,明确了深化政治体制改革的重点是加快推进社会主义民主政治制度化、规范化、程序化,建设社会主义法治国家,还增加了"推进协商民主广泛多层制度化发展"[①]为政治体制改革的重要内容,为新形势下政治体制改革和中国政治发展指明了方向。党的十九届三中全会审议通过了《中共中央关于深化党和国家机构改革的决定》和《深化党和国家机构改革方案》,标志着政治体制改革进入了对深层次的利益格局进行调整的新阶段。这是以习近平同志为核心的党中央站在党和国家事业发展全局,适应新时代中国特

---

① 中国共产党第十八届中央委员会第三次全体会议文件汇编[M].北京:人民出版社,2013:47.

第四章　中国特色社会主义理论体系的主要任务

色社会主义发展要求作出的重大决策部署，是着眼实现全面深化改革总目标的重大制度安排，是推进国家治理体系和治理能力现代化的一场深刻变革，对于提高党的执政能力和领导水平，广泛调动各方面积极性、主动性、创造性，有效治理国家和社会，推动党和国家事业发展，都具有重大意义，也必将发挥重要作用。

三、文化建设

社会主义先进文化是马克思主义政党思想精神上的旗帜，文化建设是中国特色社会主义事业总体布局的重要组成部分，是中国特色社会主义整体性的重要任务。中国特色社会主义文化发展道路，是中国共产党在长期实践与探索过程中创立并逐渐形成的，是中国特色社会主义文化建设实践理论的概括和反映，在新的历史阶段为中国特色社会主义文化建设指明了方向。

（一）推动社会主义文化繁荣兴盛

改革开放的新时期，以邓小平同志为核心的党的第二代中央领导集体在领导开辟建设中国特色社会主义道路的过程中，针对改革开放所带来精神、思想领域的风险，创造性地阐述了关于社会主义精神文明建设的思想。邓小平同志指出："实行开放政策必然会带来一些坏的东西，影响我们的人民。"[①]"我们要在建设高度物质文明的同时，提高全民族的科学文化水平，发展高尚的丰富多彩的文化生活，建设高度的社会主义精神文明。"[②]以此来教育人民，再加上法律手段，一定能加以克服。以这些思想为指导，十二届六中全会还专门作出《关于社会主义精神文明建设指导方针的决议》，明确了精神文明建设的战略地位、根本任务和重大方针，引导全党全国人民逐步加深对精神文明建设的认识。1992年邓小平同志在南方谈话中进一步阐明了精神文明在建设有中国特色社会主义事业中的重要地位，并强调一手抓物质文明，一手抓精神文明，"两手抓，两手都要硬"，物质文明和精神文明都搞好，才是有中国特色的社会主义等思想，为新时期社会主义文化的建设指明了方向。

---

① 邓小平. 邓小平文选（第3卷）[M]北京：人民出版社，1993：156.
② 邓小平. 邓小平文选（第2卷）[M]北京：人民出版社，1994：208.

党的十三届四中全会以来，随着建设中国特色社会主义实践的发展，党对精神文明建设和文化建设规律的认识不断深化。江泽民同志在继承党的第一代中央领导集体关于社会主义文化建设的思想的基础上，对社会主义精神文明建设作出了新的部署，阐明了发展社会主义市场经济和对外开放条件下，社会主义文化的指导思想、根本任务和基本特征。党的十四届六中全会通过了《关于加强社会主义精神文明建设若干重要问题的决议》，明确将建设社会主义精神文明提升到中国共产党人和中国人民的历史使命的高度加以认识。此后，江泽民同志进一步明确提出了中国特色社会主义文化的内容。他强调，中国特色社会主义文化是综合国力的重要标志，建设中国特色社会主义文化，就是以马克思主义为指导，以培育有理想、有道德、有文化、有纪律的公民为根本任务，在面向现代化、面向世界、面向未来的，民族的、科学的、大众的社会主义文化等，为新阶段中国特色社会主义文化建设指明了方向。

进入全面建设小康社会的新阶段，以胡锦涛同志为总书记的党中央把文化建设摆在更加突出的位置，提出了社会主义文化的发展方向和基本方针，积极倡导推动社会主义文化大繁荣。胡锦涛同志强调，要牢牢把握社会主义先进文化的前进方向，在时代的高起点上推动文化内容形式、体制机制、传播手段创新，解放和发展文化生产力，这是繁荣文化的必由之路。要坚持为人民服务、为社会主义服务的方向和百花齐放、百家争鸣的方针，贴近实际、贴近生活、贴近群众，增强国家文化软实力，弘扬中华文化，努力建设社会主义文化强国。2011年10月18日召开的第十七届中央委员会第六次会议上通过了《推动社会主义文化大发展大繁荣若干重大问题的决定》，提出推动社会主义文化大发展大繁荣，明确了坚持中国特色社会主义文化发展道路的前进方向、科学主题、根本任务、发展动力、奋斗目标、基本方针等，回答了社会主义文化发展的一系列理论问题。

进入社会主义发展的新时代，针对改革开放过程中思想领域所出现的一些突出问题，诸如价值观缺失、观念没有善恶、行为没有底线等，以习近平同志为核心的党中央多次重申邓小平同志关于精神文明建设的思想，强调"风

第四章 中国特色社会主义理论体系的主要任务

气如果坏下去，经济搞成功又有什么意义？会在另一方面变质！"①在思想大活跃、观念大碰撞、文化大交融的时代，更应该站在时代前沿，引领风气之先，审时度势、因势利导、创新文化内容和文化载体，改进方式和方法，使精神文明建设始终充满生机活力。在此基础上，习近平同志提出，要建设社会主义文化强国的发展目标，必须牢牢掌握意识形态工作领导权，推动社会主义文化繁荣兴盛，特别要注重"增强文化自信，在传承中华优秀传统文化基础上发展社会主义先进文化，加快建设社会主义文化强国"②。

（二）培育和践行社会主义核心价值观

社会主义核心价值体系是兴国之魂，决定着中国特色社会主义发展方向。建设社会主义核心价值体系，是党在思想文化建设和意识形态领域上的一个重大理论创新和重大任务。它鲜明地回答了在新的历史条件下，党用什么样的精神旗帜团结带领全体人民开拓前进、中华民族以什么样的精神状态屹立于世界民族之林的重大问题。

改革开放初期，邓小平同志高度重视社会主义意识形态建设，强调要将培育"四有"新人作为社会主义文化和精神文明建设的重要方面。邓小平同志认为，改革开放能够引进国外先进科学技术发展社会主义生产力，同时实行开放政策也必然会带来一些不好的思想文化。因此，要特别重视社会主义精神文明建设，尤其是将提高全民族的思想道德素质和科学文化素质，培养有理想、有道德、有文化、有纪律的社会主义新人作为精神文明建设的重要方面。"建设社会主义的精神文明，最根本的是要使广大人民有共产主义的理想，有道德，有文化，守纪律。国际主义、爱国主义都属于精神文明的范畴。"③

进入新阶段以后，面对各种社会思潮的交流碰撞，以江泽民同志为核心的党的第三代中央领导集体，格外重视以优秀的历史文化和为中华民族精髓重要内容，对人民进行爱国主义教育。1990年5月3日，江泽民同志在首都

---

① 中共中央文献研究室. 十八大以来重要文献选编（中）[M]. 北京：中央文献出版社，2016：134.

② 中共中央文献研究室. 习近平关于社会主义文化建设论述摘编[M]. 北京：中央文献出版社，2017：18.

③ 邓小平. 邓小平文选（第3卷）[M]. 北京：人民出版社，1993：28.

青年纪念五四报告会上谈道:"在新的历史条件下继承和发扬爱国主义传统,需要广泛深入地进行爱国主义教育。这种教育要从少年儿童抓起。全国人民特别是广大青年,都要认真学习和了解祖国的历史尤其是近代以来的历史。"① 另一方面,在改革开放的创业实践中涌现出一批批伟大的创业人物为社会主义现代化事业奉献了重要的实践经验和精神力量,因此,党中央强调:"我们的社会主义现代化建设还处在艰巨的创业时期。伟大的创业实践,需要有伟大的创业精神来支持和鼓舞"②,要继续继承优良传统,弘扬民族精神,增强民族凝聚力,广泛深入地开展爱国主义、集体主义和社会主义教育。

党的十六大以来,中国共产党人始终把文化建设放在党和国家全局工作的重要战略位置,提出了社会主义核心价值体系是社会主义意识形态的本质体现,要建设社会主义核心价值体系,增强社会主义意识形态的吸引力和凝聚力。2006年10月,党的十六届六中全会通过的《中共中央关于构建社会主义和谐社会若干重大问题的决定》,第一次明确提出了"建设社会主义核心价值体系"这个重大命题和战略任务。2007年,胡锦涛同志在"6·25"重要讲话中强调,要大力建设社会主义核心价值体系,巩固全党全国人民团结奋斗的共同思想基础。社会主义核心价值体系包括四个方面的基本内容,即马克思主义指导思想、中国特色社会主义共同理想、以爱国主义为核心的民族精神和以改革创新为核心的时代精神、社会主义荣辱观。

党的十八大对社会主义核心价值体系建设提出了新部署、新要求,首次提出,要倡导富强、民主、文明、和谐,倡导自由、平等、公正、法治,倡导爱国、敬业、诚信、友善,积极培育和践行社会主义核心价值观。"三个倡导"相互联系,相互贯通。富强、民主、文明、和谐,体现了其在发展目标上的规定,是立足国家层面提出的要求;自由、平等、公正、法治,体现了其在价值导向上的规定,是立足社会层面提出的要求;爱国、敬业、诚信、友善,体现了其在道德准则上的规定,是立足公民个人层面提出的要求。三个层次实现了政治理想、社会导向、行为准则的统一,实现了国家、集体、个

---

① 江泽民.江泽民文选(第1卷)[M].北京:人民出版社,2006:123.
② 江泽民.江泽民文选(第1卷)[M].北京:人民出版社,2006:301.

第四章 中国特色社会主义理论体系的主要任务

人在价值目标上的统一，兼顾了国家、社会、个人三者的价值愿望和追求。在此基础上，党的十九大站在中华民族伟大复兴的历史新高度，提出要以培养担当民族复兴大任的时代新人为着眼点，在传播途径上要做到强化教育引导、实践养成、制度保障，在传播范围上要做到坚持全民行动、干部带头，从家庭做起，从娃娃抓起，深入挖掘中华优秀传统文化蕴含的思想观念、人文精神、道德规范。这一新规定继承了中华传统文化的优秀基因，体现了中国特色社会主义事业发展的新要求，能够发挥出广泛的感召力、强大的凝聚力和持久的引导力。

四、社会建设

带领人民创造美好生活，是我们党始终不渝的奋斗目标。改革开放以来，中国共产党人从维护最广大人民根本利益的高度，始终高度重视社会和谐稳定，推动构建社会主义和谐社会，注重以保障和改善民生为重点的社会建设，让改革发展成果更多更公平惠及全体人民，朝着实现全体人民共同富裕不断迈进。

（一）构建社会主义和谐社会

党的十一届三中全会以后，以邓小平同志为核心的党的第二代中央领导集体立足于改革开放和社会主义现代化建设的实际，深刻总结"文化大革命"的经验教训，强调社会稳定、安定团结是实现中国经济发展和四个现代化的前提。"中国的问题，压倒一切的是需要稳定。没有稳定的环境，什么都搞不成，已经取得的成果也会失掉。"①他深知社会失序带来的不仅是经济秩序的溃败，更使得人民生活困苦，经济发展无力。"我们说充分调动人们的积极性来实现四个现代化，也有个条件，就是要实现安定团结这样一种社会政治局面。"②没有一个安定团结的政治局面，就不能安下心来搞建设。过去二十多年的经验证明了这一点：安定团结、社会稳定是经济建设的重要前提。没有稳定的社会环境，一切都无从谈起。历史上，我们已经有了深刻的教训，过去

---

① 邓小平. 邓小平文选（第3卷）[M]. 北京：人民出版社，1993：284.
② 邓小平. 邓小平文选（第2卷）[M]. 北京：人民出版社，1994：233.

的"中国人民吃够了动乱的苦头。动乱一下，就耽误好多年，不是三年五年能恢复起来的，动不得、乱不得啊！"①这些重要的论断明确指出了中国建设和改革需要稳定的政治局面和社会环境。

党的十三届四中全会以后，江泽民同志根据国内外形势的发展变化，进一步明确了改革、发展、稳定的关系，强调要正确处理新形势下的人民内部矛盾，维护社会政治稳定，并加强社会治安综合治理，创造良好的社会治安环境。1994年3月11日，江泽民同志在八届全国人大二次会议上海代表团讨论会上发表重要讲话，深入浅出地分析了改革、发展、稳定的关系，他强调三者好比是我国现代化建设棋盘上的三着紧密关联的战略性棋子，每一着棋下好了，相互促进，就会全局皆活；如果一着下不好，其他两着也会陷入困境，就可能全局受挫。②此后，江泽民同志进一步分析了影响社会稳定和人民团结的多项因素，提出人民内部矛盾是新时期需要认真研究和正确解决的重要政治课题，要及时妥善地处理人民内部矛盾，防止矛盾激化而影响社会稳定。"维护稳定的社会政治环境，保持良好的社会秩序，很重要的就是继续依法打击各种犯罪活动和敌对势力的破坏活动，坚决查禁广大群众深恶痛绝的社会丑恶现象，搞好综合治理，努力消除不安定的因素。"③

随着对社会和谐认识的不断深化，党的十六大报告第一次把社会和谐列为全面建设小康社会的一个重要目标，明确了构建社会主义和谐社会在中国特色社会主义事业总体布局中的地位。2005年2月19日，胡锦涛同志在省部级主要领导干部提高构建社会主义和谐社会能力专题研讨班上发表重要讲话，强调构建社会主义和谐社会，是我们党从全面建设小康社会、开创中国特色社会主义事业新局面的全局出发提出的一项重大任务，阐明了构建社会主义和谐社会的重大意义和战略地位。2006年10月，十六届六中全会审议通过了《中共中央关于构建社会主义和谐社会若干重大问题的决定》，全面、深刻地论述了社会主义和谐社会的性质和定位，指明了构建社会主义和谐社会的指

---

① 中共中央文献研究室.邓小平思想年编（一九七五——一九九七）[M].北京：中央文献出版社，2011：244.

② 中共中央文献研究室.江泽民论有中国特色社会主义（专题摘编）[M].北京：中央文献出版社，2002：211.

③ 中共中央文献研究室.十四大以来重要文献选编（上）[M].北京：人民出版社，1996：126.

第四章　中国特色社会主义理论体系的主要任务

导思想、目标任务、工作原则和重大部署。党的十七大从社会主义建设的高度，明确了社会和谐中国特色社会主义的本质属性，并对改善以民生建设为重点的社会建设作出了全面部署。

党的十八大报告进一步指出："加强社会建设，是社会和谐稳定的重要保证。必须从维护最广大人民根本利益的高度，加快健全基本公共服务体系，加强和创新社会管理，推动社会和谐社会建设。"①同时，明确提出了推动实现更高质量的就业、千方百计增加居民收入等一系列重要政策和举措。党的十九大综合分析国际国内形势和我国发展条件，对决胜全面建成小康社会作出全面的部署，首次提出，在全面建成小康社会的基础上，分两步走在21世纪中叶建成富强民主文明和谐美丽的社会主义现代化强国的战略安排，清晰擘画了全面建成社会主义现代化强国的时间表、路线图，为实现社会更加和谐、人民生活更加殷实的小康社会，开创新时代中国特色社会主义的新境界指明了方向。

（二）以保障和改善民生为重点加强社会建设

民生既是发展的重点，也是发展的目的，一切发展与改革都是为了改善民生。改革开放初期，邓小平同志立足我国国情，结合改革开放经济社会发展的实际科学阐述了建设中国特色社会主义的一系列重大理论观点，对社会主义社会建设作出了一系列重要论断。邓小平强调，社会主义社会就是要消除贫困，提高人民的生活水平。1988年5月25日，邓小平同志在会见捷克斯洛伐克共产党中央总书记雅克什时谈道："坚持社会主义的发展方向，就要肯定社会主义的根本任务是发展生产力，逐步摆脱贫穷，使家富强起来，使人民生活得到改善。"②不仅如此，邓小平同志还提出，人民创造的财富都要归人民所有，最终都要用来改善人民生活。"创造的财富，第一归国家，第二归人民，不会产生新的资产阶级。国家拿的这一部分，也是为了人民，搞点国防，更大部分是用来发展经济，发展教育和科学，改善人民生活，提高人民文化水平。"③

---

① 中国共产党第十八次全国代表大会文件汇编[M]. 北京：人民出版社，2012：31.
② 邓小平. 邓小平文选（第3卷）[M]. 北京：人民出版社，1993：264-265.
③ 邓小平. 邓小平文选（第3卷）[M]. 北京：人民出版社，1993：123.

党的十三届四中全会以后,江泽民同志根据国内外形势的发展变化,强调在整个改革开放和现代化建设的过程中,都要努力使工人、农民、知识分子和其他群众共同享受到经济社会发展的成果。党的十五大明确指出:"提高人民生活水平,是改革开放和发展经济的根本目的。"①"我们党领导人民进行改革开放和现代化建设的根本目的,就是要通过发展社会生产力,努力满足人民群众日益增长的物质文化需要。"②改善人民的生活水平,使人民真心诚意地拥护改革开放,充满信心地投入社会主义现代化建设事业中,形成全体人民各尽其能、各得其所又和谐相处的局面,使全体人民朝着共同富裕的方向稳步前进等思想,进一步丰富和发展了党关于社会主义社会建设的理论。

        随着对社会和谐认识的不断深化,党的十六大报告明确把社会和谐列为全面建设小康社会的一个重要目标,明确了构建社会主义和谐社会在中国特色社会主义事业总体布局中的地位。2006年10月,十六届六中全会审议通过了《中共中央关于构建社会主义和谐社会若干重大问题的决定》,全面、深刻地阐明了社会主义和谐社会的性质和定位,指明了构建社会主义和谐社会的指导思想、目标任务、工作原则和重大部署。党的十七大从社会主义建设的高度,再次强调社会化和谐是社会主义的本质属性,并对改善以民生建设为重点的社会建设作出了六个方面的具体部署。

        党的十八大围绕构建中国特色社会主义社会管理体系,对改善民生和在创新管理中加强社会建设进行了总体部署,报告指出,围绕构建中国特色社会主义社会管理体系,加快形成党委领导、政府负责、社会协同、公众参与、法治保障的社会管理体制,加快形成政府主导、覆盖城乡、可持续的基本公共服务体系,加快形成政社分开、权责明确、依法自治的现代社会组织体制,加快形成源头治理、动态管理、应急处置相结合的社会管理机制。党的十九大对提高保障和改善民生水平,加强和创新社会治理做出了新的部署,强调保障和改善民生要抓住人民最关心最直接最现实的利益问题,尤其是要坚持

---

    ① 中共中央文献研究室.十五大以来重要文献选编(上)[M].北京:中央文献出版社,2000:29.
    ② 中共中央文献研究室.江泽民思想年编(一九八九——二〇〇八)[M].北京:中央文献出版社,2010:377.

精准扶贫、精准脱贫,确保到2020年我国现行标准下农村贫困人口实现脱贫,贫困县全部摘帽;要深化医药卫生体制改革,全面建立中国特色基本医疗卫生制度、医疗保障制度和优质高效的医疗卫生服务体系等,对新时代以推进保障和改善民生为重点的社会建设,决胜全面建成小康社会作出了新的战略部署。

五、生态文明建设

生态文明建设是中国特色社会主义社会事业总布局的重要组成部分。中国共产党人在总结人类生态文明理论和实践的经验教训的过程中,结合中国社会主义建设尤其改革开放以来的中国特色社会主义实践,创造性地提出了中国特色社会主义生态文明建设任务,明确了生态文明建设的地位、作用、根本方向和战略部署,体现了党对中国特色社会主义建设规律的新认识。

(一)生态文明建设关系人民福祉和民族未来

中国特色社会主义建设是在物质技术基础比较落后的条件下进行的。人口多,底子薄,人均资源少等基本情况决定了中国要进行经济建设必须扬长避短,集中优势力量,整合有效资源,既要一心一意搞建设,又要保护有限资源,进行长远规划。以邓小平同志为核心的党的第二代中央领导集体就是在这样的背景思考生态环境的建设问题的。针对工业化步伐加快对环境带来的破坏,邓小平同志多次强调生态保护是关系子孙后代的大事,生态环境建设不能一蹴而就,修复生态漏洞需要着眼长远。为此,邓小平同志提出了生态环保的宏观策略,认为整个社会主义初级阶段都要对生态保护进行长远规划。"植树造林,绿化祖国,是建设社会主义,造福子孙后代的伟大事业,要坚持二十年,坚持一百年,坚持一千年,要一代一代永远干下去。"[①]在这一思想的指导下,我国把保护生态环境作为我国的基本国策,并制定了诸多具体的政策和保护措施。如:要求各级人民政府在编制国民经济和社会发展规划时,必须把保护生态环境作为重要内容纳入计划;要求基础建设和环保部门,

---

① 中共中央文献研究室.邓小平思想年编(一九七五——一九九七)[M].北京:中央文献出版社,2011:455.

认真审查在建工程项目，坚决停止资源、能源浪费，对环境污染严重又无有效治理措施的项目；提倡义务植树，设立植树节加强林业保护等。此外，党和政府高度重视环境法制建设，还制定了森林法、草原法、环境保护法等法律法规，使生态环境治理步入规范化、科学化、制度化轨道。

随着我国改革开放和经济社会发展不断深入，生态文明建设的地位和作用日益凸显。党的十三届四中全会以来，以江泽民同志为核心的党的第三代中央领导集体高度重视和加强环境保护工作，多次重申了生态环境保护对于国家发展全局和中华民族生存发展的重大意义。1995年3月23日，江泽民在江西考察农业问题时，着重强调："我国人多耕地少，而且耕地还在逐年减少。因此，保护耕地的任务越来越紧迫。我们既要凭借现有耕地解决现有人口的吃饭问题，还要对子孙后代负责，如果耕地保护不好，中华民族的生存和发展就会发生严重危机。珍惜和保护好耕地，必须作为关系国计民生、关系国家发展全局和民族安危的大问题大政策来对待，千万不可掉以轻心，否则我们就要犯永远无法弥补的历史性错误。"[①]在此基础上，党的十四届五中全会第一次使用"可持续发展"概念，强调可持续发展就是生态良好发展的道路。

21世纪以来，我国经济持续高速发展，与之形成鲜明对比的是自然灾害频发、森林覆盖率下降、环境污染加重。以胡锦涛同志为总书记的党中央高度重视经济可持续发展问题，强调要按照中国特色社会主义事业总体布局的要求，全面推进社会主义现代化建设各个方面、各个环节实现全面协调可持续发展。2003年，党的十六届三中全会创造性地提出了科学发展观，党的十六届六中全会在此基础上进一步提出建设资源节约型、环境友好型社会的目标，党的十七大系统地阐述了科学发展观的内涵、核心、基本要求和根本方法，明确提出"生态文明"的概念，强调坚持生产发展、生活富裕、生态良好的文明发展道路，实现速度和结构质量效益相统一、经济发展与人口资源环境相协调，使人民在良好生态环境中生产生活，实现经济社会永续发展。

进入新时代，我国经济的高速发展，创造了人类社会少有的经济增长奇

---

① 中共中央文献研究室.江泽民论有中国特色社会主义(专题选编)[M].北京：中央文献出版社，2002：291.

第四章　中国特色社会主义理论体系的主要任务

迹，也面临着单纯追求增长、忽视能源资源节约、生态环境恶化、结构失衡、发展后劲不足等问题。以习近平同志为核心的党中央，站在世界经济发展的新高度，从增强人民福祉的角度出发，深刻认识生态文明建设的地位和作用，系统地论述了生态文明建设的战略地位、基本方针和具体措施。党的十八大将生态文明建设纳入中国特色社会主义"五位一体"总体布局，专章论述了生态文明的重要地位和作用，强调"建设生态文明是关系人民福祉、关系民族未来的大计。"[①]2013年4月10日，习近平同志在海南考察工作结束时发表重要讲话，进一步强调："保护生态环境就是保护生产力，改善生态环境就是发展生产力。良好生态环境是最公平的公共产品，是最普惠的民生福祉。对人的生存来说，金山银山固然重要，但绿水青山是人民幸福生活的重要内容，是金钱不能代替的。"[②]党的十九大进一步提出加快生态文明体制改革，建设美丽中国的战略目标，全面部署了推进绿色发展、着力解决突出环境问题、加大生态系统保护力度、改革生态环境监管体制等重要举措，把人类对生态文明建设的认识提升到了一个新高度，为走出一条符合中国国情的社会主义道路提出了新的建设线。

(二) 用良好的生态环境保障经济社会的协调可持续发展

社会主义生态文明是生态文明建设发展的新阶段，是中国特色社会主义建设的重要方面。坚持和发展中国特色社会主义，就是把中国特色社会主义的发展建立在生态文明的基础之上，为社会主义经济建设、政治建设、文化建设、社会建设，进而为全面建成小康社会、实现社会主义现代化强国保驾护航。

解决好人口发展与资源环境的关系问题是人类持续发展的关键。改革开放初期，随着我国人口的不断增长对资源、环境造成持续性压力，以邓小平同志为核心的党的第二代中央领导集体密切关注生态环境问题，在谋划改革开放和社会主义现代化发展战略时，多次强调，要使中国实现四个现代化，

---

① 中共中央文献研究室. 习近平关于社会主义生态文明建设论述摘编[M]. 北京：中央文献出版社，2017：7.

② 中共中央文献研究室. 习近平关于社会主义生态文明建设论述摘编[M]. 北京：中央文献出版社，2017：4.

至少要注意两个重要特点：一个是底子薄，第二条是人口多，耕地少。① 他认为，如果人口不加以控制，资源无节制地开发，就会对生态环境造成破坏，这种破坏甚至是毁灭性的。因此，要将环境保护和计划生育当作战略问题，作为现代化发展的长期国策来看待。邓小平同志关于改善生态环境，实现人口、资源、环境协调发展的论述，极大地丰富了社会主义生态文明建设理论体系。

以江泽民同志为核心的党的第三代中央领导集体继承和发展了党的第二代领导集体关于生态环境建设的思想，高度重视资源、环境与经济社会发展的可持续问题。强调控制人口、节约资源、保护环境是保护生态环境的重要举措，要用全球观念和世界眼光正确处理人与自然的关系，促进人与自然的协调和谐发展，实现经济效益和社会效益。1998年，江泽民同志在党的十四届五中全会闭幕会上详细阐明了可持续发展战略的重要内容，强调"在现代化建设中，必须把实现可持续发展作为一个重大战略。要把控制人口、节约资源、保护环境放到重要位置，使人口增长与社会生产力的发展相适应，使经济建设与资源、环境相协调，实现良性循环。"②1998年3月15日，江泽民同志在中央计划生育和环境保护工作座谈会上发表重要讲话，明确阐明了环境保护的经济效益和社会效益的问题，强调环境保护就是大局、全局。③

21世纪以来，伴随着工业化、城市化的不断推进，全球生态环境恶化，可持续发展成为各国共同的战略选择。面对生态环境、自然资源和经济社会发展的矛盾日益突出的情况，以胡锦涛同志为总书记的党中央顺应时代要求，将保护生态环境作为全面建设小康社会的目标之一。2002年，党的十六大将"可持续发展能力不断增强，生态环境得到改善，资源利用效率显著提高，促进人与自然的和谐，推动整个社会走上生产发展、生活富裕、生态良好的文

---

① 邓小平. 邓小平文选（第2卷）[M]. 北京：人民出版社，1994：163-164.
② 中共中央文献研究室. 十四大以来重要文献选编（中）[M]. 北京：人民出版社，1997：1463-1464.
③ 中共中央文献研究室. 江泽民思想年编（一九八九——二〇〇八）[M]. 北京：中央文献出版社，2010：322.

第四章　中国特色社会主义理论体系的主要任务

明发展道路"①作为走新型工业化道路的重要内容。

党的十七大首次明确提出了促进人与自然的和谐共生的生态文明建设目标，对建设生态文明提出了全面系统的要求："循环经济形成较大规模，可再生能源比重显著上升。主要污染物排放得到有效控制，生态环境质量明显改善。生态文明观念在全社会牢固树立。"②并将生态文明建设与经济建设、政治建设、文化建设、社会建设并列，作为实现全面建设小康社会奋斗目标的五项新要求，在此基础上，2012年7月23日，胡锦涛同志在省部级主要领导干部专题研讨班上明确指出，要将生态文明纳入社会主义社会建设事业总体布局中，赋予生态文明建设与其他建设同等的地位，成为后来相关思想的重要起点。

进入新时代，以习近平同志为核心的党中央着眼于全面建成小康社会和全面建设社会主义现代化强国的目标，强调要正确处理经济发展与生态环境保护的关系，要在发展中保护生态环境，用良好的生态环境保障经济社会的协调可持续发展。对此，党的十八大报告明确指出："必须树立尊重自然、顺应自然、保护自然的生态文明理念，把生态文明建设放在突出地位，融入经济建设、政治建设、文化建设、社会建设各方面和全过程，努力建设美丽中国，实现中华民族永续发展。"③党的十八届三中全会，进一步提出了要紧紧围绕建设美丽中国，深化生态文明体制改革，加快建立生态文明制度，推动形成人与自然和谐发展的中国特色社会主义事业建设新格局。这些战略构想和规划，为我们在新的历史起点上加强生态文明建设提供了根本遵循。

---

① 江泽民. 全面建设小康社会 开创中国特色社会主义事业新局面[M]. 北京：人民出版社，2002：20.
② 中国共产党第十七次全国代表大会文件汇编[M]. 北京：人民出版社，2007：20.
③ 中共中央文献研究室. 十八大以来重要文献选编（上）[M]. 北京：中央文献出版社，2014：30-31.

第五章 中国特色社会主义理论体系的战略布局

中国特色社会主义进入新时代以来,以习近平同志为核心的党中央,紧紧围绕坚持和发展中国特色社会主义这个主题,提出了全面建设社会主义现代化国家、全面深化改革开放、全面依法治国、全面从严治党"四个全面"战略布局,为实现党的第二个奋斗目标提出了任务要求,成为中国特色社会主义理论体系整体性推进的行动指南。

一、全面建设社会主义现代化国家

党的十九届五中全会明确提出,实现"两个一百年"奋斗目标,把我国建设成为社会主义现代化强国,既是近代以来中华民族演进的历史趋势和中国特色社会主义发展的内在逻辑,也是新时代中国共产党的历史使命。党的十九届五中全会明确将"四个全面"战略中的第一个全面,即"全面建成小康社会"调整为"全面建设社会主义现代化国家。"全面建设社会主义现代化国家,是全面建成小康社会目标基本实现以后,朝着社会主义现代化强国奋进的历史新征程。

(一)全面建设社会主义现代化国家的历史发展

实现国家现代化,是中国人民梦寐以求的理想目标。但在如何实现国家现代化的问题上,中国历史上出现了许多设想和方案,其中最具代表性有两种方案。一是寻求在不改变封建制度的前提下引进西方国家先进技术和制度,以技术救国的方式推动社会发展转型,实现国家现代化。这种方案以洋务运动为代表,试图通过购买西方国家先进技术,举办民族工业,推进社会发展

第五章　中国特色社会主义理论体系的战略布局

变革，走向国家现代化。另一种是要求推翻封建制度，发展资本主义，以资本主义方式推动社会转型，实现国家现代化。这种方案以维新运动和辛亥革命为代表，试图通过以变法维新、资产阶级革命等方式推翻封建制度，建立资产阶级共和国，并以此推动中国社会变革，实现国家现代化。历史已经证明，上述两种方案的探索对中国社会发展一度起了积极作用，特别是辛亥革命推翻了封建帝制，打破了几千的封建统治壁垒，为中国走向现代化创造了一定条件。但它们都没有使中国彻底摆脱半殖民地半封建社会的性质，更不可能推动中国真正走向现代化。

1921年，中国共产党的成立，使中国革命的面貌焕然一新，给中国社会的发展带来了新的希望。中国共产党坚持以马克思主义为指导，深刻认识人类社会发展规律，特别是中国社会发展变化规律，清楚地认识到，要在中国实现现代化，必须彻底推翻帝国主义、封建主义和官僚资本主义的统治，实现国家独立和人民解放。为此，中国共产党团结带领中国人民经过28年艰苦卓绝的斗争，彻底推翻了帝国主义、封建主义和官僚资本主义的统治，彻底改变了中国半殖民地半封建的社会性质，建立了中华人民共和国，实现了国家独立和民族解放，为中国实现现代化开辟了崭新的道路。

中华人民共和国建立以后，为了建立社会主义必要的物质基础，尽快实现社会发展变革，推进中国社会主义发展。中国共产党制定了"一化三改造"的过渡时期总路线，强调要推进国家工业化即社会主义工业化。1954年，毛泽东在领导起草国家宪法时明确指，建设一个伟大的社会主义国家的总目标和实现社会主义工业化、实现农业社会主义化、机械化的总任务。随后，周恩来在一届全国人大第一次会议的《政府工作报告》中首次提出"四个现代化：即现代化的工业、现代化的农业、现代化的交通运输业和现代化的国防。1964年周恩来提出要通过"两步走"战略，在20世纪内把中国建设成为"四个现代化"的社会主义国家。这就更加明确了社会主义现代化国家建设的目标任务。

改革开放以后，邓小平在总结社会主义建设历史经验的基础上，明确提出我们要实现的现代化是中国式的现代化。他说："我们定的目标是在本世纪末实现四个现代化，我们的概念与西方不同，我姑且用个新说法，叫做中国式的现代化。"①邓小平把中国式现代化与小康社会建设联系起来,认为我们建设的中国式现代化即是"小康之家"。为此,确立了小康社会的建设目标。

中国特色社会主义进入新时代,习近平总书记指出:"我们既要全面建成小康社会,实现第一个百年奋斗目标,又要乘势而上开启全面建设社会主义现代化国家新征程,向第二个奋斗目标进军。"②并明确提出到2035年要基本实现社会主义现代化,到2050年建成社会主义现代化强国的奋斗目标。

(二)全面建设社会主义现代化国家的路径要求

全面建设社会主义现代化国家是一个系统工程,也是一项十分艰巨的使命任务,必须坚持中国共产党的领导,坚持中国特色社会主义道路,坚持以人民为中心的发展方向,坚持以高质量发展路径,坚持改革开放的基本方针,坚持发扬斗争精神。只有这样才可能使全面建设社会主义现代化国家的理想目标变为现实。

坚持中国共产党的领导。中国共产党是中国特色社会议事业的领导核心,中国共产党的领导是中国特色社会主义最本质的特征、也是中国特色社会主义制度的最大优势。因此,全面建设社会主义现代化国家,只有在中国共产党的领导下,才能保证现代化国家建设发展的社会主义性质和方向,才能团结带领全国人民推动现代化国家建设顺利发展,才能夺取现代化国家建设的伟大胜利。

坚持中国特色社会主义道路。中国特色社会主义道路是中国共产党领导人民在革命、建设、改革开放和新时代取得历史性重大成就的道路,是中国人民从站起来、富起来到强起来的发展之路,是国家强盛、民族复兴之路。因此,中国特色社会主义道路必然成为全面建设社会主义现代化国家的发展之路。中国的现代化国家建设若偏离了中国特色社会主义道路的发展方向,就会偏离中国特色社会主义的目标方向,就会偏离中国共产党的领导,就会偏离以人民为中心的发展理念,一句话,就不可能真正实现中国共产党领导

---

① 中共中央文献研究室.邓小平思想年编(1975—1997)[M].北京:中央文献出版社,2004:496.

② 习近平.决胜全面建成小康社会 夺取新时代中国特色社会主义伟大胜利[M].北京:人民出版社,2017:28.

的，以实现人民根本利益要求的全面建设社会主义现代化国家目标要求。

坚持以人民为中心的发展理念。全面建设社会主义现代化国家，必须坚持以人民为中心的发展理念，以维护好、发展好、实现好人民根本利益为价值指向，以不断改善人民生活条件和生活环境，不断提高人民生活质量和水平，努力实现人民对美好生活的向往和共同富裕的目标要求。只有这样的现代化国家建设，才是真正的符合人民利益的社会主义现代化国家建设。

坚持以高质量发展为路径。全面建设社会主义现代化国家，必须建立在现代科学技术不断创新发展的基础之上，必须建立在新发展理念的引领之上，必须建立在新质生产力发展的推动之上，从而实现全面协调可持续发展的现代化建设目标。

坚持改革开放的方针。全面建设社会主义现代化国家是破和立的统一，需要通过改革打破旧体制的障碍，消除旧观念的束缚，同时也需要改革建构新的科学合理的体制机制，实现经济结构、产业结构、社会组织结构的创新发展。建设现代化国家需要通过开放加强对外交流与合作，吸收国外先进科学技术和管理经验，扩大贸易市场，更好地融入世界经济发展快车道，创造经济社会快速发展的条件，推进国家现代化建设发展进程。

坚持发扬斗争精神。全面建设社会主义现代化国家是一项十分艰巨而伟大的使命任务，不可能轻轻松松敲锣打鼓就能实现，必须发扬艰苦奋斗精神，面对各种困难和问题，要敢于面对、勇于担当、敢于创新、不惧困难，以顽强的斗争精神去应对，并有必胜的勇气和信心，去战胜各种困难和问题，使现代化国家建设的理想尽快变成可触可及的社会现实。

二、全面深化改革

改革开放是中国共产党在新的历史条件下领导人民进行的新的伟大革命，"是当代中国发展进步的活力之源，是我们党和人民大踏步赶上时代前进步伐的重要法宝，是坚持和发展中国特色社会主义的必由之路"[①]。

---

① 习近平.论坚持全面深化改革[M].北京：中央文献出版社，2018：468.

(一)全面深化改革的历史进程

党的十八大以来,为实现"两个一百年"奋斗目标、实现中华民族伟大复兴的中国梦,以习近平同志为核心的党中央把"全面深化改革"纳入"四个全面"战略布局进行统一筹划部署,标志着我国的改革进程进入了新的历史发展阶段。实践证明,改革开放的历史进程与中国特色社会主义建设征程是密不可分的,已经成为我国最鲜明的时代特征。回顾四十年改革开放历史进程,从拉开改革大幕到全面深化改革,我们党对改革开放的认识在不断深化,我国改革开放的实践也在不断深化。

1. 以农村为重点的改革探索阶段(1978—1984年)

在党的十一届三中全会召开前,邓小平就已经从我国社会主义实践中深刻认识到改革的重要性。1978年9月,他在"北方谈话"中就多次提到改革问题。在中国总工会第九次全国代表大会致辞中指出:"实现四个现代化是一场深刻的伟大的革命。"①在当年中央经济工作会议上,邓小平进一步指出:"如果现在再不实行改革,我们的现代化事业和社会主义事业就会被葬送。"②随后,党的十一届三中全会作出了实行改革开放的伟大决策,开启了我国社会主义现代化建设和改革开放的历史新时期。我国的改革首先在农村开始实施家庭联产承包责任制并取得了显著成果,在城市从扩大企业自主权实行企业承包制入手,进行了综合和专项改革试点,取得了初步成效,积累了有益经验。其中最重要的成果是完成了指导思想上的三个转变:即从以阶级斗争为纲转变到以经济建设为中心,从封闭转变到扩大开放,从固守成规转变到大胆改革。实施这三个具有全局意义的战略转变,标志着中国进入了以改革、开放、发展和思想解放为鲜明特色的历史新时期。

2. 以城市为中心的改革展开阶段(1984—1988年)

1984年10月,中共十二届三中全会通过了《中共中央关于经济体制改革的决定》(本段简称《决定》),对以城市为重点的整个经济体制改革进行了部署。《决定》第一次明确地指出,中国的社会主义经济不是计划经济,而是以

---

① 邓小平. 邓小平文选(第2卷)[M]. 北京:人民出版社:1994:152.
② 邓小平. 邓小平文选(第2卷)[M]. 北京:人民出版社:1994:150.

第五章　中国特色社会主义理论体系的战略布局

公有制为基础的有计划的商品经济,从而为经济体制改革提供了新的理论指导,"这次会议标志着改革开始由农村走向城市和整个经济领域,由此中国的经济体制改革进入了第二阶段,即改革的展开阶段。"随着经济体制改革的不断深入,邓小平进一步提出全面改革的思想:"改革是全面的改革,包括经济体制改革、政治体制改革和相应的其他各个领域的改革。"[①]据此,1987年10月,党的十三大把"必须坚持全面改革"[②]确立为具有长远意义的指导方针,在部署经济体制改革的同时,把政治体制改革提上了议事日程。总的来看,这一时期改革的重点从农村转移到城市,从经济领域扩展到政治领域、科技、教育及其他社会生活领域。改革的深度和广度都较前一时期有了显著进展。

3. 以持续稳定协调发展为目标的治理整顿阶段(1988—1992年)

针对面临的通货膨胀明显加剧,总量不平衡,结构不合理,经济秩序混乱等经济困难,1988年9月党的十三届三中全会通过了《关于进一步治理整顿和深化改革的决定》,提出治理经济环境、整顿经济秩序、全面深化改革的指导方向和政策、措施,标志我国的改革开放和经济社会发展进入"治理整顿"阶段。这个阶段既对前十年积累下来的体制问题进行了治理和部分改革,也对经济发展过快而出现的结构失衡问题做了调整,党的十三届四中全会后,以江泽民同志为核心的第三代中央领导集体高举改革的旗帜,坚持把改革作为社会主义实现自我完善和发展的根本途径和动力,在党的十三届五中全会上通过了《关于进一步治理整顿和深化改革的决定》,一方面继续整顿经济秩序和调整结构,并启动市场,争取经济适度发展为侧重点。另一方面把调整产业结构、提高经济效益作为治理整顿、深化改革的重点来推进。经过3年的努力,到1991年底,通货膨胀得到控制,流通领域混乱现象得到整顿,经济秩序实现好转,为1992年以后的改革和发展稳住了阵脚、准备了条件。

4. 以建立市场经济体制为核心内容的综合改革阶段(1992—2003年)

1992年初,邓小平视察南方谈话深化了对改革开放和建设中国特色社会主义的认识,回答了困扰和束缚人们思想的许多重要思想理论问题,为新一

---

① 邓小平,邓小平文选(第3卷)[M].北京:人民出版社;1993;237.
② 中国共产党第十三次全国代表大会文件汇编[M].北京:人民出版社,1987;13.

轮的改革浪潮作了理论准备和思想动员。同年10月,在党的十四大上,把建立社会主义市场经济体制确立为我国经济体制改革的目标模式,表明了新时期最鲜明特点是改革开放,标志着中国改革进入新的改革时期。1993年11月,党的十四届三中全会通过了《关于建立社会主义市场经济体制的若干重大问题的决定》,决定指出"建立社会主义市场经济体制是一项前无古人的开创性事业,需要解决许多极其复杂的问题"①。把是否有利于发展社会主义社会的生产力,是否有利于增强社会主义国家的综合国力,是否有利于提高人民的生活水平,确立为决定改革措施和检验其得失的根本标准。第一次勾画出社会主义市场经济体制的基本框架。1997年9月,党的十五大重申"全面改革"和"深化改革"。此后,党的十五届三中、五中全会又分别对深化农村改革和国有企业改革作出部署。2002年11月,党的十六大对照全面建设小康社会目标要求,明确提出经济体制改革、政治体制改革和文化体制改革的任务。党的十六大以后,以胡锦涛同志为总书记的党中央把改革开放作为我们党在新的时代条件下带领人民进行的一次新的伟大革命,作为发展中国特色社会主义、实现中华民族伟大复兴的必由之路,坚定不移地推进改革。

5. 以完善社会主义市场经济体制为核心内容的制度创新阶段(2003—2012年)

2003年10月,党的十六届三中全会审议通过《关于完善社会主义市场经济体制若干重大问题的决定》,进一步系统部署了深化经济体制改革,标志着中国的改革开放进入了一个新的发展阶段。这个阶段以制度创新为突出特点,重点是提出了科学发展观,确立了改革开放的基本遵循。2004年3月十届全国人大二次会议通过了《宪法》修正案,把保护私有财产和保障人权写入了宪法。2007年10月,党的十七大回顾了改革开放取得的历史性成就,总结了历史经验,进一步提出经济体制改革、政治体制改革、文化体制改革和社会体制改革的任务。党的十七届二中全会提出了《关于深化行政管理体制改革的意见》,开启了新一轮行政管理体制改革,十七届三中全会作出《关于推进农村改革发展若干重大问题的决定》,再次就深化农村改革进行全面部署。由此可见,这一阶段的改革坚持以完善社会主义市场经济体制为中心,相应改革政

---

① 中共中央关于建立社会主义市场经济体制若干问题的决定[M]. 北京:人民出版社,1993:3.

第五章　中国特色社会主义理论体系的战略布局

治体制和法律体制阶段。

6. 以完善和发展中国特色社会主义制度，推进国家治理体系和治理能力现代化为总体目标的全面深化阶段（2012年至今）

2012年11月，党的十八大明确提出"全面深化改革开放"的战略任务，并把"全面深化改革"纳入"四个全面"战略布局进行统筹部署。会议强调"必须以更大的政治勇气和智慧，不失时机深化重要领域改革，坚决破除一切妨碍科学发展的思想观念和体制机制弊端，构建系统完备、科学规范、运行有效的制度体系，使各方面制度更加成熟更加定型"[①]。2013年11月，党的十八届三中全会通过了《中共中央关于全面深化改革若干重大问题的决定》，阐明了全面深化改革的重大意义和未来走向，提出了全面深化改革的指导思想、目标任务、重大原则，描绘了全面深化改革的新蓝图、新愿景、新目标。2017年10月，党的十九大围绕党和国家事业发展新要求，对全面深化改革提出了新任务，部署了一大批力度更大、要求更高、举措更实的改革任务。早在2017年8月29日，习近平总书记就在中央全面深化改革领导小组第三十八次会议上发出了"站在更高起点谋划和推进改革"[②]的新的动员令。党的十八大以来，以习近平同志为核心的党中央更高举起改革大旗，亲自担任中央全面深化改革领导小组组长，既挂帅又出征，对改革整体布局、重大问题、关键环节作出一系列重要指示，亲自筹划、强力推动。仅党的十八届中央先后召开38次中央深化改革领导小组会议，审议通过365个重要改革文件，确定357个重点改革任务，出台1 500多项改革举措，有力推动我国全面深化改革向纵深发展，标志着我国的全面深化改革进入了新的发展阶段。

（二）全面深化改革的目标任务

党的十八届三中全会提出全面深化改革的总目标，并在总目标统领下明确了经济体制、政治体制、文化体制、社会体制、生态文明体制和党的建设制度深化改革的分目标。这是改革进程本身向前拓展提出的客观要求，体现了我们党对改革认识的深化和系统化。

---

① 胡锦涛. 坚定不移沿着中国特色社会主义道路前进 为全面建成小康社会而奋斗——在中国共产党第十八次全国代表大会上的报告. 北京：人民出版社，2012：18.
② 习近平. 习近平谈治国理政（第2卷）[M]. 北京：外文出版社，2017：107.

全面深化改革的总目标是完善和发展中国特色社会主义制度，推进国家治理体系和治理能力现代化。必须更加注重改革的系统性、整体性、协同性，加快发展社会主义市场经济、民主政治、先进文化、和谐社会、生态文明，让一切劳动、知识、技术、管理、资本的活力竞相迸发，让一切创造社会财富的源泉充分涌流，让发展成果更多更公平惠及全体人民。

要紧紧围绕使市场在资源配置中起决定性作用深化经济体制改革，坚持和完善基本经济制度，加快完善现代市场体系、宏观调控体系、开放型经济体系，加快转变经济发展方式，加快建设创新型国家，推动经济更有效率、更加公平、更可持续发展。紧紧围绕坚持党的领导、人民当家作主、依法治国有机统一深化政治体制改革，加快推进社会主义民主政治制度化、规范化、程序化，建设社会主义法治国家，发展更加广泛、更加充分、更加健全的人民民主。紧紧围绕建设社会主义核心价值体系、社会主义文化强国深化文化体制改革，加快完善文化管理体制和文化生产经营机制，建立健全现代公共文化服务体系、现代文化市场体系，推动社会主义文化大发展大繁荣。紧紧围绕更好保障和改善民生、促进社会公平正义深化社会体制改革，改革收入分配制度，促进共同富裕，推进社会领域制度创新，推进基本公共服务均等化，加快形成科学有效的社会治理体制，确保社会既充满活力又和谐有序。紧紧围绕建设美丽中国深化生态文明体制改革，加快建立生态文明制度，健全国土空间开发、资源节约利用、生态环境保护的体制机制，推动形成人与自然和谐发展现代化建设新格局。紧紧围绕提高科学执政、民主执政、依法执政水平深化党的建设制度改革，加强民主集中制建设，完善党的领导体制和执政方式，保持党的先进性和纯洁性，为改革开放和社会主义现代化建设提供坚强政治保证。

全面深化改革主要表现在以下三个方面：第一，完善政治体制，破除体制内弊端，是全面深化改革的基本点。因此，政治体制的与时俱进和对体制内不健康、不合理现象的清除显得尤为重要，是国家民族、社会进步的基石。如果说党的十八大首次提出并系统论述了健全社会主义协商民主制度是对政治体制的完善，那么狠抓贪腐，"中央八项规定"和"六条禁令"的推行则是对体制内弊端的革除。第二，革新经济体制，完善经济体系，是全面深化改革

第五章　中国特色社会主义理论体系的战略布局

的关键项。中国经济增速放缓，全球经济竞争加剧，对我们的经济发展提出了严峻的挑战，经济体制机制的改革之路刻不容缓。党的十八届三中全会提出经济体制改革的核心是"紧紧围绕使市场在资源配置中起决定性作用"①，也就是处理好政府和市场的关系。只有经济体制改革成功了，市场好了，经济发展了，才能为其他的改革打好基础，铺平道路。第三，加强民生建设，知民情顺民意，是全面深化改革的总目标。所有改革的最终目的都是满足广大人民的根本需求，维护百姓的根本利益。人居环境、教育住房、养老保障、医疗卫生、食品安全是当前和百姓生活联系最紧密，广大人民群众关注度最高的民生工程。

(三) 如何推进全面深化改革

党的十一届三中全会以来，我们党以巨大的政治勇气，团结带领各族人民锐意改革、扩大开放，经济社会发展取得了举世瞩目的伟大成就，一条基本经验就是，通过改革开放不断破解束缚社会生产力发展的重大问题，推动中国经济快速发展，实现了综合国力大幅跃升，走出了一条适应基本国情、顺应人民意愿、符合时代潮流的中国道路。

1. 突出问题导向，以强烈的问题意识推进全面深化改革

当前，要全面深化改革，就要按照习近平总书记的要求："要有强烈的问题意识，以重大问题为导向，抓住关键问题进一步研究思考，着力推动解决我国发展面临的一系列突出矛盾和问题。"②要敢于直面问题。敢不敢于正视问题是态度问题，需要我们时刻保持头脑清醒，对存在的问题不掩盖、不回避、不推脱。敢于正视问题，还必须善于发现问题，这是一个能力问题。发现问题，要求我们有一双洞察问题的眼睛，拓宽视野看世界、看中国，看历史、看未来，从而找到工作中存在的问题，掌握解决问题的能力。我们改革开放的历程，就是在不断解决问题的过程中推动社会主义中国步步向前发展的伟大实践。

要科学分析问题。全面深化改革本质上是一个不断解决问题的过程。随

---

① 中共中央关于全面深化改革若干重大问题的决定[M].北京：人民出版社：3.
② 习近平.习近平著作选读(第1卷)[M].北京：人民出版社，2023：161.

着改革开放的不断推进和社会主义市场经济的深入发展,我们还将遇到更多的问题和风险。要克服前进道路上的困难、战胜各种风险挑战,需要准确把握问题的实质。

要善于解决问题。问题是事物矛盾的表现形式,也是破解矛盾的着力点。强调增强问题意识、坚持问题导向,就是要把认识和化解矛盾作为打开工作局面的突破口。问题是工作的导向,也是改革的突破口。

2. 加强顶层设计,用科学的思维方法推进全面深化改革

当前我国改革的一个显著特点是:面临的矛盾错综复杂,许多问题牵一发而动全身,必须从大局出发,更加注重改革的系统性、整体性、协同性。这就要求加强顶层设计,全面推进改革。要更加注重各项改革的相互促进、良性互动,整体推进,重点突破,形成推进改革开放的强大合力。

坚持战略思维,抓住事关全局的重要问题全面深化改革。全面深化改革要坚持胸怀大局、把握大势、着眼大事,注重抓事关全局、事关长远发展、事关人民福祉的紧要问题,进而明确有效破解问题的主攻方向。

坚持辩证思维,通过处理好若干重大关系来全面深化改革。改革开放是前无古人的崭新事业,必须坚持正确的方法论。要学习掌握唯物辩证法的根本方法,不断增强辩证思维能力,提高驾驭复杂局面、处理复杂问题的本领。改革绝非一蹴而就,需要一个循序渐进的过程。我们的事业越是向纵深发展,就越要不断增强辩证思维能力。

坚持系统思维,加强顶层设计和整体谋划全面深化改革。全面深化改革是一项复杂的系统工程,需要加强顶层设计和整体谋划,加强各项改革的关联性、系统性、可行性研究。因此,要更加注重各项改革的相互促进、良性互动,整体推进,重点突破,形成推进改革开放的强大合力。

坚持底线思维,在坚守底线的基础上全面深化改革。坚持底线思维,是对事物发展变化的整体性把握,要求我们主动认识规律,自觉顺应规律,系统解决各种问题。

坚持创新思维,在不断创新中全面深化改革。创新是一个民族进步的灵魂,是一个国家兴旺发达的不竭动力。实践证明,改革开放和现代化建设离不开创新,只有在实践的过程中坚持创新精神,不断推进理论创新、制度创

第五章　中国特色社会主义理论体系的战略布局

新、科技创新,才能不断推进我国的科技进步、经济发展,激发社会活力,提高人民生活水平。

3. 坚持道路自信,保持推进全面深化改革的战略定力

所谓战略定力,是在把握大势前提下为实现战略意图和战略目标而应具备的宽阔视野、战略睿智和坚定沉着的行动能力,是基于全局性、根本性和长久性的稳定优势和实力。在经济新常态下,唯有保持战略定力,全面深化改革,增强发展自信,我们才能做到不为任何风险所惧,不被任何干扰所惑;才能在"乱花渐欲迷人眼"时保持沉着冷静,在"千磨万击"和"东西南北风"中"咬定青山不放松",向着实现第二个一百年奋斗目标和中华民族伟大复兴的中国梦协力奋进。

三、全面依法治国

从人治走向法治是人类发展的共同规律,依法治国是最符合科学规律的国家治理方式。依法治国事关党执政兴国、事关人民幸福安康、事关党和国家长治久安。党的十八届四中全会提出的全面推进依法治国的重大战略任务,是全面建成小康社会的引领和规范。

(一)全面依法治国的历史发展

中国是一个具有五千年文明史的古国,中华法系在世界上独树一帜,古老的中国为人类法治文明作出了重要贡献。1840年鸦片战争后,为改变国家和民族的苦难命运,一些仁人志士试图将近代西方国家的法治模式移植到中国,以实现变法图强的梦想。但由于各种历史原因,他们的努力最终失败。在中国共产党的领导下,中国人民历经革命、建设、改革和发展,逐步走上了建设社会主义法治国家的道路。

建党之初,中国共产党就重视以法治精神号召和鼓舞人民。1922年,党的二大宣言提出建立"真正民主共和国""制定关于工人和农人以及妇女的法律"[①],之后制定了《劳动法案大纲》。党在土地革命时期,先后颁布了《井冈山

---

① 中共中央文献研究室,中央档案馆.建党以来重要文献选编(一九二一——一九四九)(第1册)[M].北京:中央文献出版社,2011:133.

土地法》、中华苏维埃共和国《土地法》《婚姻条例》《宪法大纲》等,运用法律手段巩固了根据地革命政权。在陕甘宁边区执政时期,党制定了具有根本法性质的《陕甘宁边区施政纲领》以及《继承处理暂行办法》《惩治贪污暂行条例》《军民诉讼暂行条例》和《中国土地法大纲》等法律法规,建立了比较完整的司法体系。特别是将"共产党员有犯法者从重治罪"写入《陕甘宁边区施政纲领》,使党领导的抗日根据地被誉为"真正保障人民民主、厉行法制的先进地区"。解放战争时期又制定了《中国土地法大纲》,集中解决了民主革命最重要的土地问题,满足了群众最大的利益,激发了贫苦农民群众的革命积极性。这些探索为新中国的法治建设奠定了重要基础,也为以后的依法治国提供了有益启示。

从1949年到20世纪50年代中期,是中国社会主义法治的初创时期。毛泽东认为:"一个团体要有一个章程,一个国家也要有一个章程,宪法就是一个总章程,是根本大法。"①这一时期中国制定了具有临时宪法性质的《中国人民政治协商会议共同纲领》和其他一系列法律、法令,对巩固新生的共和国政权,维护社会秩序和恢复国民经济起到了重要作用。1954年第一届全国人民代表大会第一次会议制定的《中华人民共和国宪法》,以及随后制定的有关法律,规定了国家的政治制度、经济制度和公民的权利与自由,规范了国家机关的组织和职权,确立了国家法制的基本原则,初步奠定了中国法治建设的基础。

20世纪70年代末,中国共产党总结历史经验,特别是汲取"文化大革命"中的惨痛教训,作出把国家工作中心转移到社会主义现代化建设上来的重大决策,实行改革开放政策,并明确了一定要靠法制治理国家的原则。确立了"为了保障人民民主,必须加强法制"②的思想,提出了有法可依、有法必依、执法必严、违法必究的基本原则,坚持"公民在法律和制度面前人人平等,党员在党章和党纪面前人人平等"③。现行宪法以及《刑法》《刑事诉讼法》《民事诉讼法》《民法通则》《行政诉讼法》等一批基本法律出台,使中国的法治建设进入

---

① 毛泽东. 毛泽东著作选读(下册)[M]. 北京:人民出版社,1986:710-711.
② 邓小平. 邓小平文选(第2卷)[M]. 北京:人民出版社,1994:146.
③ 邓小平. 邓小平文选(第2卷)[M]. 北京:人民出版社,1994:332.

了全新发展阶段。

1996年2月，江泽民在中央举办的法制讲座上首次提出"依法治国"这一概念，1997年党的十五大，将"依法治国"确立为治国基本方略，第一次提出建设社会主义法治国家。1999年3月，九届全国人大二次会议把"依法治国，建设社会主义法治国家"正式载入宪法。2002年党的十六大提出，发展社会主义民主政治，最根本的是要把坚持党的领导、人民当家作主和依法治国有机统一起来。2002年12月4日，在中央政治局第十二次集体学习时，胡锦涛提出全党同志尤其是各级领导干部要切实增强法制观念，自觉带头学法守法，努力在全党、全社会营造出依法治国、依法执政、依法办事的浓厚氛围。① 2005年底，胡锦涛在中央政法委一份报告中，第一次将"现代法治理念"的提法改为"社会主义法治理念"。2007年党的十七大，明确提出全面落实依法治国基本方略，加快建设社会主义法治国家，并对加强社会主义法治建设作出了全面部署。2012年党的十八大提出，法治是治国理政的基本方式，要更加注重发挥法治在国家治理和社会管理中的重要作用。习近平着眼推进政治体制改革，强调加快建设社会主义法治国家。党的十八届三中全会进一步提出，建设法治中国，必须坚持依法治国、依法执政、依法行政共同推进，坚持法治国家、法治政府、法治社会一体建设。2014年，党的十八届四中全会又专题研究依法治国问题并通过了《中共中央关于全面推进依法治国若干重大问题的决定》，对全面推进依法治国进行了系统部署。习近平在此次会议上关于中央政治局工作的报告中指出："依法治国是坚持和发展中国特色社会主义的本质要求和重要保障，是实现国家治理体系和治理能力现代化的必然要求。"②此后在党的十九大报告中进一步提出："建设中国特色社会主义法治体系、建设社会主义法治国家"，强调"全面依法治国是国家治理的一场深刻革命，必须坚持厉行法治，推进科学立法、严格执法、公正司法、全民守法。"③开启了新时代全面依法治国、加快建设社会主义法治国家的新征程。

---

① 胡锦涛.在中央政治局第12次集体学习时的讲话[N].人民日报，2004-04-28(1).
② 中央文献研究室.习近平关于全面依法治国论述摘编[M].北京：中央文献出版社，2015：4.
③ 习近平.决胜全面建成小康社会 夺取新时代中国特色社会主义伟大胜利——在中国共产党第十九次全国代表大会上的报告[M].北京：人民出版社，2017：38.

(二)全面依法治国的丰富内涵

党的十八届四中通过的《中共中央关于全面推进依法治国若干重大问题的决定》(以下简称《决定》)对全面推进依法治国作了顶层设计,党的十九大明确指出全面依法治国是中国特色社会主义的本质要求和重要保障,阐明了全面依法治国的丰富内涵。

1. 全面依法治国的目标是全面的

党的十八届四中全会提出全面推进依法治国的总目标是:建设中国特色社会主义法治体系,建设社会主义法治国家。并对这个总目标的内涵进行了系统阐述,这就是在中国共产党的领导下,坚持中国特色社会主义制度,贯彻中国特色社会主义法治理论,形成完备的法律规范体系、高效的法治实施体系、严密的法治监督体系、有力的法治保障体系,形成完善的党内法规体系,坚持依法治国、依法执政、依法行政共同推进,坚持法治国家、法治政府、法治社会一体建设,实现科学立法、严格执法、公正司法、全民守法,促进国家治理体系和治理能力现代化。经过多年努力,中国特色社会主义法律体系已经形成,但是现实中有法不依、执法不严、违法不究的现象还比较严重,知法犯法、以权压法、以言代法、徇私枉法、差异性执法、选择性执法等现象依然存在。所以,全面依法治国不但要使中国特色社会主义法律体系与时俱进、继续完备,而且要在"中国特色社会主义法治体系"的统领下,全面推进五大体系建设,使依法治国的总目标让全国人民"看得见""能感受""可操作""易评价",使法律得到人人尊重、严格执行、自觉遵守、广泛运用,真正成为规范社会生活各个领域的权威,有效实现依法治国。

2. 全面依法治国的参与者是全面的

全面依法治国的关键,是执政党依法执政。《决定》不仅要求党依据宪法法律领导立法、保证执法、支持司法、带头守法,还要求党依据党内法规管党治党。习近平总书记指出:"一方面,要坚持党总揽全局、协调各方的领导核心作用,统筹依法治国各领域工作,确保党的主张贯彻到依法治国全过程和各方面。另一方面,要改善党对依法治国的领导,不断提高党领导依法治国的能力和水平。"①《决定》对人大、政府、政协、审判机关和检察机关在全面依法治国中的作用和地位都明确提出了要求,指出任何组织和个人都不得有超越宪法法律的特权,都必须依照宪法法律行使权力或权利、履行职责或义务。《决定》又强调人民是依法治国的主体和力量源泉,必须坚持人民主体地位。这里的人民主体地位是指人民在依法治国中处于主要地位,起主要作用。人民以法治的方式治理国家,人民通过法治的方式实现当家作主,人民也在法治中自我约束、遵法守制。全面推进依法治国必须保证人民依法享有广泛的权利和自由、承担应尽的义务,坚持法治建设为了人民、造福人民、依靠人民、保护人民,以保障人民根本权益为出发点和落脚点,维护社会公平正义。全面依法治国参与者的全面性意味着把一切社会主体的行动都纳入法治的轨道。

3. 全面依法治国的领域是全面的

全面依法治国不仅涵盖了政治、经济、文化、社会和生态文明建设领域,还涵盖了处理涉外经济社会事务以及意识形态领域、国防和军队建设、管党治党、虚拟世界管理、保障"一国两制"和推进祖国和平统一等,各个方面都应该由法律调整,都要实现法治化,没有任何领域可以置身于法治之外。全面依法治国就是要在经济领域,实现政府依法管理经济,让从事经济活动的组织、个人依法进行经济活动;在政治领域,实现执政党依法执政,政府依法行政,公民依法参与国家管理;在文化领域,实现在国民观念中培植起法治精神和法治理念,加强国家文化产业建设方面相应的法律规范;在社会领域,依法推进国家公权力向社会转移,规范社会组织、团体的活动,依法保护社会组织、团体的权利,依法推进社会管理创新;在生态文明领域,国家建立严格的环境、生态保护法律标准,政府建立严格的环境、生态保护执法制度,国民形成强烈的环境、生态保护法律意识等。只有在推进经济、政治、文化、社会和生态文明这"五位一体"的总体布局中重视和加强法治,以法治规范、指导、促进和保障其建设,进而实现法治经济、法治政治、法治文化、法治社会和法治生态文明的统一和协调,我们才能实现法治中国的整体目标。

---

① 习近平. 加快建设社会主义法治国家[J]. 求是,2015(1):3-8.

4. 全面依法治国的战略举措是全面的

习近平总书记指出，要"准确把握全面推进依法治国重点任务，着力推进科学立法、严格执法、公正司法、全民守法。全面推进依法治国，必须从目前法治工作基本格局出发，突出重点任务，扎实有序推进。"①《决定》对立法、执法、司法和守法都做了明确的阐述。一是推进科学立法。中国特色社会主义法律体系的形成，标志着当代中国国家和社会生活在总体上实现了有法可依，但是，这并不意味着法律体系内部结构完备、法律体系内在质量完美和法律切实管用。因此，法律体系必须随着时代和实践的发展而不断发展，必须推进科学立法，完善以宪法为统帅的中国特色社会主义法律体系。二是严格依法行政。"天下之事，不难于立法，而难于法之必行。"②行政机关是实施法律法规的重要主体，要带头严格执法，维护人民权益、公共利益和社会秩序，建设法治政府。三是坚持公正司法。司法是维护社会公平正义的最后一道防线，公正司法是全面推进依法治国的重要保障，要重点解决影响司法公正和制约司法能力的深层次问题，努力让人民群众在每一个司法案件中都能感受到公平正义。四是增强全民法治观念。在全社会树立对法治的信仰是维护法律权威、保障法律实施的必然要求。要弘扬社会主义法治精神，深入开展法制宣传教育，特别是领导干部更要模范地遵守宪法和其他法律，使尊法守法成为全体人民共同追求和自觉行动。

5. 全面依法治国的保障措施是全面的

在当代中国，中国共产党是执政党，党的领导是全面推进依法治国最根本的保证。《决定》把坚持中国共产党的领导作为推进全面依法治国必须坚持的首要原则，它要求把党的领导贯彻到全面推进依法治国的全过程，把执政党对依法治国的责任落到了实处，健全党领导依法治国的制度和工作机制。全面推进依法治国不仅要加强而且还要改善党对依法治国的领导，不断提高党领导依法治国的能力和水平。党自身要在宪法和法律范围内活动，要发挥好各级党组织和广大党员、干部在依法治国中的政治核心和先锋模范作用，

---

① 习近平. 加快建设社会主义法治国家[J]. 求是, 2015(1): 3-8.
② 赵雅丽. 天下之事难于法之必行[J]. 前线, 2016(11): 83.

其要抓住领导干部这个"关键少数"。领导干部必须对法律怀有敬畏之心，彻底摒弃人治思想和长官意识，带头守法，带头依法办事，牢固树立权由法定、权依法使，法律面前人人平等，树立宪法法律至上等基本法治理念，当好尊法守法的模范。为了全面依法治国的顺利推进，《决定》在加强法治工作队伍建设方面也提出了一整套切实有效的措施。《决定》指出："全面推进依法治国，必须大力提高法治工作队伍思想政治素质、业务工作能力、职业道德水准，着力建设一支忠于党、忠于国家、忠于人民、忠于法律的社会主义法治工作队伍，为加快建设社会主义法治国家提供强有力的组织和人才保障。"[①]因此，我们要把高素质法治工作队伍建设作为全面推进依法治国的基础性、战略性任务来抓，为依法治国提供人才方面的保障。

（三）全面推进依法治国的着力点

全面推进依法治国是一项系统工程，欲推进这一个系统工程，必须抓住几个关键的着力点。

1. 坚持党的核心领导

党的领导是我国法治建设的基本经验，是社会主义法治的根本要求，是全面推进依法治国最根本的保证。首先，党的领导为全面推进依法治国提供方向保证。历史逻辑与现实根据决定，中国的法治建设正如中国的整个现代化建设一样，必须坚持党的领导，才能保证正确方向，从而保证国家和民族的美好未来。其次，党的领导为全面推进依法治国提供组织、机制保证。在我国，党居于总揽全局、协调各方的重要位置，只有坚持党的领导，充分发挥各级党组织战斗堡垒和党员先锋模范作用，凝聚全社会各个党派、团体和广大人民群众的力量，才能将社会主义法治精神真正贯穿到经济、政治、文化、社会和生态文明建设中，才能促进和保证国家权力机关、行政机关、审判机关、检察机关依照宪法法律独立负责、协调一致地开展工作，带动全体社会成员在宪法法律范围内活动。再次，党的领导为全面推进依法治国提供坚实的经济保障。法律作为上层建筑，其产生和发展都要受到经济基础的决定和社会发展的制约。改革开放以来，随着我国经济社会快速发展，社会主

---

① 中共中央关于全面推进依法治国若干重大问题的决定[M]. 北京：人民出版社，2014：30.

义法治建设取得了历史性成就。但也要看到，我国仍处于并将长期处于社会主义初级阶段的基本国情没有变，发展始终是党执政兴国的第一要务。特别是党的十八届三中全会确定的全面深化改革不断深入，这就决定了全面推进依法治国必须坚持党的领导，发挥党的领导核心作用，把全面建成小康社会、全面深化改革同全面推进依法治国统筹进行，向着建设法治中国目标不断前进。最后，坚持党的领导才能保证良法可立、良法善治。中国共产党是工人阶级的先锋队和中国各族人民的先锋队，没有自己的特殊利益，能够代表中国最广大人民的根本利益。坚持党对立法工作的领导，使党的主张上升为国家意志、法律条文，有利于使宪法和法律体系更好地把党的主张和人民意志统一起来，既切实巩固党的执政地位，又充分保障人民当家作主的权利。

2. 维护宪法的绝对权威

"一个团体要有一个章程，一个国家也要有一个章程，宪法就是一个总章程，是根本大法。"①所谓"根本"，是指一些东西是永久的，不可改变的，也是不能被违反的。② 宪法是国家的根本大法是由宪法的性质和地位决定的。宪法是党和人民意志的集中体现，是通过科学民主程序制定的根本法，是治国安邦的总章程。它是国家权力产生的依据，是国家组织成立以及国家各职能机构产生的合法性根据。"我国宪法以国家根本法的形式，确立了中国特色社会主义道路、中国特色社会主义理论体系、中国特色社会主义制度的发展成果，反映了我国各族人民的共同意志和根本利益，成为历史新时期党和国家的中心工作、基本原则、重大方针、重要政策在国家法制上的最高体现。"③宪法还明确规定了国家的根本制度和基本制度，规定了人民的根本政治地位和各项基本权利，规划和构建了中华人民共和国的经济秩序、政治秩序、社会秩序和法律秩序。实现国家各项工作法治化，首先要贯彻落实宪法的各项原则和制度；树立法治思维，首先要树立宪法思维。习近平总书记强调指出，全面贯彻实施宪法，是建设社会主义法治国家的首要任务和基础性工作。维护宪

---

① 中共中央文献研究室. 建国以来重要文献选编(第5册)[M]. 北京：中央文献出版社，1993：290.
② 郑贤君. 作为根本法的宪法：何谓根本[J]. 中国法学，2007(4)：180-189.
③ 习近平. 在首都各界纪念现行宪法公布施行30周年大会上的讲话[N]. 人民日报，2012-12-05(2).

第五章 中国特色社会主义理论体系的战略布局

法权威,就是维护党和人民共同意志的权威。捍卫宪法尊严,就是捍卫党和人民共同意志的尊严。保证宪法实施,就是保证人民根本利益的实现。只要我们切实尊重和有效实施宪法,人民当家作主就有保证,党和国家事业就能顺利发展。反之,如果宪法受到漠视、削弱甚至破坏,人民权利和自由就无法保证,党和国家事业就会遭受挫折。

3. 促进司法独立公正

习近平总书记2013年2月23日在中央政治局第四次集体学习时尖锐地指出:"群众反映,现在一个案件,无论是民事案件还是刑事案件,不托人情、找关系的是少数。尤其是到了法院审判环节,请客送礼、打招呼、批条子的情况很严重。"①这说明依法独立公正司法的外部环境很差,司法独立和司法公正时常受到不应有的干扰。地方保护、部门保护的干扰和干涉,以权压法、权大于法、迫使司法机关滥用职权、违法办案的现象时有发生,导致司法不公,在部分领域尤为突出。越是往下,司法机关依法独立公正办案的压力越大。党的十八大之后,习近平总书记多次强调指出:全面推进依法治国,必须坚持公正司法。司法公正是社会公平的最后防线,如果这一防线被突破,人民群众对公平正义的信心、对法律的信任、对法治的期待,就会一落千丈;对党的治理能力和法治国家的建设也会持怀疑态度。正如英国哲学家培根说过,"一次不公正的裁判,其恶果甚至超过十次犯罪。因为犯罪虽是无视法律——好比污染了水流,而不公正的审判则毁坏法律——好比污染了水源。"②"弄脏了水源"本质是破坏了司法和法律的公正,也摧毁了司法和法律的公信力。法治国家要求司法机关拥有独立地位,司法独立公正是依法治国的基础。中华人民共和国宪法以及人民法院组织法、人民检察院组织法、刑事诉讼法、民事诉讼法、行政诉讼法等法律都规定人民法院、人民检察院依法独立行使审判权、检察权。全面推进依法治国必然涉及体制、机制和重大利益关系的调整,势必是一块难啃的"硬骨头"。在这种情况下,坚持司法的独立公正显

---

① 中央文献研究室. 习近平关于全面依法治国论述摘编[M]. 北京:中央文献出版社,2015:68.

② 中共中央文献研究室. 十八大以来重要文献选编(上)[M]. 北京:中央文献出版社,2014:718.

得尤为重要，只有这样才能有效破除全面推进依法治国中的各种障碍，顺利实施体制、机制的重大改革，使中国特色社会主义法治道路越走越宽广。

4. 构筑全民守法环境

人民权益要靠法律保障，法律权威要靠人民维护。全面推进依法治国，是国家治理领域一场广泛而深刻的革命。要把法治中国建设的蓝图和纲领落到实处，需要全党全社会共同努力，弘扬法治精神，培育法治文化，在全社会形成学法守法用法的良好氛围。中国特色社会主义法律体系的形成，总体上解决了有法可依的问题，但法治建设依然任重道远。卢梭说过："一切法律中最重要的法律，既不是刻在大理石上，也不是刻在铜表上，而是铭刻在公民的内心里。"[①]党的十八届四中全会提出，法律的权威源自人民的内心拥护和真诚信仰。法治信仰，是发自内心地认同法律、信赖法律、遵守和捍卫法律。一旦法治成为一种信仰，人们就会长期持续、自觉自愿地遵守法律，把依法办事当成自己的生活习惯。法律只有被信仰，成为坚定的信念，才能内化为人们的行为准则。随着国家法治建设的深入，我们的法律体系越来越完善，法律条文越来越细致，人们对法律知识的了解越来越丰富，但为什么立法、执法、司法、守法中还有许多深层次的问题？为什么法律悬空、制度空转现象依然存在？原因就在于对法治的信仰没有真正树立。树立对法律的信仰是守法的基础。对于执政者来说，法治信仰是法治思维和法治方式的基础。只有对法治有着发自内心的信仰，才有可能形成法治思维，才能主动、自觉和善于运用法治方式。对于一般公民来说，法治的根基在于人民发自内心的拥护，法治的伟力在于人民真诚的信仰。只有努力把法治精神、法治观念熔铸到人们的头脑中，形成办事依法、遇事找法、解决问题用法、化解矛盾靠法的习惯，法治才能源源不断地释放出规则的正能量。当法治成为全社会的普遍信仰时，法治国家才能实现。因此，必须弘扬社会主义法治精神，建设社会主义法治文化，增强全社会厉行法治的积极性和主动性，形成守法光荣、违法可耻的社会氛围，使全体人民都成为社会主义法治的忠实崇尚者、自觉

---

① 中央文献研究室. 习近平关于全面依法治国论述摘编[M]. 北京：中央文献出版社，2015：88-89.

四、全面从严治党

党的十八大以来,以习近平同志为核心的党中央提出并确立了"全面从严治党"的重大举措,并将其上升为治国理政的战略布局。在"四个全面"战略布局中,全面从严治党既是重要的战略举措,又是各项工作顺利推进、各项目标顺利实现的根本保证,在"四个全面"战略布局中有着特殊而重大的作用。

(一)全面从严治党的历史发展

中国特色社会主义最本质的特征就是坚持中国共产党领导,中国的事情要办好,首先中国共产党的事情要办好。党和人民事业发展到什么阶段,党的建设就要推进到什么阶段。中国共产党历来重视党的自身建设,从严治党一直是中国共产党管党治党的重要原则。正是中国共产党在长期的发展实践中始终坚持从严治党方针,才有了党从小到大,从弱到强,取得了党的建设令世人瞩目的巨大成就。"全面从严治党"作为管党治党的最高原则,贯穿于党的革命和建设的各个发展时期,其思想历经了从"治党"到"从严治党"再到"全面从严治党"的发展过程。可以说,我们党的发展历程从一定意义上来说就是不断从严治党的过程。

革命战争年代,我们党多次开展整风运动,加强对党员的教育,严肃党的纪律,实现了党在思想上政治上组织上的团结统一。革命胜利前夕,毛泽东同志在党的七届二中全会上提出了著名的"两个务必",即"务必使同志们继续地保持谦虚、谨慎、不骄、不躁的作风,务必使同志们继续地保持艰苦奋斗的作风"[1],向全党敲响了警钟。新中国成立后,我们党更加注重从严治党的优良传统,党的八大修改通过的党章强调"必须不断地发扬党的工作中群众路线的传统"[2],提出了坚持民主集中制的六条原则、党员的十项义务和七项权利。

20世纪80年代,随着改革的推进,商品经济的发展,以及对外开放的扩

---

[1] 中央文献研究室.毛泽东传(第2册)[M].北京:中央文献出版社,2011:930.
[2] 王振民,等.中国共产党党内法规研究[M].北京:人民出版社,2016:113.

大,这给党的自身建设也提出了新的课题。特别是 80 年代普遍存在的计划与市场双轨制,使得一些掌握权力的部门和干部有机会以权谋私,进行权力"寻租",党风建设和反腐败斗争面临着严峻的形势。在改革开放初期,邓小平同志强调:"在目前的历史转变时期,问题堆积成山,工作百端待举,加强党的领导,端正党的作风,具有决定的意义。"①党中央对此高度重视,强调"党风问题是有关党的生死存亡的问题",并采取一系列措施,开展打击经济犯罪活动,克服党风廉政建设领域存在的突出问题。

1985 年 11 月 24 日,中共中央整党工作委员会发出《关于农村整党工作部署的通知》,提出"要从严治党,坚决反对那种讲面子不讲真理,讲人情不讲原则,讲派性不惜牺牲党性的腐朽作风"②。这是中央文件中首次明确提出"从严治党"。从此,"从严治党"开始在党的文献中大量使用。党的十三大报告指出:"必须从严治党,严肃执行党的纪律。"③党的十四大明确提出党的建设必须"坚持从严治党"并将"坚持从严治党"写入章程。"从严治党"写进党的党章,使从严治党上升到党的根本大法的高度,标志着我们党正式将其作为管党治党的总遵循和根本原则。在党的十五大报告中,江泽民同志指出:"反对腐败是关系党和国家生死存亡的严重政治斗争"④,将从严治党和保持党的先进性和纯洁性联系起来,明确指出"从严治党,是保持党的先进性和纯洁性,增强党的凝聚力和战斗力的保证"⑤,"把从严治党的方针贯彻到党的建设的各项工作中去"⑥。2000 年 1 月 14 日,江泽民在中共中央纪律检查委员会第四次全体会议上发表重要讲话,向全党提出了"治国必先治党,治党务必从严"的理念。党的十六大强调"全面推进党的建设新的伟大工程"⑦。提出加强和改进党的建设"一定要坚持党要管党、从严治党的方针,进一步解决提高党的领导水平和

---

① 邓小平. 邓小平文选(第 2 卷)[M]. 北京:人民出版社,1994:178.
② 中央文献研究室,国务院发展研究中心. 新时期农业和农村工作重要文献选编[M]. 北京:中央文献出版社,1992:367.
③ 中央文献研究室. 十三大以来重要文献选编(上)[M]. 北京:人民出版社,1991:53.
④ 江泽民. 江泽民文选(第 2 卷)[M]. 北京:人民出版社,2006:45.
⑤ 江泽民. 江泽民文选(第 2 卷)[M]. 北京:人民出版社,200:46.
⑥ 江泽民. 江泽民文选(第 2 卷)[M]. 北京:人民出版社,200:47.
⑦ 江泽民. 江泽民文选(第 3 卷)[M]. 北京:人民出版社,2006:535.

第五章　中国特色社会主义理论体系的战略布局

执政水平、提高拒腐防变和抵御风险能力这两大历史性课题"①。强调"坚决反对和防止腐败，是全党一项重大的政治任务"②。胡锦涛同志在党的十七大报告中指出："必须把党的执政能力建设和先进性建设作为主线，坚持党要管党、从严治党。"③强调"坚决惩治和有效预防腐败，关系人心向背和党的生死存亡，是党必须始终抓好的重大政治任务。全党同志一定要充分认识反腐败斗争的长期性、复杂性、艰巨性，把反腐倡廉建设放在更加突出的位置，旗帜鲜明地反对腐败。"④党的第三、四代中央领导集体坚持把反对腐败作为从严治党的重大政治任务，持续正风肃纪、反腐倡廉。党的十八大进一步明确提出"全面提高党的建设科学化水平"⑤。党的十八大报告指出："一些基层党组织软弱涣散，少数党员干部理想信念动摇、宗旨意识淡薄，形式主义、官僚主义问题突出，奢侈浪费现象严重；一些领域消极腐败现象易发多发，反腐败斗争形势依然严峻。"⑥会后，习近平同志在十八届中央政治局常委集体同中外记者见面时指出："我们的责任，就是同全党同志一道，坚持党要管党、从严治党，切实解决自身存在的突出问题，切实改进工作作风，密切联系群众，使我们党始终成为中国特色社会主义事业的坚强领导核心。"⑦这是习近平同志任党的总书记后第一次关于党要管党，从严治党的论述。指出只有通过加强思想建设和作风建设，解决党员干部自身存在的问题，加强党与人民群众血肉联系，进而促进党的全面建设，确保党的核心领导地位。党的十八大后，以习近平同志为核心的党中央把加强党的建设作为事关党和国家生死存亡的关键来抓，把党的建设这一伟大工程作为新时代党和国家"四个伟大"之一，全面加强党的领导和党的建设，坚决改变管党治党宽松软状况，坚持"打虎""拍蝇""猎狐"，做到反腐败无禁区、全覆盖、零容忍。2013年2月，习近平

---

① 江泽民. 江泽民文选(第3卷)[M]. 北京：人民出版社，2006：568.
② 江泽民. 江泽民文选(第3卷)[M]. 北京：人民出版社，2006：573.
③ 胡锦涛. 胡锦涛文选(第2卷)[M]. 北京：人民出版社，2016：652.
④ 胡锦涛. 胡锦涛文选(第2卷)[M]. 北京：人民出版社，2016：656-657.
⑤ 胡锦涛. 胡锦涛文选(第3卷)[M]. 北京：人民出版社，2016：653.
⑥ 胡锦涛. 胡锦涛文选(第3卷)[M]. 北京：人民出版社，2016：616.
⑦ 中共中央文献研究室. 十八大以来重要文献选编(上)[M]. 北京：中央文献出版社，2014：70.

同志进一步指出:"要进一步加强党的建设,突出党要管党、从严治党""全面加强党的思想建设、组织建设、作风建设、反腐倡廉建设、制度建设"①。第一次从五个方面提出了从严治党的总体框架,表明全面从严治党思想有了进一步的发展。2014年10月,党的群众路线教育实践总结时,习近平总书记就全面从严治党提出八个方面的要求:"落实从严治党责任""坚持思想建党和制度治党紧密结合""严肃党内政治生活""坚持从严管理干部""持续深入改进作风""严明党的纪律""发挥人民监督作用""深入把握从严治党规律"②。至此,全面从严治党思想有了新的深化。2014年12月,习近平同志在江苏考察调研时强调,要"协调推进全面建成小康社会、全面深化改革、全面推进依法治国、全面从严治党,推动改革开放和社会主义现代化建设迈上新台阶"③。这是习近平首次提出"全面从严治党",标志着习近平关于全面从严治党思想的形成。2015年2月,习近平同志指出:"党中央从坚持和发展中国特色社会主义全局出发,提出并形成了全面建成小康社会、全面深化改革、全面依法治国、全面从严治党的战略布局。"④首次将全面从严治党作为党中央战略布局一部分,体现了全面从严治党重要战略地位。2017年10月,习近平同志在党的十九大报告中指出:"中国特色社会主义进入新时代,我们党一定要有新气象新作为。打铁还需自身硬。党要团结带领人民进行伟大斗争、推进伟大事业、实现伟大梦想,必须毫不动摇坚持和完善党的领导,毫不动摇把党建设得更加坚强有力。""全面从严治党永远在路上。一个政党,一个政权,其前途命运取决于人心向背。"⑤

由"从严治党"到"全面从严治党",体现了我们党对自身建设规律和中国特色社会主义建设规律认识的进一步深化,展现了新时期党加强自身建设的历史图景。这一过程,展现了新时期中国共产党加强自身建设的历史图景。

---

① 习近平. 中共十八届二中全会在京举行习近平作重要讲话[N]. 人民日报,2013-03-01(1).
② 习近平. 在党的群众路线教育实践活动总结大会上的讲话[N]. 人民日报,2014-10-09(2).
③ 习近平. 主动把握和积极适应经济发展新常态推动改革开放和现代化建设迈上新台阶[N]. 人民日报,2014-12-15(1).
④ 习近平. 领导干部要做尊法学法守法用法的模范 带动全党全国共同全面推进依法治国[N]. 人民日报,2015-02-03(1).
⑤ 习近平. 习近平著作选读(第2卷)[M]. 北京:人民出版社,2023:50.

第五章　中国特色社会主义理论体系的战略布局

亦可看出,"全面从严治党"的提出,是我们党管党治党经验的深刻总结,既传承了党加强自身建设的优良传统,又总结了党的十八大以来管党治党实践的新经验,有着深厚的历史底蕴、鲜明的时代特征和坚实的实践基础。

(二)全面从严治党的深刻内涵

习近平同志提出"四个全面"战略布局作为新形势下治国理政总方略,把全面从严治党作为"四个全面"关键战略环节。习近平同志在十八届中纪委六次全会上强调指出:"全面从严治党,核心是加强党的领导,基础在全面,关键在严,要害在治。"①他在党的十九大报告中进一步指出:"新时代党的建设总要求是:坚持和加强党的全面领导,坚持党要管党、全面从严治党。"②深刻阐释了全面从严治党的基本内涵。

1. 全面从严治党,核心是加强党的领导

办好中国的事,关键在党。邓小平同志曾说:"过去的革命问题解决得好不好,关键在于党的领导,现在的建设问题解决得好不好,关键也在于党的领导。"③习近平同志在党的中央政治局第十六次集体学习时提出了"中国特色社会主义最本质的特征就是坚持中国共产党的领导"④的论断,这一论断表明坚持中国特色社会主义,就必须坚持党的领导,全面从严治党必然要以坚持党的领导为核心。党的十八大以来,我们党之所以突出强调全面从严治党,之所以把党风廉政建设和反腐败斗争作为党的建设的重中之重来抓,就是因为人民群众对这方面的问题反映最为强烈,必须通过正风肃纪、反腐惩恶来回应群众期盼,解决突出问题,巩固党的执政之基。我们要准确把握坚持党的领导、加强党的建设、全面从严治党、推进党风廉政建设和反腐败斗争之间的辩证关系,始终牢牢盯住坚持党的领导这个核心要素,通过全面从严治党来保证党的领导得到贯彻落实。

---

① 本书编写组. 坚持遏制腐败蔓延势头目标任务不动摇:学习十八届中央纪委六次全会精神[M]. 北京:人民出版社,2016:25.
② 习近平. 习近平著作选读(第2卷)[M]. 北京:人民出版社,2023:50.
③ 邓小平. 邓小平文选(第1卷)[M]. 北京:人民出版社,1994:264.
④ 中共中央党史和文献研究院. 习近平关于全面从严治党论述摘编(2021年版)[M]. 北京:中央文献出版社,2021:6.

2. 全面从严治党，基础是"全面"

全面至少包含两个层面：一是内容覆盖全，涵盖党的政治建设、思想建设、组织建设、作风建设、纪律建设，把制度建设贯穿其中，体现党的建设的系统性和整体性。二是主体覆盖全，管党、治党要面向全体党员、各个党组织，覆盖党建的全领域、全方位；同时，管党、治党的重点是要抓住党员领导干部的"关键少数"。"加强党的建设必须抓好领导干部特别是高级干部，而抓好中央委员会、中央政治局、中央政治局常委会的组成人员是关键。把这部分人抓好了，能够在全党作出表率，很多事情就好办了。因此，加强和规范党内政治生活、加强党内监督，必须首先从这部分人抓起。"①

3. 全面从严治党，关键是"从严"

2014年10月8日，习近平在党的群众路线教育实践活动总结大会上的讲话中特别强调"从严是我们做好一切工作的重要保障"②。一要从严落实治党责任，必须增强管党治党意识、落实管党治党责任；二要坚持从严管理干部，要以严的标准、严的措施、严的纪律，使干部心有所畏、言有所戒、行有所止。要从严执纪，首先需要领导干部以身作则，率先垂范执行制度。习近平总书记指出："打铁还需自身硬"③，"各级领导干部要以身作则、率先垂范，说到的就要做到，承诺的就要兑现，中央政治局同志从我本人做起"④。三要严肃党内政治生活。全面从严治党必须从党内政治生活严起，按照党内政治生活准则和党的各项规定办事；"要严肃党内政治生活，主要应从四个方面发力：一是要增强党内政治生活的政治性、原则性与战斗性，消除党内政治生活存在的随意化、庸俗化和平淡化等倾向；二是要严肃党的纪律，主要是严肃党的政治纪律和严肃党的组织纪律；三是要避免党内搞团团伙伙与帮帮派派，以形成民主、团结与和谐的党内关系；四是要用好批评与自我批评这个

---

① 习近平.关于《关于新形势下党内政治生活的若干准则》和《中国共产党党内监督条例》的说明[N].人民日报，2016-11-03(2).
② 中央文献研究室.十八大以来重要文献选编(中)[M].北京：中央文献出版社，2016：93.
③ 习近平.习近平谈治国理政(第1卷)[M].北京：外文出版社，2014：4.
④ 中共中央纪律检查委员会、中共中央文献研究室.习近平关于党风廉政建设和反腐败斗争论述摘编[M].北京：中央文献出版社、中国方正出版社，2015：71.

武器，积极开展健康的思想斗争。"①四要严明党的纪律。只有严明纪律，才能使全党统一意志、统一行动，步调一致向前进。"只有真正做到用纪律管住大多数，使广大党员干部敬畏纪律和自觉遵守纪律，全面从严治党才能实现。"②

4. 全面从严治党，重点是"治吏"

习近平同志强调，从严治党的重点在于从严管理干部，坚持管理全、标准严、衔接紧、配套好、责任明。"党要管党，首先是管好干部；从严治党，关键是从严治吏。"③各级党的领导既是党规治理主要对象，又是执行"治党"职责责任主体。紧紧抓住领导干部这个"关键少数"，做到"严"字当头，真管真严、敢管敢严、长管长严，真正使严的标准、严的措施、严的纪律贯彻落实到干部队伍建设全过程。同时，不能忽视以党的纪律要求大多数的党员群众，始终把纪律建设摆在突出位置，用纪律管住管好全体党员，敢于较真、防微杜渐、抓早抓小、执纪从严，使党员干部在思想道德上筑牢拒腐防变的底线。

（三）全面从严治党的推进路径

全面从严治党是全面提高党的建设科学化水平的重中之重，需要全面推进党的政治建设、思想建设、组织建设、作风建设、纪律建设，把制度建设贯穿其中，深入推进反腐败斗争，细化落实全面从严治党的各项任务，形成强有力的刚性约束。改革开放后，邓小平同志指出："国要有国法，党要有党规党法。党章是最根本的党规党法。没有党规党法，国法就很难保障。各级纪律检查委员会和组织部门的任务不只是处理案件，更重要的是维护党规党法，切实把我们的党风搞好。"④全面从严治党的任务具有整体性，既相互配套、相互促进，又突出重点、整体推进，集中体现在全党自身建设的行动统一上。

1. 坚持把政治建设作为全面从严治党的首要

习近平在党的十九大报告中指出："旗帜鲜明讲政治是我们党作为马克思

---

① 虞云耀. 把握全面从严治党的特点和规律[N]. 人民日报，2015-05-20(7).
② 周淑真. 以从严执纪保障全面从严治党[N]. 学习时报，2015-07-16(3).
③ 习近平. 在全国组织工作会议上强调：建设一支宏大高素质干部队伍确保党始终成为坚强领导核心[N]. 人民日报，2013-06-30(1).
④ 邓小平. 邓小平文选(第2卷)[M]. 北京：人民出版社，1994：147.

主义政党的根本要求。党的政治建设是党的根本性建设,决定党的建设方向和效果。"①全党要坚定正确的政治方向,严肃党内政治生活,严守党的政治纪律和政治规矩,着力净化政治生态,营造廉洁从政的良好环境。政治纪律是党最重要、最根本、最关键的纪律,是全党在政治方向、政治立场、政治言论、政治行动方面必须遵守的刚性约束,是党立党为公、执政为民的生命线。全面从严治党,要把严明政治纪律和政治规矩作为从严治党的基础来强化,切实提高全党严守政治纪律、严明政治规矩的思想自觉和行动自觉,真正做到知敬畏、明底线、受警醒。要在全党严肃认真开展党内政治生活,营造风清气正的政治生态,尤其要在政治纪律、政治规矩和政治制度执行上增强刚性,坚决防止和反对个人主义、分散主义、自由主义、本位主义、好人主义,坚决防止和反对宗派主义、圈子文化、码头文化,坚决反对搞两面派、做两面人。在热点、难点突破上积极探索,在强化政治纪律、政治规矩约束上持续发力,在违规失责追究上更加从严,守住做人、处事、用权、交友的底线,确保全面从严治党的各项要求落到实处。

2. 坚持把思想建设作为全面从严治党的基础

思想是行动的导向,是执政的基础,是保证政党正确政治方向的前提和首要。习近平明确指出:"意识形态工作是党的一项极端重要的工作""必须一刻也不放松和削弱意识形态工作,把意识形态工作领导权和话语权牢牢掌握在手中。"②要加强马克思主义理论学习,尤其是习近平新时代中国特色社会主义思想的学习,引导党员领导干部读原著、学原文、悟原理,使广大党员干部树立马克思主义信仰,巩固党在意识形态领域的领导权。"理想信念就是共产党人精神上的'钙',没有理想信念,理想信念不坚定,精神上就会'缺钙',就会得'软骨病'。"③坚持把理想信念教育作为思想建设的首要任务,围绕坚定忠诚信仰,拧紧思想"总开关",引导广大党员弘扬马克思主义学风,做到学而信、学而用、学而行,不断增强全体党员和党员干部理想信念上的"免疫

---

① 习近平. 习近平著作选读(第2卷)[M]. 北京:人民出版社,2023:51.
② 中共中央宣传部. 习近平总书记系列重要讲话读本[M]. 北京:学习出版社,人民出版社,2014:105.
③ 习近平. 习近平谈治国理政(第1卷)[M]. 北京:外文出版社,2018:15.

力"。

3. 坚持把组织建设作为全面从严治党的重点

全党要按照民主集中制原则,完善选人用人等组织建设机制。选什么人、用什么人、怎么选用是风向标,对干部队伍建设起着十分重要的导向作用。选人用人要坚持党管干部原则,坚持德才兼备、以德为先,坚持五湖四海、任人唯贤,坚持事业为上、公道正派,把好干部标准落到实处。防止带病提拔,要集中整治"买官卖官""跑官要官""违规破格提拔"等问题,严肃解决任人唯亲、任人唯利等突出问题。要坚持党管人才原则,聚天下英才而用之,加快建设人才强国,努力形成人人渴望成才、人人努力成才、人人皆可成才、人人尽展其才的良好局面。在干部队伍建设上,要严格考核标准,严整不良风气,严守程序规定,严肃监督追究,选贤任能时要考察过硬的政治素质、高尚的人格力量、精熟的专业能力、良好的作风形象,造就高素质的党员干部队伍,以适应全面从严治党的新常态。

从严加强基层组织建设,进一步发挥党员干部的模范带头作用。组织建设对于保持全党步调一致和增强政党凝聚力、战斗力具有重要价值意义。从严加强组织建设,最重要的是进一步提升从严治吏的能力,充分发挥广大党员干部的模范带头作用。广大党员干部要严以修身、严以用权、严以律己,谋事要实、创业要实、做人要实。党员干部身体力行、率先垂范,对于推进全面从严治党,意义重大。对此,习近平总书记明确指出:"概括起来说,好干部要作到信念坚定、为民服务、勤政务实、敢于担当、清正廉洁。"①"实现党的十八大确定的各项目标任务,关键在党,关键在人……要建设一支宏大的高素质干部队伍。"②

4. 坚持纪律建设作为全面从严治党的保证

全党要严肃党的政治纪律、组织纪律、廉洁纪律、群众纪律、工作纪律和生活纪律"六大纪律"。要把纪律和规矩立在前面,严在前面,用纪律和规矩管住大多数人。广大党员特别是党员领导干部要在党言党、在党忧党、在

---

① 习近平. 习近平谈治国理政(第1卷)[M]. 北京:外文出版社,2018:412.
② 习近平. 习近平谈治国理政(第1卷)[M]. 北京:外文出版社,2018:411.

党为党。坚持纪严于法、纪在法前,用纪律的尺子衡量党员干部的从政行为,加强党内纪律监督,着力发现违反政治纪律和政治规矩,有令不行、有禁不止,阳奉阴违,拉帮结伙等问题;发现违反廉洁纪律,以权谋私、贪污贿赂、腐化堕落等问题;发现违反组织纪律,违规用人、拉票贿选、买官卖官等问题;发现违反群众纪律、工作纪律和生活纪律,形式主义、官僚主义、享乐主义、奢靡之风问题。

5. 坚持把作风建设作为全面从严治党的关键

全党要齐心协力下功夫,建立促进党员干部坚持为民、务实、清廉作风建设的长效机制。从严加强党的作风建设,是全面从严治党的一个关键环节。党的作风建设,在提升政党形象、增强政党基础方面,具有十分重要的价值意义。习近平总书记指出:"加强作风建设,必须紧紧围绕保持党同人民群众的血肉联系,增强群众观念和群众感情,不断厚植党执政的群众基础。"[①]强调"执政党的党风关系党的形象,关系人心向背,关系党和国家生死存亡;加强和改进党的作风建设,核心问题是保持党同人民群众的血肉联系。"[②]要坚持以上率下,巩固拓展落实中央八项规定精神成果,继续整治"四风"问题,坚决反对特权思想和特权现象。"开展党的群众路线教育实践活动,就是要使全党同志牢记并恪守全心全意为人民服务的根本宗旨,以优良作风把人民紧紧凝聚在一起。"[③]发扬批评和自我批评作风,惩前毖后、治病救人,注重运用监督执纪"四种形态",抓早抓小、防微杜渐。

6. 坚持把制度建设作为全面从严治党的根本

从严加强党的制度建设,是全面从严治党的根本保障。我们说,制度建设不仅是中国共产党全面从严治党的一个主要任务,更是中国共产党全面从严治党在思想、组织、作风、反腐倡廉建设方面的一个重要的条件支撑。全党要高度重视党的制度建设,完善干部任用制度、民主监督制度、联系群众制度、党内生活制度、激励与奖惩制度等,特别要加强对权力运行的制约和监督,把权力关进制度的笼子。要深化政治巡视,深化国家监察体制改革,

---

[①] 习近平. 习近平著作选读(第2卷)[M]. 北京:人民出版社,2023:54.
[②] 习近平. 习近平谈治国理政(第1卷)[M]. 北京:外文出版社,2018:366.
[③] 习近平. 习近平谈治国理政(第1卷)[M]. 北京:外文出版社,2018:367.

第五章　中国特色社会主义理论体系的战略布局

制定国家监察法,构建党统一指挥、全面覆盖、权威高效的监督体系。从严加强制度建设,最重要的是进一步建立健全党内法规制度。党内法规制度是管党治党的一个重要依据,也是政党建设的一个基本遵循。对此,习近平总书记明确指出:"制度一经形成,就要严格遵守,坚持制度面前人人平等、执行制度没有例外,坚决维护制度的严肃性和权威性。"①"我们党是肩负着历史使命的政治组织,必须有严明的政治纪律和政治规矩。"②

7. 坚持把反腐倡廉建设作为全面从严治党的重点

习近平总书记强调指出:"人民群众最痛恨腐败现象,腐败是我们党面临的最大威胁。"③坚持反腐败永远在路上的坚韧和执着,从严加强反腐倡廉建设,是全面从严治党的内在要求,是体现中国共产党先进性的应有之义。从严加强反腐倡廉建设,最重要的是调动各方面的积极因素,进一步完善惩治与预防相结合的反腐体系。警示教育,防微杜渐,警钟长鸣,强化权力运行监督与问责,充分利用各类廉政教育基地和反面典型,以案说法,引导党员干部从中吸取教训,要抓早抓小抓预防。权力行使到哪里,监督就跟进到哪里;腐败出现在哪里,制度就完善到哪里。对此,习近平明确指出:"坚持标本兼治、综合治理、惩防并举、注重预防方针……坚定不移把党风廉政建设和反腐败斗争引向深入"④"形成不敢腐的惩戒机制、不能腐的防范机制、不易腐的保障机制。"⑤"强化不敢腐的震慑,扎牢不能腐的笼子,增强不想腐的自觉,通过不懈努力换来海晏河清、朗朗乾坤。"⑥

---

① 习近平. 习近平谈治国理政(第1卷)[M]. 北京:外文出版社,2018:379.
② 中国共产党第十八届中央纪律检查委员会第五次全体会议公报[N]. 人民日报,2015-01-15(1).
③ 习近平. 习近平著作选读(第2卷)[M]. 北京:人民出版社,2023:55.
④ 习近平. 习近平谈治国理政(第1卷)[M]. 北京:外文出版社,2018:385.
⑤ 习近平. 习近平谈治国理政(第1卷)[M]. 北京:外文出版社,2018:388.
⑥ 习近平. 习近平著作选读(第2卷)[M]. 北京:人民出版社,2023:55.

第六章　中国特色社会主义理论体系的目标追求

中国特色社会主义理论体系是马克思主义中国化的最新理论成果，是对社会主义建设规律和马克思主义执政党执政规律的科学认识。改革开放以来，党中央不断总结历史经验，对马克思列宁主义、毛泽东思想进行继承和发展，并逐步形成中国特色社会主义理论体系。从全面建设小康社会、到全面建成小康社会目标，再到实现社会主义现代化，最后实现民族复兴的中国梦过程，使中国特色社会主义理论体系的目标追求更加深远、更具民族整体性，实现了国家、民族、人民的利益的有效整合。

一、实现国家治理体系和治理能力现代化

习近平总书记明确提出，实现党、国家、社会各项事务治理制度化、法制化、程序化。国家治理体系与治理能力现代化是对"怎样治理社会主义社会这一全新的社会形态"历史命题进行了科学的回答，是对提高党的执政能力的重大创新、是对中国特色社会主义理论体系的丰富和发展，充分发挥了中国特色社会主义制度的优势，为实现中华民族伟大复兴提供了根本保障，是中国特色社会主义理论体系整体性的目标追求。

（一）国家治理体系与治理能力现代化内涵

现代化并不是对西方制度的照搬照抄，是对其学习、借鉴、创新，习近平总书记明确指出："一个国家选择什么样的国家制度和治理体系，是由这个国家的历史文化、社会性质、经济发展水平决定的。中国特色社会主义制度和国家治理体系不是从天上掉下来的，而是在中国的社会土壤中生长起来的，

第六章 中国特色社会主义理论体系的目标追求

是经过革命、建设、改革长期实践形成的,是马克思主义基本原理同中国具体实际相结合的产物。"①新民主主义革命时期,在毛泽东的正确领导下,中国从旧中国走向新中国,实现了从传统国家到现代国家的转变,创新了执政党制度和现代国家制度,确立了党的领导制度及其党内民主集中制并确定了国家的性质和根本政治制度。改革开放后,邓小平以高度的政治觉悟,在充分发挥此前政治体制优势的同时克服了此前的体制弊端,推进社会主义现代化建设,建立了比较完备的执政党制度及现代化国家制度,确立了我国的根本政治制度和基本政治制度。改革开放以来,党对国家建设的布局不断完善,从"两手"抓到"三位一体"到"四位一体"再到党的十八大提出的"五位一体"总体布局,从单纯追求国家经济发展到追求经济、政治、文化、社会、生态全方位的发展,都是国家治理体系和治理能力不断发展完善的过程。

1. 国家治理体系和治理能力现代化

习近平总书记在中共十八届三中全会第二次全体会议上的讲话中明确指出:"国家治理体系是在党领导下管理国家的制度体系,包括经济、政治、文化、社会、生态文明和党的建设等各领域体制机制、法律法规安排,也就是一整套紧密相连、相互协调的国家制度"。② 国家治理体系和治理能力现代化是国家制度现代化,制度和法律能够连续不断地由低级到高级突破,国家对经济、政治、文化、社会、生态的治理能力制度化、规范化、程序化,社会各项制度更加完善、成熟。在国家制度体系中,制度的执行能够更加的有效、更加的透明、更加的公平。国家治理体系与治理能力是一个国家的制度和制度执行能力的集中体现,两者相辅相成,有制度没能力,那么制度就会有名无实,有能力没制度,那能力会被滥用。衡量一个国家的治理体系是否现代化,至少有五个标准。其一是公共权力运行的制度化和规范化,它要求政府治理、市场治理和社会治理有完善的制度安排和规范的公共秩序。其二是民主化,即公共治理和制度安排都必须保障人民当家作主,所有公共政策要从根本上体现人民的意志和人民的主体地位。其三是法治,即宪法和法律成为

---

① 习近平. 习近平谈治国理政(第3卷)[M]. 北京:外文出版社,2020:119.
② 习近平. 习近平谈治国理政(第1卷)[M]. 北京:外文出版社,2018:179.

公共治理的最高权威，在法律面前人人平等，不允许任何组织和个人有超越法律的权力。其四是效率，即国家治理体系应当有效维护社会稳定和社会秩序，有利于提高行政效率和经济效益。其五是协调，现代国家治理体系是一个有机的制度系统，从中央到地方各个层级，从政府治理到社会治理，各种制度安排作为一个统一的整体相互协调，密不可分。①

2. 国家治理体系与治理能力现代化的重要意义

国家治理体系与治理能力现代化是对中国特色社会主义制度的完善，其推动了中国特色社会主义制度更加成熟与完善，为党和国家的发展、人民幸福安康、社会和谐稳定、国家长久治安提供一套更完备、更稳定、更管用的制度体系。

国家治理体系现代化是为实现国家长久治安提供一套更稳定、更科学、更有效的制度体系，从而充分发挥了中国特色社会主义制度优势。

国家治理能力现代化能够解决社会发展中各种问题，有效激发社会活力、扩大人民民主、实现社会公平正义。

国家治理体系与治理能力现代化能够助推中华民族伟大复兴中国梦的实现，通过弘扬民族精神、凝聚中国力量实现国家富强、民族振兴、人民幸福，而国家治理现代化寓于中华民族伟大复兴的发展进程之中，并以其为根本目标与价值追求。

(二)推进国家治理能力现代化建设

习近平总书记明确指出，我们国家治理体系和治理能力总体上是好的，是具有独特优势的，是适应我国国情和发展的要求的，但还有许多亟待改进的地方，在提高国家治理能力上需要下更大的力气。② 国家治理体系包括经济、政治、文化、社会、生态、政党等多个领域的治理，以及基层、地方、区域和全球治理等多层次的国家治理。国家治理能力通过对各个领域、各个层次的全面改革、系统的改革，不断发展和完善社会主义制度。

---

① 俞可平. 衡量国家治理体系现代化的基本标准——关于推进"国家治理体系和治理能力的现代化"的思考[N]. 北京日报, 2013-12-09(17).
② 习近平. 习近平谈治国理政[M]. 北京：外文出版社, 2014：105.

第六章　中国特色社会主义理论体系的目标追求

1. 以"四个自信"推进国家治理能力现代化

在推进国家治理体系与治理能力现代化的进程中也面临道路选择的问题，经过几十年的接力探索，中国特色社会主义取得举世瞩目的成绩，历史证明只有中国特色社会主义道路才能发展中国，资本主义道路在中国行不通，中国特色社会主义道路是国家治理能力现代化的实现途径。选择正确的道路，还要有正确的旗帜来指引，否则会走岔路、走弯路、迷失了方向。中国特色社会主义理论体系就是这面旗帜，中国共产党在实践中取得的一系列辉煌成绩，证明了中国特色社会主义理论体系的正确性与科学性，因此推进国家治理能力现代化必须以中国特色社会主义理论体系作为行动的指南。中国特色社会主义道路和理论所取得的巨大成就都要靠制度来落实和保障，中国特色社会主义制度是推进国家治理能力现代化的根本保障。任何一个国家的治理现代化都是在历史传承、文化传统、经济社会发展基础上经过长期发展、渐进改进、内生演化的结果，文化自信为推进国家治理能力提供了丰富滋养，是国家治理能力现代化的内在动力。由此可以看出推进国家治理体系与治理能力现代化离不开"四个自信"。

2. 加强党的建设，提高党的执政能力

中国共产党是我国的执政党，是推进国家治理体系和治理能力现代化的核心力量，因此通过加强党的建设，切实提高党的执政能力建设，使党成为有凝聚力、向心力、整合力、创造力的党，从而推进国家治理体系与治理能力现代化的建设。大力推进"从严治党"，加强党的思想建设、组织建设、作风建设，坚定理想信念，坚持以人为本、执政为民、始终保持与人民群众血肉相连。积极发挥党内民主，深化人事制度改革，建设高素质执政骨干队伍。坚持党管人才的原则，把各方面优秀人才集中到国家建设中来。创新基层党建工作，夯实党执政的组织基础。坚定不移地反对腐败，永葆中国共产党人清正廉洁的政治本色。

3. 统筹推进"五位一体"总体布局

党的十八届三中全会通过的全面深化改革的《决定》明确指出，推进国家治理体系和治理能力现代化，必须更加注重改革的系统性、整体性、协同性，加快发展社会主义市场经济、民主政治、先进文化、和谐社会、生态文明，让一切劳动、知识、技术、管理、资本的活力竞相迸发,让一切创造社会财富的源泉充分涌流,让发展成果更多更公平惠及全体人民。因此,国家治理能力现代化建设要坚持"五位一体"建设全面推进,促进政治、经济、文化、社会、生态协调发展,从而形成经济富裕、政治民主、文化繁荣、社会公平、生态良好的发展格局。"五位一体"是相互联系、相互促进、相辅相成的。在政治上要坚持中国共产党的领导,发展社会主义民主政治,要更加注重健全民主制度、丰富民主形式,从各层次各领域扩大公民的有序政治参与,保障人民当家作主。转变政府职能,深化行政体制改革,创新行政管理方式,增强政府公信力和执行力,建设法治政府和服务型政府。全面推进依法治国,推进科学立法、严格执法、公正司法、全民守法,深化司法体制改革,加快建设公正高效权威的社会主义司法制度,维护人民权益,让人民群众在每一个司法案件中都感受到公平正义。经济发展要坚持以质量与效益为中心,推动科技与经济深度融合,促进新型工业化、信息化、城镇化、农业现代化同步发展。文化建设中加快完善文化管理体制和文化生产经营机制,建立健全现代公共文化服务体系、现代文化市场体系,推动社会主义文化大发展大繁荣。在社会建设中,解决好人民群众最关心、最直接、最现实的利益问题,加强民生建设,推进社会领域制度创新,推进基本公共服务均等化,加快形成科学有效的社会治理体制,使学有所教、劳有所得、病有所医、老有所养、住有所居持续取得新进展。在生态建设中,紧紧围绕建设美丽中国,深化生态文明体制改革,加快建立生态文明制度,健全国土空间开发、资源节约利用、生态环境保护的体制机制,推动形成人与自然和谐共生的现代化建设新格局。

二、实现中华民族伟大复兴的中国梦

2012年11月29日,习近平在参观《复兴之路》的展览时指出:"实现中华民族伟大复兴,就是中华民族近代以来最伟大的梦想。这个梦想,凝聚了几代中国人的夙愿,体现了中华民族和中国人民的整体利益,是每一个中华儿

第六章　中国特色社会主义理论体系的目标追求

女的共同期盼。"①中国梦见证了中华民族生生不息、艰苦奋斗、不断探索、坚持不懈的历史，激励着中华儿女奋发图强，为坚持和发展中国特色社会主义注入了强大的能量，是新一代党中央领导集体对全体中华民族庄严的承诺，是中国特色社会主义建设的目标追求。

(一)实现中华民族伟大复兴的中国梦的科学内涵

习近平指出："实现全面建成小康社会、建成富强民主文明和谐的社会主义现代化国家的奋斗目标，实现中华民族伟大复兴的中国梦，就是要实现国家富强、民族振兴、人民幸福，既深深体现了今天中国人的理想，也深深反映了我们先人们不懈追求进步的光荣传统。"②中国梦从国家、民族、个人三个维度来解释其本质内涵。③

1. 国家富强

国家富强是民族振兴的基础，是人民幸福的依托，国家富强主要体现在物质文明极大丰富，经济科技实力强大，有较强的国际竞争力和影响力。这一梦想融经济、科技、军事、国防和国家安全于一体，体现了国家现代化和综合国力的整体要求，是实现中华民族伟大复兴的中国梦的坚实基础。实现国家富强的梦，就是要坚定不移地走中国特色社会主义道路，全面深化改革，聚精会神地搞建设，在大力发展现代经济科技，推动生产力大发展的基础上，努力建设强盛中国、文明中国、和谐中国和美丽中国。

2. 民族振兴

民族振兴是国家富强的根本标志，是人民幸福的重要保障，民族振兴主要体现在民族文化的繁荣发展、民族精神不断提升、民族相互认识不断增强、民族共识意识逐渐形成、民族团结不断加强、使中华民族的优秀传统文化跻身于世界先进民族之林行列，汇聚中华民族的智慧和力量为人类作出更大的贡献。实现民族振兴的中国梦，就是在建设富强、民主、文明、和谐、美丽的社会主义现代化强国中，推动各民族在平等、团结、互助、和谐氛围中实

---

① 习近平. 承前启后继往开来 继续朝着中华民族伟大复兴目标奋勇前进[N]. 人民日报，2012-11-30(01).
② 习近平. 习近平谈治国理政[M]. 北京：外文出版社，2014：39.
③ 陈跃. 中国梦研究[M]. 北京：中国农业出版社，2014：4-5.

现共同繁荣和均衡发展，并让每一个民族成员共享社会发展成果，从而为实现中国梦凝聚力量。

3. 人民幸福

人民幸福是实现国家富强、民族振兴的出发点和落脚点，人民幸福主要体现在人民物质生活需求不断满足、精神文化不断得到充实、生态环境得到改善、生命财产安全不断得到保障、整体生活水平和生活品质不断得到提升，使人民生活在富足、高尚、环保、安全、和谐的社会环境之中。人民幸福梦的实现，就是要牢记"立党为公、执政为民"要求，坚持"以人为本、全面协调可持续"的发展观，把实现好、维护好、发展好最广大人民根本利益作为立足点和出发点，推进经济社会全面发展的基础上，全方位提升全社会成员的幸福指数，使广大人民群众过上幸福快乐的生活。

(二) 实现中华民族伟大复兴中国梦的目标指向

习近平指出："我坚信，到中国共产党成立100年时全面建成小康社会的目标一定能实现，到新中国成立100年时建成富强民主文明和谐的社会主义现代化国家的目标一定能实现，中华民族伟大复兴的梦想一定能实现。"[1]"两个一百年"奋斗目标成了我国现阶段鲜明的时代主题。实现中国共产党成立一百年时全面建成小康社会，这是中国梦的第一个宏伟目标；在中华人民共和国成立一百年时，把我国建设成为富强、民主、文明、和谐、美丽的社会主义现代化强国，这是实现中国梦的第二个宏伟目标。

1. 全面建成小康社会

"小康"一词最早出现在《诗经·大雅·民劳篇》里，是中国古代百姓对安定康乐生活的向往，此后"小康"一词不断地出现，到党的十一届三中全会后小康社会成为中国社会发展的目标追求。1979年12月6日，邓小平在会见日本首相大平正芳时首次提出"小康之家"这样一个"中国式的四个现代化"的全新概念，指出中国式现代化就是实现温饱，人民生活水平的不断提高。此后，在社会主义现代化建设中不断丰富和发展小康社会这一思想，提出"三步走"的发展战略目标。2002年党的十六大正式将全面建设小康社会确立为新时期

---

[1] 习近平. 习近平谈治国理政[M]. 北京：外文出版社，2014：36.

第六章　中国特色社会主义理论体系的目标追求

的发展任务和奋斗目标。2007年党的十七大提出了全面建设小康社会奋斗目标的新要求。2012年党的十八大提出全面建成小康社会，此后习近平总书记进一步指出全面建成小康社会是"实现中华民族伟大复兴中国梦的关键一步"①。2017年党的十九大提出从现在到2020年，是全面建成小康社会决胜期，要按照十六大、十七大、十八大提出的全面建成小康社会各项要求，紧扣我国社会主要矛盾变化，统筹推进经济建设、政治建设、文化建设、社会建设、生态文明建设，坚定实施科教兴国战略、人才强国战略、创新驱动发展战略、乡村振兴战略、区域协调发展战略、可持续发展战略、军民融合发展战略，突出抓重点、补短板、强弱项，特别是要坚决打好防范化解重大风险、精准脱贫、污染防治的攻坚战，使全面建成小康社会得到人民认可、经得起历史检验。

党的十九大在对过去五年和十年确立的全面建设小康社会的目标基础上，针对发展中的难题，提出了更加明确的追求目标，更好地顺应了人民群众的愿望及新的要求，以确保到2020年全面建成小康社会。总的来看，全面建成小康社会的目标体现在以下五个方面。

经济持续健康发展。2020年实现国内生产总值与城乡居民收入比2010年翻一番，必须保持一定的经济增长速度。经初步测算，"十三五"时期，GDP每年平均增长速度保持在6.5%以上，主要经济指标协调平衡，才能实现翻一番目标。即使实现全面建成小康社会后，只有保持一定的增长速度，才能实现第二个百年奋斗目标。② 经济除了持续快速发展还需健康发展，在经济发展中调整经济结构、优化产业结构、促进区域经济协调发展；推动城镇化、工业化、信息化、农业现代化水平同步发展，为中华人民共和国成立100周年时建成富强民主文明和谐美丽的社会主义现代化强国奠定坚实的物质基础。

人民民主不断扩大。民主制度要更加完善，民主形式更加丰富，人民积极性、主动性、创造性进一步发挥，依法治国全面落实。法治政府基本建立，司法公信力不断提高，人权得到切实尊重和保障。坚持和完善我国的根本政

---

① 习近平. 习近平谈治国理政[M]. 北京：外文出版社，2014：314.
② 朱启贵. 全面建成小康社会评价指标体系研究[J]. 学术前沿，2017(2).

治制度、基本政治制度与具体制度，构建系统完备、科学规范、实践有效的制度体系，充分发挥社会主义政治制度的优越性，从根本上保障人民的知情权、参与权、表达权、监督权，不断激发社会主义民主政治的旺盛活力。

提高文化软实力。党的十七届六中全会明确指出，推动社会主义文化大发展大繁荣，发展面向现代化、面向世界、面向未来的、民族的科学的大众的社会主义文化，到2020年建成社会主义文化强国。党的十八大明确提出，社会主义核心价值体系深入人心，努力践行社会主义核心价值观，使公民文明素质和社会文明程度明显提高，从而增强中华民族的凝聚力；全面推进文化体制改革，推进公共文化服务体系建设，保障人民群众基本文化权益，坚持以人民为中心的创作导向，提高文化产品质量，为人民提供更好更多的精神食粮，使物质文明与精神文明协调发展。

人民生活水平和生活质量显著提高。全面建成小康社会以人民生活水平和生活质量是否提高作为衡量的标准，习近平总书记强调："人民对美好生活的向往就是我们的奋斗目标"①。全面建成小康社会要不断加大提高民生力度，要提升城乡就业率，提高居民收入水平，增加家庭财产收入。人民群众衣食住行用条件得到明显提高，城乡最低生活保障标准和农村扶贫标准大幅提升，企业退休人员基本养老金持续提高。社会建设取得新的进步，教育事业迅速发展，城乡免费义务教育全面落实，社会保障体系更加完善，城乡基本养老保险制度全面建立，新型社会救助体系基本形成。全民医保基本实现，城乡基本医疗卫生制度初步建立，保障性住房建设加快推进。

生态环境得到提高。良好的生态环境是提高人民生活质量的重要内容，也是全面建成小康社会追求目标的应有之义。在经济社会发展中要对资源进行合理配置及高效循环利用、有效保护和替代，使经济社会发展与环境承载能力相适应。党的十八大明确指出主体功能布局要基本形成，资源循环利用体系要初步建立。单位国内生产总值能源消耗和二氧化碳排放大幅度降低，森林覆盖率提高，生态系统稳定性增强，人居环境明显提高。

---

① 习近平. 习近平著作选读（第2卷）[M]. 北京：人民出版社，2023：164.

第六章　中国特色社会主义理论体系的目标追求

2. 社会主义现代化的奋斗目标

新中国成立之初，适应世界工业化的浪潮，现代化被确定为经济上的"一化"（工业化）①。三届全国人大会议后，现代化目标变为经济上的"四化"（农业、工业、国防和科学技术现代化）②，这一目标反映了中国现代化最基本的方面。十一届三中全会后，中国共产党对现代化做了更为深入的探讨，党的十三大明确提出要把中国"建设成为富强、民主、文明的社会主义现代化国家"③。党的十六届六中全会提出经济政治文化社会"四位一体"的现代化目标和"富强、民主、文明、和谐"的要求，党的十八大报告则明确提出："中国特色社会主义道路，就是在中国共产党的领导下，立足基本国情，以经济建设为中心，坚持四项基本原则，坚持改革开放，解放和发展社会生产力，建设社会主义市场经济、社会主义民主政治、社会主义先进文化、社会主义和谐社会、社会主义生态文明，促进人的全面发展，逐步实现全体人民共同富裕，建设富强民主文明和谐的社会主义现代化国家。"④党的十九大报告明确提出：改革开放之后，我们党对我国社会主义现代化建设作出新的战略安排，提出"三步走"战略目标。解决人民温饱问题、人民生活总体上达到小康水平这两个目标已提前实现。在这个基础上，到建党一百年时建成经济更加发展、民主更加健全、科教更加进步、文化更加繁荣、社会更加和谐、人民生活更加殷实的小康社会，然后再奋斗三十年，到新中国成立一百年时，基本实现现代化，把我国建成社会主义现代化国家。可见建立富强民主文明和谐美丽的社会主义现代化的目标没有变，但社会主义现代化的涉及面越来越广泛，内容越来越具体。

实现经济现代化。经济现代化是实现社会主义现代化的物质前提，经济现代化实质上是国民经济工业化和信息化、城镇化、农业现代化、知识化、绿色化和全球化协调推进。中国正处于快速工业化、城镇化、农业化的进程中，要推动"工业化和城镇化良性互动、城镇化与农业化相互协调，促进工业

---

① 毛泽东.毛泽东著作选读（下）[M].北京：人民出版社，1986：704.
② 周恩来.周恩来选集（下）[M].北京：人民出版社，1984：439.
③ 中共中央文献研究室.十三大以来重要文献选编（上）[M].北京：人民出版社，1991：15.
④ 中国共产党第十八次全国代表大会文件汇编[M].北京：人民出版社，2012：11.

化、信息化、城镇化、农业化同步发展"①。工业化、信息化、城镇化、农业化协调发展是中国特色社会主义经济现代化的题中应有之义。

实现政治现代化。政治民主化和法治化是政治现代化的基本内容。因而政治现代化的目标是充分发挥中国特色社会主义民主制度及建立完善的具有中国特色的社会主义法治体系,从而建立自由、民主、公正、法治的新型社会。发展社会主义民主对社会主义现代化至关重要,邓小平指出:"没有民主就没有社会主义,就没有社会主义的现代化。"②党的十八大明确指出:社会主义协商民主是我国人民民主的重要形式,有利于推进政治民主的进程。另外,建立一套完整的社会主义法治体系是社会主义政治现代化的重要保障,党的十八大报告明确指出:"法治是治国理政的基本方式。要推进科学立法、严格执法、公正司法、全民守法,坚持法律面前人人平等,保证有法可依、有法必依、执法必严、违法必究。完善中国特色社会主义法律体系,加强重点领域立法,拓展人民有序参与立法途径。推进依法行政,切实做到严格规范公正文明执法。"③党的十八届四中全会再次强调:"为了保障人民民主,必须加强法治,必须使民主制度化、法律化,把依法治国确定为党领导人民治理国家的基本方略,把依法执政确定为党治国理政的基本方式,积极建设社会主义法治,取得历史性成就。"④到21世纪中叶,社会主义法治将深入发展,中国建立比较完善的中国特色社会主义法律体系,建立覆盖城乡的高度发展的法治社会。

实现文化现代化。建立社会主义文化强国,必须走中国特色社会主义文化发展道路,坚持为人民服务,为社会主义服务的方向,坚持百花齐放、百家争鸣的方针,坚持贴近实际、贴近生活、贴近群众的原则。深化文化体制改革,解放和发展文化生产力,发扬学术民主、艺术民主、为人民提供更广阔的文化舞台、保障人民基本的文化权益,提高人民的思想道德素质和科学

---

① 中国共产党第十八次全国代表大会文件汇编[M].北京:人民出版社,2012:19.
② 邓小平.邓小平文选(第2卷)[M].北京:人民出版社:1994:168.
③ 胡锦涛.胡锦涛文选(第3卷)[M].北京:人民出版社:2016:634-635.
④ 中国共产党第十八届中央委员会第四次全体会议文件汇编[M].北京:人民出版社:2014:19.

第六章　中国特色社会主义理论体系的目标追求

文化素质。提高文化产品质量，增强文化整体实力和竞争力，提高中华文化在国际社会的影响力，推动社会主义物质文明与精神文明全面发展。

实现社会现代化。社会现代化涉及方方面面，包括民生、社会体制、社会事业、社会组织、社会管理等等，因此实现社会现代化是一项长期复杂的庞大的工程，习近平总书记在第十二届人民代表大会中明确指出："我们的人民热爱生活，期盼有更好的教育、更稳定的工作、更满意的收入、更可靠的社会保障、更高水平的医疗卫生服务、更舒适的居住条件、更优美的环境，期盼孩子们能成长得更好、工作得更好、生活得更好。人民对美好生活的向往，就是我们的奋斗目标。"①由此可以看出社会现代化的目标是建立一个民主法治、公平正义、诚信友善、充满活力、安定有序、人民安居乐业、国家长治久安，人与自然和谐相处的社会主义和谐社会。

生态现代化。党的十八大报告明确指出："建设生态文明，是关系人民福祉、关乎民族未来的长远大计。面对资源约束趋紧、环境污染严重、生态系统退化的严峻形势，必须树立尊重自然、顺应自然、保护自然的生态文明理念，把生态文明建设放在突出地位，融入经济建设、政治建设、文化建设、社会建设各方面和全过程，努力建设美丽中国，实现中华民族永续发展。"②中国现代化战略研究课题组在发布的《中国现代化报告2007》中指出，2004年中国生态现代化水平指数为42分，在118个国家排100位，中国正处在生态现代化的起步期。预计，2050年前后，中国生态现代化水平进入世界前40名，21世纪后50年，将有望进入世界前20名，达到世界先进水平。我们生态现代化水平与发达国家的水平之间的差距还很大，工业现代化的环境压力，生态现代化的环保需要成为中国现代化的双重挑战，因此在发展过程中必须采用生态现代化原理，有效调动生态环保专家、民间环保组织以及广大人民群众的智慧和力量，制定出科学的生态治理方案，使生态治理效益最大化。

在实现中华民族伟大复兴中国梦的道路上，我们遇到了不少的困难，但是在中国共产党的正确领导下逐步实现民族的独立、人民解放、国家富强、

---

① 习近平.习近平谈治国理政[M].北京：外文出版社，2014：4.
② 胡锦涛.胡锦涛文选(第3卷)[M].北京：人民出版社：2016：644.

人民幸福,使中国人民对未来更加充满了希望与信心。

(三)实现中华民族伟大复兴中国梦的条件

"实现中华民族伟大复兴是中华民族近代以来最伟大的梦想。从孙中山先生第一个喊出'振兴中华'的口号以来,中华民族和中国人民为实现这个目标进行了不屈不挠的斗争,付出了巨大努力,作出了巨大牺牲。六十多年前我们党领导人民经过长期艰苦卓绝的斗争建立了新中国,三十多年前我们党领导人民开始了改革开放,这两件大事大大加快了实现中华民族伟大复兴的历史进程。"①历史和实践充分证明,要实现国家富强、民族振兴、人民幸福,必须夯实"四个自信"理论基石,坚持走中国道路、弘扬中国精神、凝聚中国力量。

1. 坚定不移走中国特色社会主义道路

中国特色社会主义道路坚持马克思主义基本原理同中国的具体实践相结合,符合了我国基本国情和科学社会主义的基本原则、顺应时代潮流,在吸收和借鉴人类文明一切优秀成果的同时,保持自身发展的特点和本色,从而不可逆转地结束了近代中国内忧外患、积贫积弱的悲惨命运,使中华民族以崭新的姿态屹立于世界民族之林,因而实现中华民族伟大复兴必须坚定不移地走中国特色社会主义道路。

改革开放四十多年来,中国取得了举世瞩目的伟大成就,创造了"中国奇迹",通过短短四十多年的发展,经济快速发展、人民生活水平不断提高、社会和谐稳定、综合国力不断提高,社会主义现代化建设事业取得了巨大的成就。党的十一届三中全会以来"我们党和人民锐意改革,努力奋斗,整个国家焕发出了勃勃生机,中华大地发生了历史性的伟大变化。社会生产力获得新的解放。安定团结的政治局面不断巩固。十一亿人民的温饱问题基本解决,正在向小康迈进。我国经济建设上了一个大台阶,人民生活上了一个大台阶,综合国力上了一个大台阶。在世界风云急剧变幻的情况下,中国的社会主义制度经受住严峻的考验,显示了强大的生命力。"②农业生产快速发展,农业生

---

① 中共中央文献研究室. 习近平关于实现中华民族伟大复兴的中国梦论述摘编[M]. 北京:中央文献出版社,2013:10.

② 中共中央文献研究室. 十四大以来重要文献选编(上)[M]. 北京:人民出版社,1996:1-2.

第六章 中国特色社会主义理论体系的目标追求

产综合能力显著增强,粮食生产力不断提高;产业结构不断得到调整,1992年到1996年"国内生产总值年均增长百分之十二点一,既实现了经济快速增长,又有效抑制了通货膨胀,避免了大起大落。经济结构调整取得明显进展。农业得到加强,粮食等农产品稳定增长。水利、交通、通信等基础设施和钢铁、能源等基础工业迅速发展。东部地区经济快速增长,中西部地区经济发展加快。'八五'计划胜利完成,'九五'计划的实施有了良好开端。"[①]十五大以来的五年,"国民经济持续快速健康发展。实施扩大内需的方针,适时采取积极的财政政策和稳健的货币政策,克服亚洲金融危机和世界经济波动对我国的不利影响,保持了经济较快增长。经济结构战略性调整取得成效,农业的基础地位继续加强,传统产业得到提升,高新技术产业和现代服务业加速发展。建设了一大批水利、交通、通信、能源和环保等基础设施工程。西部大开发取得重要进展。经济效益进一步提高,财政收入不断增长。'九五'计划胜利完成,'十五'计划开局良好。"[②] 2010年"我国经济总量从世界第六位跃升到第二位,社会生产力、经济实力、科技实力迈上一个大台阶,人民生活水平、居民收入水平、社会保障水平迈上一个大台阶,综合国力、国际竞争力、国际影响力迈上一个大台阶,国家面貌发生新的历史性变化。人们公认,这是我国经济持续发展、民主不断健全、文化日益繁荣、社会保持稳定的时期,是着力保障和改善民生、人民得到实惠更多的时期。"[③]

中国共产党团结带领全国人民通过长期不懈的奋斗取得革命、建设、改革的伟大胜利,充分证明了中国特色社会主义道路的正确性。习近平同志明确指出:党和国家的长期实践充分证明,只有社会主义才能救中国,只有中国特色社会主义才能发展中国。[④] 历史是最好的教科书和营养剂,因此,我们在学好历史的同时,要进一步开创和发展中国特色社会主义道路。在任何时候都要坚持解放思想、实事求是、与时俱进,不断深化对国情的认识,坚持马克思主义科学的世界观和方法论,要站在人民的立场上阐述历史、研究历

---

① 中共中央文献研究室. 十五大以来重要文献选编(上)[M]. 北京:人民出版社,2000:6.
② 中共中央文献研究室. 十六大以来重要文献选编(上)[M]. 北京:中央文献出版社,2005:2.
③ 中共中央文献研究室. 十八大以来重要文献选编(上)[M]. 北京:中央文献出版社,2014:5-6.
④ 习近平. 习近平谈治国理政[M]. 北京:外文出版社,2014:7.

史，全面推进社会主义现代化建设"五位一体"总体布局及"四个全面"战略布局，要从历史中总结成功的经验，深刻揭示发展规律，从而为实现中华民族伟大复兴提供正确的道路指向。

2. 坚持中国特色社会主义理论体系

改革开放以来，在中国特色社会主义伟大旗帜的指引下，我们党带领全国各族人民，坚定理想信念，不畏艰难险阻，勇于创新，从而走上了中华民族伟大复兴之路，这彰显了中国特色社会主义理论的科学性。中国特色社会主义理论的科学性源于马克思主义的真理性，通过将马克思主义基本原理同中国具体实践与时代特征相结合，科学而系统地回答了"什么是马克思主义，怎样对待马克思主义；什么是社会主义，怎样建设社会主义；建设什么样的党，怎样建设；实现什么样的发展，怎样发展"等一系列重大问题，以全新的视野深化了对共产党执政规律、社会主义建设规律、人类社会发展规律的认识，形成和发展了中国特色社会主义理论体系。其次，理论来源于实践。实践是检验真理的唯一标准，改革开放的伟大实践取得的辉煌成就，证明了指导这一伟大实践的理论的正确性和真理性。改革开放以来，我国用几十年的时间完成了西方发达国家一两百年才能完成的城镇化和工业化。实现了经济快速发展，社会全面进步，综合国力显著增强，人民生活水平极大提高。从容地应对了世界性的经济危机，在经济危机中能实现快速发展，在2010年经济总量超过日本，跃居世界第二，是世界发展史的一大奇迹。

人民群众是实践的主体，是历史的创造者，是社会变革的决定力量。习近平总书记指出："中国特色社会主义，是科学社会主义理论逻辑和中国社会发展历史逻辑的辩证统一，是根植于中国大地、反映中国人民意愿、适应中国和时代发展进步要求的科学社会主义，是全面建成小康社会、加快推进社会主义现代化、实现中华民族伟大复兴的必由之路。"①中国特色社会主义理论指导下的社会主义现代化建设符合广大人民群众的根本利益，得到了广大人民群众的支持与拥护，从而极大地调动了人民群众积极性，使广大人民群众主动投身到社会主义现代化建设中，是改革开放和中国特色社会主义现代化

---

① 习近平. 习近平谈治国理政(第1卷)[M]. 北京：外文出版社，2018：21.

第六章　中国特色社会主义理论体系的目标追求

建设中取得辉煌的成就。

习近平总书记指出:"只有掌握科学理论才能把握正确前进方向"①,"理论上坚定成熟,什么力量也不能动摇我们"②。必须夯实马克思主义的指导地位,坚持运用马克思主义辩证唯物主义和历史唯物主义的立场、观点和方法解决问题和分析问题,坚持解放思想、实事求是,与时俱进,坚定中国特色社会主义的共同理想及共产主义的远大理想。"同时要根据时代变化和实践发展,不断深化认识,不断总结经验,不断推进实践基础上的理论创新,坚持理论指导和实践探索辩证统一,实现理论创新和实践创新良性互动,在这种统一和互动中发展 21 世纪中国的马克思主义。"③当前我们面临纷繁复杂的国内外形势,西方资本主义国家利用各种社会思潮加紧对我国意识形态的渗透,因此我们要时刻保持清醒的头脑,强调理论自信,"不畏浮云遮望眼",不为各种扭曲思潮和歪理邪说所俘获,始终高举中国特色社会主义理论旗帜,走好中国特色社会主义道路,朝着实现第二个百年奋斗目标和中华民族伟大复兴的中国梦奋勇前进。

3. 坚定对中国特色社会主义制度的强大信心

制度是历史的结论,人民的选择,是社会发展进步的根本保障,2012 年党的十八大报告第一次界定了中国特色社会主义制度的科学内涵:"中国特色社会主义制度,就是人民代表大会制度的根本政治制度,中国共产党领导的多党合作和政治协商制度,民族区域自治制度以及基层群众自治制度等基本政治制度,中国特色社会主义法律体系,公有制为主体、多种所有制经济共同发展的基本经济制度,以及建立在这些制度基础上的经济体制、政治体制、文化体制、社会体制等各项具体制度。"④由此可以看出,中国特色社会主义制度是几代中国共产党人在不断进行理论探索和实践创新中确立的,经过改革

---

① 习近平. 习近平谈治国理政(第 2 卷)[M]. 北京:外文出版社,2017:51.
② 中共中央文献研究室. 习近平关于全面从严治党论述摘编[M]. 北京:中央文献出版社,2016:67.
③ 中共中央宣传部. 习近平总书记系列重要讲话读本(2016 年版)[M]. 学习出版社,人民出版社,2016:33-34.
④ 胡锦涛. 坚定不移沿着中国特色社会主义道路前进 为全面建成小康社会奋斗——在中国共产党第十八次代表大会上的报告[M]. 北京:人民出版社,2012:12-13.

开放四十多年的发展逐渐得以完善,其内涵得到不断的丰富。中国特色社会主义制度具有自身的特点和优势,"符合我国国情,顺应时代潮流,有利于保持党和国家活力、调动广大人民群众和社会各方面的积极性、主动性、创造性,有利于解放和发展社会生产力、推动经济社会全面发展,有利于维护和促进社会公平正义、实现全体人民共同富裕,有利于集中力量办大事、有效应对前进道路上的各种风险挑战,有利于维护民族团结、社会稳定、国家统一。"①

中国特色社会主义制度的优越性表现在其伟大的实践中取得的举世瞩目的成绩,中国共产党领导全国人民取得新民主主义革命的胜利,以毛泽东同志为核心的党的第一代中央领导集体,确立了社会主义基本制度。社会主义制度在改革开放的实践中逐步定型和自我完善,从而使党在不断开拓进取中创造了辉煌的历史,社会主义制度彰显出强大的生命力和巨大的优越性,改革开放以来,中国社会生产力、经济实力、科技实力、综合国力、国家竞争力和国际影响力迈向了更高的台阶。中国具备了其他国家不具备的特殊竞争力,今天的中国是世界上唯一可以集资本、技术、管理、劳动力为一体的国家。也就是说,中国已有能力把全世界的高铁工程包下来,把全世界的高速公路工程包下来,把全世界的发电站工程包下来,把全世界的地铁工程包下来,把世界各种大型和超大型工程包下来,我们不仅提供各种大型设备,而且能够提供信贷、技术、管理和劳动力。这种竞争力与中国的政治制度的优势(特别是战略决策力和中长期规划力)相结合。② 当代中国取得的举世瞩目的成绩,不是"偶然的运气",也不是"无法解释的原因",而是因为有中国特色社会主义制度这个坚实的制度基础。

恩格斯指出:"所谓'社会主义社会'不是一种一成不变的东西,而应当和任何其他社会制度一样,把它看成是经常变化和改革的社会。"③任何一种社会制度都处在不断发展和完善的过程中,中国特色社会主义制度也一样,我们的制度自信不是建立在制度完美无缺的基础上,所以在坚持不走封闭僵化的

---

① 胡锦涛. 在庆祝中国共产党成立 90 周年大会上的讲话[M]. 北京:人民出版社,2011:8-9.
② 张维为. 中国超越:一个文明国家的光荣与梦想[M]. 上海:上海人民出版社,2014:35.
③ 马克思,恩格斯. 马克思恩格斯文集(第 10 卷)[M]. 北京:人民出版社,2009:588.

第六章 中国特色社会主义理论体系的目标追求

老路和改旗易帜的邪路的前提下，必须改革和完善中国特色社会主义制度，习近平总书记指出："我们要按照宪法确立的民主集中制原则、国家政权体制和活动准则，实行人民代表大会统一行使国家权力，实行决策权、执行权、监督权既有合理分工又有相互协调，保证国家机关依照法定权限和程序行使职权、履行职责，保证国家机关统一有效组织各项事业。我们要根据宪法确立的体制和原则，正确处理中央和地方关系，正确处理民族关系，正确处理各方面利益关系，调动一切积极因素，巩固和发展民主团结、生动活泼、安定和谐的政治局面。我们要适应扩大人民民主、促进经济社会发展的新要求，积极稳妥推进政治体制改革，发展更加广泛、更加充分、更加健全的人民民主，充分发挥我国社会主义政治制度优越性，不断推进社会主义政治制度自我完善和发展。"①

4. 坚定中国特色社会主义文化自信

习近平总书记在庆祝中国共产党成立 95 周年大会上的讲话中明确指出：继承了党的十八大提出的道路自信、理论自信、制度自信"三个自信"之后，将文化自信提升为中国特色社会主义的"第四个自信"。在 5000 多年文明发展中，孕育了璀璨的中华民族传统文化，在党和人民伟大斗争中孕育了宝贵的革命文化和社会主义先进文化。而所谓文化自信，就是对中华优秀传统文化、革命文化和社会主义先进文化具有高度的认同感和自豪感，推动中华文化与时俱进，适应时代发展的需要，激发文化的强大力量。

习近平指出："中华优秀传统文化已经成为中华民族的基因，根植在中国人内心，潜移默化影响着中国人的思想方式和行为方式。"②当代中国文化是对传统文化的延续和发展，中华优秀传统文化滋养着中国人民的内在品格和价值追求，是中国最深厚的文化软实力和屹立于世界文化之林的根基。其丰富的"哲学思想、人文精神、教化思想、道德理念等，可以为人们认识和改造世界提供有益启迪，可以为治国理政提供有益启示，也可以为道德建设提供有

---

① 习近平. 习近平谈治国理政(第1卷)[M]. 北京：外文出版社，2018：139.
② 习近平. 习近平谈治国理政(第1卷)[M]. 北京：外文出版社，2014：170.

益启发"①。中华优秀传统文化博大精深,它为中国的发展壮大提供着取之不尽、用之不竭的丰厚滋养。中国共产党团结全国各族人民在进行反帝反封建斗争和争取民主、自由、独立、解放的斗争中形成的革命文化:红船精神、井冈山精神、苏区精神、长征精神、延安精神、抗战精神、西柏坡精神等不畏艰险、坚忍不拔、艰苦奋斗,为民族的独立与解放而献身的革命精神,彰显了中国共产党的政治本色,是中国共产党的宝贵精神财富,是民族复兴的精神动力。而以马克思主义指导思想、中国特色社会主义共同理想、以爱国主义为核心的民族精神和以改革创新为核心的时代精神、以社会主义荣辱观为基本内涵的社会主义先进文化展现了我们党在思想上的伟大旗帜、凝聚了民心、鼓舞了斗志、增强了国家凝聚力、提高了国家竞争力。

实现中华民族伟大复兴必须继承和弘扬发展中华优秀传统文化,提高文化自觉性,厘清中华文化形成的历史渊源、发展脉络及价值理念,提高文化对新时代、新环境的适应能力与文化转型的自主能力。要汲取中华优秀传统文化中丰富的治国理政思想,习近平指出:"历经磨难而不衰的中华文明,蕴涵着丰富而宝贵的思想文化遗产。诸如'筚路蓝缕,以启山林'的开拓精神,艰难困苦、玉汝于成的顽强意志,舍生取义、视死如归的英雄气概,海纳百川、虚怀若谷的博大胸怀,修齐治平、治国安民的政治理想,'载舟''覆舟'、居安思危的忧患意识,革故鼎新、自强不息的执着追求。"②实现中华民族伟大复兴,需要学习革命精神,弘扬红色文化,发扬革命与拼命、严守纪律和自我牺牲、大公无私和先人后己、压倒一切敌人、压倒一切困难、坚持乐观主义、排除万难去争取胜利等精神,坚定共产主义的理想信念,增强党性观念和保持党的先进性,焕发斗志,为全面建成小康社会提供强大的精神动力。构建中国特色社会主义先进文化,发展面向现代化、面向世界、面向未来、民族的、科学的大众的社会主义文化,从而不断加强精神文明建设,为社会主义现代化建设提供智力支持。习近平总书记明确指出:我们党要始终代表中国先进文化的前进方向,就是党的理论、路线、纲领、方针、政策和各项

---

① 习近平. 在纪念孔子诞辰2565周年国际学术研讨会暨国际儒学联合会第五届会员大会开幕会上的讲话[N]. 人民日报,2014-09-25.
② 习近平. 习近平党校十九讲[M]. 北京:中央党校出版社,2014:248.

第六章 中国特色社会主义理论体系的目标追求

工作,必须努力体现发展面向现代化、面向世界、面向未来的,民族的科学的大众的社会主义文化的要求,促进全民族思想道德素质和科学文化素质的不断提高,为我国经济发展和社会进步提供精神动力和智力支持。社会主义社会是全面发展、全面进步的社会。社会主义现代化事业是物质文明和精神文明相辅相成、协调发展的事业。

第七章　中国特色社会主义理论体系的根本保证

中国共产党是中国特色社会主义理论与实践的领导核心，是中国特色社会主义理论体系整体性发展的根本保证。中国共产党通过坚持马克思主义的指导地位，增进马克思主义主流意识形态的社会认同，为推进中国特色社会主义理论体系整体性发展提供了思想指导；通过推进中国特色社会主义理论创新，创造马克思主义中国化、时代化、大众化的伟大理论成果，为中国特色社会主义理论体系整体性发展注入了理论活力；通过领导中国特色社会主义事业发展，推动"五位一体"建设的全面协调可持续发展，为中国特色社会主义理论体系整体性发展奠定了实践基础。在中国共产党的领导下，中国特色社会主义在指导思想、理论创新和实践发展方面的整体性和统一性，决定了中国特色社会主义理论体系整体性发展。

一、中国共产党坚持马克思主义指导地位

中国共产党自成立以来，始终坚定不移高举马克思主义这面理论旗帜，凝聚了中国革命、建设、改革实践的社会共识，实现了经济社会整体发展和人的自由全面发展。中国共产党通过坚持马克思主义的指导地位，增进马克思主义主流意识形态的社会认同，为推进中国特色社会主义理论体系整体性发展提供了思想指导。因此，"在坚持马克思主义指导地位这一根本问题上，我们必须坚定不移，任何时候任何情况下都不能有丝毫动摇"[①]。

[①] 习近平. 在庆祝中国共产党成立95周年大会上的讲话[N]. 人民日报, 2016-07-02(002).

第七章　中国特色社会主义理论体系的根本保证

(一)坚持党对意识形态工作的领导

意识形态是一个政党提出纲领、凝聚共识、增强合法性的精神力量和思想工具,是对一定阶级阶层的集体意志和根本利益的集中体现和反映。中国共产党历来重视意识形态工作,形成了"意识形态工作是党的一项极端重要的工作"[①]的论断,强调了意识形态工作对于党的前途命运、国家的长治久安、民族的凝聚力和向心力来说具有重大意义。历史经验证明,坚持党对意识形态工作的领导,是取得各项工作胜利的法宝利器。中国共产党对意识形态工作的领导,主要通过强化对意识形态工作的领导权、牢牢把握意识形态话语权、积极营造社会主义发展的文化环境等方式,确保中国特色社会主义理论体系在思想文化领域尤其是意识形态领域的主导地位,增进马克思主义意识形态的党内信仰和社会认同。

1. 强化意识形态工作领导权

纵观各国政党发展史,一个政党要推行其政治纲领,首要的是占领意识形态阵地,把握对意识形态工作的领导权。意识形态工作事关党与国家的前途和命运,党在进行革命、建设、改革的实践中,始终将意识形态建设放在首要位置,强调党对意识形态工作的绝对领导。胡锦涛指出,"党管宣传、党管意识形态,是我们党在长期实践中形成的重要原则和制度,是坚持党的领导的一个重要方面,必须始终牢牢坚持,任何时候都不能动摇。"[②]中国共产党通过政治领导、思想领导和组织领导等方式,实现对意识形态的主导。一是意识形态的政治领导。主要体现在将马克思主义科学理论融入党的路线、方针、政策的制定过程,保证社会主义意识形态的正确发展方向。党在各个阶段的战略、决策以及执行,就是对马克思主义理论最为直接、最为有效的运用和宣传。党的新民主主义革命总路线和土地革命纲领的确定与实践,使人民群众认识到无产阶级政党是人民的党、是全心全意为人民服务的党。改革开放决策的制定和改革开放事业的发展,使人民群众理解到社会主义的本质在于解放和发展生产力、最终实现共同富裕。"五位一体"总体布局和"四个全

---

① 习近平.习近平著作选读(第1卷)[M].北京:人民出版社,2023:147.
② 胡锦涛.坚持用"三个代表"重要思想统领宣传思想工作 为全面建设小康社会提供科学理论指导和强大舆论力量[N].人民日报,2003-12-08.

面"战略部署的提出与推行,使人民群众明白马克思主义改造世界的根本目的是由经济社会全面协调发展实现人的自由全面发展。二是意识形态的思想领导。主要体现在通过宣传马克思主义的科学性和正义性,批判错误社会思想的侵蚀性和渗透性,来确保马克思主义在意识形态领域的指导地位。新民主主义革命时期,中国共产党一方面加大力度宣传马克思主义和马克思主义中国化理论,另一方面同国民党反动派、帝国主义的反动思想展开积极斗争,为革命提供有力思想武器,推动新民主主义革命取得成功。新中国成立之后,面对帝国主义国家通过和平演变颠覆新生政权的图谋,我们的党加强了思想建设的自觉性和前瞻性,取得意识形态工作的主动权,巩固了社会主义制度。改革开放以来,面对国际国内局势复杂多变的态势,党高度重视意识形态战场的斗争,经历从改革开放初期反对"两个凡是"、资产阶级自由主义错误思想,到改革开放深入推进时期批判拜金主义、享乐主义、极端个人主义的腐化思想,再到21世纪以来抵制新自由主义、民主社会主义等资本主义意识形态,为改革开放提供了安全的文化环境,确保改革开放的正确目标方向。三是对意识形态的组织领导。主要体现在党设立了专门的意识形态宣传部门,负责思想理论宣传和舆论引导工作。中国共产党早在1921年成立之时就设立了宣传机构,党的六大还将中央宣传部确定为常设机构,足见党对意识形态工作的重视。新中国成立后,从中央到地方的宣传部门及其功能的发挥,有力保证了党对意识形态的组织领导。正是源于始终坚持党的政治领导、思想领导、组织领导,坚持党在意识形态工作的绝对领导权,保证马克思主义理论的指导地位,才使得社会主义伟大事业沿着正确方向前进并取得巨大成绩。

2. 掌握意识形态话语权

话语是解释和认识世界的方式,是控制与支配世界的武器。话语权体现的是对"话语"进行阐释、掌控的权利或权力。对于执政党而言,意识形态话语权关系着执政地位的获得与稳固,关系着执政目标的定位与实现。无论是革命战争年代还是社会主义发展时期,党始终重视把握意识形态话语权,积极引领舆论发展方向,确保马克思主义主流意识形态主导地位。党掌握话语权最重要的是运用好、管理好新闻媒体,守住社会舆论阵地,保证网络媒体、广播电视、报纸杂志等弘扬主旋律,宣传党的理论和政策。毛泽东指出,从

第七章 中国特色社会主义理论体系的根本保证

中央到地方各级党委,都应该高度重视出版行业和办报事业,"应该把报纸拿在自己手里,作为组织一切工作的一个武器,反映政治、军事、经济并且又指导政治、军事、经济的一个武器,组织群众和教育群众的一个武器"[①]。邓小平指出,党报党刊、广播电视一定要无条件地、坚决地宣传党的主张,成为国家安定团结的文化阵地和思想中心,"把促进安定团结,提高青年的社会主义觉悟,作为自己的一项经常性的、基本的任务"[②]。江泽民指出,报刊、广播、电视等在勇于创新、形成特色的过程中,都要坚持正确方向,建设好党的思想文化阵地,因为"思想文化阵地,马克思主义、无产阶级的思想不去占领,各种非马克思主义、非无产阶级的思想甚至反马克思主义的思想就会去占领"[③]。胡锦涛指出,为了更好地宣传党的主张,必须做好新形势下新闻宣传工作,"要高举旗帜、围绕大局、服务人民、改革创新,坚持正确舆论导向,提高舆论引导能力,营造良好舆论环境"[④]。习近平总书记在2013年全国宣传思想工作会议上强调:"必须坚持巩固壮大主流思想舆论,弘扬主旋律,传播正能量,激发全社会团结奋进的强大力量。"[⑤]中国共产党作为中国革命和社会主义事业的领导者,始终致力于提高管理新闻媒体的能力,不断加强舆论阵地建设,通过新闻媒体掌握话语权,确保了马克思主义主流意识形态的指导地位。

3. 营造社会主义文化环境

文化是培育意识形态的载体,健康的社会主义文化环境有利于滋养和促进马克思主义意识形态创新发展,有利于保障马克思主义的主导地位。新中国成立后,毛泽东在批判封建主义和资本主义思想的同时,提出了"古为今用、洋为中用"和"百花齐放、百家争鸣"的方针,旨在建设为社会主义、为人民服务的社会主义文化。党的十一届三中全会之后,邓小平根据改革开放和经济社会发展情况,提出物质文明和精神文明"两手抓、两手硬"的战略决策,为社会文化建设指明了方向和道路。20世纪90年代,江泽民提出用"三个代

---

① 中共中央文献研究室. 毛泽东文集(第3卷)[M]. 北京:人民出版社,1996:111.
② 邓小平. 邓小平文选(第2卷)[M]. 北京:人民出版社,1994:255.
③ 江泽民. 江泽民文选(第3卷)[M]. 北京:人民出版社,2006:97.
④ 胡锦涛. 在人民日报社考察工作时的讲话[N]. 人民日报海外版,2008-06-21(001).
⑤ 人民日报编委会. 巩固壮大主流思想舆论的科学指南[N]. 人民日报,2013-08-30(007).

表"重要思想指导社会主义文化建设,明确了社会主义文化建设的性质、方向、目标等要素。党的十五大报告首次界定了中国特色社会主义文化建设的科学内涵:"建设有中国特色社会主义的文化,就是以马克思主义为指导,以培育有理想、有道德、有文化、有纪律的公民为目标,发展面向现代化、面向世界、面向未来的,民族的科学的大众的社会主义文化。"[①]进入21世纪,胡锦涛依据时代发展推进社会主义文化建设,提出了大力建设社会主义核心价值体系的重大命题和战略任务。党的十七大报告阐释了社会主义核心价值体系建设的基本内容:"要巩固马克思主义指导地位,坚持不懈地用马克思主义中国化最新成果武装全党、教育人民,用中国特色社会主义共同理想凝聚力量,用以爱国主义为核心的民族精神和以改革创新为核心的时代精神鼓舞斗志,用社会主义荣辱观引领风尚,巩固全党全国各族人民团结奋斗的共同思想基础。"[②]党的十八大从三个层面界定了社会主义核心价值观:即"富强、民主、文明、和谐"(国家层面),"自由、平等、公正、法治"(社会层面),"爱国、敬业、诚信、友善"(个人层面)的社会主义核心价值观,并提出通过加强社会主义核心价值体系建设,"牢牢掌握意识形态工作领导权和主导权,坚持正确导向,提高引导能力,壮大主流思想舆论。"[③]党的十八大以来,以习近平同志为核心的党中央在推进社会主义文化发展方面形成了一套系统的、长远的战略和思路,通过高举中国特色社会主义伟大旗帜、培育和践行社会主义核心价值观、挖掘和阐发中华优秀传统文化、加强社会主义意识形态建设、坚持走中国特色社会主义文化发展道路、建设社会主义文化强国等方式,增进中国人民文化自觉和文化自信,为马克思主义的创新和发展提供了新的契机。总之,加强社会主义文化建设为马克思主义创新发展提供了有利条件,保障了马克思主义在我国意识形态领域的主导地位。

(二)推进马克思主义理论研究和建设

加强马克思主义理论研究和建设,是推进马克思主义理论发展、坚持马

[①] 江泽民. 高举邓小平理论伟大旗帜 把建设有中国特色社会主义事业全面推向二十一世纪——在中国共产党第十五次全国代表大会上的报告[M]. 北京:人民出版社,1997:21.

[②] 胡锦涛. 高举中国特色社会主义伟大旗帜 为夺取全面建设小康社会新胜利而奋斗——在中国共产党第十七次全国代表大会上的报告[M]. 北京:人民出版社,2007:34.

[③] 胡锦涛. 胡锦涛文选(第3卷)[M]. 北京:人民出版社,2016:638.

第七章 中国特色社会主义理论体系的根本保证

克思主义指导地位的前提性和基础性工作。自成立以来，中国共产党从坚持马克思主义基本理论研究、加强中国化马克思主义理论研究、打造马克思主义人才队伍几个方面不断推进马克思主义研究和建设。

1. 扎实推进马克思主义基本理论研究

马克思主义基本原理是马克思主义世界观、方法论的集中体现，是马克思主义理论的核心和源头。加强马克思主义理论研究和建设，首要的是认真学习研究马克思主义基本原理。马克思主义基本原理是立党立国的思想来源，是我国意识形态的内核和灵魂，是中国共产党治国理政的理论基础和方法论基础。马克思主义政党的性质和宗旨，决定了加强马克思主义基本理论研究的重要性和必要性，中国共产党领导革命、建设、改革的实践都需要在加强马克思主义基本理论研究的基础上，实现基本原理与中国实际的有机融合。毛泽东认为，必须高度重视学习和研究马克思主义基本原理，这是做好党建工作的基础和保障。毛泽东在中共六届六中全会上指出："我们的任务，是领导一个几万万人口的大民族，进行空前的伟大的斗争。所以，普遍地深入地研究马克思列宁主义的理论的任务，对于我们，是一个亟待解决并须着重地致力才能解决的大问题。"[1]无论是在革命时期还是新中国时期，毛泽东都特别重视对马克思列宁主义理论的学习和研究，多次强调党员干部要读原著，具体列出马列主义学习著作，并教导全党同志："如果我们党有一百个至二百个系统地而不是零碎地、实际地而不是空洞地学会了马克思列宁主义的同志，就会大大地提高我们党的战斗力量，并加速我们战胜日本帝国主义的工作。"[2]邓小平坚持了毛泽东学习和研究马克思主义理论的思想，着重强调"老祖宗不能丢啊！"[3]江泽民在要求全党学习马克思主义基本理论的同时，反复强调要将马克思主义基本原理与中国具体实际相结合，实现马克思主义在中国的发展。胡锦涛突出强调推进马克思主义中国化，以建立在实践基础上的理论创新方式为改革开放提供理论指导。党的十六大之后，为了更好地抓住重要战略机遇期，全面建设小康社会和加快推进社会主义现代化，党中央提出实施马克

---

[1] 毛泽东. 毛泽东选集(第2卷)[M]. 北京：人民出版社，1991：533.
[2] 毛泽东. 毛泽东选集(第2卷)[M]. 北京：人民出版社，1991：533.
[3] 邓小平. 邓小平文选(第3卷)[M]. 北京：人民出版社，1993：369.

思主义理论研究和建设工程。该工程以加强马克思主义基本原理研究为基础工作,以中国特色社会主义理论研究和建设为关键举措,旨在开辟马克思主义发展的新境界,强化马克思主义在思想和实践领域的指导地位。党的十八大以后,以习近平同志为核心的党中央根据新形势,对马克思主义理论研究和建设工程进行了新的部署,要求充分开发利用工程成果,促使党员干部学习掌握马克思主义基本原理。只有全党掌握了马克思主义基本原理,才能确立马克思主义的指导地位,才能引领中国特色社会主义发展。

2. 加强中国化马克思主义理论研究

中国化马克思主义是马克思主义基本原理联系中国具体实际而生成的理论形态,是推进中国特色社会主义发展的指导思想,是中国革命、建设和改革实践的理论遵循。马克思主义基本原理在指导中国实践的过程中创造性地产生两大科学的、厚重的中国化理论成果:毛泽东思想和以邓小平理论、"三个代表"重要思想、科学发展观和习近平新时代中国特色社会主义思想为核心内容的中国特色社会主义理论体系。中国共产党聚焦新民主主义革命和社会主义建设以及改革开放中具体的、重大的问题,以毛泽东思想和中国特色社会主义理论体系中的重大理论成果为指导思想,为人民群众精神生活提供营养,为人民群众社会实践指明方向。在毛泽东思想和中国特色社会主义理论体系中的重大理论成果的指导下,中国共产党有效解答和回应了革命道路选择、革命根据地建设、社会主义制度设计、应对反马克思主义思潮、实施改革开放战略、完善市场经济体制、发展民主政治、建设先进文化、落实科学发展观、构建和谐社会、生态文明建设、全面从严治党等干部群众热切关注的重大课题,既促进了马克思主义理论创新,又推动了中国特色社会主义实践发展。为了充分发挥中国化马克思主义理论成果在思想上的指导功能,引导中国特色社会主义事业向前发展,中国共产党高度重视对中国化马克思主义的构建、研究和阐释。通过科学构建、深入研究、系统阐释中国化马克思主义理论的科学内涵、理论特征和思想实质,统一党员干部的政治信仰和人民群众的思想认识,坚定中国特色社会主义道路自信、理论自信、制度自信和文化自信。通过教育宣传、贯彻落实中国化马克思主义理论的实践要求、战略布局,指导有关治国理政各个领域、各个方面、各个层次具体工作,推

第七章 中国特色社会主义理论体系的根本保证

动改革开放事业向纵深发展。

3. 打造马克思主义理论人才队伍

优秀的理论人才队伍是研究和建设马克思主义理论的主体因素，是巩固马克思主义指导地位的人力保障。马克思主义是庞大的、系统的理论体系，具有理论深厚、思想深邃的特点，需要一支训练有素的理论人才队伍进行专门的研究。只有在深入研究和彻底阐释的情况下，才能实现用马克思主义武装党员干部和人民群众头脑的目的。毛泽东认为，必须高度重视理论人才队伍建设，党的理论家要"能够依据马克思列宁主义的立场、观点和方法，正确地解释历史中和革命中所发生的实际问题，能够在中国的经济、政治、军事、文化种种问题上给予科学的解释，给予理论的说明"①。毛泽东指出："我们要作出计划，组成这么一支强大的理论队伍，有几百万人读马克思主义的理论基础，即辩证唯物论和历史唯物论，反对各种唯心论和机械唯物论。我们现在有许多做理论工作的干部，但还没有组成理论队伍，尤其是还没有强大的理论队伍。"②在革命时期，中国共产党先后成立了中央党校、马列学院和延安抗日军政大学等马克思主义理论宣传教育机构，为中国革命培养理想信念坚定和理论素养过硬的人才队伍。新中国成立后，逐步形成了一套比较系统的、完备的马克思主义研究机构和部门，各级党校、行政学院、干部学院、社会科学院和高校相互支撑、相互补充，成为马克思主义理论研究和马克思主义人才队伍建设的重要基地。2004年党中央提出实施马克思主义理论研究和建设工程，这一工程是推进马克思主义理论发展的创新工程，是培养卓越的马克思主义理论人才队伍的基础工程。胡锦涛强调思想理论建设是党的建设的根本，党员干部必须不断增强使命感和责任感，投身于马克思主义理论研究和建设工程，致力于推动马克思主义在中国的发展。2005年中共中央宣传部、教育部设立马克思主义理论一级学科，对于推进马克思主义理论研究和培养社会主义接班人具有深远意义。习近平总书记高度重视构建哲学社会科学人才体系，强调培养造就一批具有深厚马克思主义理论素养的思想家和理论家。

---

① 毛泽东.毛泽东选集(第3卷)[M].北京：人民出版社，1991：814.
② 中共中央文献研究室.毛泽东文集(第6卷)[M].北京：人民出版社，1999：395.

近年来,高校从教材建设、学科建设、师资建设、教学方式方法创新等多个方面着手,培养了大批专业扎实、素质全面的马克思主义理论人才队伍,成为马克思主义理论研究的重要力量。正是在党中央的高度重视和战略部署下,推动了马克思主义研究机构和部门的发展,培养了一批政治信仰坚定、理论素质高、科研能力强、生活作风优良的马克思主义理论人才队伍,对加强马克思主义理论创新和确保马克思主义的指导地位起着关键作用。

(三)加强马克思主义的宣传教育

科学的理论只有在人民群众心中落地生根才能发挥作用。马克思指出:"理论只要说服人[ad hominem],就能掌握群众;而理论只要彻底,就能说服人[ad hominem]。所谓彻底,就是抓住事物的根本。"① 毛泽东强调:"不重视学习理论,天天搞事务,一定要迷失方向。"② 中国共产党历来就把马克思主义的宣传教育作为一项重要任务,在全党全社会宣传马克思主义理论,通过坚持理论联系实际的原则,创建大众化的话语体系,丰富马克思主义宣传教育方法等途径,坚定党员干部的理想信念和政治信仰,培养人民群众正确的世界观、价值观和方法论,增强了马克思主义理论的说服力和掌握力。

1. 坚持理论联系实际的原则

理论联系实际既是党在理论创新和实践创造中形成的、坚持的成功经验、优良作风,又是党开展马克思主义理论宣传教育工作的重要原则。党在进行马克思主义理论宣传教育过程中,始终坚持理论联系实际的原则,不仅根据革命、建设和改革的中心问题开展宣传教育,而且重视培养党员干部和人民群众运用马克思主义理论分析解决实际问题的能力。马克思主义经典作家都特别重视基本原理和具体实际相结合,强调主观和客观、理论和实践的统一。马克思在谈到思想、群众、实践之间的关系时指出:"思想本身根本不能实现什么东西。思想要得到实现,就要有使用实践力量的人。"③ 列宁指出:"马克

---

① 中共中央马克思恩格斯列宁斯大林著作编译局. 马克思恩格斯选集(第1卷)[M]. 北京:人民出版社,2012:9-10.
② 中共中央文献研究室. 建国以来重要文献选编(第15册)[M]. 北京:中央文献出版社,1997:169.
③ 中共中央马克思恩格斯列宁斯大林著作编译局. 马克思恩格斯文集(第1卷)[M]. 北京:人民出版社,2009:320.

第七章　中国特色社会主义理论体系的根本保证

思主义的全部精神，它的整个体系，要求人们对每一个原理都要(α)历史地，(β)都要同其他原理联系起来，(γ)都要同具体的历史经验联系起来加以考察。"①毛泽东认为："对于马克思主义的理论，要能够精通它、应用它，精通的目的全在于应用。"②邓小平强调："学马列要精，要管用的。"③从中国共产党发展进程来看，马克思主义理论教育活动掀起了几次大的浪潮，每次规模巨大、影响深远的教育活动都是对时代召唤和现实诉求的及时回应，都是为了提高党员群众马克思主义理论水平及其实践运用能力。20世纪初，置身于一个国家衰败、民生凋敝的半殖民地半封建社会，新成立的中国共产党不惧旧势力的严酷迫害，利用各种渠道和途径向人民群众宣传马克思主义理论和共产主义理想信念，呼吁人民群众拿起马克思主义理论武器砸烂旧世界和建立新世界，开辟了一条争取民族独立、人民解放的革命道路。在延安时期，毛泽东要求党员干部关注现实问题、坚持理论联系实际，"马克思主义的'本本'是要学习的，但是必须同我国的实际情况相结合。我们需要'本本'，但是一定要纠正脱离实际情况的本本主义"④。针对党内蔓延的王明"左"倾教条主义和农民小资产阶级等落后思想，中国共产党于1942年开展了反对主观主义、反对宗派主义、反对党八股的整风运动，对全党进行了有效的马克思主义理论教育，极大提高了全党的理论水平和知行能力，推动了中国革命事业的发展。新中国成立初期，为了清除一些党员干部居功自傲、自大自满等不良情绪和官僚主义、享乐主义等不良作风，中国共产党开展了一次大规模的马克思主义理论教育活动，深入系统地学习马克思列宁主义和毛泽东思想，提升了党员干部政治觉悟和理论素养。党的十一届三中全会前后，"文化大革命"的影响余波未平，国内各项事业百废待兴，"两个凡是"口号严重束缚人民群众的思想，邓小平旗帜鲜明地支持在全国范围内开展"真理标准问题"的大讨论。这次大讨论在本质上也是一场教育活动，"解放思想、实事求是"作为马克思主义思想精髓，成为党员干部和人民群众的思想法则和行为准则。江

---

① 中共中央马克思恩格斯列宁斯大林著作编译局. 列宁选集(第2卷)[M]. 北京：人民出版社，2012：785.
② 毛泽东. 毛泽东选集(第3卷)[M]. 北京：人民出版社，1991：815.
③ 邓小平. 邓小平文选(第3卷)[M]. 北京：人民出版社，1993：382.
④ 毛泽东. 毛泽东选集(第1卷)[M]. 北京：人民出版社，1991：111-112.

泽民在《党的作风是党的形象》中指出，必须坚持理论联系实际的原则，坚决反对照抄照搬和本本主义。胡锦涛在十七届中央纪委三次会议上指出，提高理论指导实践的能力是锤炼党性的重要方面。因此，既要提高理论修养和理论水平，更要提高理论联系实际、理论指导实践的能力。习近平总书记从学风角度强调了理论联系实际的原则，要求领导干部要发扬理论联系实际的马克思主义学风，从根本上提高运用理论解决实际问题的水平。这些论述都是党在理论联系实际原则指导下，对无产阶级政党、无产阶级和人民群众进行的理论教育武装，促成马克思主义理论化解各个历史阶段面临的社会危机。

2. 创建大众化的话语体系

思想需要语言来承载，话语体系和话语方式是影响马克思主义理论宣传教育效果的重要因素。为了在广大人民群众中更好地宣传马克思主义理论，党向来重视对深邃晦涩的理论术语付诸大众化的话语方式来表达，使得马克思主义理论"接地气"，让人民群众易于理解、乐于接受。毛泽东通过创造一套大众的话语体系，用通俗易懂的语言和形象生动的比喻，直接切中马克思主义理论的精神实质，为马克思主义说服群众、动员群众、掌握群众作出了杰出贡献。毛泽东用"枪杆子里面出政权"的白话说透了无产阶级革命理论，用"农村包围城市"的象征指明了中国革命的道路选择，用"星星之火可以燎原"的比喻坚定了人民群众参与革命的信心，用"实事求是"的古语精练总结了马克思主义理论精髓。在党的理论宣传教育活动中，毛泽东反对党八股式的宣传教育方式，提出"要使革命精神获得发展，必须抛弃党八股，采取生动活泼新鲜有力的马克思列宁主义的文风"[①]。邓小平指出："马克思主义并不玄奥。马克思主义是很朴实的东西，很朴实的道理。"[②]邓小平经常使用人民群众的朴实语言，通过朴素平实的语言表达马克思主义原理。为了鼓励人民群众解放思想、开拓创新，他说："改革开放胆子要大一些，敢于试验，不能像小脚女人一样。看准了的，就大胆地试，大胆地闯"[③]；为了说明"实践是检验真

---

① 毛泽东. 毛泽东选集(第3卷)[M]. 北京：人民出版社，1991：840.
② 邓小平. 邓小平文选(第3卷)[M]. 北京：人民出版社，1993：382.
③ 邓小平. 邓小平文选(第3卷)[M]. 北京：人民出版社，1993：372.

第七章　中国特色社会主义理论体系的根本保证

理的唯一标准",他说"黄猫、黑猫,只要捉住老鼠就是好猫"①;为了强调经济建设的重要性,他说"发展才是硬道理"②。党的十七大报告提出了"开展中国特色社会主义理论体系宣传普及活动,推动当代中国马克思主义大众化"③的要求,党的十七届四中全会强调了推进"马克思主义中国化、时代化、大众化"④的战略目标。习近平总书记指出:"马克思主义大众化,就是把马克思主义理论用简单质朴的语言讲清楚、用群众喜闻乐见的方式说明白,使之更好地为广大党员和人民大众所理解、所接受。"⑤中国共产党通过构建大众化的话语体系,用简洁朴实的语言解释深奥专业的理论,用形象生动的实践逻辑转换了抽象复杂的理论逻辑,使得马克思主义理论从书斋走进人民群众头脑,成为党员干部和人民群众能够认知和实践的武器。

3. 创新马克思主义理论教育方法

列宁指出:"工人本来也不可能有社会民主主义的意识。这种意识只能从外面灌输进去,各国的历史都证明:工人阶级单靠自己本身的力量,只能形成工联主义的意识……而社会主义学说则是从有产阶级的有教养的人即知识分子创造的哲学理论、历史理论和经济理论中发展起来的。"⑥列宁关于工人阶级理论修养、先进意识来源的灌输论,对于各个时期共产党对党员干部、人民群众进行理论教育有重要指导意义。共产党根据党员干部、人民群众的具体实际和受教育水平,采用多种有效方式,实现马克思主义通俗化、大众化,提升了马克思主义理论教育效果。党成立初期,充分利用工人运动、农民运动和工人学校进行马克思主义思想启蒙,通过创办《新青年》等进步报刊介绍马克思主义先进理论,为马克思主义理论在中国的传播发展打下了坚实的基

---

① 邓小平. 邓小平文选(第1卷)[M]. 北京:人民出版社,1994:323.
② 邓小平. 邓小平文选(第3卷)[M]. 北京:人民出版社,1993:377.
③ 胡锦涛. 高举中国特色社会主义伟大旗帜 为夺取全面建设小康社会新胜利而奋斗[N]. 人民日报,2007-10-25(001).
④ 中共中央文献研究室. 十七大以来重要文献选编(中)[M]. 北京:中央文献出版社,2011:261.
⑤ 中共中央文献研究室. 十七大以来重要文献选编(中)[M]. 北京:中央文献出版社,2011:261.
⑥ 中共中央马克思恩格斯列宁斯大林著作编译局. 列宁选集(第1卷)[M]. 北京:人民出版社,2012:317-318.

础。延安整风时期，党一方面成立中央党校、马列学院进行系统的马克思主义理论教育，另一方面采用广受民众欢迎的歌剧、活报剧、花鼓戏、皮簧戏等艺术形式宣传马克思主义原理和党的政策主张，在全党全苏区进行了内容丰富、形式多样的马克思主义理论教育，为取得革命胜利奠定思想基础和营造文化氛围。社会主义建设时期，党通过党委宣传部门、党报党刊等主流意识形态机构和媒体，宣传党中央理论、精神和政策，巩固马克思主义在意识形态领域的指导地位。改革开放以来，在社会主义市场经济快速发展、科学技术特别是互联网技术日新月异的背景下，党通过建设文化强国，提升国家文化软实力，引导多元文化和价值观念，强化了人民群众对马克思主义的认同。尤其注重积极适应新时代新传媒发展，充分利用官方网站、微博、微信等新媒介，方便、快捷、实时地传播马克思主义，增强了马克思主义在全党全社会的普及度和影响力。

（四）回击反马克思主义的社会思潮

随着全球化浪潮的兴起，各种文化思潮在世界范围广泛传播，西方反马克思主义思潮在政治、经济、文化、社会、历史等各个领域都有体现，新自由主义、民主社会主义、历史虚无主义、普世价值等社会思潮，在一定程度上冲击和威胁着马克思主义在我国意识形态领域的指导地位。江泽民强调："违反马克思主义的错误的落后的思想观念，尽管是支流，也必须认真对待。如果任其发展，就会造成极大的社会危害。有些错误思潮的滋生蔓延，往往就是始于我们对支流的忽视，最后不得不用很大气力去解决。这方面的教训不可忘记。"①为了确保马克思主义指导地位，保证社会主义道路方向，党从马克思主义立场、观点、方法出发，对于这些社会思潮的渊源流变和基本观点进行客观揭示和有力批判。

1. 抵制新自由主义思潮

新自由主义跟随改革开放浪潮传入我国，伴着改革开放的深入发展和社会主义市场经济制度的建立持续发酵，新自由主义是对我国主流意识形态、社会主义制度危害最大的西方错误思潮之一。新自由主义包含的思想观点，

---

① 江泽民. 江泽民文选（第3卷）[M]. 北京：人民出版社，2006：82.

第七章　中国特色社会主义理论体系的根本保证

主要体现在三个方面。一是鼓吹自由化，诋毁马克思主义。新自由主义奉行资产阶级个人自由主义理论，把自由主义视为最好、最具普遍性的价值，用资产阶级最大限度实现自身利益并控制社会的自由取代马克思主义追求每个人自由全面发展的自由。新自由主义拥护者企图破坏马克思主义理论基础，取代马克思主义在社会主义现代化事业中的指导地位。二是宣扬全盘私有化，污蔑公有制。出于对私有化的狂热拥护，新自由主义鼓吹私有制能够实现经济均衡发展，是社会经济发展的唯一动力，妄图用私有制对抗公有制，推行西方经济制度，进行和平演变。三是主张全面市场化，反对国家干预。认为只有减少经济干预、国家调控和保障市场自由，才能实现经济稳定和利润最大化的目的。这种"市场化"观点否定了政府宏观调控的社会主义经济制度，进而否定了社会主义制度。总之，新自由主义是以资产阶级自由主义思想为理论基础，反对马克思主义理论和社会主义制度，是打着经济理论幌子的反马克思主义的资产阶级意识形态。新自由主义作为资产阶级的思想意识，企图通过反对我国在经济制度、市场建设和政府宏观调控方面的思想战略，达到消解马克思主义意识形态、推翻共产党执政地位的目的。党在对新自由主义进行充分分析研究的基础上，揭示了这一理论的资产阶级意识形态本质，批判了它反对马克思主义和社会主义的用心和目的。通过对新自由主义的批判和斗争，教育了广大党员干部和人民群众，澄清了认识上的误区，坚定了马克思主义理论信念。

2. 反对民主社会主义思潮

民主社会主义在我国的传播，在很多领域都有影响。19世纪中叶产生于欧洲的民主社会主义，妄图通过民主的改革方式，在资本主义制度框架内消除资本主义社会弊端，否定社会主义终将代替资本主义的历史必然。民主社会主义者提出了"民主社会主义是马克思主义的正统""只有民主社会主义才能救中国"等观点，认为中国特色社会主义理论实质上属于民主社会主义思想。中国共产党强调中国特色社会主义与民主社会主义具有本质区别，指出民主社会主义实际上是一种资产阶级改良理论。在指导思想方面，民主社会主义者坚持唯心主义世界观，反对单一思想作为思想理论基础，主张指导思想多元化，否定马克思主义的主导地位。在政治体制方面，反对无产阶级专政，主张实行多党制，要求建立议会共和国政治制度。在经济体制上，认为国有经济、集体经济和私人企业应混合发展，提倡建立以私有制为基础的混合所有制经济，并不主张将公有制作为经济主体，也不将消灭私有制作为最终目的。可见，民主社会主义和科学社会主义在指导思想、终极目标、制度安排、利益代表等方面根本对立，它企图改造中国特色社会主义，诱导中国走上资本主义道路。所以，党要求广大干部和群众要看清其本质，坚定不移地走中国特色社会主义道路。

3. 警惕历史虚无主义思潮

历史虚无主义思潮产生于19世纪20世纪之交，资本主义转向帝国主义的初期，自从20世纪50年代进入苏联后就演变为一种否定社会主义制度的舆论催化剂。这种政治思潮改革开放传入我国，几经起落，具有隐蔽性、迷惑性、危害性等特点。历史虚无主义在宣传过程中将自己的野心和欲望隐藏起来，披上学术研究的外衣，藏在文艺作品的背后，尽可能淡化其意识形态属性和政治目的。一方面，充分利用网络媒体进行传播，以影视作品、通俗读物、漫画演绎、微博、微信等为载体，戏说和恶搞历史事件，抹黑和丑化英雄模范人物。另一方面，隐藏在学术领域，通过构建学术陷阱，为反共产党、反社会主义观点伪造科学合理的假象。历史虚无主义者给中国共产党领导的新民主主义革命和社会主义建设、改革事业扣上子虚乌有、污名化的帽子，否定中国共产党的胜利成果及其创造方式，企图达到瓦解共产党的执政基础、动摇社会主义制度历史根基的目的。在追新逐异、娱乐至上的年代，一些群众缺乏辩证唯物主义和历史唯物主义理论储备，容易接受反传统、反权威甚至是妖魔化的故事及观点。针对历史虚无主义者打着"重评历史"的旗号，企图用歪曲、捏造、丑化历史的方式否定党的领导和社会主义道路的丑陋行径，中国共产党要求党员干部和人民群众从唯物史观的视角，正确看待中国革命的伟大历史，看到中国共产党带领中国人民取得的丰功伟绩，认识到党的领导和社会主义道路的历史必然性，坚持社会主义道路自信、理论自信、制度自信、文化自信。

4. 批判"普世价值"思潮

"普世价值"是在思想理论界颇有争论的话题，在网络、报刊等媒体的传

第七章 中国特色社会主义理论体系的根本保证

播下受到了广泛关注。所谓"普世价值"观是指西方资产阶级将其提出的自由、民主、平等、人权、博爱等价值理念赋予了超越一切时代、一切社会、一切国家的价值形态。西方资产阶级将西方资本主义制度、政治体制和价值体系打包捆绑,用所谓的"普世价值"衡量其他国家的政治体制、民主政治建设,具有强烈的政治意图。中国共产党反对污蔑我国改革是向资本主义价值回归的过程,反对认为改革开放的成果是得益于"普世价值"指导作用的说法,抵制"普世价值"思潮信奉者抨击我国政治体制改革和否定我国民主政治建设成果的言论。通过对"普世价值"这种错误思潮的透彻批判,提升人民群众认识水平和思想觉悟,使人民群众认识到价值观念作为上层建筑的表现形式受制于具体的时代、历史、阶级等社会存在,并不存在凌驾于历史时期、阶级状况、国家民族的普世价值;认识到中国特色社会主义制度是适应我国基本国情的选择,同时也是历史和人民的选择,从而更加拥护中国共产党的领导,更加坚持走中国特色社会主义道路。

二、中国共产党推进中国特色社会主义理论创新

中国特色社会主义的历史,既是改革开放和现代化事业的发展史,也是中国特色社会主义理论体系的发展史。中国共产党在领导改革开放和现代化事业进程中,坚持基本原理、立足具体实际、结合时代课题、依托总体布局,不断推进中国特色社会主义理论创新,创造既一脉相承又与时俱进的马克思主义中国化、时代化、大众化的伟大理论成果,为中国特色社会主义理论体系整体性发展注入了理论活力。

(一)坚持基本原理发展社会主义理论

马克思主义基本原理是马克思主义理论体系的内核和灵魂,是历经历史和实践检验的普遍真理,它集中反映和体现了马克思主义的内在精神和思想实质。习近平总书记指出:"坚持马克思主义,最重要的是坚持马克思主义基本原理和贯穿其中的立场、观点、方法。"①中国共产党始终坚持马克思主义立场观点方法,反对马克思主义过时论和教条主义,正确把握坚持基本原理与

---

① 习近平.在哲学社会科学工作座谈会上的讲话[N].人民日报,2016-05-19(002).

发展理论体系之间的辩证关系，实现了在坚持基本原理的过程中发展社会主义理论，并有效地指导中国特色社会主义伟大实践。

1. 坚持马克思主义立场观点方法

马克思主义的立场、观点、方法三者之间相辅相成、辩证统一，是科学性、整体性和实践性有机统一，共同构成了马克思主义基本原理的精髓，充分彰显了马克思主义理论的强大生命力。毛泽东指出共产党人"不但应当了解马克思、恩格斯、列宁、斯大林他们研究广泛的真实生活和革命经验所得出的关于一般规律的结论，而且应当学习他们观察问题和解决问题的立场和方法"①。毛泽东将马克思主义基本原理概括为马克思主义立场观点方法，并赋予马克思主义立场观点方法中国特色，将其精髓阐释为：群众路线、实事求是、独立自主。邓小平高举毛泽东思想旗帜，特别重视用马克思主义立场观点方法去分析和解决问题，认为"实事求是"是马克思主义活的灵魂。江泽民认为共产党人学习马克思主义理论，"关键是要学会运用马克思主义的立场、观点、方法来观察和解决问题，提高辩证思维的能力，防止形而上学和片面性"②。胡锦涛指出，马克思主义最根本的理论特征，集中体现为辩证唯物主义和历史唯物主义的世界观和方法论，开创马克思主义中国化新境界和中国特色社会主义事业新局面，最重要的是始终坚持马克思主义立场、观点和方法。习近平总书记强调，学习和掌握马克思主义方法，关键在于学习和掌握唯物辩证、实事求是、群众路线的思想方法和工作方法。中国共产党自成立以来，就坚持将马克思主义基本原理作为指导思想，站在无产阶级和人民大众的立场，坚持运用辩证唯物主义以及历史唯物主义的根本观点、方法，对主观世界和客观世界进行改造。中国特色社会主义理论作为马克思主义理论的重要组成部分，始终将马克思主义基本原理作为坚实基础，运用马克思主义立场观点方法分析、解决党在各个历史阶段遇到的问题，为推动实践成果转化为理论创新，指明了价值取向、夯实了思想基础、提供了科学方法，推动了中国特色社会主义理论体系不断创新发展。

① 毛泽东. 毛泽东选集(第2卷)[M]. 北京：人民出版社，1991：533.
② 江泽民. 江泽民文选(第2卷)[M]. 北京：人民出版社，2006：286.

第七章　中国特色社会主义理论体系的根本保证

2. 反对马克思主义过时论和教条主义

坚持马克思主义基本原理、推进马克思主义中国化的过程，也是不断抵制和纠正错误思想的过程。马克思主义"过时论"和"教条主义"是两种最为典型的错误观点。首先，"过时论"否定马克思主义具有经得起实践检验的真理性、科学性，否定马克思主义理论在当今时代的价值，也就否定了马克思主义的指导地位。20世纪80年代，马克思主义过时论发展汇聚成一种社会思潮。这一思潮认为马克思主义理论产生于工业革命时期，随着时代的发展，社会生产力和生产关系、经济基础和上层建筑都显著变化，因此马克思主义这一理论不能适应当今社会发展、不能解决现实的问题，成为一种过时的陈旧理论。尽管马克思主义理论过时的观点此起彼伏、甚嚣尘上，但是中国共产党坚持以马克思主义基本原理为指导，领导改革开放取得巨大成就，推动中国特色社会主义理论体系不断发展完善，用事实证明了马克思主义是超越时代的真理、具有旺盛的生命力。邓小平指出："马克思主义是打不倒的。打不倒，并不是因为大本子多，而是因为马克思主义的真理颠扑不破。"[1]马克思主义理论既包括基本原理，又包括马克思主义经典作家在当时时代背景下得出的个别结论。虽然随着历史条件的变化和生产力的发展，有些个别结论可能不再适用，必须随着时代发展不断进步。但是马克思主义基本原理作为马克思主义理论体系的精神实质，反映的是人类社会发展的客观规律，必然能够在整个人类历史发展过程中发挥指导作用。其次，"教条主义"把马克思主义解读为僵死的教条，从而影响马克思主义生命活力的释放。马克思主义"教条主义"是指不论时代背景、现实条件如何变化，都将马克思主义理论家著作里的个别词句、个别论断作为亘古不变的教条生搬硬套，不注重矛盾的特殊性，不会对具体问题进行具体分析，而是指望坐享其成地运用经典作家的本本去解决实践中的所有问题。恩格斯指出："马克思的整个世界观不是教义，而是方法。它提供的不是现成的教条，而是进一步研究的出发点和供这种研究使用的方法。"[2]在运用马克思主义理论时，列宁也告诫马克思主义者

---

[1] 邓小平. 邓小平文选(第3卷)[M]. 北京：人民出版社，1993：382.
[2] 中共中央马克思恩格斯列宁斯大林著作编译局. 马克思恩格斯选集(第4卷)[M]. 北京：人民出版社，2012：664.

"必须考虑生动的实际生活,必须考虑现实的确切事实,而不应当抱住昨天的理论不放"①。否则,"就会把马克思主义变成一种片面的、畸形的、僵死的东西,就会抽掉马克思主义的活的灵魂,就会破坏它的根本的理论基础——辩证法即关于包罗万象和充满矛盾的历史发展的学说,就会破坏马克思主义同时代的一定实际任务,即可能随着每一次新的历史转变而改变的一定实际任务之间的联系"②。中国共产党在革命、建设、改革的过程中努力打破教条主义的牢笼,把基本原理与中国国情结合起来,用发展的马克思主义解决发展进程中遇到的各种现实问题,开辟了马克思主义中国化的新境界。

3. 正确把握坚持与发展马克思主义的关系

党的十六大报告强调:"要坚持马克思主义基本原理,又要谱写新的理论篇章。"③在坚持基本原理的过程中发展理论体系,在发展理论体系中坚持基本原理,是推进社会主义理论创新的根本途径。之所以要坚持,根源于马克思主义基本原理作为科学的、普遍的真理,为人类社会发展和全人类的解放事业指明了方向道路,是中国特色社会主义理论体系的思想源头和理论支柱,是党和国家事业的指导思想和理论灵魂。之所以要发展,根源于虽然马克思主义具有科学性、普遍性,但其并不是一个自我封闭、不需发展的终极真理,而是要在实践中接受检验和丰富完善。因此,中国共产党始终科学地认识和对待马克思、恩格斯创造的马克思主义,并不要求开创者"为解决他去世之后上百年、几百年所产生的问题提供现成答案"④,而是在坚持马克思主义基本原理的同时,依据国情和时代丰富和发展马克思主义理论体系。把"坚持"与"发展"作为马克思主义的一体两面,体现了中国共产党人对普遍性与特殊性的科学把握和正确运用。一方面,邓小平指出:"我们搞改革开放,把工作重心放在经济建设上,没有丢马克思,没有丢列宁,也没有丢毛泽东。老祖宗

---

① 中共中央马克思恩格斯列宁斯大林著作编译局. 列宁选集(第3卷)[M]. 北京:人民出版社,2012:26.
② 中共中央马克思恩格斯列宁斯大林著作编译局. 列宁选集(第2卷)[M]. 北京:人民出版社,2012:278.
③ 全面建设小康社会 开创中国特色社会主义事业新局面[N]. 人民日报,2002-11-09.
④ 邓小平. 邓小平文选(第3卷)[M]. 北京:人民出版社,1993:291.

第七章 中国特色社会主义理论体系的根本保证

不能丢啊!"①另一方面,毛泽东强调:"马克思这些老祖宗的书,必须读,他们的基本原理必须遵守,这是第一。但是,任何国家的共产党,任何国家的思想界,都要创造新的理论,写出新的著作,产生自己的理论家,来为当前的政治服务,单靠老祖宗是不行的。"②江泽民指出,开辟社会主义现代化建设的崭新局面,既要坚定不移、不能含糊地坚持马克思列宁主义、毛泽东思想的指导,又要坚持用一脉相承的建设有中国特色社会主义理论武装全党。胡锦涛指出,只有坚持和巩固马克思主义指导地位,才能为立党立国、治国理政提供根本指导思想,为党和人民团结一致、坚定正确前进方向提供根本思想保证,但为了更好发挥马克思主义指导实践的作用,必须推动马克思主义紧密结合本国国情和时代特征而不断丰富和发展。习近平总书记强调,在坚持马克思主义基本原理的过程中,必须依据新的时代特点和实践要求,永无止境地认识真理、创新理论,持续推进马克思主义中国化、时代化、大众化。中国共产党把马克思主义普遍原理同中国特色社会主义实践相结合,在中国语境和国情下积极探索社会主义的本质及其实现路径、如何加强执政党自身建设、如何实现科学发展等重大课题,科学把握中国特色社会主义实践的规律性认识,形成了中国特色社会主义理论体系。这一历史进程表明只有正确处理坚持和发展的关系,在马克思主义基本原理的指导下推进马克思主义发展,才能确保中国特色社会主义理论发展的正确方向,确保中国特色社会主义理论对实践的正确指导。

(二)立足具体实际丰富社会主义理论

依据中国实际运用和发展马克思主义,即推进马克思主义中国化,既是构建中国特色社会主义理论的内在要求,又是推进中国特色社会主义发展的实践要求。中国共产党在推进马克思主义中国化进程中,带领中国人民沿着马克思主义方向开辟了一条不断创新发展的理论道路。

1. 坚持中国共产党理论联系实际的思想路线

中国共产党的思想路线基本内容是:"一切从实际出发,理论联系实际,

---

① 邓小平.邓小平文选(第3卷)[M].北京:人民出版社,1993:369.
② 中共中央文献研究室.毛泽东文集(第8卷)[M].北京:人民出版社,1999:109.

实事求是,在实践中检验真理和发展真理。"①其精髓是:"解放思想、实事求是、与时俱进、求真务实。"为了打破教条主义的思想束缚,达到对马克思主义基本原理进行活学活用的目的,毛泽东提出了"实事求是"的思想路线。"'实事'就是客观存在着的一切事物,'是'就是客观事物的内部联系,即规律性,'求'就是我们去研究。"②改革开放初期,主观主义、教条主义大行其道,为了破除僵化的思想,拓展改革开放事业发展道路,邓小平创造性地将解放思想与实事求是并列起来作为思想路线。解放思想与实事求是相辅相成,解放思想为实事求是创造前提,实事求是为思想解放提供基础。面对世情、国情、党情的深刻变化,江泽民指出:"马克思主义具有与时俱进的理论品质。"③胡锦涛从实现全面建设小康社会宏伟目标的战略高度,号召"在全党大力弘扬求真务实精神、大兴求真务实之风"④,丰富和发展了党的思想路线的科学内涵。习近平总书记强调,中国共产党坚持解放思想、实事求是、与时俱进、求真务实,围绕坚持和发展中国特色社会主义这个重大时代课题进行艰辛理论探索,形成了习近平新时代中国特色社会主义思想。可见,党的思想路线是中国特色社会主义事业不断取得胜利的思想保证,是中国特色社会主义理论创新的先决条件。在这一思想路线的指导下,中国共产党摒弃惯性思维和经验偏见,摆脱不合时宜的观点、落后守旧的体制,积极关注时代发展形势、全面了解中国具体国情,一切从客观的具体的实际出发,把马克思主义基本原理与改革开放和现代化事业相结合,开创了中国特色社会主义理论新境界和实践新局面。

2. 坚持马克思主义基本原理与国情相结合

马克思主义基本原理同中国具体实际相结合,是由马克思主义的理论品质和社会主义的实践发展共同决定的,是创立和创新中国特色社会主义理论体系的根本方法。胡锦涛在概括改革开放的成功经验时指出:"30年的历史经验归结到一点,就是把马克思主义基本原理同中国具体实际相结合,走自己

---

① 江泽民. 江泽民文选(第2卷)[M]. 北京:人民出版社,2006:250.
② 毛泽东. 毛泽东选集(第3卷)[M]. 北京:人民出版社,1991:801.
③ 中共中央文献研究室. 十五大以来重要文献选编(下)[M]. 北京:人民出版社,2003:2000.
④ 胡锦涛. 胡锦涛文选(第2卷)[M]. 北京:人民出版社,2016:152.

第七章　中国特色社会主义理论体系的根本保证

的路，建设中国特色社会主义。"①马克思主义基本原理要实现认识世界和改造世界的目的，不能指望在头脑中进行纯粹的逻辑推理或臆造的观念系统，必须依赖社会实践这一中介活动来实现，防止出现言之无物、空洞抽象、自说自话的理论弊病。毛泽东指出："马克思主义必须和我国的具体特点相结合并通过一定的民族形式才能实现。马克思列宁主义的伟大力量，就在于它是和各个国家具体的革命实践相联系的。对于中国共产党说来，就是要学会把马克思列宁主义的理论应用于中国的具体的环境。"②马克思主义基本原理同中国具体实际相结合的过程，就是理论与实践交互作用、共同发展的马克思主义中国化过程。中国共产党高举马克思主义伟大旗帜，将马克思主义的科学理论作用于中国的具体国情，分析和解决革命、建设和改革中的重大问题，并在实践中总结和提炼经验教训，不断丰富和发展马克思主义，"使马克思主义在中国具体化，使之在其每一表现中带着必须有的中国的特性，即是说，按照中国的特点去应用它"③。改革开放以来，中国共产党坚持马克思主义基本原理的指导，并以国情为参照和依据，把"国际主义的内容"和"民族形式"紧密结合起来，取得了一系列一脉相承、与时俱进的重大理论成果，形成了中国特色社会主义理论体系。这一理论体系主要旨在解决中国的特殊问题，但是作为真理性和价值性相统一的学　，其特殊性中也必然包含着普遍性，因而也是具有超越一国范围的思　人马克思主义中国化的发展历史来看，社会主义伟大实践起了决定性　，正如马克思主义不是一成不变的理论一样，中国特色社会主义理　且必然随着时代和实际情况的变化不断发展，这一理论和实际结合　则必将持续发生作用。

3. 坚持马克思主义基　世情相结合

在漫长的历史实践长　果各国创造了辉煌灿烂的文化瑰宝和文明成果，这些文化或文明成果　'同的精神财富，各个民族都可以进行本土化的借鉴和吸收。列宁　主义同'宗派主义'毫无相似之

---

① 胡锦涛. 在纪念党的十一届三中全会召开30周年大会上的讲话[M]. 北京：人民出版社，2008：34.
② 毛泽东. 毛泽东选集(第2卷)[M]. 北京：人民出版社，1991：534.
③ 毛泽东. 毛泽东选集(第2卷)[M]. 北京：人民出版社，1991：534.

处,它绝不是离开世界文明发展大道而产生的一种故步自封、僵化不变的学说。"①正是批判地继承了德国古典哲学、英国古典政治经济学和法国空想社会主义的思想精髓,马克思主义成为一套科学的、系统的、开放的理论体系,始终保持海纳百川、兼容并蓄的思想胸怀。党的十一届三中全会以后,中国共产党深刻总结中国长期落后的历史教训,分析当代世界各国的发展态势,将改革开放作为基本国策,用世界眼光审视其他国家的发展及经验,创造性地开展社会主义实践,推动中国特色社会主义理论体系发展。在经济建设方面,充分研究资本主义国家的经济发展模式,强调计划和市场都是经济发展的手段,并不是社会主义和资本主义的本质区别,提出社会主义本质理论。把市场经济引入社会主义制度,加入世界贸易组织,参与经济全球化进程,构建社会主义市场经济体制,形成了社会主义市场经济理论。在科技建设方面,面对蓬勃发展的科技革命和日新月异的技术进步,中国共产党特别重视对西方高新技术的学习和借鉴,强调科技、教育的战略地位和引领作用,提出了"科学技术是第一生产力"的论断。在社会建设方面,借鉴发达国家在社会建设方面的先进经验,树立"以人为本"理念,实施"科学发展"战略,构建"社会主义和谐社会"理论。马克思从历史唯物主义的角度指出:"历史不外是各个世代的依次交替。每一代都利用以前各代遗留下来的材料、资金和生产力;由于这个缘故,每一代一方面在完全改变了的环境下继续从事所继承的活动,另一方面又通过完全改变了的活动来变更旧的环境。"②改革开放以来,中国与世界各国之间形成的相互依存、相互促进的国际关系,为借鉴其他国家实践成果并创造性地发展提供了契机和条件。通过对世界其他国家的发展理论和实践经验进行批判性和中国化的学习借鉴,促进马克思主义基本原理、中国的具体实际、当今世界优秀实践成果熔为一炉,炼就了具有指导意义的中国特色社会主义理论体系。

---

① 中共中央马克思恩格斯列宁斯大林著作编译局. 列宁选集(第2卷)[M]. 北京:人民出版社,2012:309.
② 中共中央马克思恩格斯列宁斯大林著作编译局. 马克思恩格斯选集(第1卷)[M]. 北京:人民出版社,2012:168.

第七章 中国特色社会主义理论体系的根本保证

（三）结合时代课题创新社会主义理论

马克思主义时代化是马克思主义理论与时俱进的过程，是中国特色社会主义理论保持鲜活生命力的根本方法。回顾人类社会发展历史，没有任何一个国家或者民族能够背离时代背景而实现发展进步。改革开放以来，中国参与全球化的程度越来越高，自觉地将自身发展融入世界发展历程中，主动把中国命运同世界命运联系在一起，越来越成为世界不可分割、不可或缺的重要组成部分。党的十七届四中全会更加明确提出了"马克思主义时代化"的命题，为党不断推进马克思主义理论创新坚定方向。中国共产党领导中国人民切中时代脉搏，牢牢把握世界和中国的现实发展形势，关注和回应时代提出和面临的问题，将马克思主义基本原理同时代主题、特征联系起来，推动了马克思主义理论创新发展。

1. 在把握时代形势的前提下创新理论

坚持世界眼光、把握时代形势是推进马克思主义时代化的前提条件。任何科学的理论的产生，都不是主观头脑的臆想，而是时代催生的结果，正如马克思强调的"任何真正的哲学都是自己时代的精神上的精华"[①]。任何科学的理论的发展，都取决于特定时代各种社会条件的作用，因为"我们只能在我们时代的条件下去认识，而且这些条件达到什么程度，我们才能认识到什么程度"[②]。只有认真体察、充分研判世界形势，掌握时代主题和特征，才能顺应时代发展和回应时代挑战，赋予马克思主义理论新的主题内容和思想素材。同时，这样与时俱进的马克思主义理论才能解释和指导时代发展的新问题和新实践，才不会因时代发展而被淘汰，从而焕发出强大的持续的生命力。20世纪上半叶，两次世界大战在全球范围爆发，战争和革命构成了时代发展的主题。以毛泽东同志为主要代表的中国共产党人分析世界形势，意识到社会主义将要取代资本主义而兴盛起来，坚持用马克思列宁主义指导中国的革命实践，创立了毛泽东思想这一马克思主义时代化的首个理论成果。新中国成

---

① 中共中央马克思恩格斯列宁斯大林著作编译局. 马克思恩格斯全集(第1卷)[M]. 北京：人民出版社，1995：220.

② 中共中央马克思恩格斯列宁斯大林著作编译局. 马克思恩格斯选集(第4卷)[M]. 北京：人民出版社，1995：337-338.

立后,面对国际局势由资本主义和社会主义阵营的敌对发展为美苏两国的强权争霸,中国共产党提出了"和平共处五项原则"和"三个世界"划分理论,为新生的政权在复杂的国际形势下寻求了良好的发展空间。党的十一届三中全会之后,邓小平以宽阔的世界视野和敏锐的政治判断,科学地将"和平与发展"定位为时代主题,并依据此时代主题作出了改革开放的伟大决策,把经济建设提到党和国家工作重心的位置,全方位推进中国式现代化建设,形成了邓小平理论科学体系。20世纪90年代以来,和平与发展仍是时代最基本的主题和最显著的特征,但随着经济全球化、政治多极化和文化多元化的发展,霸权主义和强权政治表现出新的特点,科学技术和综合国力的竞争更加激烈,国际合作和国际交流更加频繁。在这样新的时代背景下,为了更好地参与国际竞争和合作,以及吸取其他国家在经济发展和社会转型过程中的经验教训,中国共产党更加重视保持党的先进性和纯洁性、提高党的执政能力,全面推进市场经济、民主政治、先进文化、和谐社会、生态文明等各个领域的建设与改革,拓展了中国特色社会主义理论体系,推动了马克思主义时代化进程。

2. 在解决时代问题的基础上创新理论

任何社会科学理论的缘起,都离不开社会问题的培育,而社会问题总是随着时代变迁不断呈现出来的,这就是社会科学理论不断发展的动因。马克思认为:"问题就是时代的口号,是它表现自己精神状态的最实际的呼声"[1],真正的理论必然要对时代问题作出解答,而且时代问题比答案本身更有价值,"一个时代所提出的问题,和任何在内容上是正当的因而也是合理的问题,有着共同的命运:主要的困难不是答案,而是问题"[2]。正是从这种"问题意识"和"批判意识"出发,马克思主义理论"不想教条式地预料未来,而只是希望在批判旧世界中发现新世界"[3]。也就是说,时代问题始终是马克思主义理论的关注焦点和素材来源。一个时代的重大问题集中反映了这个时代的主要矛盾,

---

[1] 中共中央马克思恩格斯列宁斯大林著作编译局. 马克思恩格斯全集(第40卷)[M]. 北京:人民出版社,1982:289-290.

[2] 中共中央马克思恩格斯列宁斯大林著作编译局. 马克思恩格斯全集(第40卷)[M]. 北京:人民出版社,1982:289.

[3] 中共中央马克思恩格斯列宁斯大林著作编译局. 马克思恩格斯全集(第1卷)[M]. 北京:人民出版社,1956:416.

第七章 中国特色社会主义理论体系的根本保证

是进行实践探索、理论创新的关键要素，是实现马克思主义时代化的动力源泉。马克思主义时代化就是直面时代提出的重大课题，用马克思主义基本原理认识、阐释和解决时代问题，并在回应时代问题的实践过程中创新马克思主义理论，实现时代问题与马克思主义的双向互动。中国共产党在推进马克思主义时代化的过程中，形成了毛泽东思想和中国特色社会主义理论体系两大理论成果，毛泽东思想着力于解决"民族独立、人民解放"的时代课题，回答了"什么是新民主主义革命、如何进行新民主主义革命""什么是社会主义革命、怎么进行社会主义革命"等时代问题，并对中国社会主义建设做了积极的探索；中国特色社会主义理论体系着力于解决"国家富强、民族振兴、人民幸福"的时代课题，回答了"什么是社会主义、怎样建设社会主义""建设什么样的党、怎样建设党""实现什么样的发展、怎样发展""坚持和发展什么样的中国特色社会主义、怎样坚持和发展中国特色社会主义"等时代问题。对于这些时代问题的系统解答，与时俱进地促进了马克思主义的创新发展。

3. 在展望时代发展的过程中创新理论

推进马克思主义理论创新，不仅离不开对历史实践的总结提炼，而且需要对未来发展的预测展望。人类历史实践的经验教训是宝贵的财富，不管是成功经验还是失败教训，对理论创新都有重大的启发意义。毛泽东思想和中国特色社会主义理论体系的形成并发挥作用，在很大程度上源于对历史经验教训的反思、总结与超越。在革命、建设、改革的伟大实践中，中国共产党人传承先辈的思想精华、借鉴成功经验，摒弃错误观点、总结失败教训，实现了理论的创新发展。当然，理论的创新发展不可能仅仅依赖回望过去，对历史经验教训的总结反思，而是更应该面向未来，依据人类社会基本规律对时代发展进行科学预测和前景展望。马克思主义的伟大价值，不仅体现在对现实社会问题的认知和解决，而且还体现在对未来社会发展的价值愿景和理论指导。只有始终关注时代前沿问题发展，在把握时代发展走向中进行理论创新，并在纷繁复杂的时代状况中形成带有规律性、普遍性的思想和理论，才能充分发挥马克思主义对于时代发展的引领作用。毛泽东反对照搬苏联经验，抛弃革命中的"左"倾主义和右倾主义错误路线，创造性地提出了"枪杆子里出政权""农村包围城市""团结一切可能团结的力量"等理论观点，寻找到了中国革命的正确道路,形成了毛泽东思想,指导中国革命取得胜利。邓小平在毛泽东实事求是思想精髓的指导下,放弃"以阶级斗争为纲"的错误主张,把经济建设作为党和国家的中心工作,提出社会主义本质理论、社会主义初级阶段基本路线理论、社会主义市场经济理论、"一国两制"等理论,形成了邓小平理论,指导了改革开放和社会主义现代化的伟大实践。江泽民从加强党的建设视角,提出"三个代表"重要思想,使党更加致力于成为先进生产力、先进文化、最广大人民根本利益的代表。胡锦涛从我国经济社会发展模式的应然角度,对未来发展提出目标要求,构建了科学发展观和社会主义和谐社会的理论。习近平总书记在党的十九大报告中指出:"综合分析国际国内形势和我国发展条件,从二〇二〇年到本世纪中叶可以分两个阶段来安排。第一个阶段,从二〇二〇年到二〇三五年,在全面建成小康社会的基础上,再奋斗十五年,基本实现社会主义现代化。""第二个阶段,从二〇三五年到本世纪中叶,在基本实现现代化的基础上,再奋斗十五年,把我国建成富强民主文明和谐美丽的社会主义现代化强国。"①这些理论体现了中国共产党人高屋建瓴、高瞻远瞩的战略思维和远见,是马克思主义时代化的科学理论成果,对当前现代化建设和未来社会发展都有重要指导意义。

(四)依托总体布局完善社会主义理论

中国特色社会主义总体布局经历了强调"两个文明"(物质文明、精神文明)到"三个文明"(物质文明、精神文明、政治文明)到"四位一体"(经济、政治、文化、社会)再到"五位一体"(经济、政治、文化、社会和生态文明)协调发展的历史演进,凝结着数代中国共产党人不懈探索的集体智慧,回答了"怎样建设社会主义"的战略问题,反映了中国共产党对社会主义建设规律在认识和实践上的深化,形成并不断丰富了中国特色社会主义理论体系的主体内容,对于推进社会主义现代化和实现中华民族伟大复兴具有重大现实意义和长远指导意义。

---

① 习近平. 决胜全面建成小康社会 夺取新时代中国特色社会主义伟大胜利[N]. 人民日报, 2017-10-28(001).

第七章 中国特色社会主义理论体系的根本保证

1. "总体布局"明确中国特色社会主义的理论主旨

中国特色社会主义理论的目的在于指导中国经济社会发展进步,把我国建设成为富强民主文明和谐美丽的社会主义现代化强国。中国共产党在推进社会主义总体布局的历史演进中,科学提出并不断完善了这一理论主旨。新中国成立后,毛泽东对社会主义现代化建设进行了创造性探索,在经济、政治、文化方面取得一系列理论成就,提出了实现"四个现代化"的社会主义发展战略目标。党的十一届三中全会之后,邓小平提出凝心聚力搞经济建设,大力推动了生产力发展。然而,在物质层面取得骄人成绩的同时,精神层面却面临理想信念缺失、道德失范等问题。对此,邓小平提出了物质与精神"两手抓,两手都要硬"的号召,党的十二大对物质文明和精神文明的内涵和关系进行论述,并强调"同时进行物质文明和精神文明的建设"[①],确立了"两个文明"一起抓的战略决策。党的十二大还进一步强调,"社会主义的物质文明和精神文明建设,都要靠继续发展社会主义民主来保证和支持"[②]。党的十三大明确提出,在20世纪中叶"把我国建设成为富强、民主、文明的社会主义现代化国家"[③]的战略目标。这些论述和目标对于催生"三位一体"布局思想萌芽具有导向作用。随着经济体制改革有效进行和商品经济的快速发展,原有政治体制机制存在的弊端开始显现,以江泽民同志为核心的党中央更加重视政治文明建设,最终确定了"三位一体"的社会主义战略布局。党的十四大确定了民主化和法制化相结合的政治体制改革目标,党的十五大紧紧围绕建设富强、民主、文明的社会主义现代化国家的目标,提出经济、政治、文化协调发展,标志着中国特色社会主义"三位一体"总体布局正式形成。以胡锦涛同志为总书记的党中央根据社会主义发展过程中产生和面临的一系列矛盾和问题,将社会建设放在更加突出位置,提出"四位一体"战略布局,拓展了中国特色社会主义总体布局的框架结构,旨在把我国建设成富强民主文明和谐美丽的社会主义现代化强国。面对日益严峻的生态环境问题,中国共产党意识到生态文明建设迫在眉睫,党的十七届四中全会提出要推进生态文明建设,

---

① 中共中央文献研究室.十二大以来重要文献选编(上)[M].北京:人民出版社,1986:29.
② 中共中央文献研究室.十二大以来重要文献选编(上)[M].北京:人民出版社,1986:33.
③ 中共中央文献研究室.十三大以来重要文献选编(上)[M].北京:人民出版社,1991:15.

初步形成"五位一体"的战略思想。党的十八大将生态文明建设放在与经济、政治、文化、社会建设的同等重要位置,明确提出了中国特色社会主义"五位一体"总体布局,并围绕"五位一体"总体布局提出了相应的新观点、新措施、新战略,以实现建设"富强民主文明和谐美丽的社会主义现代化强国"的战略目标。这一战略目标是社会主义总体布局的理论精髓,体现了中国特色社会主义的理论主旨,对于社会主义现代化建设具有根本指导作用。

2. "总体布局"构建中国特色社会主义的理论内容

中国特色社会主义总体布局不仅包括战略目标,而且还包括实现战略目标的具体指导思想和理论依据,构成了中国特色社会主义理论体系的主体内容。在邓小平理论指导下,中国共产党对经济、政治、文化进行的理论创新,都属于社会主义总体布局和理论体系的范畴。党的十三大明确提出我国正处于社会主义初级阶段,并依据经济发展状况对这一理论进行了详细阐释。邓小平提出的社会主义初级阶段理论为中国特色社会主义发展奠定了坚实基础,是提出"两个文明"同时建设、实施"三位一体"总体布局的逻辑起点。为了实现富强、民主、文明的战略目标,中国共产党在经济、政治、文化教育领域进行改革部署,其中社会主义市场经济理论成果对中国现代化建设发挥着基础性作用。在"三个代表"重要思想指导下,中国共产党深入推进"三位一体"战略布局,在经济上健全社会主义经济体制,推动社会生产力发展;在政治上发展社会主义民主政治,建设社会主义法治国家;在文化上代表先进文化的前进方向,提升国家文化软实力,构建了推进"三位一体"建设的理论体系。在科学发展观指导下,中国共产党提出"四位一体"和"五位一体"总体布局,实现经济、政治、文化、社会、生态之间的辩证统一和协调发展,尤其在社会建设和生态文明建设方面取得了重要理论成果。在习近平总书记系列重要讲话精神指导下,为了更好地实施"五位一体"总体布局,中国共产党进行"四个全面"战略布局,提出"两个一百年"奋斗目标,增强人民的获得感和幸福感。综上所述,社会主义总体布局的设计和推进过程,就是社会主义战略部署、战略目标、指导思想的形成过程,也就是回答"什么是社会主义、如何建立社会主义"的理论过程,构成了中国特色社会主义理论的主体内容。

3."总体布局"体现中国特色社会主义的理论方法

匈牙利思想家卢卡奇指出:"总体范畴,整体对各个部分的全面的、决定性的统治地位(Herrschaft),是马克思取自黑格尔并独创性地改造成为一门全新科学的基础的方法的本质。"[1]作为一种总体范畴的"统筹兼顾"方法,是推进总体布局一体化建设的根本方法。统筹兼顾诠释了全面的、联系的、发展的辩证法观点,是党在推进社会主义现代化建设过程坚持马克思主义世界观方法论指导而形成的思维方式和工作方法。在中国特色社会主义总体布局中,中国共产党坚持"统筹全局、兼顾各方"的原则,以经济建设为中心,以政治建设为保障,以文化建设为灵魂,以社会建设为纽带,以生态文明建设为前提,实现各领域、各方面、各层次要素全面协调发展。在经济建设方面,坚持把发展作为执政兴国的第一要务,发展社会主义市场经济,解放和发展社会生产力,不断增加物质财富总量,满足人民日益增长的物质需求,为中国特色社会主义发展打下坚实的物质基础。在政治建设方面,扩大社会主义民主,完善人民当家作主的政治体制,为中国特色社会主义发展坚定政治方向和提供制度保障。在文化建设方面,促进社会主义文化繁荣发展,提高人民群众的文化素质,为中国特色社会主义发展提供正确的价值取向、持续的精神动力和强大的智力支持。在社会建设方面,将经济、政治、文化和生态建设衔接起来,成为改善社会民生、增进人民福祉的根本手段,使改革发展成果更多更广泛地惠及人民群众,让人民群众享受各个方面的权益,不断提高人民群众生活质量和水平,为中国特色社会主义发展提供公平正义的道义基础。在生态建设方面,改善生态环境,提高资源利用率,建设环境友好型和资源节约型社会,实现经济社会可持续发展,为中国特色社会主义发展提供前提条件。总之,中国共产党在推进中国特色社会主义发展过程中,始终坚持运用统筹兼顾的根本方法,充分调动和利用一切积极因素,既强调着力推进、重点突破,又注重总揽全局、统筹规划,在以经济建设为中心的基础上协调推进政治、文化、社会、生态等各方面建设,实现了中国特色社会主义

---

[1] [匈]卢卡奇.历史与阶级意识:关于马克思主义辩证法的研究[M].杜章智,任立,燕宏远,译.北京:商务印书馆,1999:42.

事业整体性发展。

三、中国共产党领导中国特色社会主义事业发展

中国特色社会主义事业就是中国共产党领导人民群众从整体性上推进社会主义市场经济、民主政治、先进文化、和谐社会、生态文明协调发展,建设富强民主文明和谐美丽的社会主义现代化强国,实现共同富裕和促进人的全面发展。中国特色社会主义事业以基本国情为前提条件,以改革开放为基本动力,以科学发展为主要任务,以人民幸福为根本目标,实现"五位一体"建设的全面协调可持续发展,为中国特色社会主义理论体系整体性发展奠定了实践基础。

(一)以基本国情为社会主义事业的前提条件

基本国情指的是一国的基本情况,是由自然环境和社会发展状况共同构成的系统。自然环境、自然资源是一国国情的基础条件,经济、政治、文化和社会生活的相互关系和总体情况构成了国情的主要内容,物质资料生产方式决定的社会性质、社会制度和社会总体发展水平是基本国情的核心。正确认识和把握我国的基本国情,是推动社会主义事业发展的立足点和出发点。

1. 提出社会主义初级阶段这一基本国情论断

我国最大最基本的国情就是处于并将长期处于社会主义初级阶段,这是社会主义现代化全部工作的认识起点和逻辑起点。在党的十一届三中全会之后,以邓小平同志为主要代表的中国共产党人根据马克思主义关于社会主义形成、社会主义阶段的理论思想,总结社会主义国家苏联政权解体和新中国成立后社会主义曲折前进的历史经验和深刻教训,提出我国处于并将长期处于社会主义初级阶段的论断。社会主义初级阶段理论包含两个方面内容:一方面,新民主主义革命成功后,我们建立了人民民主专政的社会主义国家。在进行改革开放时,必须坚持社会主义原则和方向。另一方面,由于生产力、生产关系的限制,我国在经济、政治、文化、社会等方面发展并不成熟,我国的发展阶段属于初级阶段,是我们必须认清并遵循的实际情况。党的十三大首次系统阐释了"我国处于社会主义初级阶段"思想,概括了我国在人口结构、地区发展、工业状况和科学教育等方面的特征,确定了社会主义初级阶

第七章　中国特色社会主义理论体系的根本保证

段以"经济建设为中心，坚持改革开放，坚持四项基本原则"的基本路线。1992年邓小平强调了社会主义建设任务的艰巨性和长期性，他指出："我们搞社会主义才几十年，还处在初级阶段。巩固和发展社会主义制度，还需要一个很长的历史阶段，需要我们几代人、十几代人，甚至几十代人坚持不懈地努力奋斗，决不能掉以轻心。"①党的十五大报告更加明确提出"我国正处在并将长期处于社会主义初级阶段"，并依据这一判断制定相应的经济、政治、文化基本纲领。进入21世纪，针对国内改革深入发展，对外开放顺利开展，党的十七大明确指出："经过新中国成立以来特别是改革开放以来的不懈努力，我国取得了举世瞩目的发展成就，从生产力到生产关系、从经济基础到上层建筑都发生了意义深远的重大变化，但我国仍处于并将长期处于社会主义初级阶段的基本国情没有变。"②党的十八大再次强调："我国仍处于并将长期处于社会主义初级阶段的基本国情没有变，人民日益增长的物质文化需要同落后的社会生产之间的矛盾这一社会主要矛盾没有变，我国是世界最大发展中国家的国际地位没有变。"③党的十九大报告提出："中国特色社会主义进入新时代，我国社会主要矛盾已经转化为人民日益增长的美好生活需要和不平衡不充分的发展之间的矛盾。……我国社会主要矛盾的变化，没有改变我们对我国社会主义所处历史阶段的判断，我国仍处于并将长期处于社会主义初级阶段的基本国情没有变，我国是世界最大发展中国家的国际地位没有变。"④正是因为科学把握社会发展历史阶段规律，把社会主义初级阶段作为基本国情，才能在此基础上制定具体的、行之有效的社会主义奋斗目标及其实现方式。

2. 把基本国情作为社会主义建设的根本依据

基本国情是党和政府制定纲领、路线和政策的依据，是共产党人在具体历史时期干事创业的参照。党的十一届三中全会之后，邓小平强调"实事求

---

① 邓小平. 邓小平文选(第3卷)[M]. 北京：人民出版社，1993：379-380.
② 胡锦涛. 高举中国特色社会主义伟大旗帜 为夺取全面建设小康社会新胜利而奋斗[N]. 人民日报，2007-10-25(001).
③ 胡锦涛. 坚定不移沿着中国特色社会主义道路前进 为全面建成小康社会而奋斗[N]. 人民日报，2012-11-18(001).
④ 习近平. 决胜全面建成小康社会 夺取新时代中国特色社会主义伟大胜利[N]. 人民日报，2017-10-28(001).

是"是毛泽东思想的精髓，客观地指出我国"长期处于社会主义初级阶段"是中国最大的实际，并依据这一实际制定和实施"以经济建设为中心"和"改革开放"的发展战略，用举世瞩目的成就向世人展示社会主义的本质及其实现方式，开辟了一条适合中国国情的社会主义建设道路。以江泽民同志为核心的党中央，坚持邓小平理论的指导，特别重视立足于基本国情的长期性和艰巨性，建立社会主义市场经济体制，积极参与经济全球化竞争，发展社会主义政治文明，推进经济、政治、文化建设整体性发展，中国特色社会主义道路框架基本形成。以胡锦涛同志为总书记的党中央，强调21世纪我国的基本国情仍然没有发生变化，用社会主义核心价值观凝聚思想共识，以科学发展观统帅经济社会发展，将社会建设与经济、政治、文化建设并重，致力于构建社会主义和谐社会，中国特色社会主义事业不断发展完善。以习近平同志为核心的党中央，立足基本国情，以民族复兴的中国梦为旗帜，实施全面建成小康社会、全面深化改革、全面推进依法治国、全面从严治党等战略举措，在经济、政治、文化、社会、生态五个方面总体布局，为中国特色社会主义事业发展打开了新的局面。在社会主义建设过程中，中国共产党时刻保持清醒的头脑，重视结合我国具体国情实际，既不妄自菲薄、甘于落后，也不脱离实际、急功近利，提出和坚持社会主义初级阶段基本路线，推动中国特色社会主义伟大实践不断取得新的胜利。

3. 反对误判和否定基本国情的有害思想

随着改革开放的步伐加快，西方意识形态、社会思潮跟随商业活动传入我国，对我国主流意识形态造成一定冲击。在这样的背景下，滋生了一些对我国基本国情认识不清楚的错误思想，怀疑和否定中国特色社会主义的发展阶段和基本制度。一是否定我国处在初级阶段的现实。在改革开放历史进程中，我国经济、文化、科技领域呈现出欣欣向荣的景象，综合国力不断提高；人民的收入逐渐增加，精神生活更加丰富，生活水平不断提高；我国在国际社会中的话语权被重视，国际地位日益提升。面对如此良好的发展态势，有人觉得我国已经渡过了社会主义初级阶段，进入发达国家序列。对于这种不实事求是甚至会将社会主义建设引入歧途的错误认识，中国共产党坚决进行纠正，指出我国仍然面临人均产值世界排名靠后、产业结构不合理、不可持

第七章　中国特色社会主义理论体系的根本保证

续发展现象突出、城乡之间和区域之间发展不平衡以及社会矛盾复杂多样等现实状况，由此一再强调"我国处于并将长期处于社会主义初级阶段"。二是否定我国社会主义性质。党的十一届三中全会以来，我国进行全面改革开放，发展私有经济，建立市场经济，形成公有制为主体、多种所有制并存的社会主义经济制度。有人认为改革开放违背了马克思主义理论，认为发展私营经济就是等于发展资本主义经济，也就是走资本主义道路。对于这种严重危害改革开放事业、社会主义市场经济和中国特色社会主义道路发展的错误观点，邓小平发表具有关键作用的南方谈话进行有力回应，他再次重申了社会主义的本质，指出"计划和市场都是经济手段。社会主义的本质，是解放生产力，发展生产力，消灭剥削，消除两极分化，最终达到共同富裕"[①]。党的十九大报告也强调，随着中国特色社会主义进入新时代，我国社会主要矛盾发生变化，"必须坚持以人民为中心的发展思想，不断促进人的全面发展、全体人民共同富裕"[②]。

（二）以改革开放为社会主义事业的基本动力

恩格斯指出，社会主义社会"不是一种一成不变的东西，而应当和任何其他社会制度一样，把它看成是经常变化和改革的社会"[③]。党的十一届三中全会之后，中国共产党领导中国人民踏上改革开放的伟大历史征程，推动了从经济体制改革到政治、文化、社会领域的全面改革，形成了从沿海城市到沿江沿边城市、东部地区到中西部地区的对外开放格局。改革开放是社会主义制度自我完善的有力工具，是解放生产力、发展生产力的伟大革命。中国共产党在推进改革开放的过程中，通过坚持四项基本原则、建立和完善社会主义市场经济体制、把改革和开放结合起来，为发展中国特色社会主义和实现中华民族伟大复兴注入动力源泉。

1. 坚定改革开放的政治方向

坚持四项基本原则既是发展中国特色社会主义的政治要求，又是进行改

---

① 邓小平. 邓小平文选（第3卷）[M]. 北京：人民出版社，1993：373.
② 习近平. 决胜全面建成小康社会 夺取新时代中国特色社会主义伟大胜利[N]. 人民日报，2017-10-28(001).
③ 中共中央马克思恩格斯列宁斯大林著作编译局. 马克思恩格斯全集（第37卷）[M]. 北京：人民出版社，1971：443.

革开放的政治要求,是改革开放取得丰硕成果的政治保证。1979年3月,邓小平在理论务虚工作会上首次明确提出四项基本原则:"第一,必须坚持社会主义道路;第二,必须坚持无产阶级专政;第三,必须坚持共产党的领导;第四,必须坚持马列主义、毛泽东思想。"①1982年四项基本原则被载入中华人民共和国宪法,1987年党的十三大决定将四项基本原则写入党在社会主义初级阶段的基本路线,1992年党的十四大修改党章把"一个中心、两个基本点"这一基本路线载入党的总章程。胡锦涛强调了改革开放和四项基本原则辩证统一关系:"我国改革开放之所以成功,在于我们既以四项基本原则保证改革开放的正确方向,又通过改革开放赋予四项基本原则新的时代内涵,教育和引导全党全国各族人民深刻认识坚持四项基本原则、坚持改革开放的辩证关系和重大意义,坚持把以经济建设为中心同四项基本原则、改革开放这两个基本点统一于发展中国特色社会主义的伟大实践,使中国特色社会主义在当今世界的深刻变动和当代中国的深刻变革中牢牢站住了、站稳了,并成为充满生机活力的社会主义。"②改革开放之所以能在四十多年光辉历程中改变中华民族的命运,在各个领域取得举世瞩目的成就,是因为通过经济发展带动了政治、文化、社会的全面协调发展,更是因为坚持四项基本原则的政治保证,确保了改革开放的社会主义性质和方向,坚持了马克思主义思想的指导地位,发挥了共产党的领导作用。

2. 释放改革开放的市场活力

大力发展社会主义市场经济是推进改革开放事业的核心内容,是发展中国特色社会主义伟大事业的关键举措。社会主义市场经济是在社会主义制度基础上建立的市场经济体制,既能充分利用市场的配置作用、激发经济发展活力,又能充分发挥社会主义制度的优越性。我国经济体制改革正确处理了稳定与发展的关系,循序渐进地建立、完善了社会主义市场经济体制,推动了社会主义事业发展。邓小平旗帜鲜明地指出:"计划多一点还是市场多一点,不是社会主义与资本主义的本质区别。计划经济不等于社会主义,资本

---

① 邓小平. 邓小平文选(第2卷)[M]. 北京: 人民出版社, 1994: 164-165.
② 胡锦涛. 继续把改革开放伟大事业推向前进[J]. 求是, 2008(01): 3-5.

第七章　中国特色社会主义理论体系的根本保证

主义也有计划；市场经济不等于资本主义，社会主义也有市场。计划和市场都是经济手段。"① 邓小平关于市场经济没有意识形态属性的观点，为社会主义制度下的经济发展创造了新的思路和途径，是建设社会主义市场经济的理论基础。1979 年党中央提出建立"计划调节和市场调节相结合，以计划调节为主"的经济制度，党的十三大要求建立计划和市场相统一的经济体制，党的十四大提出建立社会主义市场经济体制的目标，强调市场在社会主义国家宏观调控下对资源配置起基础性作用。党的十四届三中全会通过的《中共中央关于建立社会主义市场经济体制若干问题的决定》，明确了社会主义市场经济体制的基本框架：建立以公有制为主体、多种经济成分共同发展的所有制结构；建立全国统一开放的市场体系；建立以间接手段为主的完善的宏观调控体系；建立以按劳分配为主体、效率优先、兼顾公平的收入分配制度；建立多层次的社会保障制度。党的十八届三中全会确定了全面深化改革的总体布局，强调"经济体制改革是全面深化改革的重点，核心问题是处理好政府和市场的关系，使市场在资源配置中起决定性作用和更好发挥政府作用"②，将市场的作用由基础性转变为决定性，提升了市场在配置资源中的地位和作用，体现了党中央完善社会主义市场经济、构建现代市场体系的决心和努力。经过改革开放四十多年来的发展，社会主义市场经济日益繁荣发展，为从整体上推进政治、经济、文化、社会、生态建设打下坚实的物质基础。

3. 把握改革开放的内在关系

改革是中国特色社会主义事业发展的内在动力，开放是中国特色社会主义发展的外在条件，处理好对内改革与对外开放的关系是不断开创社会主义事业新局面的关键所在。党的十一届三中全会拉开改革开放的大幕，确立了改革与开放共同发展、相互促进的发展思路。邓小平根据马克思主义基本原理和国内外历史经验教训，做出了长期实行对外开放的决策。他指出："如果开放政策在下一世纪前五十年不变，那末到了后五十年，我们同国际上的经济交往更加频繁，更加相互依赖，更不可分，开放政策就更不会变了。"③ 1982

---

① 邓小平. 邓小平文选(第 3 卷)[M]. 北京：人民出版社，1993：373.
② 中共中央关于全面深化改革若干重大问题的决定[N]. 人民日报，2013-11-16(001).
③ 邓小平. 邓小平文选(第 3 卷)[M]. 北京：人民出版社，1993：103.

年,对外开放作为基本国策载入我国新宪法,在法律上保证了对这项战略决策的坚持和执行。从最初开放沿海城市,到逐步开放我国的中西部,从开始仅与少数国家进行贸易活动,到取消国内市场限制发展开放型经济,我国建立起了全方位、宽领域、多层次的对外开放格局。在实行对外开放的同时,我国也如火如荼地推进改革事业。邓小平认为改革的使命重大,指出改革是中国发展生产力的必由之路,"不改革就死路一条"。习近平总书记要求全党全社会要秉持敢于担当、敢于啃硬骨头的精神,把全面深化改革向前推进。我国的改革从农村开始发展到以城市为中心,从经济领域扩大到政治、文化、社会、生态等领域,从强调"计划调节为主"的经济制度转变为强调"市场在资源配置中起决定性作用"的现代市场体系,取得了巨大的成功。改革与开放并不是两条没有交集、独立发展的平行线,二者融入于中国特色社会主义事业发展全过程。一方面,通过对外开放引进外资、先进技术和优秀文明成果,促进了我国的经济发展和经济体制改革。我国2001年加入世贸组织,积极主动地参与经济全球化进程,对外开放进入新阶段,为改革发展增添了新的动力。另一方面,通过改革事业破除社会主义市场经济发展的壁垒和瓶颈,构建完善的社会主义市场经济体制和社会主义市场体系,为对外开放提供根本的制度保障和体制支撑。

(三)以科学发展为社会主义事业的主要任务

实现科学发展,既是中国特色社会主义事业的重要目标,又是中国特色社会主义事业的主要任务。中国共产党在社会主义建设实践中,紧紧围绕发展主题,积极探索实现怎么样的发展、如何发展问题,逐渐形成了一套有关科学发展的思想观点。邓小平在提出发展才是硬道理的同时,强调物质文明和精神文明"两手抓",追求共同富裕,开辟了社会主义统筹兼顾、全面协调发展的道路。江泽民强调,要不断促进社会主义物质文明、政治文明和精神文明三者之间的协调发展,最终实现人的全面发展,丰富了科学发展理论。胡锦涛继承共产党人的思想成果,总结社会主义发展经验,明确提出科学发展观重大战略决策,促进了科学发展的理论成熟。习近平总书记在党的十九大报告中提出,要"增强科学发展本领,善于贯彻新发展理念,不断开创发展

第七章 中国特色社会主义理论体系的根本保证

新局面,……努力实现更高质量、更有效率、更加公平、更可持续的发展",①这是新时代背景下对科学发展观的深化发展。中国共产党在执政过程中始终追求科学发展目标,探索科学发展方式,不断推动中国经济社会发展和人的自由全面发展。

1. 坚持以人为本的核心价值

以人为本是科学发展观的核心和本质,是科学发展观的出发点和归宿。以人为本的实质是满足人民群众的物质精神需求,最终实现人的全面发展。马克思主义经典作家认为社会主义的本质是所有人的自由全面发展,所以最终建立的共产主义社会将是自由人的联合体。党的历届领导人始终强调心系人民,坚持以人为本的理念,将人的自由全面发展、人民福祉作为治国理政的根本目的。毛泽东提出全心全意为人民服务的根本宗旨;邓小平把人民拥护不拥护、赞成不赞成、高兴不高兴、答应不答应作为做出决策和执行政策的出发点和落脚点;江泽民把促进人的全面发展作为全面建设小康社会的目标;胡锦涛提出发展为了人民、发展依靠人民、发展成果由人民共享;习近平总书记提出把人民对美好生活的向往作为奋斗目标。中国共产党不仅在理论上发展以人为本理论,而且在实践中始终贯彻以人为本思想。一是坚持人民主体地位。认为人民群众是推动社会发展进步的根本力量,中国特色社会主义伟大事业必须依靠广大人民群众的共同奋斗。坚持相信群众、依靠群众、密切联系群众,通过各种途径问政、问计、问需于民,从人民群众的丰富实践中汲取智慧,提升科学决策、科学执政的能力。二是坚持发展成果惠及全体人民。发展成果由人民共享是以人为本理念的具体体现,是社会主义的根本要求。中国共产党注重满足民众的物质文化需求,保障人民的经济、政治、文化权益,让发展成果能够更多更广泛更公平地惠及人民群众。

2. 紧扣执政兴国的发展主题

发展是当今时代和当代中国的主题,是解决社会问题、推动社会进步的根本方法。马克思、恩格斯强调发展生产力是无产阶级专政的历史任务,"无

---

① 习近平. 决胜全面建成小康社会 夺取新时代中国特色社会主义伟大胜利[N]. 人民日报,2017-10-28(001).

产阶级将利用自己的政治统治,一步一步地夺取资产阶级的全部资本,把一切生产工具集中在国家即组织成为统治阶级的无产阶级手里,并且尽可能快地增加生产力的总量。"①邓小平在南方谈话首次强调发展的重要性,提出了"发展才是硬道理"②的政治命题。江泽民论述了发展的内涵、价值和途径,要求把发展作为党执政兴国的第一要务,以发展开创现代化建设新局面。胡锦涛明确地提出科学发展观,指出"第一要义是发展"③,要求实现全面协调可持续发展,创造了马克思主义发展新境界。发展是经济、政治、文化、社会、生态的共同进步,其中最为核心也最为基础的是生产力的发展、经济实力的提高。改革开放以来,党的领导人将发展作为中国特色社会主义事业主线,集中全党全国人民力量攻坚克难、砥砺奋进,建设社会主义现代化,追求中华民族伟大复兴。一是充分调动人民群众的积极性创造性。依靠包括知识分子在内的工人阶级、广大农民阶级和社会变革中产生的新兴阶层建设社会主义,汇聚一切可以汇聚的力量建设中国特色社会主义。二是促进经济体制改革。发挥科学技术第一生产力的作用,用高新科技改造传统产业,促进产业结构升级换代,形成新的产业格局,为经济发展增强动力。三是用制度建设推动社会主义发展。进行制度改革与创新,建立社会主义市场经济制度,完善社会主义政治制度,推动教育、文化、医疗等领域的体制改革,为社会主义发展提供制度保障。在追求发展的过程中,我国取得举世瞩目的成就,同时也面临经济结构不合理、贫富差距拉大、生态环境遭受破坏等诸多问题,党中央提出发展是解决国内一切问题的关键,要以发展的方式解决发展中面临的问题。发展作为执政兴国的第一要务,是我国必须长期坚持的战略思想。

3. 实现全面协调可持续发展

党的十六届三中全会明确提出:"坚持以人为本,树立全面、协调、可持续的发展观,促进经济社会和人的全面发展。"④这段论述既是对社会主义事业发展的目标展望,又是对科学发展方式提出的根本要求。科学发展包含了三

---

① 中共中央马克思恩格斯列宁斯大林著作编译局. 马克思恩格斯选集(第1卷)[M]. 北京:人民出版社,2012:421.
② 邓小平. 邓小平文选(第3卷)[M]. 北京:人民出版社,1993:377.
③ 胡锦涛. 胡锦涛文选(第2卷)[M]. 北京:人民出版社,2016:623.
④ 中共中央关于完善社会主义市场经济体制若干问题的决定[N]. 人民日报,2003-10-22.

第七章 中国特色社会主义理论体系的根本保证

个方面的内在要求：全面、协调、可持续。一是实现全面的发展。科学发展不是经济的一枝独秀，而是政治、文化、社会、生态等全面发展的结果。改革开放以来，中国共产党在坚持以经济建设为中心，推动计划经济体制转入社会主义市场经济轨道，实现中国经济持续健康发展，积累社会物质财富的同时，加强政治、文化、社会和生态建设，促进了社会主义各项事业的全面发展。二是实现协调的发展。协调发展是保证全面发展的有效途径，是处理好每个发展阶段各种矛盾的科学方法。中国共产党一直致力于统筹城乡发展、统筹区域发展、统筹经济社会发展、统筹人与自然和谐发展、统筹国内发展和对外开放，协调好现代化进程中各个方面的发展，促使经济基础和上层建筑相适应。三是实现可持续的发展。可持续发展是持久、连续、健康的发展，是社会发展和人类存续的前提条件。因此，中国共产党在推进发展时，越来越注意考虑资源的有限性和环境的承受力，平衡追求经济效益和保护生态环境之间的关系，树立"青山绿水就是金山银山"的生态环保意识，构建资源节约型、环境友好型社会，促进经济社会持续健康发展。

(四)以人民幸福为社会主义事业的根本目标

马克思主义幸福观认为，幸福是人们在一定社会关系和历史环境下创造物质财富和精神财富的实践过程，是人们对美好生活的向往和追求，体现为人的自由全面发展。作为马克思主义政党，中国共产党坚持立党为公、执政为民的理念，始终把人民幸福作为治国理政的目标追求，把人的自由全面发展作为社会发展的终极理想，从物质文明、精神文明、政治文明、社会文明和生态文明等方面，实现系统性的、整体性的人民幸福目标。

1. 筑牢人民幸福的经济基础

生产力是经济社会发展的根本决定力量，物质资料的生产是人类生存发展的基石。人民幸福与否在很大程度上取决于生产力发展和经济发展总体水平，只有经济充分发展，人民群众的物质需求得到充分满足，人民幸福才有了坚实的基础。改革开放以来，中国共产党把经济建设作为中心工作，把经济发展作为提升人民福祉的根本途径，带领中国人民发展社会主义市场经济。一是坚持以公有制为主体、多种所有制经济共同发展的经济制度。通过调整所有制结构，解放生产力，释放经济活力，促进经济快速发展。通过坚持发展公有制经济,确保我国社会主义性质,发挥社会主义制度优越性,保证人民群众的主体地位,防止出现两极分化,追求人民共同富裕。二是建立健全市场经济体制。利用市场这一"看不见的手",实现资源的合理配置,调动一切积极因素推动技术进步和经济发展。正确处理政府和市场的关系,充分发挥宏观调控的积极作用,规范、引导市场经济健康稳定发展。三是改革完善收入分配制度。随着新时代我国社会主要矛盾的转化,收入分配制度的改革必然要以促进人的全面发展和实现全体人民共同富裕为目标导向。在解决生产力发展不平衡、不充分的过程中,促进居民收入与经济发展、劳动效率的同步增长,把按劳分配与按要素分配结合起来,把提高各种合法收入与缩小收入分配差距统一起来,形成更加合理、更加有序的收入分配格局。在社会财富"蛋糕"越做越大的同时,要立足于满足人民日益增长的美好生活需要,加大投入公共产品和公共服务的力度,加快推进公共产品的优质化和公共服务的均等化,让改革发展成果更多更公平惠及全体人民,不断增进全体人民的获得感、幸福感和安全感。

2. 提高人民幸福的精神层次

幸福感的获得不仅需要以物质条件为基础,还需要精神文化的滋养。随着社会的进步、经济的发展,一部分人在享有丰富的物质财富时,幸福感却日趋下降。这是因为人们在基本物质生活得到满足之后,需要有更高层次的精神生活。如果精神得不到寄托,那么人的幸福感就不能持久。中国共产党在坚持经济建设的中心工作,提高人民生活水平的同时,注重加强精神文明建设,增强人民幸福感。一是加强社会主义核心价值观建设,提升人民思想境界。强化社会主义核心价值体系的宣传教育,用社会主义核心价值观凝聚社会共识,引领思想潮流,增进人民群众主流文化和价值的认同,使人民群众将社会主义核心价值观内化为思想、观念、信仰,指导自身的社会行动和工作实践。通过培育和践行社会主义核心价值观,防止出现理想信念滑坡、精神空虚、思想贫乏的社会现象,消除西方个人主义、享乐主义、拜金主义错误思想的消极影响。二是提升道德素质,加强个人修养。加强中华传统美德和社会主义道德教育,引导人民自觉履行义务、担起家庭社会责任,培育民众待人友善、乐于奉献的优良品质。通过提升个人道德修养、思想境界,

第七章 中国特色社会主义理论体系的根本保证

在严格自律、严守道德规矩的过程中体验幸福，在服务社会、帮助他人的行动中提升幸福感。三是加强社会主义文化建设，丰富人民精神生活。丰富多样的精神文化产品是满足人们精神生活需求、提升幸福指数的重要因素。中国共产党在加强社会主义文化建设中，积极弘扬中华优秀传统文化，借鉴其他民族优秀文明成果，通过发展多层次、多样化的文化产品，丰富民众精神文化生活，满足人民群众精神需求。

3. 强化人民幸福的制度保障

制度建设是实现人民幸福的根本保障，对于人民群众获得持续性的幸福感来说具有根本性作用。中国共产党十分重视加强社会主义制度建设，从健全民主政治制度、强化权力监督和制约机制，完善社会保障制度等方面保障人民幸福。首先，健全民主政治制度。通过发展民主政治，扩大人民民主，保证公民广泛有序的政治参与，确保公民在政治、经济、文化等方面享有平等权利，维护人民当家作主地位，为人民幸福提供政治保证。其次，强化权力监督和制约机制。如果权力异化问题不能有效遏制，那么党风政风社会风气就会污浊不清，人民的利益就会受到损害，人民的幸福感就会下降，最终危害执政党合法性。中国共产党深刻认识到权力异化问题的严重破坏性，始终将反腐倡廉工作作为党的建设头等大事，以踏石留印、抓铁有痕的勇气和精神，制定和完善权力监督和制约机制，把权力关进制度的笼子，从源头上根治贪污腐败问题，让人民赋予的权力成为为民谋利的工具。最后，完善社会保障制度。社会保障制度是人民生存发展的最后防线，是实现人民幸福的基本保证。随着市场经济的深入发展，不同群体在物质文化成果的享有方面出现差异，社会保障问题成为关乎民众根本利益的问题。中国共产党把建立健全社会保障体系作为全面建设小康社会的目标任务，积极探索国家投入为主、社会资金补充的投入机制，加快完善社会保障制度体系，不断扩大社会保障的覆盖面和受益面。通过健全社会保障制度，为社会经济繁荣发展提供和谐稳定的社会环境，促使人民群众都能在共享发展成果中过上幸福美好生活。

4. 优化人民幸福的生态环境

人类生存发展需要自然环境作为基础和条件，人民幸福依赖于良好的生态环境。改革开放以来,中国共产党根据基本国情和社会发展规律,把经济建设作为中心工作,在推动经济迅速发展的同时,也面临着资源浪费、环境污染、生态退化的严峻挑战。中国共产党越来越认识到生态建设的重要性,积极探索生态文明建设的新理念和新路径,提出"科学发展观",倡导"建设资源节约型、环境友好型社会"。党的十八大报告要求,"把生态文明建设放在突出地位,融入经济建设、政治建设、文化建设、社会建设各方面和全过程,努力建设美丽中国,实现中华民族永续发展。"①党的十九大报告强调:"我们要建设的现代化是人与自然和谐共生的现代化,既要创造更多物质财富和精神财富以满足人民日益增长的美好生活需要,也要提供更多优质生态产品以满足人民日益增长的优美生态环境需要。"②中国共产党致力于构建人与自然的和谐关系,在思想上树立生态文明理念,在实践上加强生态文明建设。通过积极引导人民群众树立尊重自然、顺应自然、保护自然的生态文明理念,推进生态文明系统工程建设,实现人与自然的和谐友好相处,创造可持续发展的生态环境,使人民群众在和谐、健康、绿色、美丽的生态环境中收获幸福感。

---

① 胡锦涛. 坚定不移沿着中国特色社会主义道路前进 为全面建成小康社会而奋斗[N]. 人民日报,2012-11-18(001).

② 习近平. 决胜全面建成小康社会 夺取新时代中国特色社会主义伟大胜利[N]. 人民日报,2017-10-28(001).

第八章　中国特色社会主义理论体系的基本经验

中国特色社会主义理论体系是一个逻辑严密的科学体系,涵盖的内容广泛。在新的时代条件下,中国特色社会主义系统地回答了什么是社会主义、怎样建设社会主义,建设什么样的党、怎样建设党,实现什么样的发展、怎样发展,坚持什么样的马克思主义,怎样坚持马克思主义等重大问题。党的十九大提出"全党同志必须全面贯彻党的基本理论、基本路线、基本方略,更好引领党和人民事业发展"①。党的基本理论、基本路线、基本方略都是党在中国特色社会主义建设的过程中积累的宝贵经验,深刻领略其科学内涵,领悟其重要性,不断在实践中摸索如何将其贯彻落实,有利于提高中国特色社会主义建设的坚定性、科学性和实效性。

一、坚持党的基本理论

我们党自成立以来,就把马克思主义理论确定为党的指导思想,并在此基础上结合我国的具体实际,在长期的探索和奋斗过程中将马克思主义基本原理同中国具体国情相结合,产生了毛泽东思想、邓小平理论、"三个代表"重要思想、科学发展观和习近平新时代中国特色社会主义思想等重大理论成果。这些成果是党在坚持和坚定社会主义道路、探索和发展中国特色社会主义的过程中,根据时代特征、实践要求及社会发展趋势的基础上总结和提炼

---

① 习近平.决胜全面建成小康社会 夺取新时代中国特色社会主义伟大胜利——在中国共产党第十九次全国代表大会上的报告[N].人民日报,2017-10-28(001).

的重要理论。

(一)党的基本理论的科学内涵

马克思主义是马克思、恩格斯共同创立的,被后人继续发展了的,以工人阶级斗争和人类解放为重要内容的,以实现共产主义为目标的科学理论体系。马克思主义作为一个完整的科学体系,主要由马克思主义哲学、政治经济学、科学社会主义三部分构成,马克思主义哲学提供了科学的世界观和方法论,政治经济学对资本主义生产方式进行了深刻的剖析,是马克思主义的理论基础,科学社会主义是从哲学的角度分析社会现实得出的结论,处于马克思主义的核心地位。三者之间相互联系、相互渗透、相互补充。离开了马克思主义哲学和科学社会主义理论的指导,政治经济学就会偏离方向;离开了科学社会主义的导向和政治经济学的指引,马克思主义哲学将流于形式,走向空洞;离开马克思主义哲学和政治经济学的引导,科学社会主义的最终目标就难以达成。马克思主义是从实践中得来的,它来源于无产阶级反对剥削和压迫,争取解放的斗争中。列宁主义被称为是"帝国主义和无产阶级革命时代的马克思主义",它是列宁在领导俄国进行革命斗争的过程中,总结和凝练无产阶级和资产阶级斗争的历史经验,继承并创造性地运用和发展了马克思主义。它将马克思主义与新的历史时期的无产阶级革命运动相结合,研究和阐述了资本主义发展到帝国主义阶段的规律,使马克思主义理论发展到新的阶段。

毛泽东思想是马克思主义中国化的第一个重大理论成果。它是"马克思列宁主义在中国的运用和发展,是被实践证明了的关于中国革命和建设的正确理论原则和经验总结,是中国共产党集体智慧的结晶"[①]。一方面,毛泽东思想是对马克思主义的继承和发展,在理论渊源、价值旨归上存在着共性,但它又是马克思主义本土化的实践产物,具有鲜明的中国特色、中国气派和中国风格。

理论渊源、理论性质是与马克思列宁主义一脉相承的,它是马克思列宁主义与中国实际相结合的理论成果,它是有中国特色、中国形式、中国风格

---

① 姚传旺,张长云,罗张甫.邓小平著作专题研究[M].北京:人民出版社,1988:353.

第八章　中国特色社会主义理论体系的基本经验

的马克思列宁主义，它是马克思主义在中国的具体化、民族化。另一方面，毛泽东思想在内容上为马克思主义增添了很多新的内容和经验，丰富了马克思主义的理论宝库，在阐述形式上将产生于欧洲的马克思主义用我们本国的民族形式表达出来，实现了马克思主义的中国化。毛泽东思想包括了新民主主义革命理论、社会主义革命和社会主义建设理论、革命军队建设和军事战略的理论、政策和策略的理论、思想政治工作和文化工作的理论、党的建设理论等。此外，还包括国际战略和外交工作、思想方法和工作方法的理论等。毛泽东思想是在实践中产生和发展起来的，在中国革命和建设的实践中产生，又用于指导中国的革命和建设，它是在实践中被证实的科学的理论，是党领导人民在长期的革命和建设中进行的科学总结，它是党和人民群众集体智慧的结晶。

邓小平理论是马克思主义中国化第二次历史性飞跃的理论成果。它是"马克思列宁主义基本原理同当代中国实践和时代特征相结合的产物，是毛泽东思想在新的历史条件下的继承和发展，是马克思主义在中国发展的新阶段，是当代中国的马克思主义，是中国共产党集体智慧的结晶，是中国共产党的指导思想和中华民族的精神支柱"。[①] 邓小平理论围绕"什么是社会主义、怎样建设社会主义"这一问题，提出了一系列相互联系的观点，初步回答了我国社会主义的发展阶段、发展动力、政治保证、领导力量、依靠力量等问题。邓小平理论主要包含了社会主义本质理论、社会主义初级阶段理论、社会主义改革开放理论、社会主义市场经济理论。此外，社会主义民主政治建设、社会主义国家外交战略、社会主义精神文明建设等理论也是邓小平理论的重要内容。邓小平理论涵盖了国家政治、经济、文化、社会等领域，是一个内容丰富的较为完备的理论体系。

"三个代表"重要思想是马克思主义中国化的又一重大理论成果。它是以江泽民同志为核心的党的第三代中央领导集体对马克思主义、毛泽东思想、邓小平理论的继承和发展。"三个代表"重要思想即"中国共产党必须始终代表中国先进生产力的发展要求，代表中国先进文化的前进方向，代表中国最广

---

① 丁俊萍. 邓小平理论概论[M]. 北京：首都经贸大学出版社，2000：10.

大人民的根本利益"。它是一个有机统一的整体。其中,"发展先进生产力,是发展先进文化的基础,是实现最广大人民根本利益的前提;发展先进文化,是发展先进生产力和实现最广大人民根本利益的重要思想保证;发展先进生产力和先进文化,归根到底都是为了实现最广大人民的根本利益,而人民群众则是创造先进生产力和先进文化的主体,也是实现自身利益的根本力量"①。"三个代表"重要思想在邓小平理论的基础上,创造性地回答了建设什么样的党,怎样建设党的问题。反映了时代发展对党和国家工作的新要求,是进一步加强和改进党的建设,推进我国社会主义不断完善和发展的强大理论武器。

科学发展观是对党的三代中央领导集体关于发展思想的继承和发展。它是以胡锦涛同志为总书记的党中央,对马克思主义、毛泽东思想、邓小平理论和"三个代表"重要思想的继承和发展,是马克思主义中国化的重大理论成果。科学发展观,第一要义是发展,核心是以人为本,基本要求是全面协调可持续,根本方法是统筹兼顾。科学发展观首先将发展作为党执政兴国的第一要务,目标导向是实现最广大人民群众的根本利益。科学发展观还要求推进政治、经济、文化、社会等各方面的建设,使社会建设的各环节相协调,促进经济基础和上层建筑相协调,生产关系和生产力相协调,统筹城乡、区域发展、中央、地方关系,当前、长远利益等。它创造性地回答了"实现什么样的发展、怎样发展"的问题,使党对中国特色社会主义建设的认识上升到了一个新的高度。

习近平新时代中国特色社会主义思想是习近平总书记自党的十八大以来,根据社会主要矛盾的新变化、社会发展阶段的新特点和时代发展的新特征提出来的新思想、新观点、新理论。习近平新时代中国特色社会主义思想"是对马克思列宁主义、毛泽东思想、邓小平理论、'三个代表'重要思想、科学发展观的继承和发展,是马克思主义中国化最新成果,是党和人民实践经验和集体智慧的结晶,是中国特色社会主义理论体系的重要组成部分"②。习近平

---

① 毛泽东思想和中国特色社会主义理论体系概论编写组. 毛泽东思想和中国特色社会主义理论体系概论[M]. 高等教育出版社,2010:31.

② 习近平. 决胜全面建成小康社会 夺取新时代中国特色社会主义伟大胜利——在中国共产党第十九次全国代表大会上的报告[N]. 人民日报,2017-10-28(001).

第八章　中国特色社会主义理论体系的基本经验

新时代中国特色社会主义思想将理论与实践相结合，系统回答了新时代"坚持和发展什么样的中国特色社会主义、怎样坚持和发展中国特色社会主义"的问题，明确了新时代中国特色社会主义建设的总目标、总任务、总布局以及发展方向、发展动力、发展方式等问题。习近平新时代中国特色社会主义思想涵盖了政治、经济、文化、社会、生态文明、民生、教育、宗教、国防和军队、"一国两制"和祖国统一、国家安全、党建、外交等方面，"深刻揭示了新时代中国特色社会主义的本质特征、发展规律和建设路径，为在新的时代条件下坚持和发展中国特色社会主义提供了科学的理论指引"[①]。

（二）党的基本理论的重要性认识

马克思列宁主义集中体现了辩证唯物主义和历史唯物主义的革命性、科学性和实践性，它反映了无产阶级的需求，代表了劳动人民的根本利益。马克思列宁主义是无产阶级劳动人民智慧的结晶，是无产阶级反对压迫、争取解放的重要武器。马克思列宁主义把人类历史的前提由生命需求转向现实的人，揭示了人类社会发展的规律。毛泽东思想总结了从我国新民主主义革命以来，一直到社会主义革命、社会主义建设的实践的过程中，革命和建设当中提炼出来的正反两方面的经验，逐渐丰富和发展起来的理论。它是马克思主义中国化的第一个理论形态，确定了马克思主义中国化的原则、方法和发展方向，推动了马克思主义中国化的不断发展。

中国特色社会主义事业的建设必须始终坚持以马克思列宁主义、毛泽东思想为指导。马克思列宁主义揭示了人类社会发展的普遍规律，分析了资本主义制度本身所固有的、无法克服的矛盾，并指出了社会主义必然会取代资本主义的重要结论，为世界无产阶级革命政党的行动指明了方向。是人类文明社会智慧的结晶，是指导无产阶级进行革命和斗争的思想武器，是引导我们进行改革开放和社会主义现代化建设的重要思想。以毛泽东为主要代表的中国共产党人，在经历了几十年艰难的探索革命和建设道路的曲折历程中，始终坚持把马克思列宁主义的基本原理和精髓与中国的具体实际相结合，独立自主、自力更生地探索着属于中国革命和建设的方向和道路。在认真总结

---

① 刘云山. 深入学习贯彻习近平新时代中国特色社会主义思想[N]. 人民日报, 2017-11-06(2).

和提炼革命和改革中汲取的经验和教训的基础上,实现了马克思主义中国化的第一次飞跃。中国共产党和全体中国人民在毛泽东思想的指引下,领导各族人民英勇奋斗、努力拼搏,获得了新民主主义革命的伟大胜利,初步建立起社会主义社会的基本制度,中国历史由此进入了新阶段。新中国成立以来,特别是改革开放以来,我国建设发展的经验证明,我国在社会主义革命、建设和改革开放中获得的重大成就都是在马克思列宁主义、毛泽东思想的指导下取得的。今天,我们仍然处于社会主义初级阶段,之后,在我们继续进行社会主义建设和改革的过程中,仍然需要把马克思列宁主义、毛泽东思想作为我们党和国家进行社会主义建设的指导思想。

邓小平理论、"三个代表"重要思想、科学发展观、习近平新时代中国特色社会主义思想共同构成了中国特色社会主义理论体系。中国特色社会主义理论体系所包含的这四大成果并不只是简单的机械组合,它们有其内在的逻辑关系,并有机组合成一个完整、系统的理论体系,呈现出"整体性"特征。中国特色社会主义理论体系的四大成果围绕着不断建设和发展中国特色社会主义这一主线展开,它们虽然回答了不同的主题,但每一个主题都是对前一个主题的继承和发展,共同推进了中国特色社会主义理论体系的形成、发展和完善。邓小平理论、"三个代表"重要思想、科学发展观、习近平新时代中国特色社会主义思想面临着和平与发展这一大的时代背景,立足于社会主义初级阶段的基本国情,将马克思列宁主义、毛泽东思想作为一脉相承的理论渊源,在实践和探索中不断丰富和升华。

邓小平理论中"什么是社会主义、怎样建设社会主义"的问题是中国特色社会主义理论首要的、最基本的问题。它归纳总结了我国和世界上其他国家建设社会主义的经验和教训,使我国对社会主义建设有了正确的分析和科学的判断。邓小平理论坚持解放思想、实事求是的正确思想路线,及时纠正了我国社会主义建设过程中出现的"左"的错误;它坚持一切从实际出发,放眼世界,提出了一系列具有新思想和新观点的战略举措;它提出了改革开放的重要战略,并在进行改革开放的过程中不断总结经验教训,夯实了社会主义发展的经济基础。邓小平理论对社会主义理论不断进行发展和概括,推动了党和国家对社会主义本质和社会主义建设规律认识的深化,提出了建设有中

第八章 中国特色社会主义理论体系的基本经验

国特色的社会主义理论，为中国特色社会主义理论体系的建立奠定了基础。

"三个代表"重要思想将中国特色社会主义建设与党建的任务结合起来，在认真分析世情、国情、党情的基础上，根据党所处的地位、环境和任务的变化，对党的建设提出了新要求。"三个代表"重要思想使党对人类社会发展规律、社会主义建设规律和党的执政规律有了新的认识，使党在新时期新阶段更好地进行社会主义建设提供了科学的理论和方法，对改革开放和社会主义现代化建设有着重要的指导作用。"三个代表"重要思想关于"建设什么样的党，怎样建设党"的问题解答了中国特色社会主义建设的新的时代主题，是对中国特色社会主义理论体系的进一步丰富和发展。

科学发展观站在历史和时代的高度，从中国特色社会主义事业的总体布局出发，为整个社会发展的各个环节和方面指明了方向。科学发展观是在继承马克思列宁主义、毛泽东思想、邓小平理论和"三个代表"重要思想的基础上，结合我国发展的实际和世界发展的趋势，在适应社会发展的新要求的基础上形成的重要战略思想。它阐述了在新的历史阶段发展的本质、内涵、目的和要求，回答了"实现什么样的发展，怎样发展"的问题，使中国特色社会主义的视野更开阔、道路更宽广，在中国特色社会主义理论体系中起着承前启后的作用。

习近平新时代中国特色社会主义思想是党的十八大以来，以习近平同志为核心的党中央在继承和发展马克思列宁主义、毛泽东思想、邓小平理论、"三个代表"重要思想、科学发展观的基础上，在统筹"五位一体"总体布局和推进"四个全面"战略布局过程中归纳总结出来的重要理论，是中国特色社会主义理论体系的重要组成部分。习近平新时代中国特色社会主义思想坚持解放思想、实事求是、与时俱进、开拓创新的精神，紧密结合当前的时代背景和实践发展，围绕"坚持和发展什么样的中国特色社会主义、怎样坚持和发展中国特色社会主义"这一主题来进行探索，开辟了中国特色社会主义的新境界，使中国特色社会主义理论体系得到了进一步的丰富和发展。

总的来说，党的基本理论从根本上规定了我们党和国家建设的政治方向、政治立场、政治原则和政治道路，是我党进行中国特色社会主义建设的强有力的思想武器。党的基本理论是我们开展各项工作的行动指南，它反映了在我国进行社会主义建设的原则和路径。只有真正理解和把握党的基本理论，才能更加深刻地认识到我们党所肩负的重大历史使命和社会责任；只有坚定不移地贯彻和落实党的基本理论，才能树立大局观念，站在世界和时代的高度，经受住各种思潮的渗透和资本主义社会物欲的诱惑，始终坚定共产主义信仰和社会主义方向。马克思列宁主义、毛泽东思想、邓小平理论、"三个代表"重要思想、科学发展观、习近平新时代中国特色社会主义思想都是我们党和国家宝贵的理论精髓，是党的基本路线、基本纲领、基本经验、基本政策和基本方针的思想理论基础，引领着我们在建设中国特色社会主义的道路上不断取得新的成就。

（三）在实践中繁荣发展党的基本理论

党的十九大指出："新时代中国特色社会主义思想，是对马克思列宁主义、毛泽东思想、邓小平理论、'三个代表'重要思想、科学发展观的继承和发展，是马克思主义中国化最新成果，是党和人民实践经验和集体智慧的结晶，是中国特色社会主义理论体系的重要组成部分，是全党全国人民为实现中华民族伟大复兴而奋斗的行动指南，必须长期坚持并不断发展。"[①]中国特色社会主义理论体系作为一个有着科学精神实质和重要内涵的整体，需要在实践中不断汲取时代发展的精髓，在实践中不断地丰富和完善自身，使其更具整体性、科学性、实效性，使其能更好地指引中国特色社会主义建设，推进富强民主文明和谐美丽的社会主义现代化建设，推动中华民族伟大复兴的中国梦顺利实现。

在实践中繁荣和发展党的基本理论，首先必须将马克思主义基本原理同中国具体实际相结合。我国地域辽阔，人口众多，经济发展基础薄弱，有着独特的历史文化和基本国情。因此，这样的具体国情决定了我们既不能照搬照抄书本，也不能直接照抄照搬国外模式，必须结合我国具体的实际，从我国具体国情出发，在实践中不断摸索和开创出具有中国特色的社会主义道路。

一直以来，我们党之所以在社会主义革命、建设和改革中能不断取得新

---

① 习近平. 决胜全面建成小康社会 夺取新时代中国特色社会主义伟大胜利——在中国共产党第十九次全国代表大会上的报告[N]. 人民日报，2017-10-28(001).

第八章 中国特色社会主义理论体系的基本经验

的突破,其根本原因在于我们坚持了实事求是的思想路线,实事求是的思想路线是马克思主义中国化理论成果的精髓,它坚持了辩证唯物主义和历史唯物主义,坚持一切从实际出发,理论联系实际,强调在实践中检验真理和发展真理。1958年,党的领导工作曾经因为背离了实事求是的思想路线,在社会主义建设的探索中走了弯路,造成了严重的失误。党的十一届三中全会后,实事求是的思想路线重新得到了确立,并受到了高度重视。正是由于坚持了实事求是的思想路线,我们才能突破教条主义,突破苏联模式神圣化的刻板观念,深入分析在中国进行社会主义革命和建设的特点,推进社会主义的发展。因此,我们要正确认识我国国情,一切从实际出发,在实践中繁荣和发展党的基本理论。在今后的社会主义建设中,我们要从国情出发,研究新情况、分析新问题、发展和丰富新理论,推动中国特色社会主义事业不断前进。

坚持党的基本理论,就是要高举马克思列宁主义、毛泽东思想和以邓小平理论、"三个代表"重要思想、科学发展观、习近平新时代中国特色社会主义思想为核心内容的中国特色社会主义理论体系的伟大旗帜,引领中国特色社会主义现代化建设,并将这些基本理论贯穿于政治、经济、文化、社会和生态文明建设之中。就当前而言,要特别注意结合党的"五位一体"的工作布局,联系发展社会主义市场经济、发展社会主义民主政治、弘扬社会主义核心价值观、改善民生建设和谐社会、加强生态文明建设的实际,研究和解决好党的二十大中提出的有关重大问题。例如,发展中存在的发展质量和效益不高、发展的不平衡不充分问题,需要坚持引领我国发展全局的五大发展新理念:创新、协调、绿色、开放、共享的新发展理念,实现党对发展规律认识的深化和飞跃;民生领域存在的短板就需要巩固脱贫攻坚成果,完善防止返贫致贫机制,实施乡村振兴战略;关注人民群众在教育、就业、医疗、住房、养老等方面的问题,合理调节收入分配的差距,合理统筹城乡发展规划。针对当前在意识形态领域的复杂问题,我们要始终坚持将马克思主义作为党的指导思想,坚持社会主义道路自信、理论自信、制度自信、文化自信,弘扬社会主义核心价值观,正确看待西方国家的各种思潮,打消西方敌对势力妄图"西化""分化"我国的图谋。

总之,无论是对于经济层面的问题、民生层面的问题,还是意识形态层面的问题,我们都要学会并且善于运用党的基本理论去观察它、分析它,只有这样,才能理论联系实际,透过现象看本质,把握社会主义发展的正确方向。我们也只有运用党的基本理论,才能在社会主义革命、建设和改革的经验中汲取营养,总结经验教训,分析和探讨在改革开放和社会主义现代化建设中存在的实际问题。另一方面,党的基本理论也会在中国特色社会主义建设的实践中不断得到巩固、完善和发展,党的基本理论才会不断丰富,更好地引导党和国家的事业的发展,更好地推进中国特色社会主义事业走向辉煌。

在改革开放和社会主义现代化建设的道路上,我们面临着沉重而烦琐的任务,面临着各种可预料和不可预料的困难,面临着复杂多变的国际环境,我们要想在高速发展的世界浪潮中站稳脚跟、在变幻莫测的国际形势中坚持自我、在社会主义发展中有所作为,就必须坚持和贯彻党的基本理论,以党的基本理论作为党和国家行动的重要指南。为了解决我们当前存在的各种社会矛盾和社会问题,为了尽快实现全面建成社会主义现代化国家、全面深化改革、全面依法治国、全面从严治党的"四个全面"战略目标,为了把我国建设成为富强民主文明和谐美丽的社会主义现代化强国,为了不断完善和推进党的建设,为了将全党全国人民的智慧和力量凝聚起来推进中国特色社会主义事业的伟大胜利,让我们紧紧团结在以习近平同志为核心的党中央周围,在实践中繁荣和发展党的基本理论。

二、坚持党的基本路线

党的基本路线是党在某一历史时期,指导整个国家经济建设全局的总政策、总方针、总任务的概括和总结,是党的基本理论和指导思想的重要体现,是党在某一历史时期内所有工作和活动的指南、依据和方向。中国共产党能否制定并贯彻执行一条符合我国客观实际的、体现时代发展潮流的正确的基本路线,直接关系到人民的切身利益、党的兴衰成败和国家的前途命运。

(一)党的基本路线的重要内容

改革开放以来,我们之所以能在社会主义建设的过程中取得丰硕的成果,就是因为我们在科学理论的指导和实践的探索中形成了中国特色社会主义理论体系,并在此基础上逐渐形成并确立了社会主义初级阶段的基本路线。社

第八章 中国特色社会主义理论体系的基本经验

会主义初级阶段的基本路线,是我们党和国家以基本理论为指导,结合经济社会发展的实际,在实践中不断探索、不断丰富、不断发展而形成起来的,是我们党带领全国人民,在改革开放和社会主义现代化建设的过程中逐步形成并发展完善起来的,凝结着我们几代中央领导集体的智慧和心血。我国改革开放的总设计师邓小平曾经说过"基本路线要管一百年,动摇不得"①。

党在社会主义初级阶段的基本路线是党在十一届三中全会过后,认真总结之前在社会主义建设过程中的经验和教训的基础上形成,并在中共十三大上正式确立的,以"一个中心,两个基本点"为主要内容的基本路线。中共十七大再次明确表述了社会主义初级阶段的基本路线:"领导和团结全国各族人民,以经济建设为中心,坚持四项基本原则,坚持改革开放,自力更生,艰苦创业,为把我国建设成为富强民主文明和谐的社会主义现代化国家而奋斗。"②"党的基本路线是党和国家的生命线,是实现科学发展的政治保证。以经济建设为中心是兴国之要,是我们党、我们国家兴旺发达和长治久安的根本要求;四项基本原则是立国之本,是我们党、我们国家生存发展的政治基石;改革开放是强国之路,是我们党、我们国家发展进步的活力源泉。"③

党的十八大以来,以习近平同志为核心的党中央,顺应时代形势和实践要求,高举中国特色社会主义伟大旗帜,统筹推进"五位一体"的总体布局和"四个全面"的战略布局,坚持以马克思列宁主义、毛泽东思想、邓小平理论、"三个代表"重要思想、科学发展观为指导,将党的基本路线从党和国家的生命线、人民的幸福线的高度来认识和阐述,形成了贯彻落实党的基本路线的新思想、新战略、新理念,这是对党的基本路线的进一步解读和发展,体现了党的基本路线重要性的认识,把党和人民对基本路线的认识提高到了新的境界。

党的十九大报告指出"全党要牢牢把握社会主义初级阶段这个基本国情,牢牢立足社会主义初级阶段这个最大实际,牢牢坚持党的基本路线这个党和

---

① 邓小平.邓小平文选(第3卷)[M].北京:人民出版社,1993:370-371.
② 中国共产党第十七次全国代表大会文件汇编[M].北京:人民出版社,2007:61.
③ 胡锦涛.高举中国特色社会主义伟大旗帜为夺取全面建设小康社会新胜利而奋斗——在中国共产党第十七次全国代表大会上的报告[M].北京:人民出版社,2007:16-17.

国家的生命线、人民的幸福线,领导和团结全国各族人民,以经济建设为中心,坚持四项基本原则,坚持改革开放,自力更生,艰苦创业,为把我国建设成为富强民主文明和谐美丽的社会主义现代化强国而奋斗。"①党的十九大报告将社会主义初级阶段的基本路线结合我国当前发展的实际进行了进一步的发展和完善。

社会主义初级阶段的基本路线强调以经济建设为中心,经济建设是党和国家工作的重点内容,党和国家的各项工作都要服从和服务于经济建设的大局。要不断深化、完善经济体制改革,全面推进政治建设、经济建设、文化建设、社会建设、生态文明建设,以"创新、协调、绿色、开放、共享"的新发展理念引领经济新发展。经济建设是党在新时期的中心任务,是解决我国当前发展不平衡不充分问题的重要举措。

四项基本原则的具体内容是必须坚持社会主义道路、必须坚持人民民主专政、必须坚持中国共产党领导、必须坚持马克思列宁主义、毛泽东思想。四项基本原则一直以来被称为是我国的立国之本。在当代中国,坚持社会主义道路是我们坚持和发展中国特色社会主义道路的根本方向,坚持人民民主专政是我们坚持和发展中国特色社会主义道路的力量保障,坚持中国共产党领导是我们坚持和发展中国特色社会主义的最大优势,坚持马克思列宁主义、毛泽东思想等基本理论是我们坚持和发展中国特色社会主义的思想保证。

改革开放由改革和开放两个词语组成,它意味着我们必须将开放的思路贯穿到改革的全过程,在改革中深度推进对外开放,要站在世界的角度,站在时代发展的角度去看待、思考和推动改革的发展。改革开放被称为是强国之路,也是我们坚持和发展中国特色社会主义的必经之路,我们要将开放、改革、创新等精神融入党和国家治国理政的各个环节,推进社会主义体制的发展和完善。在全面深化改革的过程中始终坚持对外开放的基本国策,将改革和开放融会贯通,统筹推进,不断提高改革开放的深度和广度,推进中国特色社会主义建设取得累累硕果。

---

① 习近平. 决胜全面建成小康社会 夺取新时代中国特色社会主义伟大胜利——在中国共产党第十九次全国代表大会上的报告[N]. 人民日报, 2017-10-28(001).

第八章　中国特色社会主义理论体系的基本经验

党的基本路线中，"一个中心，两个基本点"是相互依存、相互联系、不可分割的统一整体，不能有丝毫偏离和丝毫偏废，必须全面坚持和加强贯彻。

（二）党的基本路线的重要性认识

党的基本路线对我国的社会主义现代化建设，对中国特色社会主义建设有着重要的导向作用，党和国家领导人一直以来非常重视党的基本路线问题。

邓小平同志自十一届三中全会以来，就在不断强调党的工作重心的转移，不断摸索党的基本路线，并在中共十三大上正式提出："在社会主义初级阶段，我们党的建设有中国特色的社会主义的基本路线是：领导和团结全国各族人民，以经济建设为中心，坚持四项基本原则，坚持改革开放，自力更生，艰苦创业，为把我国建设成为富强、民主、文明的社会主义现代化国家而奋斗。"①在面临苏联解体、东欧剧变和复杂的国内形势下，邓小平同志明确指出："基本路线要管一百年，动摇不得。只有坚持这条路线，人民才会相信你，拥护你。谁要改变三中全会以来的路线、方针、政策，老百姓不答应，谁就会被打倒。"②近代中国的社会主义制度脱胎于半殖民地半封建社会，通过新民主主义革命走向社会主义。由此，生产力发展水平相对比较落后。从历史发展阶段的角度来看，我们超越了资本主义，但是从经济发展水平的角度来看，我们的生产力和商品经济的发展还很不充分。所以，我们需要在社会主义阶段花较长的时间去实现其他国家在资本主义条件下实现的工业化、市场化、现代化的任务，从而达到社会主义社会应该具备的发达的生产力基础。虽然党的十一届三中全会以来，我国的生产力水平有了很大的进步，但是我们离实现工业化和现代化还有很长的路要走。邓小平曾指出："我们搞社会主义才几十年，还处在初级阶段。巩固和发展社会主义制度，还需要一个很长的历史阶段，需要几代人、十几代人，甚至几十代人坚持不懈地努力奋斗，决不能掉以轻心。"③

江泽民同志在十五大报告中指出："全党要毫不动摇地坚持党在社会主义初级阶段的基本路线，把以经济建设为中心同四项基本原则、改革开放这两

---

① 中共中央文献研究室.十三大以来重要文献选编（上）[M].北京：人民出版社，1991：15.
② 邓小平.邓小平文选（第3卷）[M].北京：人民出版社，1993：371.
③ 邓小平.邓小平文选（第3卷）[M].北京：人民出版社，1993：379-380.

个基本点统一于建设有中国特色社会主义的伟大实践。这是近二十年来我们党最可宝贵的经验,是我们事业胜利前进最可靠的保证。"①随着当今整个世界生产力的不断发展,经济的不断进步,我们面临的工业化、信息化、现代化的任务更加艰巨,因此,我们要戒骄戒躁、埋头苦干,坚定党的基本路线,脚踏实地地完成我们社会主义初级阶段的各项计划和任务,推进中国特色社会主义建设不断走向前进。江泽民同志一再强调四项基本原则是立国之本,改革开放是强国之路,并指出"要紧紧围绕一个中心,抓好两个基本点,一个也不能放松"②。"一个中心、两个基本点"的基本路线是我国在社会主义初级阶段的重要行动指南,只有始终坚持党的基本路线不动摇,才能团结全党全国人民,调动人民群众的积极性、创造性,为实现中国特色社会主义而不断努力奋斗。我国的历史经验和教训已证明,偏离党的基本路线就会走弯路,甚至走退路。因此,只要我们还处于社会主义初级阶段,就必须坚持"一个中心、两个基本点"的基本路线不动摇。

胡锦涛同志在十七大报告中指出:"深入贯彻落实科学发展观,要求我们始终坚持'一个中心、两个基本点'的基本路线。党的基本路线是党和国家的生命线,是实现科学发展的政治保证。"③坚持党的基本路线不动摇,关键是以经济建设为中心不动摇,社会主义的根本任务是解放生产力、发展生产力,当前党和国家的工作重点是经济建设,这是对我国社会主义建设以来经验教训的总结,也是科学分析我国当前主要矛盾得出的重要结论。四项基本原则是我国的立国之本,是党和国家生存发展必须坚持的政治基础,为坚持党的基本理论、为全面推进党的建设、为坚持中国特色社会主义的发展方向、为带领人民实现中华民族的伟大复兴起着保驾护航的重要作用。改革开放是新时代下党带领人民进行的新的伟大革命,改革开放的目的是实现社会主义制度的不断完善和发展,为社会主义建设注入新的生机和活力。改革开放是对中国特色社会主义的全新探索,中国特色社会主义建设没有现成的模式可以

---

① 中共中央文献研究室.十五大以来重要文献选编(上)[M].北京:人民出版社,2000:18.
② 江泽民.江泽民文选(第3卷)[M].北京:人民出版社,2006:214.
③ 中共中央文献研究室.科学发展观重要论述摘编[M].北京:中央文献出版社、党建读物出版社,2008:62-63.

第八章　中国特色社会主义理论体系的基本经验

照搬，在改革中出现的很多问题都是发展的问题，只能通过推动进一步改革来解决。胡锦涛同志将党的基本路线上升到了党和国家生命线的层次，强调经济建设是兴国之要、四项基本原则是立国之本、改革开放是强国之路，指出坚持党的基本路线是实现科学发展观的重要政治保证。

习近平总书记在庆祝中国共产党成立95周年大会上指出："党的基本路线是国家的生命线、人民的幸福线，我们要坚持把以经济建设为中心作为兴国之要、把四项基本原则作为立国之本、把改革开放作为强国之路，不能有丝毫动摇。"①我国当前的主要矛盾是人民日益增长的美好生活需要和不平衡不充分的发展之间的矛盾，不平衡不充分的发展说到底还是经济建设发展的问题，这就意味着就当前而言，发展经济仍然是党和国家的中心任务。党的十九大明确提出了党在社会主义初级阶段的目标是"把我国建设成为富强民主文明和谐美丽的社会主义现代化强国"，要实现这一目标就需要大力解放生产力、发展生产力，把经济抓好抓实。习近平总书记曾指出："坚定信心，就是要坚定不移推进改革开放。改革开放是决定当代中国命运的关键一招，也是决定实现'两个一百年'奋斗目标、实现中华民族伟大复兴的关键一招。我们现在的关键一招还是改革开放。实践发展永无止境，解放思想永无止境，改革开放也永无止境，停顿和倒退没有出路。"②改革开放的重大决策符合时代发展的潮流、符合我国发展的实际，符合党心、顺应民意，是发展中国特色社会主义的必由之路。习近平总书记在十八届中央政治局第一次集体学习时强调："我们在实践中要始终坚持'一个中心、两个基本点'不动摇，既不偏离'一个中心'，也不偏废'两个基本点'。"③体现了以习近平同志为核心的党中央对党的基本路线的认识上升到了新的高度。

（三）在实践中贯彻落实党的基本路线

在实践中贯彻落实党的基本路线首先要坚持以经济建设为中心不动摇，坚持以十八届五中全会中提出的"创新、协调、绿色、开放、共享"新发展理

---

① 习近平.在庆祝中国共产党成立95周年大会上的讲话[M].北京：人民出版社，2016：14.
② 中共中央文献研究室.习近平关于全面深化改革论述摘编[M].北京：中央文献出版社，2014：30.
③ 习近平.紧紧围绕坚持和发展中国特色社会主义 学习宣传贯彻党的十八大精神——在十八届中共中央政治局第一次集体学习时的讲话[M].北京：人民出版社，2012：6.

念引领经济发展。党和国家之所以强调在实践中贯彻落实以经济建设为中心，正是由于在确立党和国家工作的中心问题上，我国出现过中心转移和中心冲击的问题，并有过沉痛教训的。在党的八大会议上提出了要把党和国家的中心工作转移到经济建设上来，这一决策是正确的、是科学的。然而，由于党的中心工作意识不牢固，再加上当时对国内阶级斗争形势的错误估计和判断，导致了从1957年下半年开始，以阶级斗争为纲又被重新提上了议程，极大地冲击了以经济建设为中心的思想，后来的"文革"使得我们离以经济建设为中心越来越远，错过了促发展搞建设的好时机，这一沉痛的教训告诫我们，在现阶段进行中国特色社会主义的建设过程中，一定要以经济建设为中心，而且一定要在实践中彻彻底底地、脚踏实地地落实。

在实践中贯彻落实党的基本路线必须坚持改革开放不动摇。只有坚持改革开放，不断完善和发展社会主义基本制度，才能推动中国特色社会主义事业的蓬勃发展。在唯物史观中强调，生产关系要适应生产力的发展，因为生产关系对生产力具有反作用，当生产关系适应生产力的时候，会促进生产力的发展；反之，则会阻碍生产力的发展。我国的社会主义经济制度总的来说是适应生产力发展的，但我们也要看到，我们现在仍处于并将长期处于社会主义初级阶段的基本国情还没有变，并且随着社会的不断发展，我国的主要矛盾已经转化为人民日益增长的美好生活需要同不平衡不充分的发展之间的矛盾。要改变不平衡不充分的发展就需要我们不断改革经济体制及与其相配套的一系列体制机制，真正解放和发展生产力，充分显示社会主义制度的优越性。

在实践中贯彻落实党的基本路线必须坚持四项基本原则不动摇，并把坚持四项基本原则与坚持改革开放结合起来。四项基本原则要求坚持社会主义道路、坚持人民民主专政、坚持共产党领导，坚持马列主义、毛泽东思想。四项基本原则是我们的立国之本，是坚持党的领导，坚持党的基本理论，团结各族人民为建设社会主义而奋斗的重要保证。将社会主义制度的自我完善和发展作为目标的改革开放，必须在坚持四项基本原则的基础上进行。离开了四项基本原则，改革开放就将失去方向和指南，只有坚持四项基本原则不动摇，改革开放才能沿着社会主义道路，在党的领导下顺利健康地进行下去。

第八章 中国特色社会主义理论体系的基本经验

一方面,我国所进行的改革开放是社会主义的改革开放,因此,必须以四项基本原则为行动指南,因为四项基本原则集中体现了社会主义的政治原则、政治基础和政治方向。以四项基本原则为行动指南是由改革开放的性质和目的决定的。改革是在坚持社会主义基本制度的前提下,调整生产力与生产关系之间的关系,调节经济基础与上层建筑之间的关系,使二者相互适应、相互促进,从而更好地促进生产力的发展。改革开放不是为了改变社会主义基本制度,也不是为了改变社会主义的发展方向,更不是为了改变社会主义的性质,而是对社会主义的具体的体制机制进行改革,对束缚生产力发展的体制机制进行根本性的变革,从而促进生产力的发展。另一方面,我们进行的社会主义是改革开放的社会主义,必须把二者结合和统一起来。既不放弃社会主义发展观念、发展方向和发展模式,也不放弃改革创新的视野、时代发展的视角。不坚持改革开放,社会主义就将失去发展的活力和动力,四项基本原则就很难坚持。只有坚持改革开放,社会主义道路才会在实践中不断得以巩固,社会主义道路才会越走越远,越走越宽。

建设中国特色的社会主义是坚持以经济建设为中心的社会主义,是坚持改革开放的社会主义,是坚持四项基本原则的社会主义,是坚持将三者相结合的社会主义。坚持改革开放与坚持四项基本原则,二者相互依存、相辅相成,四项基本原则为改革开放提供了前进的目标和方向,改革开放又为四项基本原则的坚持、为社会主义发展提供了动力,二者的目的都是完善和发展社会主义制度,解放和发展生产力,巩固以经济建设为中心的重要地位。

在实践中贯彻落实党的基本路线还需要正确处理好改革、发展和稳定的关系。在中国特色社会主义建设中,改革是动力,发展是目的,稳定是前提。要将"促进改革发展同保持社会稳定结合起来,坚持改革力度、发展速度和社会可承受程度的统一,确保社会安定团结、和谐稳定"[①]。只有推进改革,才能为社会经济发展提供强大动力;只有重视发展,国家和社会才能不断进步。只有维护稳定,才能为改革和发展提供重要的保障。正确处理好改革、发展、

---

① 胡锦涛. 在纪念党的十一届三中全会召开 30 周年大会上的讲话[M]. 北京:人民出版社,2008:29.

稳定的关系,事关党基本路线的贯彻落实,事关党和国家工作的大局。稳定是改革和发展的前提条件,但不能因为改革存在风险就裹足不前,也不能因为发展可能会出现不平衡不充分的情况就放弃发展,要统筹规划,从全局的角度把握三者之间的关系。改革和发展的程度要与社会可承受的能力相结合,在改革发展的过程中,要及时排除掉各种不安全、不稳定的因素,为改革和发展扫清障碍。改革、发展、稳定的目标指向要准确,即不断改善和提高人民的生活水平,让全体中国人民共享改革发展的成果。协调推进改革、发展、稳定的关系有利于促进经济发展,落实改革开放,保证社会主义的稳定形势,切切实实体现了在实践中贯彻落实党的基本路线,推进中国特色社会主义建设。

三、坚持党的基本方略

党的十九大指出,新时代中国特色社会主义思想的精神实质和丰富内涵,必须在党的各项工作中全面准确贯彻落实,主要包括:坚持党对一切工作的领导、坚持以人民为中心、坚持全面深化改革、坚持新发展理念、坚持人民当家作主、坚持全面依法治国、坚持社会主义核心价值体系、坚持在发展中保障和改善民生、坚持人与自然和谐共生、坚持总体国家安全观、坚持党对人民军队的绝对领导、坚持"一国两制"和推进祖国统一、坚持推动构建人类命运共同体、坚持全面从严治党。并指出:"以上十四条,构成新时代坚持和发展中国特色社会主义的基本方略。全党同志必须全面贯彻党的基本理论、基本路线、基本方略,更好引领党和人民事业发展。"[①]

(一)党的基本方略的丰富内涵

坚持党对一切工作的领导,就是指党在中国特色社会主义建设中处于领导核心地位,统领全局,把握国家和社会发展的方向。由中国共产党从大局上把握"五位一体"的总体布局,在实践中协调推进"四个全面"战略布局。坚决维护党中央的权威,维护党中央统一领导的权力。确保党始终在中国特色

---

① 中共中央党史和文献研究院.十九大以来重要文献选编(上)[M].北京:中央文献出版社,2019:19.

社会主义建设中发挥统筹全局、协调各方的重要作用。

坚持以人民为中心，体现了党和国家以人为本的工作原则。中国共产党一直以来都把实现好、维护好、发展好最广大人民的根本利益作为党和国家一切工作的出发点和落脚点，强调人民的利益高于一切。在中国特色社会主义的实践中，将人民对美好生活的向往作为奋斗目标，体现党全心全意为人民服务的宗旨，体现党执政为民的责任和担当。

坚持全面深化改革，是对中国特色社会主义制度的不断发展和完善。全面深化改革的重点是经济体制改革，经济体制改革的核心问题是处理好政府和市场的关系，使市场在资源配置的过程中发挥决定性的作用，使政府向法治政府、服务型政府转变。

坚持新发展理念，即创新、协调、绿色、开放、共享的新发展理念。创新发展理念强调培养经济增长的新动力，解决了发展动力的问题。协调发展理念强调发展的平衡性问题，提倡健康发展。绿色发展理念，强调发展中人和自然和谐相处的问题，着眼于发展的长远性问题。开放发展理念强调利用国际国内资源，解释了发展中内外交流的问题。共享发展理念，体现了中国特色社会主义建设的发展目标，着重于社会公平的问题。

坚持人民当家作主，即强调要坚持民主政治。人民是国家的主人，要充分尊重人民的主体地位，保证人民当家作主的权利，保证人民能够通过合法渠道、通过各种形式参与到国家事务的管理中来。社会主义的民主政治要体现人民的根本意志、保障人民的基本权益、激发人民的创造活力。

坚持全面依法治国，就是要按照宪法和法律的相关规定来治理国家，不以个人意志或主张来治理国家，整个国家的所有政治、经济、文化、社会等活动都在宪法和法律的框架内进行，不受任何个人的干预、阻拦或破坏。全面依法治国就是运用法治思维、法治方式建设法治国家、法治政府、法治社会。

坚持社会主义核心价值体系，就是坚持四个方面的基本内容：马克思主义指导思想，这是社会主义核心价值体系的灵魂。中国特色社会主义共同理想，这是社会主义核心价值体系的主题。以爱国主义为核心的民族精神和以改革创新为核心的时代精神，这是社会主义核心价值体系的精髓。社会主荣辱观，这是社会主义核心价值体系的基础。

坚持在发展中保障和改善民生，就是要不断提高人民群众的生活水平，就是要谋民生之福，解民生之忧，在改革发展中促进公平正义的实现。切实解决老百姓在教育、医疗、就业、住房、分配等与民生直接相关的领域的问题，实现人民群众对美好生活的向往。

坚持人与自然和谐共生，就是要坚持节约资源、保护环境的基本国策，将生态文明建设放在党和国家各项工作的重要位置，重视经济的可持续发展。在尊重自然、顺应自然、保护自然的基础上进行改革和发展，在全党全国落实绿色发展理念。

坚持总体国家安全观，要以人民安全为宗旨，以政治安全为根本。既要重视国家内部安全，建设平安中国，又要重视外部安全，构建和谐世界。既要重视国土安全，维护主权，又要重视国民安全，坚持以人为本。既要重视传统安全，治国安邦，又要重视非传统安全，创新对策。既要重视自身安全，注重自我保护，又要重视共同安全，树立大局意识。

坚持党对人民军队的绝对领导，就是要全面坚持和贯彻党领导人民军队的制度和原则。坚持党对人民军队的绝对领导意味着人民军队只能由中国共产党领导，人民军队无论是思想上、组织上，还是行动上，都必须同党中央保持高度一致，一切行动听指挥。无论是平时训练，还是在战争时期，在任何时候、任何情况下都要服从党的统一领导、统一部署、统一安排。

坚持"一国两制"和推进祖国统一，就是将"一国两制"的重要方针在香港和澳门彻底地贯彻和落实，将中央的全面管制权与其高度自治权有机结合起来，推进内地同香港、澳门的互利合作。对于两岸关系，在"九二共识"的基础上，始终坚持一个中国的原则，扩大两岸在经济文化上的交流、互惠互利，坚决反对任何形式的分裂活动。

坚持推动构建人类命运共同体，就是要在对外开放的基础上，放眼世界，胸怀大局。始终坚持独立自主的和平外交政策，将爱国主义与履行国际义务相结合，维护各国文明发展的多样性，在国际竞争中求同存异，对于关系到各国利益的国际问题要平等协商、民主解决。树立可持续的新安全观，维护国际环境，推动世界和平。

第八章 中国特色社会主义理论体系的基本经验

坚持全面从严治党,就是要加强党的政治建设、组织建设、思想建设、作风建设。全党在政治立场、政治原则、政治方向、政治道路上必须同党中央保持高度一致,全党同志都要用党的基本理论武装头脑、指导实践。加强制度建设,从制度上为党的长治久安提供保障,着力解决当前在党内存在的精神懈怠、脱离群众、消极腐败等问题。

(二)党的基本方略的重要性认识

党的基本方略是以习近平同志为核心的党中央在十九大报告中提出的"十四个坚持",这"十四个坚持"涵盖了政治、经济、文化、内政、外交、国防、治国、治党、治军等方方面面。它既是我们党的基本方略,也是坚持中国特色社会主义的基本方略。党的基本方略的提出不是一蹴而就的,它是在中国特色社会主义理论体系的不断完善和发展中提出来的,它是在我们几代领导人的不断探索中归纳和总结出来的。党的基本方略从实践层面回答了怎样坚持和发展中国特色社会主义这一问题,是中国特色社会主义建设的重要行动指南。

邓小平针对改革的问题,曾指出:"改革促进了生产力的发展,引起了经济生活、社会生活、工作方式和精神状态的一系列深刻变化。改革是社会主义制度的自我完善,在一定的范围内也发生了某种程度的革命性变革。这是一件大事,表明我们已经开始找到了一条建设有中国特色的社会主义的路子"[①],邓小平认为改革开放是新时代下党带领人民进行的新的伟大革命,改革开放的目的是实现社会主义制度的不断完善和发展,为社会主义建设注入新的生机和活力,只有这样社会主义制度才能体现出其先进性和优越性。在国家统一的问题上,邓小平提出:"一国两制"的思想,在保障一个中国的前提下,允许港澳台保持资本主义制度和生活方式。邓小平认为"一国两制"思想既有利于国家的和平统一,又有利于港澳台地区的长期繁荣和稳定。邓小平曾谈道:"我很有信心,'一个国家,两种制度'是能够行得通的。这件事情会在国际上引起很好的反应,而且为世界各国提供国家间解决历史遗留问题

---

① 邓小平.邓小平文选(第3卷)[M].北京:人民出版社,1993:142.

的一个范例。"①

江泽民的"三个代表"重要思想中提到要代表最广大人民的根本利益,这鲜明地体现了人民性的特征,江泽民指出不管是发展先进生产力还是发展先进文化,最终目的都是实现最广大人民的根本利益。江泽民在党的十六大报告中指出:"制定和贯彻党的方针政策,基本着眼点是要代表最广大人民的根本利益,正确反映和兼顾不同方面群众的利益,使全体人民朝着共同富裕的方向稳步前进。"②强调党和国家各项政策和措施都有从人民群众着眼,体现人民群众的意志,保障人民群众的利益,相信和依靠人民群众的智慧和力量。"三个代表"重要思想对党的先进性、纯洁性提出了要求,对如何加强和改进党的建设有着重要的参考价值和指导意义。江泽民曾指出:"要把中国的事情办好,关键取决于我们党,取决于党的思想、作风、组织、纪律状况和战斗力、领导水平。"③体现了江泽民同志对党的领导工作的重视,以及对党组织、作风建设的重要性认识。

胡锦涛同志提出科学发展观的核心是以人为本,体现了以人民为中心的发展思想,这一思想是对"三个代表"重要思想的继承和发展。他指出:"坚持以人为本就是要以实现人的全面发展为目标,从人民群众的根本利益出发谋发展、促发展,不断满足人民群众日益增长的物质文化需要,让发展的成果惠及全体人民。"胡锦涛的以人为本的思想体现了发展为了人民、发展依靠人民、发展成果由人民共享、发展目标是人的全面发展的时代内涵。此外,胡锦涛在党的十八大报告中还指出:"面对资源约束趋紧、环境污染严重、生态系统退化的严峻形势,必须树立尊重自然、顺应自然、保护自然的生态文明理念,把生态文明建设放在突出地位,融入经济建设、政治建设、文化建设、社会建设各方面和全过程,努力建设美丽中国,实现中华民族永续发展。"④将生态文明建设纳入了中国特色社会主义建设的总体布局之中。胡锦涛还强调

---

① 邓小平. 邓小平文选(第 3 卷)[M]. 北京:人民出版社,1993:68.
② 江泽民. 江泽民文选(第 3 卷)[M]. 北京:人民出版社,2006:540.
③ 江泽民. 论"三个代表"[M]. 北京:中央文献出版社,2001:1.
④ 胡锦涛. 坚定不移沿着中国特色社会主义道路前进 为全面建成小康社会而奋斗——在中国共产党第十八次全国代表大会上的报告[M]. 北京:人民出版社,2012:39.

第八章 中国特色社会主义理论体系的基本经验

科学发展观的基本要求是全面协调可持续，这就要求经济发展与资源环境相协调，建设以可持续发展为目标的资源节约型、环境友好型社会，走生态文明的发展道路，使人与自然和谐相处。

以习近平同志为核心的党中央提出的新时代中国特色社会主义的基本方略在坚持全面深化改革方面继承和发展了邓小平的改革开放的思想；在坚持以人民为中心和坚持人民当家作主方面继承和发展了"三个代表"重要思想和科学发展观中体现人民性的重要内容；在坚持人与自然和谐共生方面继承和发展了科学发展观中的全面协调可持续的基本要求；在坚持新发展理念方面继承和发展了科学发展观的思想等等。习近平总书记指出"十四个坚持"构成了"新时代坚持和发展中国特色社会主义的基本方略。全党同志必须全面贯彻党的基本理论、基本路线、基本方略，更好引领党和人民事业发展"。总的来说，习近平新时代中国特色社会主义思想的基本方略是在前几任领导人的基础上对怎样坚持和发展中国特色社会主义这一问题的进一步归纳、完善和创新，体现了习近平总书记在处理党建问题、人民群众的问题、改革问题、发展问题、法治问题、意识形态问题、祖国统一问题、军队问题等问题上的原则和立场，是中国特色社会主义实现的路径和方法的补充。党的基本方略高举中国特色社会主义伟大旗帜，是新时代党的基本理论、基本路线、基本方略在实践中不断创新的成果，对中国特色社会主义建设起着重要的导向作用。

（三）在实践中坚定执行党的基本方略

在实践中坚持党对一切工作的领导，首先要保证党自身的先进性和纯洁性。坚持党的全面领导需要把党的自身建设摆在首位，不断推进党的思想建设、组织建设、作风建设、反腐倡廉建设等。提高党的凝聚力、战斗力、创造力，使党的各项路线方针政策始终符合时代发展的趋势和社会发展的规律，提高党的执政能力，巩固党的领导核心地位，完成党的历史使命。

在实践中坚持以人民为中心是党的群众路线的生动体现，坚持以人民为中心就要党始终保持与人民群众的血肉联系，坚持群众观点，践行群众路线。树立一切为了群众的思想，切实解决好人民群众最关心、最直接、最现实的问题；依靠群众，中国特色社会主义建设需要人民的支持和拥护。

在实践中坚持全面深化改革，需要精心布局、运筹帷幄，以一鼓作气的态势，以不惧艰险的胆识和担当，用改革劈开利益固化的藩篱，斩断落后的体制机制的枷锁，破除不合时宜的思想观念，推进国家治理体系和治理能力现代化，让改革直抵矛盾和问题的汇聚处，让制度改革和制度创新来搭建稳定的、充满活力的制度体系。

在实践中坚持新发展理念，需要在全社会激发创新活力，注重协调思维，提倡绿色发展、倡导开放视野、推进社会共享。通过新发展理念建立资源节约型、环境友好型社会，转变传统的高消耗、高污染的经济发展模式，实现经济的可持续发展。注重统筹区域间、城乡间的发展，注重发展成果的共享，体现公平。学习其他国家关于发展的经验，创新发展方式，使新发展理念成为中国特色社会主义建设的指挥棒。

在实践中坚持人民当家作主，首先要从制度层面保障人民当家作主权利的行使。要不断完善人民代表大会制度，发挥人大代表的重要作用。利用社会主义协商民主的独特优势集思广益、凝聚共识，从而实现科学决策、民主决策。完善和发展民族区域自治制度和基层群众自治制度，形成广泛的爱国统一战线，使党同人民群众同呼吸、共命运、促发展。

在实践中推进依法治国，需要不断完善和发展社会主义法制，牢固树立宪法和法律在国家和社会生活中的权威，这种权威不是一种强制性的跟随，而是人民群众发自内心信仰、信服和服从。依法治国一方面需要我们不断对法治体系进行完善，保证立法、行政、司法各个环节的科学性、严密性，另一方面要教育人民群众知法、懂法、守法、护法。

在实践中坚持社会主义核心价值体系，需要将马克思主义理论作为党和国家各项事业的指导思想，在党的领导下，坚持中国特色社会主义道路，发扬中华民族团结统一、爱好和平、勤劳勇敢、自强不息的伟大民族精神以及勇于改革、敢于创新的时代精神，将社会主义核心价值观作为道德选择、价值判断的重要规范。

在发展中保障和改善民生，需要着力解决百姓最直接、最紧迫的问题，要将民生问题放在发展的首位，贯穿于改革和发展的全过程，提高百姓的满足感和幸福感。改善民生需要在实践中促进发展，才能保证民生改善的动力和源泉，真正做到实现好、维护好、发展好最广大人民的根本利益。

第八章　中国特色社会主义理论体系的基本经验

在实践中坚持人与自然和谐共生，要从制度层面强化节约资源、保护环境这一基本国策，完善相关的法律法规，大力开展节能减排工作和生态环境保护工作，不断开发太阳能、风能等可再生能源。防治大气污染、水污染、土壤污染等，改善人民群众的生产生活环境。改善经济发展模式，向循环经济、低碳经济转变。

在实践中坚持总体国家安全观，首先要保障人民的生命和财产安全，为人民群众的自由发展创造条件。坚持总体国家安全观要以政治安全为根本，坚持中国共产党领导，坚持中国特色社会主义道路，坚持以马克思主义为指导，在政治制度和意识形态方面消除其他国家的干扰和危害。此外，还要不断完善国家安全相关的体制机制建设，为坚持总体国家安全观提供制度保证。

在实践中坚持党对人民军队的绝对领导，需要人民军队从政治上、思想上、作风上、组织上、制度上同党中央保持高度一致。人民军队的建设要着眼于中国梦、强军梦，国防和军队发展要不断开拓创新，要制定新形势下人民军队兴军强军的战略方针，使人民军队的武器装备和战略战术日趋完善。要利用先进的理论武装全军，让人民军队永续红色血脉，实现强军目标。

在实践中坚持"一国两制"和推进祖国统一，需要在宪法和法律的基础上，完善相关的体制和机制建设，团结带领港澳同胞谋和谐、促发展，增强港澳同胞的爱国意识和爱国精神，共同承担中华民族伟大复兴的历史责任，共享国家改革发展的丰硕成果。尊重台湾同胞现有的生活制度和生活方式，构建两岸关系一家亲，但绝不容忍任何分裂图谋和分裂活动。

在实践中推动构建人类命运共同体，需要更加积极主动地发展周边外交关系，减少与周边国家的摩擦和冲突，从而才能一心一意搞建设，全心全意谋发展。继续实施"一带一路"的战略，加强与共建国家的互利合作，增强经济发展的动力。在全球治理体系中，积极参与协商、对话，贡献中国智慧和中国力量。

在实践中坚持全面从严治党，需要增强全党同志特别是领导干部的党性修养，牢固其政治立场、提高其政治觉悟，增强其政治担当。要使全党同志都坚定共产主义远大理想和中国特色社会主义共同理想，作为共产党人的精神支柱。继续贯彻落实中央八项规定，继续整治"四风"问题，严厉打击党内存在的歪风邪气，严厉打击党内存在的腐败行为。坚持从严监督、从严约束、从严问责，在党内形成正风肃纪的氛围。

  世界在不断发展，时代在不断进步。实践不会停止，理论创新也没有止境。中国特色社会主义体系作为一个内涵丰富的整体，也需要顺应时代的发展，跟上历史的脚步，在发展中不断充实自己。中国特色社会主义体系在不断充实发展自身的同时要注意借鉴之前社会主义建设的基本经验，全面贯彻落实党的基本理论、基本路线、基本方略，只有这样中国共产党才能真正做到不忘初心、牢记使命，为实现中国特色社会主义事业的伟大胜利而不懈奋斗。

参考文献

[1] 马克思恩格斯选集(第1卷)[M]. 北京：人民出版社，1995.
[2] 马克思恩格斯选集(第2卷)[M]. 北京：人民出版社，1995.
[3] 马克思恩格斯选集(第3卷)[M]. 北京：人民出版社，1995.
[4] 马克思恩格斯选集(第4卷)[M]. 北京：人民出版社，1995.
[5] 马克思恩格斯全集(第1卷)[M]. 北京：人民出版社，1960.
[6] 马克思恩格斯全集(第3卷)[M]. 北京：人民出版社，1960.
[7] 马克思恩格斯全集(第30卷)[M]. 北京：人民出版社，1995.
[8] 马克思恩格斯全集(第37卷)[M]. 北京：人民出版社，1971.
[9] 马克思恩格斯全集(第40卷)[M]. 北京：人民出版社，1982.
[10] 马克思恩格斯文集(第1卷)[M]. 北京：人民出版社，2009.
[11] 马克思恩格斯文集(第4卷)[M]. 北京：人民出版社，2009.
[12] 马克思恩格斯文集(第9卷)[M]. 北京：人民出版社，2009.
[13] 恩格斯. 自然辩证法[M]. 北京：人民出版社，1959.
[14] 列宁全集(第38卷)[M]. 北京：人民出版社，1959.
[15] 列宁选集(第1卷)[M]. 北京：人民出版社，1995.
[16] 列宁选集(第2卷)[M]. 北京：人民出版社，1995.
[17] 列宁选集(第3卷)[M]. 北京：人民出版社，1995.
[18] 列宁选集(第4卷)[M]. 北京：人民出版社，1995.
[19] 毛泽东选集(第1卷)[M]. 北京：人民出版社，1991.
[20] 毛泽东选集(第2卷)[M]. 北京：人民出版社，1991.
[21] 毛泽东选集(第3卷)[M]. 北京：人民出版社，1991.

[22]毛泽东选集(第 4 卷)[M]. 北京：人民出版社，1991.

[23]毛泽东选集(第 5 卷)[M]. 北京：人民出版社，1977.

[24]毛泽东文集(第 3 卷)[M]. 北京：人民出版社，1996.

[25]毛泽东文集(第 6 卷)[M]. 北京：人民出版社，1999.

[26]毛泽东文集(第 7 卷)[M]. 北京：人民出版社，1999.

[27]毛泽东文集(第 8 卷)[M]. 北京：人民出版社，1999.

[28]毛泽东著作选读(下册)[M]. 北京：人民出版社，1986.

[29]邓小平文选(第 1 卷)[M]. 北京：人民出版社，1994.

[30]邓小平文选(第 2 卷)[M]. 北京：人民出版社，1994.

[31]邓小平文选(第 3 卷)[M]. 北京：人民出版社，1993.

[32]邓小平思想年谱[M]. 中央文献出版社，1998.

[33]邓小平思想年编[M]. 中央文献出版社，2011.

[34]江泽民文选(第 1 卷)[M]. 北京：人民出版社，2006.

[35]江泽民文选(第 2 卷)[M]. 北京：人民出版社，2006.

[36]江泽民文选(第 3 卷)[M]. 北京：人民出版社，2006.

[37]江泽民. 论有中国特色社会主义[M]. 中央文献出版社，2002.

[38]江泽民. 论"三个代表"[M]. 中央文献出版社，2001.

[39]胡锦涛文选(第 1 卷)[M]. 北京：人民出版社，2016.

[40]胡锦涛文选(第 2 卷)[M]. 北京：人民出版社，2016.

[41]胡锦涛文选(第 3 卷)[M]. 北京：人民出版社，2016.

[42]习近平谈治国理政[M]. 北京：外文出版社，2014.

[43]习近平谈治国理政(第 2 卷)[M]. 北京：外文出版社，2017.

[44]习近平谈治国理政(第 3 卷)[M]. 北京：外文出版社，2018.

[45]习近平谈治国理政(第 4 卷)[M]. 北京：外文出版社，2020.

[44]习近平. 习近平关于全面深化改革论述摘编[M]. 北京：北京中央文献出版社，2014.

[45]习近平：决胜全面建成小康社会 夺取新时代中国特色社会主义伟大胜利——在中国共产党第十九次全国代表大会上的报告[N]. 人民日报，2017-10-28(1).

[46]习近平. 习近平党校十九讲[M]. 北京：中央党校出版社出版，2014.

[47]习近平. 习近平关于实现中华民族伟大复兴的中国梦论述摘编[M]. 中央文献出版社，2013.

[48]习近平. 始终坚持和充分发挥党的独特优势[J]. 求是，2012(15).

参考文献

[49] 中共中央宣传部. 习近平总书记系列重要讲话读本[M]. 北京：学习出版社、人民出版社，2014.

[50] 建国以来重要文献选编[M]. 北京：中央文献出版社，1995.

[51] 三中全会以来重要文献选编[M]. 北京：人民出版社，1982.

[52] 十二大以来重要文献选编（上）[M]. 北京：人民出版社，1986.

[53] 十三大以来重要文献选编（上）[M]. 北京：人民出版社，1991.

[54] 十四大以来重要文献选编（上）[M]. 北京：人民出版社，1996.

[55] 十五大以来重要文献选编（上）[M]. 北京：人民出版社，2000.

[56] 十六大以来重要文献选编（上）[M]. 北京：中央文献出版社，2005.

[57] 十六大以来重要文献选编（下）[M]. 北京：中央文献出版社，2008.

[58] 十七大以来重要文献选编（上）[M]. 北京：重要文献出版社，2009.

[59] 十八大以来重要文献选编（上）[M]. 北京：中央文献出版社，2014.

[60] 科学发展观重要论述摘编[M]. 北京：中央文献出版社、党建读物出版社，2008.

[61] 中共中央关于完善社会主义市场经济体制若干问题的决定[N]. 人民日报，2003-10-22.

[62] 中共中央关于全面深化改革若干重大问题的决定[N]. 人民日报，2013-11-16.

[63] 陈跃. 中国梦研究[M]. 中国农业出版社，2014.

[64] 王慎之. 生产力理论史[M]. 长春：吉林人民出版社，1988.

[65] 叶秀山. 苏格拉底及其哲学思想[M]. 北京：人民出版社，1986.

[66] 鲍曼. 作为实践的文化[M]. 郑莉，译. 北京：北京大学出版社，2009.

[67] 王鹤岩. 罗蒂后哲学文化思想研究[M]. 哈尔滨：黑龙江教育出版社，2011.

[68] 费孝通. 关于"文化自觉"的一些自白. 载21世纪中华文化世界论坛筹备委员会主编. 文化自觉与社会发展——21世纪中华文化世界论坛论文集[M]. 香港：商务印书馆，2005.

[69] 张岱年. 文化与哲学[M]. 北京：教育科学出版社，1988.

[70] 周其仁. 改革的逻辑[M]. 北京：中信出版社，2013.

[71] 沙建孙. 毛泽东思想概论[M]. 北京：北京出版社，2003.

[72] 丁俊萍. 邓小平理论概论[M]. 北京：首都经贸大学出版社，2000.

[73] 傅高义. 邓小平时代[M]. 冯克利，译，北京：三联书店，2013.

[74] 张维为. 中国超越：一个文明国家的光荣与梦想[M]. 上海：上海人民出版社，2014.

[75] 沈宝祥. 试述中国特色社会主义理论的科学体系[N]. 学习时报，2007-12-27(5).

[76]荣开明.中国特色社会主义理论体系的层次结构[N].湖北日报,2008-10-02(3).

[77]武力.在治理整顿中深化改革[N].经济日报,2013-11-06(06).

[78]虞云耀.把握全面从严治党的特点和规律[N].人民日报,2015-05-20(2).

[79]程恩富.坚持协调发展新理念[N].中国社会科学报,2015-11-20.

[80]邸乘光."全面深化改革"形成和确立的历史脉络[N].青岛日报,2015-11-29(004).

[81]秦宣.五大发展理念的辩证关系[N].光明日报,2016-02-04.

[82]刘云山.深入学习贯彻习近平新时代中国特色社会主义思想[N].人民日报,2017-11-06(2).

[83]邸乘光."全面深化改革"形成和确立的历史脉络[N].青岛日报,2015-11-29(004).

[84]周淑真.以从严执纪保障全面从严治党[N].学习时报,2015-07-16(3).

[85]肖贵清:邓小平理论与中国特色社会主义理论体系的关系[J].社会主义研究,2008(2).

[86]赵曜.论中国特色社会主义理论体系[J].红旗文稿,2008(4):2-8.

[87]聂运麟.论中国特色社会主义理论体系[J].马克思主义研究,2008(4):30-32.

[88]黄志高.论中国特色社会主义理论体系的整体性特征[J].社会主义研究,2008(4):48-52.

[89]杨谦.中国特色社会主义理论形态与实践形态的整体性审视[J].兰州大学学报:社会科学版,2008(4):12-17.

[90]王浩斌.中国特色社会主义理论体系的整体性及其实践模式[J].中共银川市委党校学报,2008(6):8-11.

[91]肖贵清.中国特色社会主义理论体系的整体性[J].思想理论教育导刊,2008(7):45-49.

[92]李恒瑞.关于中国特色社会主义理论体系的整体性研究的若干问题[J].学术研究,2008(10):5-11.

[93]苏星鸿.中国特色社会主义理论体系整体性的多维审视[J].社科纵横,2009(1).

[94]周耀宏.论中国特色社会主义理论体系的整体性[J].桂海论丛,2009(1):16-19.

[95]严书翰.深入学习和研究中国特色社会主义理论体系及其最新成果[J].中共石家庄市委党校学报,2009(1):4-8.

[96]刘素杰.准确把握中国特色社会主义理论体系的几点思考[J].湖北经济学院学报:人文社会科学版,2009(2):5-7.

[97]任晓伟.论中国特色社会主义理论体系的整体性研究[J].广西社会科学,2009(3):

8-9.

[98]曾庆娣.论中国特色社会主义理论体系的整体性[J].唯实,2009(4):49-52.

[99]冯志明.关于中国特色社会主义理论体系整体性研究的思考[J].河北师范大学学报:哲学社会科学版,2009(6):10-13.

[100]龙观华.改革开放以来党的重大创新理论的整体性研究[J].理论月刊,2010(8):35-38.

[101]郑德荣.中国特色社会主义理论体系逻辑结构剖析[J].思想理论导刊,2010(12):24-28.

[102]李士坤:中国共产党是马克思主义中国化的主体[J].中共福建省委党校学报,2011(7).

[103]左乐平.中国特色社会主义理论体系的整体性研究[J].中共贵州省委党校学报,2015(2).

[104]唐纳德·沃斯特.为什么我们需要环境史[J].侯深,译.世界历史,2004(3).

[105]冷溶.在新的历史起点上继续发展中国特色社会主义的政治宣言和行动纲领[J].学习论坛,2008(1).

[106]汪闻生.马克思的实践观新解[J].广东社会科学,1995.

[107]张宇.五大理念如何发展了当代中国马克思主义政治经济学[J].理论导刊,2015(12).

[108]辜胜阻.五大新理念确立"十三五"发展基调[J].当代广西,2015(22).

[109]李伟.在世界格局变动中把握中国经济新常态[J].求是,2015(18).

[110]吴桂韩.政党治理与全面从严治党思考[J].中国特色社会主义研究,2015(02).

[111]龙秀雄.正确把握全面从严治党战略思想的三个重要维度[J].求实,2015(10).

[112]欧健.习近平全面从严治党思想对中国特色社会主义党建理论的创新与发展[J].社会主义研究,2015(06).

[113]赵付科,季正聚.习近平全面从严治党思想的辩证统一性[J].中国特色社会主义研究,2015(04).

[114]姜建成,常青伟.全面从严治党:坚持目标、主体、任务、过程的整体性[J].探索,2015(06).

[115]孙占元,燕芳敏.改革开放的历史进程与中国特色社会主义理论体系[J].理论学刊,2014(02).

[116]孙大力.改革开放的历史进程和中国特色社会主义理论体系[J].中共党史研究,

2009(01).

[117] 王怀超. 中国改革开放的历史进程与基本经验[J]. 科学社会主义，2009(06).

[118] 黄刚. 论全面深化改革的问题指向——学习习近平总书记系列重要讲话[J]. 理论探索，2015(04)：46-50.

[119] 李林. 中国特色社会主义法治强国之路——全面依法治国的战略布局和系统思维[J]. 人民论坛·学术前沿，2015(13).

[120] 熊若愚. 习近平全面依法治国思想体系述要[J]. 理论探讨，2016(04).

[121] 张文显. 习近平法治思想研究(下)——习近平全面依法治国的核心观点[J]. 法制与社会发展，2016，22(04).

[122] 与改革同行[J]. 实践(党的教育版)，2014(03).

[123] 赵雅丽. 天下之事 难于法之必行[J]. 前线，2016(11).

[124] 吴桂韩. 政党治理与全面从严治党思考[J]. 中国特色社会主义研究，2015(02).

[125] 龙秀雄. 正确把握全面从严治党战略思想的三个重要维度[J]. 求实，2015(10).

[126] 欧健. 习近平全面从严治党思想对中国特色社会主义党建理论的创新与发展[J]. 社会主义研究，2015(06).

[127] 赵付科，季正聚. 习近平全面从严治党思想的辩证统一性[J]. 中国特色社会主义研究，2015(04).

[128] 姜建成，常青伟. 全面从严治党：坚持目标、主体、任务、过程的整体性[J]. 探索，2015(06).

[129] 孙占元，燕芳敏. 改革开放的历史进程与中国特色社会主义理论体系[J]. 理论学刊，2014(02).

[130] 孙大力. 改革开放的历史进程和中国特色社会主义理论体系[J]. 中共党史研究，2009(01).

[131] 王怀超. 中国改革开放的历史进程与基本经验[J]. 科学社会主义，2009(06).

[132] 黄刚. 论全面深化改革的问题指向——学习习近平总书记系列重要讲话[J]. 理论探索，2015(04)：46-50.

[133] 李林. 中国特色社会主义法治强国之路——全面依法治国的战略布局和系统思维[J]. 人民论坛·学术前沿，2015(13).

[134] 熊若愚. 习近平全面依法治国思想体系述要[J]. 理论探讨，2016(04).

[135] 张文显. 习近平法治思想研究(下)——习近平全面依法治国的核心观点[J]. 法制与社会发展，2016，22(04).

[136] 赵雅丽. 天下之事 难于法之必行[J]. 前线，2016(11).

[137] 俞可平. 衡量国家治理体系现代化的基本标准——关于推进"国家治理体系和治理能力的现代化"的思考[N]. 北京日报，2013-12-09(17).

[138] 毛泽东思想和中国特色社会主义理论体系概论[M]. 北京：高等教育出版社，2010.

[139] 黑格尔. 小逻辑[M]. 北京：商务出版社，2003.

后　记

《中国特色社会主义理论体系整体性研究》是重庆市中国特色社会主义理论体系研究中心专项课题（批准号：2016ZDZT09）"中国特色社会主义理论体系整体性结构研究"的研究成果。

该成果以辩证唯物主义和历史唯物主义为认识论基础，运用系统性、整体性方法研究中国特色社会主义理论体系若干重大理论成果的内在逻辑及其发展规律，揭示邓小平理论、"三个代表"重要思想、科学发展观和习近平新时代中国特色社会主义思想一脉相承又与时俱进的理论品质，对于深入探寻中国特色社会主义理论体系的发展规律，推动中国特色社会主义实践发展都具有重要的理论价值和实践价值。

该成果的主要创新在于：一是理论研究的整体性、系统性。对中国特色社会主义理论体系的研究，不是对每个重大理论成果进行分别研究，而是把这些重大理论成果作为一个整体进行全面系统的研究，揭示它们发展变化的内生机制和规律；二是理论研究的结构、观点创新。在研究中国特色社会主义理论体系整体性的成果中，学者们从不同的视角进行了研究，提出了自己的观点和认识，该课题成果按照历史条件、认识基础、理论主题、主要任务、战略布局、基本经验、目标追求、根本保证等思路，建构了具有独特性的整体性研究结构；三是注重吸收理论研究的创新成果。该课题在研究过程中，不仅吸收了理论研究的最新成果，而且将党的十九大、十九届三中、四中、六中全会和二十大精神都吸收进来，特别是将习近平新时代中国特色社会主义思想作为课题研究的重要内容，使课题研究更具理论的前瞻性、科学性和时代性。

该成果的学术价值在于：一是有利于深化对中国特色社会主义理论体系

后 记

的研究，揭示其理论体系自身发展的规律，不断深化其理论研究；二是有利于深入学习贯彻习近平新时代中国特色社会主义思想，明确习近平新时代中国特色社会主义思想在中国特色社会主义理论体系中的地位和作用，明确习近平新时代中国特色社会主义思想是中国特色社会主义理论发展的新阶段，是中国特色社会主义理论体系的丰富和发展。三是有利于引导中国特色社会主义现代化建设的实践发展。中国特色社会主义理论体系是中国特色社会主义重大理论成果，包括中国特色社会主义重大理论成果而形成的理论体系，研究它们的整体性、规律性，有利于为推动中国特色社会主义现代化事业的发展提供理论引导。

该成果的出版发行可作为党政干部和思想政治教育工作者学习和研究中国特色社会主义理论，特别是习近平新时代中国特色社会主义思想的理论读物，还可作为高校思想政治理论教育的教学研究的学习用书，作为高校研究生、博士生教学科研的学习参考用书。

该成果的写作由西南大学马克思主义学院教授、博士生导师陈跃牵头引领，提出研究计划和研究思路，拟定研究大纲，并负责全书的统稿和定稿工作。具体参加该成果写作的研究人员为：陈跃（导论、后记）、杨叶卿（第一章）、李娜（第二章）、张莉（第三章）、张瑞岚（第四章）、谈娅（第五章）、毛瑞芳（第六章）、李俊斌（第七章）、李瑞雯（第八章）。

该成果在编写过程中，我们吸收并借鉴了国内外学者的相关研究成果，重庆市中国特色社会主义理论体系研究中心给予了项目经费支持，西南大学图书馆、信息中心和政治与公共管理学院资料室提供了资料信息帮助，西南大学硕士研究生詹瑞雅、严耀清、肖文静、王盼盼、李一玉、程航宇、田川、王爱玲、李依娜、尚平等为资料查询、书稿校正等做了大量工作，吉林大学出版社为该成果的出版发行做了大量工作，在此，一并表示衷心感谢！

该成果的出版受到西南大学马克思主义学院出版基金资助，深表感谢！

由于作者的水平所限，书中的疏漏和不足在所难免，恳请读者批评指正。

陈　跃

2024 年 4 月 10 日于西南大学绩镛楼